LES ANCIENNES MAISONS

Des rues Saint-Guillaume, Jean-de-Beauvais, des Marais, de Saintonge, du Perche, de Limoges, du Forez, Neuve-des-Bons-Enfants, Jean-Jacques Rousseau, des Vieux-Augustins et des Jeûneurs.

NOTICES FAISANT PARTIE DE L'OUVRAGE INTITULÉ :

LES ANCIENNES MAISONS DE PARIS SOUS NAPOLÉON III,

PAR M. LEFEUVE,

Monographies publiées par livraisons séparées, avec table de concordance à la fin de la publication.

RUE SAINT-GUILLAUME.

De la rue des Saints-Pères à celle Saint-Dominique, on l'appela d'abord rue de la Butte, parce qu'elle succédait à un chemin qui grimpait jusqu'au pied d'un moulin. Le reste de la rue actuelle porta séparément le nom de rue des Rosiers, avant de fusionner au xviiie siècle avec la voie de communication à laquelle elle faisait suite. Leur contingent en 1714 s'élevait à 14 maisons et 5 lanternes pour la première; 13, 5 pour la seconde.

Nous savons à qui les maisons de la susdite rue Saint-

Guillaume, augmentées en nombre de 4, appartenaient 39 années plus tard :

Côté de gauche.   Côté de droite.

En partant de la rue des Saints-Pères :

Côté de gauche	Côté de droite
L'abbé Langlois.	Mme Lemaître.
Billet.	Mme Caron.
L'hospice de la Charité.	Caret.
Dupuis.	Dessaints.
Le président de Saint-Lubin.	Denis.
Le marquis de Pierrecourt.	Les héritiers de l'abbé Tambonneau.
L'Hôtel-Dieu.	MM. de Mortemart.
Deforges.	L'Hôtel-Dieu.
L'hospice de la Charité.	Le comte de Béarn.

Le précité président de Saint-Lubin, propriétaire du actuel, était comme le premier tome d'un autre président encore plus connu du temps de Louis-Philippe, qui passait en revue toutes les femmes galantes des théâtres de Paris et des salons de Cellarius : on avait peine à gagner une cause, appelée quand il présidait, si quelque fille avait sollicité complaisamment pour la partie adverse. Les procureurs avaient à craindre en présence de M. de Saint-Lubin, à presque toutes les audiences, les accès d'une mauvaise humeur qu'apaisaient d'un seul mot, en sortant du palais, ses procureuses ordinaires. Sa maison, ou bien celle de M. de Pierrecourt, est devenue un hôtel de Lambert, antérieurement à la Révolution.

Trois règnes de l'ancien régime ont vu le nom des Mortemart fidèlement attaché au n° 14, où les comtes de Guébriant se succèdent dans notre siècle. Le loyer de l'hôtel qui suit était payé à l'Hôtel-Dieu par le président Talon, pour commencer, par un Créqui, et puis par un Béthune.

L'autre section de la rue Saint-Guillaume, celle que le grand siècle avait appelée des Rosiers, comportait sous Louis XVI les hôtels d'Eaubonne et d'Allemans, du côté des chiffres impairs, ainsi qu'un hôtel de Beaumont, du côté des numéros pairs, et les bureaux de M. d'Aguesseau. Ce petit-fils du chancelier était un conseiller d'État, avocat général au parlement, prévôt, maître des cérémonies, et depuis 1783 grand officier-commandeur, membre de l'Académie française ensuite, et député aux États généraux, ambassadeur à différentes reprises, sénateur et puis pair de France! M. de Ségur, en épousant une des filles de M. d'Aguesseau, a ajouté le nom de sa femme au sien.

RUE JEAN-DE-BEAUVAIS.

Ouverte sur le clos Bruneau au commencement du XIV° siècle, cette rue prit le nom du libraire Jean de Beauvais, lequel s'y était établi au coin de la rue des Noyers.

On dit longtemps rue Saint-Jean-de-Beauvais; mais cette canonisation, passablement irrégulière, tomba devant la Révolution, pour ne plus être relevée : l'histoire acceptait pour cette fois l'abréviation républicaine comme une rectification. Nous croyons néanmoins que la rue s'était appelée *Saint-Jean* pour commencer, ce qui n'a rien d'hétérodoxe, et que *Beauvais*, ajouté après coup, avait eu pour objet d'empêcher de la confondre avec une rue homonyme.

Par une coïncidence fortuite, Jean de Dormans, évêque de Beauvais, avait fondé dans ladite rue, en 1370, le collége de Dormans-Beauvais, et Charles V avait posé la première pierre de la chapelle y édifiée aux frais du neveu de l'évêque. Saint François-Xavier professa la philosophie dans cet établissement, en sortant de Sainte-Barbe, à une époque où d'autres professeurs commençaient à quitter les écoles de la rue du Fouarre pour se répandre dans les divers colléges de la Montagne Sainte-Geneviève, c'est-à-dire du Mont Saint-Hilaire. Arnaud d'Ossat, dans la suite cardinal, donna aussi des leçons à Beauvais. Ce collége fut bientôt après réuni à celui de Presles pour plus d'un siècle; isolé de nouveau, il fut administré avec éclat par Rollin, par Coffin. Lorsqu'enfin les boursiers de cette maison durent passer à Louis-le-Grand, les élèves du collége de Lisieux prirent leur place rue Saint-Jean-de-Beauvais. Qui voudra de plus grands détails tant sur le collége de Presles que sur celui de Laon, y attenant, les trouvera dans notre notice consacrée à la rue des Carmes. Les constructions pédagogiques se retrouvent rue Jean-de-Beauvais, à partir du n° 3, et principalement transformées en une caserne.

Ce que nous revoyons n° 11 était l'École de droit, antérieurement à l'installation de cet établissement à la place quittée, rue Saint-Étienne-des-Grés, vis-à-vis Sainte-Geneviève, par le collége de Lisieux, ce dernier étant transféré dans la rue même dont nous nous occupons, et où une École de médecine, avec bibliothèque spéciale, succédait à l'École de droit. On avait toujours étudié en droit dans la rue Saint-Jean-de-Beauvais : les bâtiments de l'École y avaient été réparés dès l'année 1464, et les docteurs-régents avaient acquis, onze ans après, deux petites maisons et un jardin contigus à la leur. Quelquefois, il est vrai, l'enseignement du droit civil avait souffert des interruptions ; mais jamais la parole n'avait été coupée aux régents du droit canonique. On reconnaissait une division de plus, depuis le règne de Louis XIV : les thèses se passaient à l'école inférieure, les examens à l'école supérieure.

Un bon nombre des maisons de la rue appartenaient à ces colléges et à cette École précités. Le 12, qui a été refait, sans répudier l'escalier à balustres, était à la Nation d'Allemagne.

Robert Estienne, chef d'une dynastie d'imprimeurs dont les éditions sont précieuses, créa sa célèbre maison dans la rue Saint-Jean-de-Beauvais ; nous croyons que c'est au 18. François Ier et sa sœur Marguerite y sont venus rendre visite à Robert, non moins savant qu'industrieux, qui demeurait dans notre rue à l'enseigne de l'Olivier. Ce patriarche est mort en 1559 ; Henri Estienne en 1520 ; Charles Estienne en 1564 ; Robert II en 1559 ; Henri II en 1598 ; Robert III en 1629 ; Antoine Estienne en 1674.

L'ancien passage de Saint-Jean-de-Latran est un peu au-dessus. Il mène à ce qu'il reste de la grande cour audit nom, lieu de franchise pour les artisans : chacun y exerçait son état sans maîtrise. Les nouvelles rues Thénard et des Écoles ont fait tomber, en se créant, une partie des bâtiments de la cour. L'église n'est plus qu'une école. Reconnaissons, en outre, dans ce qu'on prend à tort pour une autre chapelle, la salle où la juridiction du bailliage de Saint-Jean-de-Latran, qui connaissait de toutes causes civiles ou criminelles, sauf appel au parlement, tenait ses audiences chaque lundi à trois heures de relevée. Cette commanderie, fondée en 1171, appartenait aux frères hospitaliers de Jérusalem, plus anciens que les Templiers, dits frères de la milice du Temple, c'est-à-dire à l'ordre de Malte, qui n'avait pas d'autre maison à Paris avant que le Temple lui eût été donné par suite de la condamnation et de la suppression des Templiers. La commanderie allait, comme étendue, de la rue des Noyers au Puits-Certain, ainsi que notre rue, et comportait une grande maison pour le logement du commandeur, puis une vieille tour, destinée aux pèlerins de Jérusalem. Le commandeur, en outre, avait deux maisons de plaisance, l'une rue des Bourguignons, appelée l'hôtel Zône, l'autre dite la Tombe-Issoire, sur le grand chemin de Bourg-la-Reine, maintenant rue d'Enfer. Ces propriétés de ville et de campagne, avec d'autres rentes et censives, rapportaient environ 12,000 livres par an au titulaire du bénéfice affecté à l'ordre de Malte.

Dans la tour de Saint-Jean-de-Latran, le grand anatomiste Bichat s'est livré aux travaux qui ont régénéré la science, et il y a rendu le dernier soupir le 2 juillet 1802.

RUES DES MARAIS.

La petite Genève. — Des Yveteaux. — Racine. — Mademoiselle Clairon. — Madame de Pierrecourt. — Creuzé-Latouche. — Prudhomme. — Les maraîchers. — Le Vauxhall. — Le bourreau.

On disait de la rue des Marais-Saint-Germain, qu'habitaient force protestants lors de la conspiration d'Amboise : — C'est une petite Genève !... Il y avait vingt ans à peine que cette rue avait été ouverte sur un terrain marécageux où finissait le Pré-aux-Clercs.

Le poëte Des Yveteaux y mena, au siècle suivant, une vie des plus voluptueuses, dans une maison ayant un grand jardin avec passage souterrain et porte sur la rue Jacob, dans la partie de cette rue qui s'appelait alors du Colombier. Nous croyons que l'hôtel de Rannes a été cette habitation, où le talent de second ordre fut oublié ensuite pour le génie. Sur la porte du 21 on lit ceci : *Hôtel de Rannes, bâti sur l'emplacement du Petit Pré-aux-Clercs. Jean Racine y est mort le 22 avril 1699 ; Adrienne Lecouvreur, en 1730. Il a été habité aussi par Champmeslé et Hippolyte Clairon.* Des Yveteaux pourra-t-il nous reprocher, au moment où notre ombre et la sienne se retrouveront, de l'avoir fait revivre en mauvaise compagnie? Il est mort un demi-siècle avant Racine, et on sait que les poëtes, outre la différence qu'établit le calendrier, meurent encore plus ou moins ! Quant à Mlle Clairon, c'est bien rue des Marais qu'elle a fait une maladie au moment où est morte la princesse Galitzin, qu'elle avait plus aimée que d'amitié. La marquise de Rannes reprit et occupa le logement de Mlle Clairon, lorsqu'ayant quitté le théâtre avant l'âge, elle s'en alla vivre de la vie du margrave d'Anspach. L'hôtel de Rannes est maintenant occupé par une pension de demoiselles.

Le marquis de Rannes avait là pour voisin le président Langlois, à côté duquel venait M. Prévost de Saint-Cyr : l'ancienne maison de ce dernier a son entrée rue Bonaparte. Aux Filles de la Visitation-de-Sainte-Marie, établies rue du

Bac, appartenait ou 13 ou 15. Deux immeubles séculaires sont situés presque vis-à-vis : du moins important était maître M. de Saint-Simon, et de l'autre M. de Louvancourt, un conseiller au parlement.

La marquise de Pierrecourt, locataire chez Louvancourt, ayant eu pour amant le maréchal de Lowendal, ne s'en était pas trop cachée ; mais elle essaya d'envelopper dans un mystère plus profond, que nous allons pourtant percer, ses complaisances pour le fils du sieur Dupré, gros marchand de soie, qui avait un appartement sous le même toit que la marquise en 1761. Le père lui vendait des robes, que le fils ne pouvait frôler sans émotion dans l'escalier, et à tel point que celui-ci la poursuivait de révérences, qu'elle se garda bien de rendre tant qu'il se bornait à saluer ; mais le jeune homme, ayant risqué la demande d'un rendez-vous, elle dérogea subitement jusqu'à prendre son lieu et son heure : la bienséance interdisait des visites d'un étage à l'autre, vu la qualité des parties, ou du moins de l'une des parties. Un souper en catimini, dans un réduit de la barrière Blanche, que le nommé Brissault faisait valoir, se prolongea jusqu'au 17 octobre : il avait commencé le 16. Comme une femme, en pareil cas, reste l'arbitre du second rendez-vous, que devons-nous penser de l'intervalle qui le sépara du premier ? Chez Dupré fils arriva un billet, le 9 décembre, par la poste, tant la dame avait en horreur jusqu'à la fin le chemin plus court, et ce billet ne remettait qu'au lendemain soir la partie, ou plutôt la revanche si longtemps désirée par celui qui avait perdu, à ce qu'il semble, la première manche. L'amoureux, pris au dépourvu, en ce qui regardait les frais du culte, envoya chez Brissault une cafetière en argent à mettre en gage chez la Maillard, qui prêta là-dessus 7 louis, en stipulant un honnête intérêt de 36 sols, tant par mois que par louis. Mme de Pierrecourt, plus désintéressée, ne désespérait pas encore d'autres promesses reçues sans aucun gage; tout fait croire, malheureusement, qu'à peine furent touchés les intérêts, de plus en plus réduits, dont elle était le gracieux principal.

Le comte de Graville jouissait du n° 22, rue des Marais; M. Ménet avait le 29. Dans ladite propriété a demeuré postérieurement l'agronome Creuzé-Latouche, conventionnel, puis sénateur. Prudhomme fils vendait en ce temps-là, dans une maison qui avait fait partie de l'hôtel Larochefoucault, sis rue de Seine, le *Miroir de Paris*, ouvrage de Prudhomme père.

Des habitations de maraîchers, et qui n'étaient qu'en petit nombre, ont longtemps justifié la dénomination de la seconde rue des Marais, qui donne faubourg Saint-Martin : les cultures qui la bordaient sont accusées sur les plans de Paris du xviie, du xviiie siècles. Néanmoins, la Révolution y trouva des maisons de maître élevées depuis quelque temps, et des chantiers qui en annonçaient d'autres.

On jouait la comédie bourgeoise chez Lebon, lequel demeurait soit au 32 actuel, qui est décoré gentiment, soit au n° 53. Une cité ou un passage, dit du Vauxhall, a remis une grille à la place de celle du Vauxhall d'autrefois, lieu mémorable de réunion d'été que le jardin Mabille rappelle. Il reste au n° 33 un pavillon, avec plusieurs grands arbres par derrière, qui dépendaient de l'établissement. Le 35 paraît être également du temps.

L'architecte Giraud, qui avait travaillé quelques années auparavant à la transformation de l'hôtel de Laforce en une prison, s'était bâti sur le même plan une maison à façade singulière, dans cette rue des Marais-du-Temple : on l'appelle encore *La Force*, n°s 47, 49 et 51 ; la fille du fondateur en est propriétaire.

Vers le même temps, un personnage remplissant une charge de confiance, mais devant qui la foule aime à s'ouvrir pour ne pas trop le coudoyer, a fait construire une maison de ville, tenant de l'hôtel de campagne, qu'on peut revoir en face la rue Albouy : c'était M. Samson, bourreau de Paris. Avant peu la Révolution lui apporta jusqu'à des têtes royales, et le sang répandu par l'instrument nouveau, qui lui obéissait aveuglément, coula avec plus d'abondance que dans les plus grandes batailles. Son fils, M. Henri Samson, d'abord son aide, et puis son successeur, fit des dépenses au-dessus de son état, qui forcèrent le père à vendre la moitié de l'immeuble de la rue des Marais à un particulier, dont il resta le locataire, et à M. Chausson l'autre moitié, aujourd'hui hôtel et café. Pas de caractère plus sociable que celui de M. Henri, qui était lettré, obligeant, disons encore homme du monde, car il y entretenait des relations non moins élevées que nombreuses. On le voyait souvent dans un café près de la porte Saint-Martin, qu'on désignait dans le quartier comme le café du bourreau, sans en chasser la clientèle. D'où venait donc qu'un homme aussi bien vu s'endettât comme un fils de famille désœuvré, et que sa femme obtînt si aisément une séparation judiciaire, et que son propre gendre, à cause de lui, fût remercié de même par sa fille? Où l'exécuteur des hautes-œuvres allait-il faire ses folies? Jouait-il gros jeu? pas du tout. Buvait-il? raisonnablement. Avait-il la passion des femmes? au contraire. M. Martin du Nord, ministre de la justice, n'était en rien plus innocent que lui : ils partageaient les mêmes goûts, ils se fiaient l'un à l'autre, ils se rendaient service en dépit de l'inégalité de leur condition respective! Mais le ministre mourut subitement, au milieu de rumeurs qui ne furent pas sans profiter plus tard à la révolution du 24 Février; M. Henri Samson, privé d'un tel appui, perdit la place héréditaire dont un de ses aïeux avait pris possession sous le règne de Louis XIII, et qui passa au bourreau de Rennes.

RUE DE SAINTONGE.

Divisée en trois rues, depuis l'année 1626 jusqu'à l'année 1851 savoir : — rue de Touraine, – rue de la Marche, — rue de Saintonge.

La première de ces trois rues n'était pas longue : elle allait de la rue du Perche à celle de Poitou, et comptait 7 maisons, au commencement du xvii° siècle, avec un nombre égal de boîtes transparentes à mèche allumée tous les soirs. La deuxième faisait suite jusqu'à la rue de Bretagne : 12 maisons et 6 lanternes. La troisième fournissait le reste du parcours actuel : 21, 5.

La famille de Vassé était propriétaire en ce temps-là du n° 4 d'à présent, qui ouvre aussi rue Vieille-du-Temple : la donation en avait été faite en 1672 au fils du marquis de Vassé, encore mineur, par Fontenailles, seigneur d'Auberède. Louise de la Couralerie en disposait au milieu du règne de Louis XV, comme donataire de feu son mari, Le Coutellier, comte de Listiers. Mathias, secrétaire des finances, achetait ensuite.

Il y avait un jeu de boules entre cette propriété et deux autres cédées en 1652 par Louis de Bretagne, marquis de Vaujour, et Louise de Balzac, sa femme, à Marie de Balzac, marquise de Clermont-d'Entragues, laquelle eut Rioult d'Ouilly pour acquéreur. L'une de ces deux maisons passa à Jacquier de Vieuxmaison, conseiller au parlement, et elle subsiste n° 8. L'autre a été vendue par le fermier général Gigault de Crisenoy à deux Américains, qui l'ont refaite, n° 10.

Les MM. de Tourny avaient aussi pignon sur l'ancienne rue de Touraine, mais c'était de l'autre côté.

La ci-devant rue de la Marche a transmis à la rue Saintonge une grande maison décorée d'un fronton qu'a longtemps habitée la famille de l'abbé Legendre. Le parlement, par un arrêt du 8 mars 1746, a autorisé l'acceptation d'un legs fait par l'abbé Legendre, chanoine de l'église de Paris, destiné à établir dans l'Université de Paris des prix pour tous les colléges de plein exercice, depuis la rhétorique jusqu'à la troisième. L'abbé Collot, chanoine de Saint-Germain l'Auxerrois, et professeur émerite de l'Université, a fondé pareillement, le 29 mai 1758, d'autres prix pour la quatrième, la cinquième et la sixième. Il y a eu, en outre, un prix d'éloquence latine pour les maîtres ès arts institué aux dépens du libraire Coignard. Telle a été l'origine en Sorbonne de l'exercice annuel du concours général.

Traversons-nous la rue un peu plus haut, le n° 27 nous montre une porte et des mansardes qui datent de la Fronde. Le bureau principal d'une entreprise créée pour le transport des paquets dans Paris s'y établit sous le règne de

Louis XVI : il y avait des succursales dans les divers quartiers de Paris.

A cette époque nous eussions rencontré au 41, rue Saintonge, Boileau, peintre du duc d'Orléans et ancien directeur de l'académie de Saint-Luc.

Parisot, maître des requêtes, avait eu la maison d'après, où son prédécesseur avait été d'Aguesseau, conseiller au parlement.

Et le 45, à qui donc? A Courtin, comte de Villiers, en 1752; au vicomte Jean de Verthamont, trésorier de France, chanoine et archidiacre, avant 1669; à Jean de la Grange, conseiller, lequel s'était rendu adjudicataire sur Claude Charlot, secrétaire du roi, par arrêt de décret du dernier jour de janvier 1643.

Moins anciennes sont, en général, les constructions qui se succèdent entre la rue de Normandie et le boulevard : le plan de 1739 accuse dans cette partie-là bien moins de maisons que de murs. Robespierre y a occupé, au n° 64, un logement qu'il a quitté au milieu de l'année 1791.

RUE DU PERCHE.

L'ancien hôtel de Mme de Maintenon, rue du Perche, n° 9, est, comme celui de Mme de Sévigné, occupé par une pension. Auvray de Graville, secrétaire du conseil d'État et du conseil privé, a vendu, sous Louis XV, à Eynard de Ravannes, grand-maître des eaux et forêts, cette propriété, qui tenait d'un côté à Mme de Poncher, de l'autre aux Capucins dits du Marais.

Pomponne de Refuge, lieutenant général, a laissé au marquis de Refuge, son fils aîné, l'hôtel qui fait le coin de la rue Saintonge. Les héritiers du marquis ont eu pour acquéreur le comte de Wallen, et celui-ci a légué la maison à Chambon, marquis d'Arbouville, sous-gouverneur du duc d'Angoulême, et après cela général. D'Arbouville, impliqué dans la conspiration du Luxembourg, est monté sur l'échafaud en l'an II.

RUE DE LIMOGES.

Simple trait d'union entre les rues du Poitou et de Bretagne, cette rue a été habitée par André Dumont, le conventionnel, soit au n° 6, où le chiffre E. L. G. se lit d'ancienne date dans la ferrure d'une porte assez petite, soit au n° 8, qui paraît un reste d'hôtel.

Le 4 appartenait, au milieu du siècle XVIII, à Guyon, directeur général des monnaies de France, demeurant rue Thibautodé, dans une maison se rattachant à l'hôtel de la Monnaie; Charles de la Visse, receveur général de Champagne, avait antérieurement donné la même propriété à Gauguion, intendant et commissaire général des vivres.

RUE DU FOREZ.

Tout ce réseau de rues qui portent, au Marais, le nom d'une province ou d'une ville, fut étendu sur la culture du Temple en l'année 1626. La petite rue du Forez fut tracée, quant à elle, au-dessus du cul-de-sac des murs du Temple.

Nous perdrions tout à fait notre temps à y chercher une somptueuse demeure.

En revanche, nous y trouvons, n° 6, une charmante bicoque plusieurs fois séculaire à porte cintrée et très-basse, à laquelle se rapporte un nom célèbre dans les annales dramatiques, sans rester toutefois étranger à celle de l'architecture. Michel-Jean Sedaine, architecte du roi, secrétaire perpétuel de son académie d'architecture, demeurant au Louvre, en est devenu propriétaire, à titre d'héritier pour un tiers de Jean-Pierre Sedaine et de Marie-Jeanne Gourdin, ses père et mère. Celle-ci tenait la maison de Michel Richer, architecte, son oncle maternel, lequel avait acheté d'un avocat signant Hubert de Pesthes.

RUE NEUVE-DES-BONS-ENFANTS.

Hôtelleries. — Maisons. — Hôtels. — Les Radziwill. — Passage Radziwill. — Madame de Villemomble.

Il y avait encore plus d'hôtelleries rue Neuve-des-Bons-Enfants en 1787 que présentement : on les appelait hôtels de Radziwill, de Varsovie, de la Reine, Montholon et des Bons-Enfants. Ce n'est pas l'hôtel de Radziwill qui se trouvait à la place du passage audit nom, mais bien l'hôtel de Montholon. Celui qui empruntait le dénomination de la rue occupait l'encoignure de la rue Neuve-des-Petits-Champs.

Plusieurs membres de la grande famille des Radziwill furent palatins de Wilna. Nicolas Radziwill, qui avait gagné des batailles, s'était fait protestant à l'instigation de sa femme; mort en 1567, il fut porté en terre sur les épaules de ses quatre fils, et ceux-ci abjurèrent le luthéranisme avant d'avoir un hôtel à Paris, situé rue Neuve-des-Bons-Enfants, et prenant vue sur le jardin du Palais-Royal. La première femme d'un prince de cette maison, palatin de Wilna, grand maréchal de Lithuanie, au XVIIIe siècle, écrivait en langue polonaise des comédies, des tragédies; une autre princesse Radziwill était poëte. Ulric de Radziwill, grand-connétable de Lithuanie, dans le courant du même siècle, composait également des poëmes; Charles, palatin de la même race, avait encore 5 millions de revenu et environ 600,000 serfs dans son pays, sous le règne de Louis XVI, bien que sa famille fût déjà appauvrie. Le rôle important qu'il a joué fait regretter que les mœurs de celui là n'aient été nullement adoucies par la culture des belles-lettres ; la sauvagerie de son impolitesse, son ivrognerie et bien d'autres licences, paraissent avoir pris à tâche de faire contraste avec les roueries de Richelieu, de Lauzun et de beaucoup d'autres, par comparaison innocentes. Au surplus, Charles de Radziwill a cessé de vivre en Pologne, la seconde année de la Révolution française. Six ans plus tard, on a su, à Paris, que le gouverneur du grand-duché de Poméranie, nommé Antoine-Henri de Radziwill, épousait une nièce du grand Frédéric. Confisquer, faute de mieux, l'hôtel de cette maison princière, n'aurait pas même été possible; car il avait été vendu au commencement du règne de Louis XV, et transformé en une ou plusieurs hôtelleries. Il n'en fut pas moins démoli, et la maison la plus élevée de Paris prit la place de l'ancienne résidence palatine.

Le passage à deux branches qui a gardé le nom de Radziwill est comme un arbre à double tronc, du côté de la rue de Valois-Palais-Royal, et ses deux tiges se réunissent au premier au-dessus de l'entresol; les six autres étages de la maison reposent, comme des nids entassés, sur la tige en spirale qui de nouveau se divise, et les deux rameaux supérieurs du pauvre petit passage Radziwill rattrapent le niveau de la rue Neuve-des-Bons-Enfants, en face de la Banque de France. Mais que feuilles et fruits viennent donc mal sur branches manquant d'air et de soleil! Le commerce ne fleurit qu'à peine, et sur le tard, aux lueurs artificielles du soir, dans le passage Radziwill. Ce curieux labyrinthe est sombre lorsqu'il fait beau dehors; il brûle des cierges en l'honneur de la pluie lorsqu'un orage nébuleux diminue le jour dans la rue : les ouragans lui sont des bonnes fortunes, qui le tirent de son abandon pour un moment. Ses modestes échoppes s'illuminent les premières, un peu avant le crépuscule; elles devancent leur aurore, qui ne devait poindre

, qu'au coucher du soleil. En un mot, cette voie couverte par huit étages, et qui a l'air de chanter matines à l'heure du salut, se croit toujours dans l'équinoxe.

Que si nous remontons dans le xviiie siècle, nous pouvons dresser un état de la propriété foncière dans la rue Neuve-des-Bons-Enfants en partant de l'autre encoignure, celle de la rue des Bons-Enfants.

N° 1 : — *M. Courtois.*

N° 3 : — *M. de Flaconot.* — Le bureau de la *Quotidienne*, puis de l'*Union*, est resté longtemps de nos jours dans le principal corps de logis de cet ancien hôtel, qui donne aussi rue de Valois.

N° 5 : — *M. Fontaine-Martel.*

N° 7 : — *Mme d'Alençon.* — Mlle Marquise, ancienne danseuse, y a porté un peu plus tard le titre de marquise de Villemomble. Maîtresse du duc d'Orléans, le grand'père de Louis-Philippe, elle avait eu de lui trois enfants : l'abbé de Saint-Phar, dont l'hôtel a gardé le nom sur le boulevard Poissonnière, l'abbé de Saint-Albin et Mme Brossard. Le prince avait quitté Mme de Villemomble pour Mme de Montesson, qu'il épousa morganitiquement; tout conspirait, en conséquence, pour empêcher que ces deux femmes se rencontrassent de la vie : la mort seule put les rapprocher, au commencement de l'Empire. Deux cercueils se trouvèrent en même temps sur les marches de l'église Saint-

Roch : l'un montait cette fois encore, pendant que l'autre descendait.

N° 9 : — *M. Duchesne.*

N° 11 : — *Le maréchal-ferrant Thavenel.*

N° 13 : — *M. Chuppin, notaire.* — C'est là qu'a été établi un hôtel garni de Radziwill, aujourd'hui de Normandie.

N° 15 : — *Même propriétaire.*

N° 17 : — *Le président Meaupeou* (qui possédait une maison rue Baillif) ou bien *M. Mainpoud de la Roche* (propriétaire, rue des Bons-Enfants).

N° 19 : — *Le duc de Noirmoutiers.* — Il y succédait à Colbert.

N° 21 : — *M. de Thezan.*

N° 23 : — *Mme de Chaussère.*

N° 25 : — *M. Laureau.*

N° 27 : — *M. Guillard, conseiller.* — Maison refaite.

N° 29 : — *M. Chuppin, notaire.*

N° 31 : — *Même propriétaire.*

N° 33 : — *M. de Sommery.* — Immeuble traversé par le passage Radziwill.

N° 35 : — *M. Boissière, maître des comptes.* — Encore le passage Radziwill.

N° 37 : — *M. Beaumont, papetier.*

La résidence du duc de la Vrillière, ci-devant du comte de Toulouse, est alors cet hôtel aux vastes proportions qu'occupe maintenant la Banque de France, et dont les dépendances absorbent tout le côté droit de la rue.

Barbier est le spéculateur qui a morcelé le terrain que l'historiographie vient de toiser à sa manière. Ce terrain avait été cédé au traitant Barbier par le cardinal de Richelieu deux années avant l'ouverture de la rue, c'est-à-dire en 1638. Il y avait alors quatre ans que le cardinal en avait fait l'acquisition.

RUE JEAN-JACQUES ROUSSEAU.

« Au mois de juin 1772, dit Bernardin de Saint-Pierre,
« un ami m'ayant proposé de me mener chez Jean-Jacques
« Rousseau, il me conduisit dans une maison rue Plâtrière,
« à peu près vis-à-vis de la poste; nous montâmes au
« quatrième étage. Nous frappâmes, et Mme Rousseau vint
« nous ouvrir la porte. Nous traversâmes une fort petite
« antichambre où des ustensiles de ménage étaient pro-
« prement arrangés; de là nous entrâmes dans une chambre
« ou Jean-Jacques Rousseau était assis, en redingote et
« en bonnet blanc, occupé à copier de la musique.... Près

« de lui était une épinette. Deux petits lits de cotonnade
« rayée de bleu et de blanc comme la tenture de sa
« chambre, une commode, une table et quelques chaises
« faisaient tout son mobilier. Aux murs étaient attachés
« un plan de la forêt et du parc de Montmorency, où il
« avait demeuré, et une estampe du roi d'Angleterre, son
« ancien bienfaiteur. Sa femme était assise, occupée à
« coudre du linge ; un serin chantait dans sa cage suspen-
« due au plafond ; des moineaux venaient manger du pain
« sur ses fenêtres ouvertes du côté de la rue, et sur celle
« de l'antichambre on voyait des caisses et des pots rem-
« plis de plantes telles qu'il plaît à la nature de les semer.
« Il y avait dans l'ensemble de son petit ménage un air
« de propreté, de paix et de simplicité, qui faisait plaisir. »

Or, la rue Plâtrière, qui était déjà habitée en l'an 1283, porte le nom de Jean-Jacques Rousseau depuis le 4 mai 1791. La maison où le philosophe n'a commencé à demeurer qu'en juin 1770, était la première à main droite en venant de la rue Coquillière : elle a été entièrement refaite.

Le 6, qui avait dépendu primitivement de l'hôtel Châteauneuf, situé rue Coquillière, appartenait alors à la famille de l'abbé Terrasson, écrivain qui ne vivait plus depuis une vingtaine d'années. Le 8, à M. de Montulé;

le 12, à M. Sageret; le 14 et le 16, à M. Mallet de Chanteloup. L'ancien hôtel Francœuil qui vient ensuite était à la disposition du financier M. Dupin, et Jean-Jacques, pour se rapprocher de cette maison amie, était venu d'abord s'installer à l'entrée de la rue Verdelet, aujourd'hui Pagevin, en quittant la rue des Cordiers. M. de Francœuil n'y succédait rien moins qu'à Mme de Pompadour.

Dans deux de ces propriétés sont établis aujourd'hui des dépôts d'eaux minérales; l'un des deux date au moins d'un siècle dans la rue, mais il était d'abord de l'autre côté entre l'hôtel Bullion et l'hôtel des Postes, et l'eau de Vichy s'y vendait 4 livres par bouteille de 4 pintes; l'eau de Baréges, 2 livres 8 sols la pinte. M. Barzun, pharmacien à Baréges, et propriétaire d'une source, nous en a fait tenir récemment quelques bouteilles, mais sans nous mettre à même de comparer le prix actuel à celui d'autrefois. Des clients qui payent mieux son eau n'en deviennent pas moins les amis de cet utile expéditeur, et ses fioles font le tour du monde. Quelques-unes reviennent chez Barzun, par la montagne, remplies d'un malaga qu'on vendrait plus cher de beaucoup, s'il était mis dans le commerce.

Dès le règne de Louis XVI, se divisait le bel hôtel qui

avait été élevé sur les dessins de Levau, en 1630, pour le surintendant des finances Claude-Bullion, et où depuis avaient passé deux prévôts de Paris, Charles-Denis Bullion, nommé en 1685, et Gabriel-Jérôme, son fils, nommé en 1723 : il y en avait un lot à M. Bellizard, un à M. Pagette, un à M. Prévost. On faisait à l'hôtel Bullion, en ce temps-là, les ventes publiques de meubles : c'était n° 3 actuel. La loge maçonnique du Contrat-Social y disposait, avec entrée rue Coq-Héron, d'une des deux galeries illustrées par Philippe de Champagne, par Simon Vouet, par Sarrasin. Le concert de l'Émulation y avait lieu tous les dimanches et commençait à onze heures du matin : Bertheaume, 1er violon; Imbault, 2me. De plus, Talma y demeurait à l'époque de ses débuts, qui eurent lieu en 1787.

M. de Mézières avait un hôtel, et le marquis de Fitzjames deux petites maisons, entre l'hôtel des Ventes et l'hôtel des Postes. De ce dernier nous avons fait l'histoire, quand nous passions rue Coq-Héron. Destouches, architecte de la Ville, qui l'avait agrandi sous le règne précédent, n'avait pas englobé encore ce qui suit le n° 5.

Au 21 ou au 24, bureau du *Journal de Paris*, ainsi que du *Journal des Savants*. Au 20, ex-hôtel Letellier, communauté de Sainte-Agnès, au sein de laquelle était morte, en 1738, sœur Anne Pasquier, âgée de 88 ans, supérieure depuis 60 ans, c'est-à-dire depuis l'origine de la maison, dont les statuts interdisaient toute prononciation de vœux : les filles de Sainte-Agnès avaient une autre porte rue du Jour, où nous les avons déjà vues, ce qui les rapprochait de Saint-Eustache.

RUE DES VIEUX-AUGUSTINS.

Vieux est le mot. L'établissement de moines augustins au delà de la porte Saint-Eustache, et près d'une chapelle de Sainte-Marie-l'Égyptienne, remonte au règne de saint Louis. Dès 1286, plus d'Augustins dans ces parages ! On perça bientôt une rue à côté de la première demeure de ces moines transférés au clos du Chardonnet. La rue n'allait d'abord que jusqu'à la rue Pagevin ; mais ce qui prouve qu'avant la fin du règne de Louis XIV elle touchait déjà à la rue Coquillière, c'est le nombre des maisons qu'on y énumérait alors, et le voici : 70. Ce chiffre n'est pas même atteint tout à fait à l'heure qu'il est, bien qu'aucune rue encore, aucun boulevard nouveau n'ait fait de trouée en travers.

Le siècle suivant vit grandir la réputation, la fortune de Lacroix, un simple friseur, lequel devint propriétaire d'une maison, rue des Vieux-Augustins, que nous croyons être le n° 12. Cet accommodeur élégant passait en poste un bon quart de son temps, sur la route royale de Paris à Versailles; on le demandait à la cour quand il coiffait à l'Opéra; il fallait s'inscrire à l'avance pour espérer les secours de son art, ou payer un tour de faveur à un prix inimaginable. Lacroix se vit même obligé d'envoyer dans chaque maison un élève dont il répondait, pour faire le gros de la besogne : il arrivait pour le dernier coup de peigne, et c'en était assez pour imprimer la signature du maître sur les coiffures auxquelles il avait mis la main. Mais en frisant Sophie Arnould, il devint trop amoureux d'elle pour que la sémillante danseuse fût insensible aux preuves qu'il en offrait. La première fois qu'on rencontra en petite robe Sophie Arnould donnant le bras à son friseur, qu'accompagnait une mère et une sœur, on la crut déjà de la famille : ce surcroît de parenté coûtait assez gros à Lacroix.

M. Héricart de Thury avait une maison vis-à-vis, et le

notaire Trübert ses panonceaux. Le fils de ce dernier a exercé également la charge de notaire, et a des fils : famille marquante en ce temps-ci !

Au 12, ancien hôtel d'Herualt, étaient la résidence et les bureaux de M. Bellanger, lieutenant particulier du Châtelet. Ce magistrat et ses collègues, car il y avait plusieurs lieutenants particuliers, tenaient l'un après l'autre l'audience du présidial.

La comtesse de Choiseul-Gouffier possédait deux maisons au coin de la rue Pagevin, lesquelles se trouvent encore derrière l'ancien hôtel Choiseul-Gouffier de la rue Coq-Héron : tout ce terrain avait été préalablement occupé par les écuries de l'hôtel d'Épernon, présentement hôtel des Postes.

Le président Gourd était propriétaire au coin de la petite rue Soly.

RUE DES JEUNEURS.

Où trouver une rue dont le nom se justifie moins, quant à présent? Le quartier qu'elle traverse est justement celui de tout Paris où l'on déjeune, en général, mieux qu'on ne dîne dans les autres. Fabricants, entrepositaires et commettants s'y entendent pour leurs affaires entre le chablis et le pomard. Préférence est souvent donnée par l'acheteur au négociant qui fait la meilleure chère. Le déjeuner, ainsi que l'ont créé des vaudevillistes au commencement du siècle, donne une verve au manufacturier qu'elle n'ôte pas au commis-voyageur; et, à mérite égal, il a sur le dîner l'avantage d'égayer la journée tout entière.

Mais le plan de Turgot écrit *rue des Jeux-Neufs*, ce qui rappelle effectivement qu'elle a été tracée à travers des jeux de boule. Elle dépendait, comme terrain, du fief Saint-Fiacre dans la plus grande partie de son parcours, limité par la rue Montmartre d'un côté, au point où se trouvait la porte Montmartre, par la rue du Sentier de l'autre. Depuis un petit nombre d'années, elle absorbe, par extension, une rue Saint-Roch-Poissonnière.

Dans la rue annexée est une maison avec jardin, répondant au chiffre 16 : Mlle Sainval, de la Comédie Française, a demeuré là. Cette actrice a été pourtant propriétaire dans la cour des Fontaines, et elle a acheté, également pendant la Révolution, l'île Saint-Honorat, près de Nice, c'est-à-dire une de ces îles de Lérins, qu'un monastère célèbre a surtout fait connaître. C'est Mlle Blanche Alziari de Roquefort qui portait au théâtre le pseudonyme de Sainval.

N° 38, rue des Jeûneurs : ancien hôtel Chalabre, d'Agoult-Chalabre par suite d'une alliance. On sait que de nos jours Mme la comtesse d'Agoult, née Mlle de Flavigny, a signé *Daniel Stern* de quoi se faire un nouveau nom : à coup sûr les livres en conservent encore plus que les hôtels. Le 17 a appartenu pareillement à M. de Chalabre.

MM. de Béthizy-Mezières disposaient du 26, où Jean Jouvenet, peintre d'histoire, avait logé sous Louis XIV. Devenu paralytique de la main gauche, Jouvenet avait fait passer son pinceau à la place qu'avait eue la palette, et il s'était appris à peindre de la main gauche : c'était bien sa seconde manière !

Le 25, le 27 ont pour propriétaire M. Delamarre, de *la Patrie*, lequel a acheté la première, déjà ancienne, de ces maisons et fait bâtir la seconde sur un jardin avant 1830.

Une construction contiguë à ce jardin avançait dans la rue, d'après le plan de Paris en 1739, plus encore que les autres propriétés séculaires qui, maintenant encore, subsistent sur la même ligne, du côté de la rue Montmartre.

Nous ne savons si M. de Pressigny, le fermier général, qui possédait, au commencement du règne de Louis XVI, et le 41 et une autre maison depuis lors démolie, est le même que nous avons vu, dans sa jeunesse, rue des Enfants-Rouges : les dates n'y contrediraient pas. Voici comment, quelques années plus tard, on désignait ces deux propriétés : *Hôtel de M. Ménage de Pressigny-Férigen.*

---

1. — Paris. Imprimerie de POMMERET et MOREAU, 42, rue Vavin.

Liv. 47
LES ANCIENNES MAISONS

Des rues de Lille, de Verneuil, Saint-André-des-Arts, Pavée, du Parc-Royal, du quai d'Orsay et de la place Royale.

NOTICES FAISANT PARTIE DE L'OUVRAGE INTITULÉ :

LES ANCIENNES MAISONS DE PARIS SOUS NAPOLÉON III

PAR M. LEFEUVE,

Monographies publiées par livraisons séparées, avec table de concordance à la fin de la publication.

RUE DE LILLE ET QUAI D'ORSAY.

Satisfaction donnée à un besoin prévu dès 1787.

L'éditeur du *Provincial à Paris* publiait en 1787 la note que voici : « Nous supplions les acquéreurs de vouloir bien « faire écrire leurs noms sur le tympan des principales « portes d'entrée, et de ne pas souffrir qu'on en efface les « marques indicatives, telles que les armes, les numé- « ros, etc. Ils ne sauraient imaginer avec quel plaisir un « étranger, un Parisien, un homme de lettres, se prome- « nant dans Paris, s'arrête pour les lire. Comme ces noms

« sont plus ou moins connus par des faits historiques
« ou des anecdotes intéressantes, sur-le-champ on se les
« rappelle ; et cette galerie d'hôtels superbes, décorés cha-
« cun d'un nom illustre ou remarquable, inspire du res-
« pect pour leur maître et une sorte de vénération pour leur
« demeure. » A cet appel, qui fut mal entendu, la rue
dans laquelle nous entrons eût pu répondre par des noms
historiques, dont la liste n'a fait que croître et embellir.

Par exemple, la première maison du côté gauche de la
rue, édifiée pour M. Pidoux au commencement du règne de
Louis XIV, devait remplir une des conditions du programme
du *Provincial;* une inscription y indiquait sans doute les
écuries de la comtesse d'Artois. M. Réal, ancien accusateur
public, préfet de police aux Cent-Jours, y habita, et puis le
siége y fut de la 1re division militaire. Le général de Muy,
voisin de Réal, avait eu pour prédécesseurs un Montmorency, un Créqui, et la famille du même général avait eu,
sous Louis XVI, sa résidence à l'autre extrémité de la rue.

Une église, désignée sur le plan de Gomboust comme
Aide de Saint-Sulpice, a été remplacée par une habitation
superbe, où les lettres et les sciences, alternativement culti-
vées, préoccupaient le duc de Lauraguais-Brancas. C'est le 19
en ce temps-ci. La librairie Treuttel et Wurtz y date de la
Convention. Au temps de cette installation, le 21 fut gagné
en loterie. Trois ci-devant hôtels de Crillon, du Chayla et de
Béthune étaient un peu plus loin, et n'ont pas disparu de-

puis. On avait confisqué, sur les ci-devant chanoines de Saint-Honoré, les premières maisons après la rue du Bac.

La famille de M. Mandat, colonel de la garde nationale tué le 10 août 1792, a succédé à un Monaco de Valentinois et au maréchal de Maillebois, petit-fils de Colbert, immédiatement après la rue de Poitiers.

La propriété contiguë a été donnée, en 1706, par Prédot, architecte, au président Duret. Le marquis de Dangeau, auteur du *Journal de la cour*, et auquel Boileau a dédié sa satire sur la noblesse, y a coulé ses derniers jours avec sa seconde femme, Sophie de Loewenstein, nièce du cardinal de Furstenberg. La petite-fille de cette dame, Sophie de Courcillon, veuve de deux ducs et pairs, un Picquigny et un Rohan, a vendu, au milieu du xviii° siècle, à Legendre, comte d'Onzembray, lieutenant général. La société de Mme de Montesson et de Mme de Genlis a été représentée ensuite, hôtel Dangeau, par le comte de Nansouty.

Un autre hôtel a passé, sous Louis XV, du marquis de Mouchy au marquis de Carvoisin; un autre encore, de MM. de Stonville à MM. de Puységur : propriétés aujourd'hui divisées et qui précèdent la rue Bellechasse. Le recensement des constructions qui suivent, reporté au milieu du règne de Louis XVI, nous donne : — une maison à deux portes, qui arrive la première, faite par Molet pour le duc d'Humières, refaite par Desmaisons, où est morte en 1803 à un âge assez avancé Mlle Clairon, et où ont été rédigés après cela les mémoires de cette tragédienne célèbre, par Étienne, qui y avait pris un logement ; — un hôtel de Périgord, occupé plus tard par le général Klein, et que nous croyons avoir été acquis, vers 1812, par la générale Hoche ; — un hôtel de Salm-Kirchbourg ;—un hôtel de Gramont, qui peut être l'immeuble que, de nos jours, M. le duc de Maillé tient de sa belle-mère, Mme d'Osmont ; — un hôtel Lafayette, plus récemment d'Harcourt, et puis Crillon ; — enfin l'hôtel de Muy, plus connu sous le nom de Forcalquier comme un bureau d'esprit, où la coterie dite du *Salon-Vert* avait inspiré à Gresset l'idée de sa pièce, *le Méchant*, en lui fournissant des modèles.

Et pourtant un de ces hôtels, donnant presque tous autrefois rue de Verneuil, ou rue de l'Université, avait été vendu tout fait, en 1714, par l'architecte Boffrand au marquis de Torcy, ministre, qui y avait laissé sa veuve. L'habitation venant après avait été inaugurée par le duc d'Ancezune, gendre de M. de Torcy. M. de Lambert, le prince de Dombes, M. de Salles, M. de Logny, et encore M. de Salles avaient eu cinq propriétés, partant de l'hôtel d'Ancezune et finissant avec la rue Bourbon.

C'est ainsi qu'on appelait la rue, ouverte sur le grand Pré-aux-Clercs en 1640 sous le patronage de Henri de Bourbon, abbé de Saint-Germain-des-Prés, et prolongée jusqu'à la rue de Bourgogne à soixante-quatre années de là. Force fut d'en changer le nom en 1792, et on en profita pour consacrer le souvenir de la résistance des Lillois aux Autrichiens. Presque toute la rue, du reste, était en train de faire retour à l'État. Nous venons d'en suivre le cours par la rive gauche; remontons maintenant par la rive droite.

La maréchale Lobau a cessé de vivre il n'y a pas longtemps, au n° 96, où le jour même de ses noces l'avait amenée son mari. Masséna, duc de Rivoli, prince d'Essling, que la campagne d'Italie avait fait surnommer à juste titre *Enfant chéri de la Victoire*, mourut dans l'hôtel d'à côté, le 4 avril 1817. M. de Vogué succède au prince de la Trémoille dans le ci-devant hôtel Bentheim, qui n'a fait qu'un avec les précédents, et où était l'ambassade de Parme. Il nous semble que par origine c'est là l'hôtel de Seignelay, dessiné par Boffrand, où s'est trouvée longtemps la bibliothèque de Colbert, et occupée ensuite par la duchesse de Modène. L'envoyé de Parme avait, dans tous les cas, son entrée par le quai d'Orsay, où la plupart des autres propriétaires de la rue de Bourbon, jusqu'à la rue du Bac, n'avaient que des jardins. Boucher d'Orsay, prévôt des marchands, avait posé, dès 1704, la première pierre du quai, dont les travaux, bientôt interrompus, furent un instant repris en 1769, tout à fait en 1808.

Le maréchal Mortier, duc de Trévise, était déjà entré en possession, à cette époque, d'un hôtel de Montmorency, où le conventionnel Garnier, qui mourut fou, avait logé : le n° 88. On sait comment fut célébré en 1835 l'anniversaire des journées de Juillet par la machine infernale de Fieschi : elle n'épargna les jours du roi qu'en enlevant le maréchal Mortier, alors ministre de la guerre.

Le prince de Dombes n'avait eu, du côté des chiffres impairs, que son petit hôtel, sur le jardin duquel avait été percée la rue de Courty, vers 1780, par Courty, de Romange et compagnie. Ce prince tenait de son père, le duc du Maine, un grand hôtel, mais qui n'existe plus, entre M. de Montmorency et MM. de Béthune-Charost. Le maréchal marquis de Lauriston, lorsqu'il fut remplaçant de ces derniers, n° 80, eut un salon où le système de Law, dont il était le petit-neveu, avait compté ses premiers adhérents, grâce à Mme de Tencin. A côté du salon dont l'auteur du *Siége de Calais* fit gracieusement les honneurs aux hommes d'esprit de son temps, il y a sa chambre à coucher, sur laquelle pèsent des souvenirs différents. Avant 89, la propriété adjacente répondait au nom de Villeroi, et tenait d'autre part à un hôtel Saisseval. Les n°s 68, 66, où les futurs historiographes nous sauront gré d'avoir signalé la présence actuelle de M. le duc de Noailles, appartenaient sous Louis XVI aux Du Roure, et sous Napoléon Ier au maréchal Ney, lequel y reçut des visites de l'empereur Alexandre.

En 1786, on mettait la dernière main à un petit palais élevé par Rousseau pour le compte du prince de Salm, presque en face de la maison que la même famille possédait déjà dans la rue. Ayant dissimulé ses sympathies pour les idées nouvelles, M. de Salm surprit la cour de France, qui le comblait de ses faveurs, en passant dans les rangs de la Révolution, en Hollande et puis à Paris. Que devint-il, pourtant, ce commandant d'un bataillon de garde nationale? Emprisonné aux Carmes, il ne reparut plus. Le nommé Lieutraud, un faussaire, fut arrêté dans l'ex-hôtel de Salm, dont il s'était rendu propriétaire, avant que Mme de Staël y présidât, pendant le Directoire, un conciliabule politique, auquel Benjamin Constant prenait déjà part. On en fit en 1802 le palais de la Légion d'honneur.

Le maréchal de Bellisle, petit-fils du surintendant Fouquet, s'était fait dessiner un autre hôtel par Bruant fils, et il était mort sans enfants, ou du moins après ses enfants. Les Praslin, ayant pris la place du maréchal, la duchesse de ce nom laissa un testament, en 1784, par lequel, en léguant ses biens aux héritiers du prince de Soubise, elle déshéritait ses enfants, comme étant ceux d'une femme de théâtre qu'on avait substitués aux siens; mais le testament fut cassé. Le comte Demidoff résidait dans l'hôtel au moment où il fut vendu à la comtesse d'Harville, née d'Alpozzo, c'est-à-dire sous le Consulat, et ce fut bientôt la demeure d'un sénateur, le général d'Harville; M. de Lépine prit ensuite possession, avant d'être fait pair de France; enfin la Caisse d'amortissement et des consignations acquit et s'installa. Un changement de dispositions n'a pas rendu méconnaissable l'extérieur de cet édifice, à la hauteur duquel ne s'élevait plus aucun train de maison privée, et l'administration publique a jusqu'au bout donné le bon exemple, en faisant inscrire sur la porte de la rue de Lille ces deux dates : 1720-1858.

Le n° 54, appartenant également à la caisse, fut acheté par M. de Praslin, qui y créa une galerie de peinture, et qui l'appelait son grand hôtel. L'architecte de Cotte avait construit cette maison à ses propres dépens, ainsi que celle du coin de la rue du Bac, qui a été hôtel d'Harcourt, alors que par derrière M. de Chastelux occupait la première maison du quai d'Orsay. Dans celle-ci, le peintre Robert Lefèvre, dont le talent et la raison, sous le coup du plus vif chagrin, ont partagé l'exil de ses augustes protecteurs, finissait déplorablement en octobre 1830. Dans celle-là, quittée par les d'Harcourt, était à demeure le maréchal Jourdan.

Carle Vernet, au n° 36, avait l'ancien atelier de Lebel, dans un ancien hôtel Crillon, vraisemblablement un de ceux qu'avaient édifiés les Théatins. L'entrée des Théatins par la rue de Lille, décorée d'un ange sculpté, auquel il ne manque qu'un bras, est devenue celle d'un hôtel garni. La notice du quai Voltaire n'a pas oublié ce couvent.

Non loin se voit une petite niche à Notre-Dame, vis-à-vis d'une grande, et puis, sur la façade du n° 14, au-dessous d'un cadran solaire, une légende nous défie de bien savoir l'heure qu'il est :

Dum petis, illa fugit.

RUE DE VERNEUIL.

1640. — Cette année voit tailler dans le grand Pré-aux-Clercs la rue de Verneuil, en même temps que celle de Bourbon (Lille). Elles se partagent en véritables sœurs le nom de Gaston-Henri de Bourbon, duc de Verneuil, abbé de Saint-Grmain-des-Prés, et si l'une de ces rues jumelles rappelle au titulaire d'un des plus riches bénéfices, que son père fut Henri IV, l'autre ne dissimule pas que sa mère, morte depuis sept ans, ne s'est nommée que marquise de Verneuil. Il s'en est même peu fallu que celle-ci n'ait mêlé, dans les veines de son fils, le sang de la branche des Valois à celui du premier Bourbon, ce qui ne le rendrait que plus royal et capétien à double titre : elle est bien la fille de d'Entraigues, gouverneur d'Orléans, mais sa mère, Marie Touchet, a été la maîtresse de Charles IX avant la naissance de cette enfant.

1750. — A cette date, on distingue rue de Verneuil : les hôtels de Morveau (nos 1, 3 et 5 actuels) et de Gamaches, antérieurement Pidoux (n° 2), l'Académie royale de Dugier (n°ˢ 13 et 15), les hôtels de la Guistade (n° 30), d'Aiguillon (n° 33) et d'Avejean (n°ˢ 53 et 55). Quel est M. de Morveau? Un président. Que rappelle le nom suivant, outre les noces de Gamaches? L'Académie des sciences, à cette époque, compte parmi ses membres l'abbé Etienne-Simon de Gamaches, et un officier du même nom a été choisi par Louis XIV pour accompagner le duc de Bourgogne ; Mme de Gamaches, femme d'esprit liée avec Mme de Longueville, a vécu ses quatre-vingts ans ; sans compter qu'il y a eu, sous Charles VII, un maréchal de France Rouault de Gamaches. L'Académie royale de Dugier est une école d'équitation. M. de la Guistade siége au parlement de Paris. Mais lequel de nous ne sait pas que Vignerot du Plessis, duc d'Aiguillon, dont la fortune a commencé sous les auspices de Mme de Chateauroux, devra d'entrer au ministère à la disgrâce de M. de Choiseul, et aux bonnes grâces de Mme Dubarry?

1785. — **Côté gauche** : Hôtel de Bouville, qui est l'ancienne académie Dugier et une des mairies futures du Xe arrondissement. — Hôtel de Montchevreuil; quatrième porte avant la rue de Beaune. — Hôtel de Cély-d'Astorg, qui a été d'Aiguillon, et où M. Desmaisons, un des architectes du roi, a réuni une collection de plans, que visitent les amateurs. — Hôtel de Montesquiou, un peu plus haut. — Hôtel de Montboissier, dit aussi d'Avejean.

Côté droit : Hôtel de Bercheny (où se trouve de nos jours l'intendance militaire de la 1re division). Originaires de la Hongrie, les Bercheny servent le roi de France depuis le règne de Louis XIV, à la tête d'un régiment de hussards qui ne s'appelle pas autrement qu'eux. A côté de leur résidence (au n° 60 *bis*), est le riche cabinet de tableaux de M. Coupry-Dupré, greffier en chef des présentations du parlement. Les almanachs et les gazettes de 1807 annonceront qu'au même endroit « on voit la collection de gra- « vures de l'histoire de France, chez Soulavie, ex-ambas- « sadeur en Suisse. »

RUE SAINT-ANDRÉ-DES-ARTS.

Au commencement de l'an 1000, une église a été édifiée à la place d'un oratoire, à l'entrée de la rue Saint-André-des-Arcs, dont le nom, dû à cette église ainsi qu'aux marchands d'arcs qui figuraient parmi les paroissiens, a été modifié ensuite par l'usage et par égard pour les maîtres-ès-arts dont les collèges voisins étaient la pépinière. La rue a perdu récemment une vingtaine de maisons, où commençait son ordre numérique; tâchons donc d'indiquer autrement que par des chiffres, inévitablement appelés à reculer, la place des immeubles qui vont nous occuper.

La seconde propriété encore debout du côté gauche a fait partie d'un hôtel de la Verrière, avant que son propriétaire fût Dufresne, seigneur du Cange, président trésorier de France vers 1700.

Un peu avant la rue Gît-le-Cœur, il subsiste une ou deux des huit maisons qui appartenaient au collège d'Autun, dont nous parlions déjà rue de l'Hirondelle. Une déclararation passée le 6 décembre 1710 par Fouret, prêtre et principal, Escomel, proviseur, Robert, Gachon, Teissier,

Badon, Pajot, Mouton, Laurent, de Saint-Priest, Savoye et Chapuys, boursiers, rappelait que ces maisons étaient exemptes de cens par suite d'amortissement, à l'exception d'une seule donnant sur les deux rues de l'Hirondelle et Saint-André-des-Arts, à l'enseigne du *Cheval noir*.

Après la rue Gît-le-Cœur, ancien logis de Montholon, au XVIe siècle garde des sceaux. Propriétaire en 1650 : Ingrand, conseiller au parlement de Metz, et puis son fils, intendant du commerce. Locataire en 1793 : Billaud-Varennes, député de Paris à la Convention nationale.

Par un balcon et des sculptures se distinguent une maison d'en face, où a vécu l'historien André Duchesne. Un peu plus loin une maison bourgeoise appartenait sous Louis XIV à Vitard de Passy, avocat ; elle était décorée avant 89 des panonceaux du notaire Boulard, connu plus tard comme bibliophile. L'Assistance publique dispose de la suivante, où se tient une école de filles, et qui était à l'Hôtel-Dieu. Mme Freslon, comtesse de Bonamour, le joli nom qu'elle avait là ! vendait le premier coin de la rue de l'Eperon, en 1754, à Pissot, vrai nom d'encoignure !

Deux hôtelleries vis-à-vis : celle de Bretagne, celle de Rennes. Puis la demeure de Vacherot, tapissier, acquéreur des Lefèvre d'Eaubonne ; puis une propriété de belle apparence, où était le bureau de Chérin, généalogiste du roi, à l'angle de la rue des Grands-Augustins, et qui avait passé par les mains de Cotelle, juré-vendeur de marée, aucien conseiller du roi, après avoir été laissée en héritage à Charlotte de Roumilley de la Chesnaye, femme de François de l'Hospital, marquis de Saint-Mesme, par Dutillet, baron de la Bussière, greffier en chef du parlement.

A quelques pas vous retrouvez sans peine l'hôtel de Lyon, qui en a formé deux, le grand et le petit, avec une sortie sur la rue Contrescarpe, fort utile à la Poste aux chevaux lorsqu'elle y était établie. Comment les archevêques de Lyon sont-ils entrés en possession de cet hôtel, autrefois de Buci, et de plusieurs maisons contiguës? Miron, fils du médecin de Henri III, ou Richelieu, frère du cardinal, qui ont l'un après l'autre gouverné l'église de Lyon, ont pu en enrichir leur temporel. Le plan de 1652 écrit déjà : *Hôtel de Lyon*. L'archevêque Claude de Saint-George en est encore propriétaire, plus tard, mais au moyen d'un retrait opéré le 11 janvier 1703 sur les enfants et autres héritiers de Louis Blanet. Aussi bien cet ancien séjour est d'origine royale : Jeanne de Navarre, femme de Philippe-le-Bel, a voulu y fonder par testament le collége de Navarre, que les exécuteurs testamentaires de la reine ont préféré transporter autre part au moyen d'une aliénation.

La porte de Buci était rue Saint-André-des-Arts, auprès de celle Contrescarpe. Lorsque l'ancien Paris y commençait par l'hôtel de Navarre d'un côté de la rue, il y finissait également par un royal séjour de l'autre. De la rue de l'Éperon à la porte de Buci, un grand logis fut occupé par les ducs d'Orléans du xive et du xve siècles, dauphins de France ou frères de roi; Louis XII en fit plusieurs lots avant son avénement au trône, et des particuliers s'en arrangèrent en janvier 1484.

L'un d'eux était Jacques Coytier, l'ancien médecin de Louis XI, tellement accusé de dilapidations qu'il rendit gorge de 50,000 écus, offerts à Charles VIII pour la guerre d'Italie. Il avait la grange du palais, qu'il transforma un peu plus tard en une belle habitation, et qu'il appela *l'Abri-Cotier*. Toutefois, c'est un Eléphant que la porte montrait pour enseigne. Il y avait aussi sur la façade, l'inscription suivante :

Jacobus Coytier miles et consiliarius ac vice-præses
Cameræ computorum Parisiensis
Aream emit et in ea ædificavit hanc domum .
Anno 1490.

Le moins qu'il reste du séjour d'Orléans, c'est un corps de logis du côté de la cour de Rouen. A plus forte raison, subsiste-t-il encore une portion de l'Abri-Cotier, sur lequel la porte Buci projetait son ombre. Lenain de Tillemont, historien ecclésiastique, y est mort en l'année 1698, et il a été inhumé en l'église Saint-André-des-Arts, où l'ancien médecin du roi avait fondé une chapelle; Jean Lenain, avocat général, a vendu la propriété à Michaut de Montaran, conseiller au parlement, et ce dernier a eu pour acquéreur, en 1738, un sieur Cochois, qui a fait élever une autre maison par devant. Qu'a laissé Cochois par derrière ? il a laissé une maison, un jardin, avec une porte cintrée venant après sa nouvelle porte, suivie d'une autre également cintrée, comme les architectes du xviii° siècle n'en faisaient plus du tout.

On ne comptait entre la maison Cochois et la rue de l'Éperon que deux propriétés, l'hôtel de Villayer, l'hôtel de Châteauvieux : nous les retrouvons l'une et l'autre sur l'ancien territoire des ducs d'Orléans. Les deux maisons n'en faisaient qu'une d'abord : Jacques de la Guesle y résidait. C'est lui qui, sans rien soupçonner, servit d'introducteur à l'assassin Jacques Clément dans le cabinet de Henri III, auquel ce gentilhomme lettré était vivement attaché. Il ne le fut pas moins à Henri IV, et cessa de vivre en l'an 1612. Après lui, l'hôtel de la Guesle se divisa entre cohéritiers. Les Dutillet, famille parlementaire, précédèrent les Renouard de Villayer dans l'hôtel audit nom. Le comte de Châteauvieux, qui avait épousé Marie de la Guesle, eut pour gendre le duc de la Vieuville, et lui laissa l'hôtel de Châteauvieux.

RUES PAVÉE-SAINT-ANDRÉ-DES-ARTS ET PAVÉE-AU-MARAIS.

Le plan de Lacaille en 1714 marquait rue Pavée-Saint-André un hôtel d'Aguesseau, qui a été depuis Laroche-Aymon, présentement le n° 18. Les belles mansardes qu'on a eu le bon goût d'y conserver, ont connu dans l'hôtel le chancelier Guillaume Poyet, trépassé en l'année 1548.

La maison d'à côté, ce domicile mortuaire du président Séguier en 1848, avait été dans le principe un hôtel de Moussy, cédé à titre d'échange en 1695 par Henri d'Orléans, marquis de Rothelin, à la veuve de Henri d'Argouges, marquis de Rannes, seigneur de Fleury, gouverneur d'Alençon; légué ensuite par la marquise à la comtesse de la Palue-Bouligneux, qui eut pour héritier son cousin, marquis de la Housse, ambassadeur près le roi de Danemarck; donné en 1728 à Grossolles, marquis de Flamarens, grand chancelier de France; vendu en 1750 à la veuve de Marigny, grand-maître des eaux et forêts.

Entre ladite propriété et la rue de Savoie, vous voyez des maisons ayant appartenu sous Louis XIV à Le Peletier de la Houssaye, intendant des finances, à Le Coigneux, conseiller au Châtelet, à François de Montholon, seigneur d'Aubervilliers, membre du grand conseil. Mais il est impossible que l'ancien hôtel de Nemours, morcelé seulement en 1670, n'ait pas laissé près la rue de Savoie, ouverte sur son territoire, des constructions que nous y revoyions. Rue Pavée-Saint-André, avait été l'entrée du grand logis, que la duchesse de Savoie tenait de son père, Charles-Amédée, duc de Savoie et de Nemours, et qui avait été à l'évêque de Laon sous Charles VI, à l'évêque d'Autun sous Philippe de Valois, provenant déjà de l'évêque de Noyon et de Gaucher de Chatillon.

François-Ambroise Didot et sa femme, Charlotte Vaisin, vers la fin du règne de Louis XV, étaient en possession de deux maisons, rue Pavée et rue de Savoie, et ces propriétés se rejoignaient derrière la propriété qui faisait l'angle des deux rues. Là était l'imprimerie qui commença à faire de la famille Didot une dynastie comme celle des Estienne : on y établissait, par ordre du roi, une triple édition des classiques français, in-4°, in-8° et in-18. Editeur, imprimeur, fondeur, ce premier des Didot célèbres n'avait que peu de pas à faire pour se rendre au bureau de Lebègue, garde-minute de la chancellerie, le n° 14 actuel :

on y retirait les priviléges de la librairie, moyennant 37 livres.

Les immeubles que nous voyons de l'autre côté de la rue, en arrivant du quai, répondaient vers le même temps aux noms que voici :—Émery, imprimeur,—Lemaître, conseiller au parlement,—les marguilliers de Saint-André-des-Arts,—les deux frères Prévost, l'un orfèvre-joaillier, l'autre lieutenant de cavalerie,—de Chaumont, —la communauté des Frères-cordonniers, — l'Hôtel-Dieu, —l'abbé Viet, — Sainte-Beuve, huissier du roi au parlement, père du théologien qui fut privéde sa chaire à la Sorbonne comme trop janséniste.

Le président Lemaître, en résidence rue des Grands-Augustins avec sa femme, née Feydeau, avait été propriétaire de la maison en face la rue de Savoie, antérieurement à son fils susnommé. Cette famille avait disposé également des n°ˢ 9, 11 et 13, vendus en l'année 1700 par Anne Lemaître et son mari, Charles de la Boulière, sieur de Chagny, à Jobard, *maître-cordonnier privilégié suivant la cour et conseils de Sa Majesté*, qui demeurait aussi rue des Grands-Augustins. Les Frères-cordonniers, communauté fondée en 1645 par le baron de Renty, sur des statuts donnés par Coqueret, docteur en Sorbonne, occupaient la maison de Jobard, ainsi qu'une autre, rue de la Grande-Truanderie. Ils faisaient des souliers, dont on était content, et vivaient du fruit de leur travail, dont ils donnaient le superflu aux pauvres. Leur chapelle, Lacaille nous la montre. Ils allaient tout vêtus de noir, avec rabat et chapeau rabattu. Des reconnaissances pour le cens, dont l'établissement des Frères était grevé au profit de Saint-Germain-des-Prés, portaient les signatures suivantes : *Coubon* et *Ganeval*, en 1718 ; *Tronquart*, en 1735 ; *Pierre Noireaux*, l'année d'après.

C'est sous les rois de la troisième race qu'avait été bâtie la rue Pavée-Saint-André-des-Arts, dépavée très-probablement au XVIe siècle, puisqu'on l'appelait alors Pavée-d'Andouilles : mot qui pouvait être toutefois la corruption du nom de Nantouillet, propriétaire dans ces parages.

Presque aussi avancée en âge est la rue Pavée-au-Marais, qui fut dite Pavée-Marivault. Dans celle-ci tout n'est pas séculaire ; encore faut-il nous rendre compte de ce qu'elle a su conserver.

Le parlement fait raser un hôtel à la requête de l'université de Paris, en réparation d'une offense dont les gens de Savoisi, favori de Charles VI, se sont rendus coupables envers des écoliers. L'université ne permet qu'en 1517 de rebâtir à la même place, et elle exige qu'une inscription, rappelant qu'elle a fait justice de l'injure, figure sur la porte de l'hôtel reconstruit. Après le trésorier Morlet de Museau, général des finances, y paraissent les Savari, et l'amiral Chabot y meurt. La propriété de l'hôtel ayant fait retour au roi, François Iᵉʳ en gratifie Françoise de Longwy, veuve de l'amiral, qui vend à Bellassise, trésorier de l'extraordinaire ; à ce dernier succède Charles III, duc de Lorraine, lequel y abandonne sa femme, pour ne revenir qu'après ses funérailles, en 1657. Adjudication sur ce prince, en date du 29 avril 1681, au profit de la veuve de Dauvet, comte Desmarets, grand-fauconnier. La petite-fille de cette dame épouse le marquis Adrien d'Herbouville, guidon des gendarmes ; elle a un frère ; un partage en résulte. L'hôtel de Lorraine empiétait et sur la rue du Roi-de Sicile et sur celle des Francs-Bourgeois, où il avait un jardin et une tour, en remplissant tout un côté de la rue Pavée-Marivault ; mais l'hôtel d'Herbouville perd les deux encoignures. Le 11 actuel est alors Desmarets, le numéro suivant est d'Herbouville, comme l'indiquait sans doute un écusson où les propriétaires de ce temps-ci ont incrusté leurs initiales.

Des concierges qui font fortune sont visibles dans tous les temps. Celui de l'hôtel de Lorraine, ayant nom Courtavenne, tenait le 6 de dame Anne Phelypeaux, veuve de Le Bouthillier, comte de Chavigny, ministre ; il a eu pour acquéreur en 1663 un sieur Lecomte. Le marquis Desnos, qui était aux droits de Lecomte, a connu Dupont, banquier, au 8, Renault, correcteur des comptes, au 10, et Tronchet avocat, au 12, que recommande à notre attention ce nom de grand jurisconsulte et de défenseur de Louis XVI. Deux escaliers à rampe de fer donnent à cette construction un certificat d'origine aristocratique, confirmé par sa qualité de petit hôtel de Brienne. Les Loménie de Brienne en avaient hérité de leur aïeul, le comte de Chavigny, et ce ministre avait été, en somme, propriétaire avec sa femme de presque toute la rive droite de la rue, y compris l'hôtel de la Force et le grand hôtel de Brienne, transformés en prison trois quarts de siècle avant de s'évanouir.

Fort heureusement un autre a survécu, sur la porte duquel est écrit :

Lamoignon, premier président du parlement de Paris (1655).

C'est bien d'avoir de la mémoire, quand il s'agit des magistrats qui ont payé en dévouement ce qu'ils devaient à une monarchie qui avait attaché leur nom à l'histoire de son plus grand siècle : le vertueux Lamoignon-Malesherbes, cet autre avocat de Louis XVI, eut la même fin que son roi. Seulement ce bel édifice est évidemment plus ancien que la notoriété du nom, et le millésime de la porte ne se rapporte pas à l'établissement de cette famille rue Pavée. L'historien Adrien Baillet, excellent bibliothécaire qu'a eu le premier président, n'a jamais vu cette inscription. Des fenêtres couronnées de D en disent plus long que la porte : c'est le chiffre de Diane de Poitiers. Elle-même y a succédé à Robert de Beauvais, dont la maison, avec un grand jardin, avait appartenu aux religieux de Saint-Antoine, et s'était appelé la *Porcherie Saint-Antoine*. Le duc d'Angoulème, fils de Charles IX et de Marie Touchet, s'est rendu acquéreur en 1581 de l'hôtel, qu'un de ses héritiers, Charles de Valois, comte d'Alais, occupait encore sous Louis XIII, Chrétien de Lamoignon n'en a été propriétaire qu'en vertu d'un contrat signé en 1684.

RUE DU PARC-ROYAL.

Madame des Fusées. — La demoiselle David.

L'eau de la Floride n'était pas encore inventée ou importée dans notre bonne ville de Paris, quand la présidente Bordier, qu'on appelait aussi Mme des Fusées, vit des courants argentés s'établir dans les ondes de sa chevelure; elle eut beau retourner les spirales de sa sévigné, il fallut recourir à l'art pour mater l'éclat d'un reflet qu'envoyait le soleil d'automne. Mme des Fusées, qui habitait la rue du Parc-Royal, manda donc un jeune Italien, qui mettait au service de la belle Ninon, disait-on, les secrets de sa cosmétique. — Faites votre prix, lui dit-elle, et de moi tout ce que vous voudrez.

Après avoir enduit d'une pommade les cheveux grisonnants de Mme Bordier, ce parfumeur, qui était par miracle un honnête homme, hocha la tête et risqua cet aveu :—Vous m'appelez trop tard, belle dame; mon père, auquel j'ai succédé, aurait pu vous tirer d'affaire.

— Insolent! s'écria trop vite la présidente, en ajoutant une gifle à ce mot.

— Un soufflet vaut un démenti, répliqua l'Italien sans se déconcerter. Vous laverez vous-même cet affront, si vous ne voulez pas vous réveiller demain matin avec les cheveux blancs comme neige : c'est l'effet de ma première couche, quand la seconde ne la suit pas de près.

Mme Bordier demanda grâce, et offrit de payer aussi cher pour conserver la nuance de sa chevelure que si tout avait réussi. L'offre d'argent fut repoussée, comme un surcroît d'injure pour l'offensé, au cou duquel la pauvre dame se jeta, en mouillant la joue encore chaude d'une larme qu'elle y baisa.

— A la bonne heure, fit alors l'Italien! C'est le président qui payera.

— Mais, Monsieur, lui dit-elle, le président n'est plus, et j'ai trois filles, et je suis femme de qualité !

— Appelez-vous cela des raisons? demanda l'autre imperturbablement.

La seconde couche fut donnée, mais autrement que la première. Mme Bordier en conçut d'autres craintes, à quelques semaines de là, et elle s'en voulut tout de bon d'avoir fait l'expérience de la pommade de Ninon : dans un dérangement de sa santé, elle voyait un diagnostic fâcheux, qui du vivant de son mari ne l'eût pas du tout inquiétée. Pour consulter utilement un médecin, il fallait d'abord raconter ce qu'avait fait le manant d'Italien. Son carrosse la porta chez l'illustre Fagon, qui séance tenante lui rendit sa visite, et qui lui dit : — Rassurez-vous, Madame, vous n'aurez plus de la vie rien à craindre.

La présidente n'était que trop rassurée : elle en vint à regretter jusqu'à ses inquiétudes.

Des Fusées, qui a l'air d'un nom de guerre, ne venait même pas d'une terre. Mme Bordier l'empruntait tout bonnement à son hôtel, situé vis-à-vis de la rue Culture-Sainte-Catherine, et la rue Pavée elle-même avait porté ce nom-là autrefois, après celui de Petit-Paradis, sous lequel elle s'était ouverte sur le terrain de l'ancien logis Barbette et dans la direction du parc de l'hôtel royal des Tournelles. L'arsenal de la Ville, en 1652, faisait presque face à M. Bordier.

Une femme d'un tout autre genre, qui demeurait n° 21, fit quelque bruit dans le Marais par le nombre de ses amours et le luxe de ses atours, au milieu du siècle suivant. C'est une plante qui avait poussé dans la serre-chaude du Parc-aux-Cerfs. Son installation dans la rue fut suivie de près par la conquête du prince de Rohan, que ses beaux yeux avaient séduit pendant la messe, à l'église des Minimes.

A cela près, la rue du Parc-Royal était encore bien habitée. Une seule maison y séparait M. Auger de Montyon de M. de Montboissier, qui avait l'hôtel des Fusées. M. de Vigny était n° 10, M. de Bonneval, n° 16, et les Château-Giron, n° 5.

PLACE ROYALE.

Les Tournelles. — Les maréchaux de France de Louis XIII. — Victor Hugo. — Les pavillons du roi et de la reine. — Mademoiselle Rachel — Hôtel Breteuil. — M. Portalis. — Sully.

Par un contrat passé le 11 février 1394, devant Gilon et son collègue, notaires à Paris, Nicolas de Rousse vend au duc d'Orléans, fils de Charles V, « deux maisons et cours « devant s'entre-tenant, sises rue Saint-Antoine, et leurs « dépendances. Acte d'échange est signé, d'autre part, « le 22 juin 1404, entre le duc de Berri, frère du roi, et « le duc d'Orléans, par lequel ledict de Berri cesde son « hostel des Tournelles pour l'hostel Aubriot, rue de « Jouy, près Sainct-Pol, ledict hostel des Tournelles assiz « près du Chastel ou de la Bastide de Sainct-Antoine, « lequel hostel fust paravant à Pierre d'Orgemont, jadis « chancelier de France, et depuis à Pierre d'Orgemont, « son fils, évesque de Paris. » Ces deux pièces disent l'origine du palais des Tournelles, qui fait retour ensuite à

Charles VI. Le duc de Bedfort y réside pendant l'occupation anglaise. Charles VII et ses successeurs l'habitent plus volontiers que l'hôtel Saint-Pol. Catherine de Médicis, après la mort de Henri II, abandonne les Tournelles, puis Charles IX enjoint au parlement d'ouvrir des rues à la place de l'hôtel, » ne voulant pas continuer, dit-il, une grande « despence tant en gages d'officiers qu'en réparations, « par l'advis de nostre très-honorée Dame et Mère, des « princes de notre sang et d'autres seigneurs de nostre « privé conseil. » Néanmoins, la démolition va si lentement, qu'elle est encore pendante sous Henri IV, qui adresse en 1604 des lettres patentes à son grand-voyer « à l'effect « de faire transporter les trésoriers de France sur une place « appelée le Parc-des-Tournelles, et donner leurs advis « sur une concession que le Roy veult faire pour establir « une manufacture de soye et argent fillé à la façon de « Milan. » Ladite concession d'un terrain de 100 toises de long sur 60 de large est faite à Moisset, Saincton-Aumagne, Camus et Parfait : tous quatre sont entrepreneurs de cette fabrication d'étoffes de luxe, qui leur réussit rapidement. Ils ne quittent pourtant les débris du vieux palais que pour se conformer à un nouveau plan adopté pour la création d'une place, dont le roi fait construire un côté à ses frais : ils entreprennent alors, moyennant supplément de concession à charge de cens, l'établissement des trois faces qui manquent au quadrilatère : Paris y gagne cette belle place Royale, qui pourtant n'a été achevée que sous la régence de Marie de Médicis.

Le marquis de Vitry, capitaine des gardes de Henri III et de son successeur, fut à coup sûr le premier habitant de la place : son hôtel qui touchait aux tours du vieux palais, limitait à côté de la rue du Pas-de-la-Mule la première concession faite par Henri IV. Le maréchal de France, fils de M. de Vitry, y avait lui-même résidé, car ce coin du quadrilatère fut le dernier où l'on mit les maçons. Toutefois, Jean de la Guiche, comte de la Palue, seigneur de Saint-Géran, maréchal de France sous Louis XIII, donna son nom au pavillon qu'on y retrouve, le n° 24. Son fils, dont parle Mme de Sévigné, mourut avant la fin du siècle, ne laissant qu'une fille religieuse. L'hôtel de Saint-Géran ne passa pourtant aux Boufflers que plus tard.

Le maréchal de Lavardin avait inauguré un autre pavillon d'encoignure, qui est marqué du chiffre 6, avant que Marion de Lorme vînt y demeurer. La maison passa aux Rohan, puis à la branche de Rohan-Guéménée, qui a laissé son nom à une impasse par derrière sur laquelle il y a encore une sortie. L'autre porte a vu de nos jours un grand poëte, Victor Hugo, entrer dans cet hôtel, qui lui allait si bien, et il en est sorti trop tôt en croyant la place Royale redevenue place des Vosges.

La rue Royale débouche sur la place par trois arcades portant un pavillon dit du Roi. Il fait partie des constructions élevées par Henri IV, en face du terrain attribué en premier lieu aux quatre manufacturiers, qui mirent un pavillon de la Reine en face de celui du Roi : l'un et l'autre n'en étaient pas moins dès le principe occupés par des particuliers.

Le pavillon de Chaulnes devait son nom à un autre maréchal de France, le duc de Chaulnes, qui assista de ses croisées à l'inauguration de la statue de Louis XIII, érigée par les soins du cardinal de Richelieu. Puis les Nicolaï s'invétérèrent dans la même propriété : elle répond au n° 9. Le maréchal avait connu au 13 un M. Des Hameaux, qui était remplacé de même par MM. de Rohan-Chabot. De nos jours, Mlle Rachel avait loué un appartement dans cette maison à superbe escalier, où a eu lieu après sa mort la vente de ses meubles, qui a fait courir tout Paris.

Au quatrième angle du carré, vous êtes à l'hôtel Richelieu. Demandez-vous aussi où fut l'hôtel de Tresmes? au n° 26. Le marquis de Tessé, sous Louis XV, avait le 18. Est-ce le baron de Breteuil qui a laissé au n° 14 (où naguère étaient les bureaux de la mairie qui occupe le n° 12) deux belles peintures de Lebrun et de Mignard? Nous trouvons dans ce pavillon, un peu avant 89, le bureau de M. Laurent des Lions, directeur général du canal de Picardie, et l'hôtel appartient alors à M. Laurent de Villedeuil, son frère : ils sont neveux de l'ingénieur Laurent, qui a construit ledit canal. Aussi bien, quel coin de la place n'a pas été la demeure d'un Breteuil ? Il y en a eu au n° 26, et le nom de cette famille a été porté par le 4, habité depuis lors par le chevalier de Favras, et récemment par M. de Portalis, premier président de la Cour de cassation : la grande robe, grâce à ce magistrat, n'abandonnait pas tout à fait ses galeries des siècles précédents.

Néanmoins, il faut l'avouer, le ministre Sully trouverait les habitants de la place bien changés, s'il y rentrait par le n° 7, qui dépendait jadis de son hôtel de la rue Saint-Antoine. Le quartier des maréchaux de France et des duchesses n'est plus le Marais, tant s'en faut.

177. — Paris. Imprimerie de Ch. Bonnet et Comp., 42, rue Vavin.

LES ANCIENNES MAISONS

Des rues Saint-Denis, Saint-Honoré, du Dauphin, Saint-Florentin
et de la Madeleine.

NOTICES FAISANT PARTIE DE L'OUVRAGE INTITULÉ :

LES ANCIENNES MAISONS DE PARIS SOUS NAPOLÉON III

PAR M. LEFEUVE,

Monographies publiées par livraisons séparées, avec table de concordance à la fin de la publication.

RUE SAINT-DENIS.

Le tombeau de saint Denis. — Enseigne de la rue. — Santeul, Rapin et Comp. — Le Saint-Sépulcre. — Saint-Magloire. — Saint-Leu. — Passage Saucède. — La cour des Bleus. — Wenzel. — Dames de Saint-Chaumond. — Coffretiers et Brodeurs. — Filles-Dieu. — Cul-de-sac de l'Empereur. — Passage du Grand-Cerf. — Rue des Prêcheurs.

Le pèlerinage au tombeau de saint Denis, mis en honneur au ve siècle par sainte Geneviève, a valu son nom à la *Grant-Chaussée-Monsieur-Saint-Denis*, qui était déjà une rue avant la fin du xiie siècle, entre la porte de la deuxième enceinte de Paris et la porte de Philippe-Auguste. En 1418, elle fut prolongée de la rue Mauconseil à la rue Neuve-Saint-Denis, par l'extension toujours croissante de la ville, et enfin elle vint aboutir, sous Louis XIV, en face de la porte monumentale qui nous est restée de ce règne. Si nous remontons jusque-là, c'était déjà une rue très-commerçante, on ne peut plus vivante, par laquelle rois et reines faisaient traditionnellement leur entrée solennelle à Paris.

Ses maisons portaient des enseignes qu'il serait inutile de restituer à toutes. Quelques-unes, à notre époque, se retrouvent, du reste, sur la porte des magasins, et quelques autres n'ont varié qu'à peu près. Si nous cherchons, par exemple, le Chien-Noir, pendant au coin de la rue Troussevache, maintenant Lareynie, c'est un Chat-Noir que nous y retrouvons : Troussevache avait été le nom d'une famille. Un des célèbres cabarets au cru de la Pomme-de-Pin n'existe plus, entre la rue Troussevache et la rue Aubry-le-Boucher ; mais voici, plus bas, un garni qui répond à la même enseigne.

Regardez-moi la troisième construction après la rue Aubry-le-Boucher : elle appartenait aux sieurs Santeul, Rapin et comp. Est-ce que ces deux noms de poëte ne paraissent pas bien aises de s'accoler ? Mais les écrits du père Rapin, qui publiait alternativement des ouvrages de piété et de littérature, en servant Dieu et le monde par semestre, ne l'avaient pas rendu propriétaire, et Santeul composait ses vers latins à l'abbaye de Saint-Victor, faute d'avoir pignon sur rue. Leurs deux familles, qui s'étaient liées, comptaient des membres plus fortunés, car plusieurs maisons du quartier étaient à une société dont faisait partie Claude Santeül, marchand de la rue Saint-Denis, et puis échevin, qui toutefois écrivit des hymnes. Tout à côté de leur maison était l'église et l'hôpital du Saint-Sépulcre, dont la première pierre avait été posée en 1326 par des pèlerins revenant de Jérusalem : on en a fait la cour Batave pendant la Révolution, et plusieurs des anciens corps de logis y subsistent encore, malgré une trouée récemment pratiquée.

Moins heureux, le couvent de Saint-Magloire, dont il ne restera plus pierre sur pierre, lorsque sa ci-devant chapelle va être entièrement démolie ! Les moines ainsi nommés, ayant quitté leur maison primitive pour l'hôpital Saint-Jacques-du-Haut-Pas, Catherine de Médicis y transféra, de l'hôtel de Soissons, des religieuses qu'elle protégeait. Leur institution était due au cordelier Jean Tisserand, qui avait converti 200 femmes de mauvaise vie pour faire pénitence en commun, un peu avant le règne de Louis XII. On avait continué, pendant un certain temps, à n'y recevoir que des repenties aux mêmes antécédents, qui ne devaient pas avoir plus de trente ans. Puis les statuts de la maison se modifièrent absolument, et les plus honnêtes femmes du monde furent dames de Saint-Magloire, et prirent de jeunes pensionnaires, pour lesquelles on payait 450 livres.

Nous voyons bien encore, près de Saint-Leu, une maison qui appartenait à la fabrique de cette église, et dont l'image était un Aigle : elle a ses cinq étages, mais une seule croisée par étage. C'est un garni qui agirait sagement en ne louant ses chambres qu'à la nuit ; car l'édilité parisienne nous paraît menacer son échelle locative dans le but d'isoler Saint-Leu. Ne rend-on pas le même service, en Italie, au trône de Saint-Pierre ? On a déjà jeté bas les Trois-Rois, qui étaient contigus à l'Aigle, et dont le sieur Ménétrier était propriétaire sous le grand règne. L'échevin Sautereau disposait, en ce temps-là, d'une propriété un peu avant la rue aux Ours, à l'enseigne de Sainte-Anne ; mais ce n'était point le coin de ladite rue, où pendait le Chef-de-Saint-Jean, et qui appartenait à De Belloy.

Le cul-de-sac de la Porte-aux-Peintres, dit aussi de l'Ane-Rayé, a été respecté : est-ce par égard pour le sous-titre ? On avait appelé Porte-aux-Peintres l'ouverture de l'enceinte de Philippe-Auguste sur la rue Saint-Denis ; et pourquoi ? parce qu'en 1303, un maître peintre, nommé Guillaume Ledoux, avait fait bâtir dans l'impasse, qui était alors une ruelle. Son entrée est flanquée de l'ancienne maison avec balcon de l'échevin Hélissant, à la Ville-de-Rome, et de celle à charmant pignon de Marguerite Poisson, femme séparée de Solliac, avocat, avec un Faisan en guise de numéro. Santeul et Comp. n'avaient pas moins de six propriétés un peu plus haut, pâté coupé en deux par la rue du Petit-Hurleur.

Peu de regrets laissera le passage Saucède, bâti en 1825

sur l'ancien passage de la Croix-de-Lorraine : la pioche y fait déjà des siennes. L'historiographie parisienne ne perdrait pas grand'chose à ce qu'on renversât, faut-il le dire? tout ce que l'architecture domestique a créé depuis soixante ans. C'est propre, mais dépourvu de la solidité qui permettait la transmission par siècle, comme elle a lieu par lustre en notre époque ; c'est occupé par des gens qui n'ont le temps que d'y pendre la crémaillère, tant la fortune les fait changer d'étage, en même temps que de quartier ; c'est immeuble, et avec produit considérable, mais sans garder l'empreinte d'une date, d'une fortune ou d'une profession, d'une famille ou d'un homme sans famille, et encore bien moins d'une idée. Une échoppe de savetier, qui s'est campée elle-même à côté d'un hôtel ou d'un palais, ou d'une église, et que personne n'a osé déranger pendant un millier d'années, en dira toujours plus que toutes les belles façades d'un nouveau boulevard, alignées comme ses rambuteaux. Dans un siècle, pourtant, il restera du remaniement actuel quelque chose de grand à Paris : la voie publique.

Les enseignes, quant à elles, ne perdent pas toujours à changer de place. L'Autruche nous en donne la preuve : elle pendait d'abord à une porte peu éloignée de la rue du Petit-Hurleur, et Denevers, plumassier-fleuriste, en a transporté le tableau une cinquantaine de maisons plus haut ; c'est encore l'emblème du commerce que continue au même endroit le petit-fils du fondateur. Pareille longévité manque à l'ancien établissement de Mme Bertin, fameuse marchande de modes, puisqu'il n'est plus rue Saint-Denis.

Franchissez la rue Grenéta pour entrer dans la cour des Bleus, ainsi nommée parce que les enfants pauvres reçus à l'hôpital de la Trinité depuis 1545 allaient vêtus de cette couleur. Ledit hôpital avait été fondé au commencement du XIIIe siècle près de la fontaine de la Reine, ensuite rue Grenéta, pour donner asile aux pèlerins qui, après l'heure du couvre-feu, trouvaient close la porte de Paris. Les confrères de la Passion y avaient commencé à jouer leurs mystères sous Charles VI, et fini sous François Ier. Le roi suivant y fit établir des manufactures et des boutiques pour les donner aux compagnons qui venaient apprendre leur métier aux enfants bleus. On louait de ces apprentis pour assister à des enterrements : leurs larmes ne coûtaient pas trop cher. Tout l'enclos de la Trinité était un lieu de franchise pour les artisans, outre que des immunités aidaient les enfants bleus à passer maîtres.

Herbault, plumassier, était déjà, il y a deux siècles, à la tête d'un établissement, dans les parages de celui du même genre qui s'annonce ainsi : *Ancienne maison Prevost-Wenzel, fondée en 1784*. Rappelons toutefois que le Wenzel qui était fournisseur de Marie-Antoinette n'a jamais demeuré rue Saint-Denis.

Les filles de l'Union-Chrétienne s'installèrent dès l'année 1685 dans un hôtel bâti encore plus haut pour le marquis de Saint-Chaumond à la place de la cour Bellot et de plusieurs constructions achetées par le marquis en 1631. De plus, le maréchal de la Feuillade y avait résidé ; il y avait fait fondre la statue de Louis XIV, qu'il destinait à la place des Victoires. Les dames dites de Saint-Chaumond, qui avaient commencé par se vouer spécialement à l'instruction des nouvelles catholiques, prenaient ensuite pour pensionnaires des jeunes personnes de la bourgeoisie, tout comme les filles de Saint-Magloire. La chapelle fut reconstruite entièrement par Convers, et la princesse de Conti en posa la première pierre en 1781 : c'est de nos jours un magasin de nouveautés à l'enseigne de Marie-Stuart. Un bâtiment superbe qui donne actuellement sur le boulevard de Strasbourg était l'hôtel de M. de Saint-Chaumond.

Traversons maintenant la rue, et suivons-en l'autre côté dans le sens opposé à l'ordre numérique, qu'il nous faut négliger comme moyen d'indication dans les rues où cet ordre va être entièrement remanié. La seconde encoignure de la rue Bourbon-Villeneuve (en partant du boulevard) portait l'image de Sainte-Véronique ; la seconde de la rue Sainte-Foy, celle de Notre-Dame-de-Liesse. A quelques pas, en descendant toujours, remarquez-vous une maison à belles ferrures ? Le XVIIIe siècle y réunissait le bureau du contrôle des exploits et des formules des notaires, le bureau des brodeurs et celui des coffretiers. Les statuts de la confrérie professionnelle des coffretiers, malletiers et gaîniers, dont le patron était saint Jean-Porte-Latine, dataient de l'an 1596 : ils défendaient de travailler avant cinq heures du matin et après huit heures du soir, pour ménager le repos des voisins, et fixaient la durée de l'apprentissage à cinq années, celle du compagnonnage pareillement, le prix du brevet à 50 livres, celui de la maîtrise à 700. La communauté des brodeurs, sous les auspices de saint Clair, était aussi celle des passementiers et des boutonniers, lesquels ne constituaient qu'un corps d'état, dit des chasubliers en 1648, époque où remontait son règlement : six ans d'apprentissage, trois de compagnonnage, 30 livres le brevet et 600 la maîtrise. Le bureau des brodeurs avait été rue Montorgueil; il demeura rue Saint-Denis jusqu'à la suppression de toutes les maîtrises.

Une entrée des Filles-Dieu, couvent dont nous avons revu des bâtiments dans la rue Bourbon-Villeneuve, est l'entrée du passage du Caire depuis l'année 1798. Quelques portes plus bas se reconnaît l'ancienne cour Sainte-Catherine, à laquelle faisait vis-à-vis une cour de François Ier. Les religieuses hospitalières de Sainte-Catherine avaient là un pâté de huit maisons, et notamment un hôtel Dupressoir, avec une sortie sur la cour des Miracles : la meilleure partie desdites constructions est encore debout. L'hôpital que ces religieuses administraient et desservaient était situé à l'angle de la rue des Lombards. (*Voir la notice de cette rue.*)

Une ruelle de l'Empereur, déjà connue au siècle XIV,

réduite en cul-de-sac de l'Empereur en 1657, parut indigne de cet auguste nom quand la France devint un empire : on l'appela impasse Mauconseil. Vaudelard, ex-maître d'hôtel de la reine, et Trudaine, maître des requêtes, possédaient en 1703 ce qu'on y voit de plus que séculaire.

Il y avait donc toutes sortes de souvenirs évoqués sur les portes de la rue Saint-Denis par des légendes ou des figures; mais on était ramené au positif en y lisant çà et là : *Aux Louis-d'Or, au Berceau-d'Or*, et d'autres dédicaces purement commerciales. Près de la rue du Renard un Renard faisait bien, et le règne de Louis XVI y vit même un hôtel garni du Renard-Rouge. Une autre hôtellerie, dite du Grand-Cerf, recevait des voyageurs dès le siècle précédent; elle avait une seconde issue rue des Deux-Portes, et payait le loyer des lieux qu'elle occupait aux Catherinettes du coin de la rue des Lombards. Au travers de l'hôtellerie, un passage du Grand-Cerf se faisait jour antérieurement à la Révolution, mais il était à ciel ouvert, et un roulage y chargeait ses voitures avant qu'une compagnie, en 1824, y mît les passants à l'abri de l'intempérie des saisons.

Nous avons lu partout que la rue des Prêcheurs tire sa dénomination d'une enseigne; ajoutons que cette enseigne est encore déchiffrable à l'un des angles de la rue Saint-Denis; une sculpture en arête nous y montre des capucins sur un arbre perchés. Un ciseau du XVIe siècle paraît avoir fouillé la pierre. Par conséquent, nous pouvons croire que les quatre religieux de Saint-François appelés en France par le cardinal de Lorraine pour y introduire la réforme due à l'initiative de François Baschi, un des leurs, s'arrêtèrent sur ce point avant de repasser en Italie. Nous avons bien trouvé qu'une déclaration de cens profitant au terrier du roi, en 1701, fut faite par Nicolas Thénard, Augustin Barat et Charles Mercey, prêtres, religieux et procureurs généraux du couvent des Célestins à Paris, pour une maison de la rue Saint-Denis, à l'emblème du Papillon; mais celle-ci était située entre la rue de la Grande-Truanderie et celle de la Chanvrerie, un peu avant le Singe-Vert, qui, trente années avant, était l'objet d'une reconnaissance identique signée par Marie-Angélique, prieure, Marie-Luce, sous-supérieure, et Marie-Françoise-Paule, procureuse, religieuses du couvent des Filles-Bleus-de-l'Annonciade. Ce qui reporte la déclaration de Carrier, trésorier de France, pour les Gros-Raisins, au premier coin de la rue des Prêcheurs, et celle de Lirot, marchand, pour le Heaume, au second coin.

Reconnaissance passée également, le 8 janvier 1668, devant Le Fouin, notaire au Châtelet, pour deux maisons sises entre la rue de la Cossonnerie et la rue aux Fers, par Guillaume de Lamoignon, premier président au parlement, Robert Pocquelin, juge-consul, et Jean de Faverolles, premier échevin, tous trois comme gouverneurs et administrateurs du Saint-Sépulcre.

RUE SAINT-HONORÉ.

Les enseignes. — Le balcon du coin de la rue des Prouvaires. — Molière. — Le bonnetier de l'Opéra. — Madame de Rhodes. — Hôtel d'Aligre. — Le Lycée. — Le traiteur du XVIIe siècle. — Les Jacobins. — Les Clubs. — Recensement de propriétaires. — Madame Geoffrin. — Robespierre. — La Conception. — L'Assomption. — Les Capucins. — Les Feuillans. — Frère Cosme. — Hôtel de Noailles. — Lafontaine. — Les cafés. — L'hôtel des Américains. — Cour d'Aligre. — Le premier restaurant à la carte. — Les ramoneurs au XVIIIe siècle. — Henri IV.

La rue Saint-Honoré, depuis qu'elle porte ce nom, a toujours commencé à droite plus haut qu'à gauche, où c'était par la place aux Chats.

Après d'autres maisons séculaires, où le commerce révélait sa présence par des enseignes telles que la Règle-d'Or, revient un magnifique balcon au coin de la rue des Prouvaires. Nous espérions lui découvrir une origine plus aristocratique; mais nous savons seulement que la maison appartenait déjà sous Louis XIV à un marchand, qui se nommait Boucher, à l'enseigne du Lion-d'Argent, et que le second règne venant après rencontrait un sieur Cavillier sous le même toit.

Du vivant de Boucher, la rue du Four-Saint-Honoré séparait la Couronne, propriété de Cressé, d'un Saint-Louis, qui était à la disposition de Capitaine, un auditeur en la chambre des comptes. Un café, qui n'a pas quitté le deuxième angle, s'était mis, au XVIII° siècle, sous l'invocation du Prophète-Élie, Gihua étant alors propriétaire.

Un des anciens logis de Molière donne presque en face la rue de l'Arbre-Sec. On y lit : *Hôtel de Biarritz* et *n°* 86.

Les trois maisons qui précèdent la rue des Vieilles-Étuves étaient, avant la fin du XVII° siècle, à Leroy, banquier en cour de Rome, avec l'image de Saint-Martin ; à Pillon, avec une Coupe-d'Or, et à l'Hôtel-Dieu, avec un Chapeau-Royal. Successeurs sous Louis XVI : Mme de Plancy, Mégon et les Pères de l'Oratoire. De l'autre côté de ladite rue, le bonnetier de l'Opéra, double l'utile de l'agréable dans un immeuble qu'on nommait les Armes-de-France avant que les indications numérales prévalussent sur des désignations plus significatives.

Entre la rue des Vieilles-Étuves et la rue d'Orléans-Saint-Honoré, presque rien n'est moderne. Un hôtel de Brissac y a probablement laissé plus d'un corps de logis debout, car ses dépendances s'étendaient jusqu'à la rue des Deux-Écus. Là demeurait Mme de Rhodes ; elle avait pour mari un grand-maître des cérémonies. Le cardinal de Retz, en allant faire sa cour à la duchesse de Chevreuse, rencontra chez cette dame, un soir, Mme de Rhodes, qu'il eut la courtoisie de ramener à l'hôtel de Brissac dans son carrosse. Bien en prit au coadjuteur : il échappait, par ce détour fortuit, aux assassins qui épiaient son passage sur la route qu'il aurait suivie s'il n'avait eu personne à reconduire. Le n° 108, bien qu'il s'appelât hôtel de l'Ecouvette, avait sans doute fait corps avec l'hôtel de Brissac; Mme Dumesnil en fut propriétaire, puis un Mansard, soixante années plus tard, bien qu'avant la Révolution.

Du côté opposé à celui-là, dans la rue d'Orléans, ouvrait la porte principale d'un grand logis créé sous Henri II pour le contrôleur des finances Roquencourt, et ensuite hôtel de Bouillon, de la Mark, de Puysieux, de Harlay, de Verthamont, d'Aligre. La duchesse de Valentinois l'avait donné à sa fille, femme du maréchal de Bouillon. M. de Verthamont, au commencement du xviiie siècle, possédait, rue Saint-Honoré, deux petites maisons séparées l'une de l'autre par une autre entrée de son hôtel, qui maintenant est celle des messageries du chemin de fer d'Orléans. Le président d'Aligre n'avait lui-même que la rue de Grenelle pour limite de son domaine, dont il se retrouve des morceaux dans quatre rues, sans compter même la cour d'Aligre, à laquelle le présent Recueil a consacré une notice particulière.

Mme veuve Gigot, contemporaine de M. de Verthamont, avait laissé pendre un Grand-Turc à la porte du 158. Le chapitre Saint-Honoré était propriétaire de tout ce qui longeait le cloître du même nom, à partir du Coin-d'Or, où commençait la rue Croix-des-Petits-Champs, jusqu'à la rue des Bons-Enfants. (*Voir la monographie de cette rue.*)

Avant la rue de Valois, qui succéda sous le règne de Louis XV au cul-de-sac de l'Opéra, nous retrouvons, mais changé en café, le Lycée, où Laharpe, Marmontel, Condorcet, Monge, Garat, Fourcroy, de Parcieux, Sue, Delacroix, Robert et Pelizer firent des cours. Cet établissement, qu'on appelait aussi Premier Musée français, avait été créé par Pilastre du Rosier ; mais ce savant ayant trouvé la mort en 1785, en voulant traverser la Manche dans une montgolfière, sa chute avait entraîné celle du Muséum, relevé bientôt comme Lycée sous la direction de Bontemps. Les abonnés de ce cercle d'élite, qui était à la fois académie, salon et cabinet de lecture, payaient 4 louis annuellement. Monsieur, comte de Provence, et le comte d'Artois le patronnaient.

Entre la rue Fontaine-Molière, qui s'appelait alors Traversine, et la rue des Frondeurs, se succédaient, il y a deux cents ans, Mme Dupuis, à la Clef-d'Or, Jouan, aux Bâtons-Royaux, et la veuve Baudouin. Chez Jouan, traiteur, se faisaient des repas de corps, comme Pestel en sert encore au même endroit, et l'enseigne des Bâtons-Royaux fut sans doute brisée, comme un sceptre, par les gourmands de la Révolution.

Salliot, sellier de Louis XIV, entrait chez lui par une porte cochère, une douzaine de maisons plus haut. Si l'on en comptait huit encore, on touchait l'hôtel de Hollande ;

deux de plus, l'habitation de M. de Saint-Mesme. Toutefois la grande façade qui se tient à égale distance, ou peu s'en faut, de la rue des Frondeurs et de l'église Saint-Roch, a été confisquée, au nom du peuple souverain, sur les minimes de la place Royale, et la petite qui précède, sur la fabrique de Saint-Eustache.

Les Jacobins entraient dans leur couvent par la rue Saint-Hyacinthe et par la rue de la Corderie. Il y avait, en outre, un passage des Jacobins, rue du Marché Saint-Honoré, et ils possédaient quelques maisons sur notre rue, près du passage. On sait qu'un très-grand rôle fut joué à la Révolution par le club qui reprit leur nom, en ouvrant des séances dans la bibliothèque, puis dans l'église des Jacobins. Quelque vastes que fussent les bâtiments ci-devant conventuels, le directoire révolutionnaire s'y sentait encore à l'étroit, et empiéta sur les hôtels voisins ; il établit un comité militaire, composé de huit de ses membres, dans l'ancienne résidence de Savalette de Lange, garde du trésor royal.

Aussi bien toutes les belles constructions qui se suivent, depuis ladite rue du Marché jusqu'à la rue Duphot, datent de l'ancien régime. Dressons-en donc au complet le bilan à deux époques différentes, sans changer l'ordre des propriétés.

1700 : — Le maréchal Anne-Jules de Noailles, frère de l'archevêque de Paris. — D'Ortemont. — Le Roy. —

Pruilly. — De la Baune. — De Lizière. — Rousseau. — Gabriel, architecte. — *Idem*. — Place encore à bâtir. — *Idem*. — *Idem*. — *Idem*. — Maison bâtie à X, au coin de la place Louis-le-Grand. (*Voir la notice de la place Vendôme.*) *Idem*, pour l'autre coin. — Place à bâtir. — Lalande, tailleur d'habits de Louis XIV. — X. — Place à bâtir. — Les prévot et échevins, au nom de la Ville, maison à porte cochère, où se trouve adossée alors la fontaine transportée depuis de l'autre côté de la rue. — Le chevalier de Luxembourg. — *Idem*. — *Idem*. — Mme de Luxembourg, douairière. — Le duc de Luxembourg, grand hôtel dont le jardin se prolongeait jusqu'au boulevard.

1780 : — Le comte de Brienne. — Miller. — Massé. — Miller. — Lepot d'Auteuil. — De la Guillaumie. — Regnier. — De la Courtière. — Creuzé, probablement le père de Creuzé de Lessert, que ses romans, ses opéras-comiques n'ont pas empêché d'etre préfet sous l'Empire et la Restauration. — Savalette. — *Idem*. — Robert. — Grandhomme. — Comte de Durfort. — Mme Dumesnil, la tragédienne. — Leclerc. — De l'Epinay, introducteur des ambassadeurs, qui a été l'hôte de Jean-Jacques Rousseau, à Montmorency. — D'Arlincourt, fermier général, père ou oncle du romancier de ce nom. — Les héritiers de Mme Geoffrin, c'est-à-dire la famille d'Estampes, par suite du mariage du maréchal de la Ferté-Imbault avec la fille de cette femme célèbre, qui avait reçu chez elle tant de grands seigneurs et tant de beaux-esprits, notamment le prince de Conti, Vien, Carle Vanloo, d'Alembert, Fontenelle, Helvétius, Morellet, Buffon, Marmontel, Thomas, Raynal, Mlle de Lespinasse. —Buffault, chef de l'administration de l'enregistrement. —*Idem*.

La plupart des propriétaires dont nous venons de faire l'appel habitaient eux-mêmes leurs hôtels. Néanmoins, vers la fin du même règne, soit qu'il y eût déjà des mutations, soit que des locataires remplaçassent les absents, on rencontrait M. de Laporte, intendant de Lorraine, dans l'une des maisons Savalette ; M. Papillon, prévôt général de la maréchaussée de l'Ile-de-France, et M. de Malide, donnaient leurs noms à deux hôtels plus loin, et M. de Béthune succédait à M. d'Arlincourt. Ce fut bien autre chose à peu d'années de là : le personnel de ces riches demeures se renouvela sur une plus grande échelle. Plusieurs conventionnels, s'y logeant en garni, se mettaient dans les meubles d'un fermier général, du prince de Béthune ou du marquis d'Estampes. Un de leurs présidents, M. Barrère de Vieuzac, s'installa chez M. de Bourgade, dernière propriété avant la place Vendôme.

Un ancien constituant, nommé Antoine, s'était contenté d'habiter, presque en face l'Assomption, une maison modeste, qu'a seulement illustrée le séjour de Robespierre dans un appartement du second étage. C'est n° 396 ; mais les dispositions intérieures de l'immeuble ont été changées entièrement. Le propriétaire en était un menuisier s'appelant Duplay, fort assidu au club des Jacobins, et ancien menuisier en titre des bâtiments du roi. Éléonore, sa fille aînée, inspira au tribun un amour respectueux ; la cadette épousa Lebas, conventionnel.

La rue Duphot et la rue Richepance se percèrent en 1807 sur l'ancien établissement des dames de la Conception, religieuses du tiers-ordre, casées en 1633, mais dispersées par les troubles de la Fronde, et appauvries jusqu'à la création d'une loterie dont Louis XIV leur attribua le quinzième du revenant-bon. Tout n'est certainement pas tombé des six maisons que possédaient ces religieuses, sans compter leur église, leur cloître. Elles prenaient des pensionnaires à raison de 5 à 600 livres, augmentées de 3 à 600 pour le logement.

On remarquait encore sous Louis XVI, avant la porte Saint-Honoré, sur cette ligne de la rue, un hôtel d'Aremberg, où demeurait Aremberg, comte de la Mark, le correspondant de Mirabeau, et un hôtel de Marsan. M. de la Vaupalière avait habité l'un des deux postérieurement au marquis de Plancy et au marquis d'Hautefeuille, qui s'y étaient trouvés presque voisins.

A l'autre angle de la rue Royale et de la rue Saint-Honoré, un café tient depuis longtemps la place de l'établissement de Poupardin, marchand de vins, qui avait fait construire sa maison, et y avait pour locataire le comte de Guiche vers la fin du règne de Louis XV. Avant que cette maison fût bâtie, il y en avait une autre à Meusnier, boulanger ordinaire du roi, contiguë à celle de David Borderelle, sculpteur du roi. Celle-ci touchait d'autre part à l'hôtel de François Guyet, marquis de la Sourdière, qui avait été écuyer de la Dauphine sous Louis XIV, et qui tenait au comte de Clermont-d'Amboise, comme le comte de Clermont à l'abbé de Villemareuil. Le plan de la Grive, en 1728, soulignait la maison du marquis d'un autre nom : De Thil. Toujours est-il que deux de ces hôtels abritaient, au commencement de la Révolution, M. de la Madelaine, intendant du comte d'Artois, et la famille de Bongars.

Entre la rue Saint-Florentin et d'anciennes dépendances du couvent de l'Assomption se reconnaît une propriété qu'a occupée d'Invau, le ministre d'État, qui n'y succédait pas directement à Gestard, seigneur des Préaux. Aux filles de l'Assomption, dont les pensionnaires ne payaient que 500 livres tout compris, appartenait tout ce qui séparait ledit Gestard des Capucins de la rue Saint-Honoré, sans solution de continuité. Est-ce quelques années avant la suppresion des ordres monastiques et des communautés religieuses que, dans la salle actuelle du bal Valentino, s'ouvrit une école royale d'équitation ? Alors voyons-y une annexe de ce manége des Tuileries, où les assemblées constituante, législative et conventionnelle réunirent les éléments d'un droit nouveau, rationnel, mais athée, et d'application impossible tant qu'il y aura une armée. Celle que composaient les moines était, à coup sûr, moins brillante, moins utile et moins nationale; mais on l'eut à peine licenciée que l'effectif de l'autre fut augmenté d'un nombre égal d'hommes enlevés au travail ordinaire ainsi qu'à la vie conjugale! Nous croyons, quant à nous, que l'école d'équitation s'est établie dans les murs mêmes des Capucins, et par conséquent après eux. Déjà plusieurs d'entre eux avaient pu imiter l'exemple de Joyeuse, qui jeta le froc aux orties pour remettre son épée au service de Henri IV; mais il leur eût été plus difficile de reprendre le capuchon après avoir gagné le bâton de maréchal, comme Joyeuse, redevenant père Ange. Dès 1576, les Capucins de Picpus avaient été placés par Catherine de Médicis dans ce quartier, alors faubourg. Révérends pères Louis-Marie d'Abbeville, prieur définiteur et gardien, et Agnen de Paris, vicaire du couvent, tant en leurs noms que comme commis et députés par les RR. PP. provincial et définiteurs des Frères-Mineurs des Capucins de Paris, passaient déclaration au terrier du roi, le 12 février 1702, pour la totalité de leur maison, bien qu'ils y fussent exempts du droit de cens. Ils y logeaient au nombre de cent trente; leur réfectoire était encore moins vaste que leur bibliothèque, forte de 25,000 volumes; derrière leur église et leur cloître, ils avaient un jardin avec porte de sortie sur la terrasse du jardin des Tuileries.

Cette terrasse garde le nom des Feuillans, parce que

l'enclos des Feuillans y communiquait également, contigu d'un côté à l'enclos des Capucins, de l'autre à la cour du manége. Jean de la Barrière, prédicateur éloquent, réforma des religieux de l'ordre de Cîteaux, à la tête desquels il vint s'établir à Paris, sur un appel de Henri III, et le successeur de ce roi posa la première pierre du monastère des Feuillans. Les libéralités royales n'avaient pas empêché L'Estoille de trouver ces moines nouveaux aussi inutiles que les autres; mais ils s'en consolèrent en devenant l'objet d'une prédilection honorifique en cour de Rome. Lorsque les nonces arrivaient à Paris, ils descendaient d'abord chez les Feuillans, où un appartement leur était réservé pour attendre qu'ils en eussent un autre.

Quoique de fondation auguste, leurs bâtiments conventuels payaient 10 sols et 12 deniers parisis au roi, tous les ans, à la Saint-Remy, pour sept maisons qui en avaient d'abord fait neuf; nous en sommes avisé par une reconnaissance, à la date du 8 juin 1701, et qu'a signée le révérend père dom Charles de Saint-Augustin, prêtre, religieux et syndic du monastère royal de Saint-Bernard, ordre de Cîteaux, congrégation des Feuillans, tant en son nom que comme fondé de pouvoir des RR. PP. prieur et religieux. C'est vingt-sept ans plus tard qu'un fils et petit-fils de chirurgien, privé d'un protecteur intelligent par la mort de l'évêque de Bayeux, embrassa la vie monastique dans ce couvent, pour servir ses semblables autrement qu'en manœuvre. Ce disciple de saint Cosme prit le nom du patron de son art, et frère Cosme fit profession religieuse en 1740. Il n'en continua que mieux à se livrer à l'exercice de sa profession antérieure; il devint une célébrité comme oculiste et surtout comme lithotomiste. Décidément les moines avaient du bon! Il gagna de l'argent, à force d'être appelé au chevet des pierreux opulents; les pauvres en avaient une bonne part. Frère Cosme établit aussi la pharmacie de son couvent sur un pied faisant honte à beaucoup d'hôpitaux, et il cessa de vivre en 1781. Il ne vit donc pas sa maison déshéritée d'une pieuse destination et occupée en 1791 par des clubistes du parti modéré qui empruntèrent jusqu'à son nom, lequel devint synonyme d'ami de la Constitution.

Lafayette, qui était l'âme de cette réunion, repassa dans le camp des révolutionnaires quand même, et le club aussi se ferma. Louis XVI et sa famille furent internés dans l'ancien monastère le 11 août 1793, et le 13 ils furent transportés de là au Temple.

L'édifice conventuel dont nous parlons n'a nullement disparu, comme disent beaucoup d'historiographes, qui le confondent ou avec son église, ou avec son jardin, ou encore avec une maison louée par les Feuillans avant 89 à Montcloux père et fils, et enlevée par le percement de la rue Castiglione en l'an x. L'ancienne résidence des religieux est bel et bien reconnaissable aux nos 229, 231, 233 et 235 de la rue Saint-Honoré. Le millésime 1792 y figure sur la porte d'un layetier-emballeur, comme la date de son établissement.

Pierre-Vincent Bertin, trésorier général des parties casuelles, avait acquis un hôtel à deux corps édifié sur les dessins de Lassurance, pour Puffort, conseiller d'État, oncle du célèbre Colbert; il mourut en 1711. Ses héritiers vendirent au maréchal de Noailles, propriétaire d'abord de l'autre côté de la rue, qui cessa de vivre en 1766. Les Noailles conservèrent l'habitation principale et une galerie de tableaux dont elle était ornée, jusqu'au moment de la Révolution. Lebrun, duc de Plaisance, s'y fixa vers la fin de l'Empire. Puis Périer frères et Chéronnet morcelèrent l'immeuble en ouvrant, sur partie de son emplacement, la rue d'Alger, année 1830. Toutefois le 223 nous représente le petit hôtel de Noailles, occupé sous Louis XVI par M. Doazan.

Un cabinet de peinture rivalisait avec celui du duc de Noailles; M. de Saint-Nom en avait réuni les éléments dans une maison où demeura ensuite le docteur Guillotin : c'est le 217. D'Armenonville, directeur général des finances, inaugura le 213, tout au commencement du XVIIIe siècle; le président Hénault, de l'Académie française, y rendit l'âme à un âge avancé; après quoi M. de Boulogne, père du chevalier de Saint-Georges, y établit son cabinet de médailles et son bureau pour la liquidation de l'ancienne compagnie des Indes, qui l'avait eu pour intendant.

Un peu plus bas, Bernin, marquis d'Ussé, conseiller du roi en ses conseils et contrôleur de ses finances, n'avait pas moins de six propriétés, mais il n'en habitait qu'une seule. Sa dernière maison lui donnait mitoyenneté avec Guillaume de Faverolles, capitaine de dragons au régiment de Breteuil, lequel nous fait l'effet d'avoir suivi de près, au 205, Mme de la Sablière.

Rappelons-nous que Lafontaine n'a pas vécu moins de vingt ans chez madame de la Sablière. Il y était d'autant plus à son aise que M. de la Sablière et sa femme se donnaient la même liberté. Un magistrat leur disait, il est vrai : — On aime trop dans votre maison, j'y voudrais quelques intervalles. Les bêtes, elles-mêmes, se contentent d'une saison...

— Sans cette différence, mon cher robin, lui répliquait la maîtresse du logis, elles ne seraient pas du tout des bêtes.

Mais, à la mort de son mari, accident compliqué des froideurs de Lafare, madame de la Sablière se retourna du côté de la religion, en se retirant aux Incurables. Elle contribua encore plus que Racine à la conversion du bonhomme, qui céda aux exhortations de Pouget, vicaire de Saint-Roch. Le jour où cette amie précieuse cessa de vivre, Lafontaine rencontra le conseiller d'Hervart, qui avait aussi pour le poëte une affection sincère que partageait sa femme, et qui demeurait à l'hôtel d'Epernon, rue

Plâtrière. — J'allais vous prendre, lui dit le magistrat, pour vous installer près de nous.

— Vous voyez bien que j'y allais, répondit simplement le poëte.

Il y finit effectivement ses jours.

Entre l'immeuble précité et la rue du Dauphin, il subsiste une maison qui, du temps de Faverolles, appartenait à mademoiselle Lescot, veuve de l'illustre Lenôtre.

Le 181 nous montre un café du Bosquet. Nos pères ne ont connu un autre de ce nom, situé dans la même rue, mais près la rue du Four, où trônait une limonadière dont la beauté fit courir tout Paris, et qui ensuite se montra au café des Mille-Colonnes. Le café de la Régence, que l'élargissement de la place du Palais-Royal a renvoyé non loin de là, n'est pas seulement déchu comme académie de joueurs d'échecs, mais ce n'est plus du tout la galerie des hommes littéraires qui s'y réunissaient au dernier siècle. Il y avait plus bas encore, dans notre rue, deux ou trois magasins de comestibles ; un seul a survécu, c'est l'hôtel des Américains, dénomination qu'il a prise en 1765 : Leduc tient l'établissement, Leduc, dont l'aïeul et le père ont traité à Montmorency, à l'enseigne du *Cheval-Blanc*, toutes les générations de Parisiens qui ont fait des parties de plaisir depuis le règne de Louis XV !

L'hôtel du Grand-Conseil appartenait au président d'Aligre, avant l'hôtel de Verthamont : le grand-conseil y tenait ses séances. Madame la marquise de Verderonne et la duchesse de Luynes disposaient, en l'an 1700, des deux maisons séparées l'une de l'autre par la porte de cet hôtel, qui, sous Louis XV, était déjà dit cour d'Aligre et divisé en petites locations. Le premier restaurant à la carte connu à Paris s'établit dans la cour d'Aligre, après un court séjour rue des Poulies. *Restaurant* voulait dire alors *bouillon de prince* : ces deux termes étaient synonymes. Roze et Pontaillé s'étaient associés pour renchérir sur les cabaretiers, les aubergistes et les traiteurs, qui servaient tous à tant par tête, depuis six sols jusqu'à un louis. Mais on ne vendait pas que du bouillon, cour d'Aligre ; la carte y comportait de la volaille fine, des œufs, du riz, des compotes, des crèmes, des confitures, avec le prix en regard de chaque article : c'était toute une innovation, présentée comme un avantage pour les estomacs délicats. Comme Roze et Pontaillé tenaient beaucoup à ce qu'un avant-goût des finesses de leur cuisine fût savouré avant tout par l'esprit, ils avaient gravé sur le mur le plus friand distique et le plus rassurant :

Hic sapidè titillant juscula blanda palatum,
Hic datur effœtis pectoribusque salus.

L'hôtel d'Aligre, un peu plus tard, s'encombra d'un roulage, et ne dédaigna pas d'entrer en compte avec les ramoneurs pour le loyer de leur bureau central. Le roi avait permis, en 1777, au sieur Joseph Villemain d'engager autant de ramoneurs que bon lui semblerait, et de les distribuer dans différentes succursales, qui rayonnaient autour d'un siége central, pour les besoins de la ville et des faubourgs. Vingt dépôts étaient donc créés, et une troupe de petits savoyards y faisaient un service réglé : leur uniforme était couleur de suie, et chacun d'eux portait son numéro sur une plaque de cuivre qu'il était tenu de repolir, en sortant d'une cheminée, avant de se débarbouiller. A la moindre lueur d'incendie, tous les ramoneurs du quartier devaient se rendre en toute hâte sur le théâtre du sinistre, aux termes du cahier des charges.

Entre la rue des Bourdonnais et celle Tirechappe, le célèbre Lavoisier a possédé deux petites maisons. Deux autres, au coin de la rue des Déchargeurs, ont appartenu à Le Fouin, conseiller au parlement, et l'une d'elles nous rappelle encore, par le buste dont elle est ornée, qu'Henri IV fut assassiné à quelques pas de là, rue de la Féronnerie. On lit au-dessous de ce buste :

Henrici Magni recreat præsentia cives,
Quos illi æterno fœdere junxit amor.

L'enceinte de Philippe-Auguste avait mis la porte de Paris dans cette rue, au point où se trouve l'Oratoire ; celle de Charles V reculait la limite jusqu'à l'ancienne rue du Rempart, dont un côté seul est debout. La porte Saint-Honoré, qui s'élevait rue Royale, fut bâtie sous Louis XIII, et démolie en 1733.

RUE DU DAUPHIN.

Les grandes écuries du roi englobaient, rue Saint-Honoré, une demi-douzaine de maisons, sous Louis XIV, et avaient une entrée à peu près où se trouve la rue des Pyramides. Elles communiquaient avec le manége royal, dont la cour s'étendait jusqu'à l'emplacement de la rue Castiglione. Une porte du manége faisait alors de la rue du Dauphin un cul-de-sac dit de Saint-Vincent.

Le n° 1 de cette rue et une autre maison contiguë, qui a pu être démolie pour faire place à la rue de Rivoli, se trouvaient donc à l'angle du manége. Les propriétaires en étaient, au commencement du xviiie siècle, messires Louis et Jacques Bossuet. Or, l'illustre évêque de Meaux n'avait pas encore cessé de vivre, et ses prénoms étaient Jacques-Benigne. Mais un de ses neveux s'appelait tout comme lui, et devint évêque de Troyes ; compromis comme janséniste par ses écrits, il fut démissionnaire en 1742.

Beaulieu, apothicaire du roi, possédait la maison d'en face, après laquelle en venait une au roi, puis une à Prosper Charlot, ordinaire de la musique royale, et encore une au roi, actuellement le n° 10.

En 1792, la rue du Dauphin a pris le nom de rue de la Convention. On sait que cette assemblée délibérative siégeait alors dans la salle du manége.

RUE SAINT-FLORENTIN.

Les orangers du jardin des Tuileries, renouvelés par le crayon de Lenôtre, prenaient leurs quartiers d'hiver près du rempart, sur l'emplacement présentement occupé par le ministère de la marine et par l'entrée de la rue Saint-Florentin. L'autre partie de la rue formait alors le cul-de-sac de l'Orangerie. Louis de Clermont, comte de Chiverny, y possédait une maison à porte cochère que nous croyons le 11, et qui pouvait très-bien communiquer avec l'hôtel Clermont-d'Amboise, indiqué rue Saint-Honoré : elle tenait d'un côté au mur du parapet du rempart qui régnait jusqu'aux Tuileries, et de l'autre à la propriété de l'abbé de Villemareuil, laquelle avait aussi sur le cul-de-sac une de ses deux portes cochères. A l'autre coin, Gestard n'avait pas moins de trois maisons pareillement contiguës à celle que nous lui avons vue rue Saint-Honoré. Les dames de l'Assomption avaient ensuite une sortie sur le cul-de-sac.

Louis XV donna aux échevins, le 21 juin 1757, le rempart et l'orangerie, à la charge d'ériger l'impasse en une rue qui devait s'appeler de Bourgogne, et d'y établir les bâtiments en arrière-corps de la place Louis XV, dont ladite rue devait suivre le plan par des constructions uniformes. Cette dernière obligation disparut du cahier des charges un an après, en considération sans doute de ce que d'autres maisons antérieurement bâties empêchaient d'étendre à la rue la régularité de la place.

L'architecte Gabriel, qui avait dessiné le plan dans son entier, n'en construisit pas moins les n°s 7 et 9 d'à présent. Dans le premier de ces hôtels fut élevé M. le comte de Morny sous les yeux de M. de Flahaut, qui le plaça dans la pension Muron pour y suivre les cours du collège Bourbon. Dans l'autre, le prince Poniatowsky, sénateur, cultive la musique, et il y tient une place occupée par le maréchal de Ségur au commencement du premier empire.

Le dessin de Chalgrin, émule de Gabriel, éleva vis-à-vis, sur un terrain ayant appartenu au traitant Samuel Bernard, un magnifique hôtel pour le compte d'un ministre,

M. de Saint-Florentin, celui de tous les membres de la famille Phélypeaux de la Vrillière qui abusa le plus des lettres de cachet. Pour faire sa cour au favori du maître, le conseil d'État du roi décida, le 11 mars 1768, que la rue de Bourgogne, au lieu d'être du sang royal, se contenterait d'être ministérielle sous le nom de Saint-Florentin. Au commencement du règne de Louis XVI, l'hôtel appartenait au duc de Fitzjames, qui le vendit en 1787 à la duchesse de l'Infantado. On y établit, en 1793, la fabrication de salpêtre de la section des Tuileries. L'ouverture de la rue de Rivoli enleva des bâtiments à cette propriété, avant que le marquis d'Hervas la vendît à M. de Talleyrand, et ce prince des diplomates y donna l'hospitalité à l'empereur Alexandre en 1814. La Charte y fut élaborée, non pas sans que Mme de Staël eût contribué à sa rédaction. M. de Talleyrand, qui mourut plein de jours dans l'ancienne résidence du ministre de Louis XV, s'y trouva remplacé par la princesse de Lieven. Cette femme, d'un grand esprit, n'y ferma pas le salon politique appelé à de nouvelles surprises : M. Guizot en faisait les honneurs.

M. de Rothschild dispose, en ce temps-ci, de presque toutes les maisons de la rue qui répondent aux chiffres pairs. C'est le Samuel Bernard de notre époque, et plus d'un en fera compliment au financier du règne de Louis XIV.

RUE DE LA MADELEINE.

Mademoiselle de Sarpe et sa famille. — N°s 14, 18, 27, 29 et 61.

Un notaire de la rue Saint-Honoré, nommé Laballe, avait fait de mauvaises affaires; au lieu de s'en relever, il mourut, en ne laissant à sa veuve que deux filles. Mme Laballe était encore jolie, et plus coquette que jamais; elle avait toujours aimé le monde, qui l'avait payée de retour, et n'avait pas élevé ses filles pour le cloître. Des clients de son mari vinrent lui apporter leurs compliments de condoléances, rue de la Madeleine, dans la maison d'un M. Casaubon, où elle avait arrêté un logement; ils y firent la cour à la mère, qui n'avait pas encore désespéré d'un bon parti pour elle-même, mais qui ne cachait pas les filles dont elle paraissait la sœur aînée.

La plus jeune, bien qu'elle n'eût pas l'âge d'être pourvue, épousa lestement un sieur de Sarpe, valet de chambre de Louis XV, qui vivait plus à Versailles qu'à Paris, et qui devint pourvoyeur de la maison de la reine. Par malheur, le nouvel époux en profita pour faire banqueroute, et il leva le pied, en renvoyant rue la Madeleine une épouse désabusée vite d'un rêve d'amour et de fortune.

Elle y trouva Mme Laballe toute seule, mais dans les meilleurs termes avec sa fille aînée. Celle-ci habitait le faubourg Saint-Germain, dans un luxe de meubles et d'atours dû aux largesses d'un galant protecteur, M. de la Boissière, le fermier-général, qui allait la faire débuter sous le nom de Mélanie à la Comédie-Française. A quoi bon la cadette eût-elle pris aussi un nom de guerre? Celui de son mari lui en paraissait un. Elle devint la maîtresse de M. de Machault, contrôleur général, qui l'appela Mlle de Sarpe, une fois installée dans un appartement de la rue du Four-Saint-Honoré.

M. de la Boissière fut remplacé auprès de Mélanie par M. Bertin, des parties casuelles, qui ne la garda pas longtemps, car cette actrice mourut bientôt en couches; elle laissa des nippes et des bijoux en si grand nombre et d'un tel prix que sa mère s'en fit 3,000 fr. de rente.

Quant à Mlle de Sarpe, M. de Machault ne la congédia

qu'avec le même revenu en viager, et elle avait de quoi plaire à bien d'autres : minois plein d'agaceries, peau blanche, esprit orné, enjouement des pieds à la tête. M. Fontaine, qui était secrétaire du duc d'Orléans, vécut avec cette femme dont les attraits franchissaient, sans broncher, l'étape de le trentaine, et qui en ce temps-là avait presque un salon, où elle aimait à recevoir, dans une maison de la rue des Bons-Enfants. Elle s'éprit du chevalier de Mézières, qui était la coqueluche de plusieurs grandes dames, en dérogeant par diversion. Elle avait un tempérament à se rendre souvent à Versailles pour ajouter le souvenir de relations encore plus éphémères à celui du mariage qui l'y avait amenée pour la première fois. Mme de Rannes, cette autre femme galante dont nous avons déjà parlé, ne se contenta pas d'être l'amie de la fille du notaire Laballe.

Le nid d'où se sont échappés les deux oiseaux que nous venons de suivre dans leur vol à travers un monde peu connu, nous le trouvons au n° 14, dans la rue dont le nom figure en tête de la présente notice. M. Chevery de la Chapelle était alors propriétaire du n° 18 ; M. Bouret de Valroche, du n° 22 ; M. Vialat, du n° 29.

Cette rue n'allait encore que jusqu'à l'ancienne église de la Madeleine, située au second coin de la rue de la Ville-l'Évêque, et vendue par l'État le 4 pluviôse an V. La prolongation en eut lieu en 1792 sur un terrain provenant des religieuses de la Ville-l'Évêque et acquis par M. de Montessuy. La maison qui répond au chiffre 61 fut édifiée ou refaite à cette époque par le citoyen Chagot, munitionnaire et banquier : nous croyons qu'elle avait appartenu, sous l'ancien régime, aux religieuses précitées.

241. — Paris. Imprimerie de Ch. Bonnet et Comp., 42, rue Vavin.

LIV. 49
LES ANCIENNES MAISONS

Des rues de Miroménil, Saint-Fiacre, Poissonnière, de la Lune, du Petit-Carreau, Thévenot, Saint-Sauveur, de Viarme, Mercier, de Sartines, de Vannes, Devarenne, Oblin, de la Jussienne et de la Verrerie.

NOTICES FAISANT PARTIE DE L'OUVRAGE INTITULÉ :

LES ANCIENNES MAISONS DE PARIS SOUS NAPOLÉON III

PAR M. LEFEUVE,

Monographies publiées par livraisons séparées, avec table de concordance à la fin de la publication.

RUE DE MIROMÉNIL.

Percée au commencement du règne de Louis XVI sur un terrain qui appartenait à Armand-Gaston Camus, avocat, propriétaire de l'hôtel Beauvau, cette rue eut pour parrain Hue de Miroménil, garde-des-sceaux, sous le ministère duquel fut abolie la question. A cette rue s'ajouta la rue Guyot, ouverte deux ans après à la diligence de Senneville, Aubert et de Lettre. Deux autres prolongements poussèrent en 1813 et en 1826 cette voie de communication jusqu'à la rue de Valois.

Au moment de la première de ces annexions, tout un côté de la rue Miroménil appartenait au susnommé Camus, à l'exception d'une seule propriété enclavée entre deux des siennes et qui était acquise à Bigonet. Une liste de propriétaires qui se rapporte à l'autre côté de la rue, se compose de noms dictés dans le même temps à quelque scribe, qui ne les a pas écrits d'une manière irréprochable ; nous n'avons pu rectifier qu'en partie cette nomenclature par à peu près, et la voici : D'Orgemont, la baronne d'Alleps ou le comte de Camille, Marcelin et de Castelan, le marquis Andrault de Langeron. On remarquait pourtant, avant 89, un hôtel de Roquefeuil dans cette rue. Notre collecteur de documents locaux y a trouvé, qui plus est, au fond du n° 33, un pavillon décoré de bas-reliefs, avec un arbre qui a été planté avant que l'architecte Le Camus de Mézières dessinât l'hôtel de Beauvau. Le duc de Noailles avait été antérieurement propriétaire du terrain occupé dans le faubourg Saint-Honoré par l'hôtel Castellane et par les immeubles voisins ; mais la construction du susdit pavillon date encore de plus loin, il n'en faut pas douter, puisque son ancien escalier, qu'on a gardé dans un grenier, est bel et bien à balustres de bois.

Les sculptures beaucoup plus apparentes du n° 53 représentent deux voitures à trois corps, à quatre chevaux, et rien n'y manque, pas même les noms de ces voitures, la *Laure* et *Elisa*. Il nous suffit donc d'ajouter que les gondoles parisiennes, entreprise de diligences pour Versailles et Saint-Germain, s'y établirent en 1824, en construisant pour se faire des remises le hangar qui est vis-à-vis. Les pompes funèbres succédèrent aux gondoles dans la rue de Miroménil, jusqu'en 1853.

Contentons-nous, par conséquent, d'un fiacre pour nous transporter

RUE SAINT-FIACRE.

Les fiacres. — Le chanteur Dumesnil. — Les soupers de filles. — La Hecquet.

Cette rue, déjà connue en 1630, mais sous le nom de rue du Figuier, avait été ouverte sur le fief Saint-Fiacre. On assure, de plus, que le sieur Fiacre y fonda le service des voitures qui ont gardé ce nom dans le vocabulaire usuel. Lesdits carrosses de louage étaient déjà au nombre de 1800, avant que la concurrence des cabriolets de place, vers 1770, renvoyât un bon nombre de fiacres sous la remise. Leur prix était alors 25 sols pour la première heure, 20 pour les heures suivantes, 24 pour une course. La rue Saint-Fiacre a été fermée pendant un siècle par deux grilles, qui paraissent deux portes bien murées sur le plan de Paris en 1739. La plupart des propriétés qui la bordaient avaient leur entrée principale ailleurs. Aussi ne comptait-on à la fin du règne de Louis XIV que quatre maisons qui appartinssent à la rue au même titre exclusif que ses deux lanternes. Elle n'avait pourtant rien perdu depuis dix ans, époque où

Mlle Mouilleron, propriétaire du n° 2, ou du n° 4, tenait à Mme Canaple, celle-ci à Dumesnil, *chantre à l'Opéra*, Dumesnil à l'avocat Baudin, et Baudin à De Meulle. Le jardin de ce dernier empiétait sur l'ancien fossé de la ville, où commençait également le jardin de l'abbé Dufour, lequel allait jusqu'au boulevard. En face de ce jardin était celui de Lhuillier, contigu à celui du conseiller Guilloye, après lequel venaient trois autres propriétés au susnommé Lhuillier.

Le pavillon portant le chiffre 8 fut donc l'habitation de Dumesnil, haute-contre du temps de Lulli. Ce chanteur n'avait rien gagné au privilége qui permettait alors aux gentilshommes de devenir sans déroger pensionnaires de l'Opéra : il avait été le cuisinier de Foucault, conseiller d'Etat et numismate, cet ami du père La Chaise, puis intendant du prince de Montauban. Dans *Armide*, il créa le rôle de Renaud. Dumesnil, qui ne se piquait ni de sobriété ni de pudeur, entrait souvent en scène entre deux vins et aimait à se mettre en tiers dans les amours des filles de théâtre, pour en vivre plus à son aise. Mlle Maupin, sa camarade, qui n'avait répudié que les préjugés de son sexe, était mal avec ce chanteur, qui la traita d'hermaphrodite, ne sachant plus par où la prendre. La chanteuse, fille d'un gentilhomme, avait appris d'un de ses amants, prévôt d'armes, à tirer l'épée ; elle accosta sur la place des Victoires l'habitant de la rue Saint-Fiacre, qui revenait de l'Opéra, et comme il refusa de croiser le fer avec la cavalière qu'il avait insultée, celle-ci lui administra une volée de coups de canne, en lui prenant sa montre avec sa tabatière. Le lendemain, au foyer du théâtre, Dumesnil raconta qu'il avait eu affaire à trois gredins, qui avaient profité des ténèbres d'une heure avancée pour le frapper et le voler. Mais Mlle Maupin arriva à propos pour lui dire : — Palsembleu ! tu mens. J'étais toute seule. Voici une montre, voilà une tabatière que je te rends, pour en donner la preuve.

Sous le règne suivant, M. de Curis occupait rue Saint-Fiacre la superbe maison voisine, avec porte rue du Sentier. Cet amateur de petits soupers en faisait quelquefois avec M. de Jumilhac, gouverneur de la Bastille ; mais l'un et l'autre étaient fort contrariés que M. de Sartines, le lieutenant de police, fût à même de leur demander peu de jours après comment ils s'en trouvaient, et sût aussi bien qu'eux en quel endroit s'était dressé le couvert, quelles femmes galantes avaient été appelées, et à quelle heure on s'était séparé. N'y avait-il donc pas moyen de soustraire leurs fredaines aux investigations des limiers de la police ? M. de Curis, n'en ayant pas trouvé, prit le parti de supporter ce qu'il ne pouvait empêcher, et proposa encore à son ami de faire ce qu'on appelait alors des *soupers de filles*. — Volontiers, répondit M. de Jumilhac, mais à la condition que M. de Sartines en soit.

Au 16 demeurait la Hecquet, chez laquelle s'engageaient

force parties galantes, dont elle battait et rebattait les cartes, en ayant soin de laisser au flambeau la moitié des entrées de jeu. Cette pourvoyeuse distinguée avait aussi au faubourg Saint-Laurent une petite maison pour les soupers. L'avocat-général Séguier ne mettait pas moins à profit que les fermiers généraux, la variété des ressources de la Hecquet, chez laquelle ce magistrat fut rencontré le 2 avril 1760. Il y avait déjà fait acte de présence dans les quatre nuits précédentes, et Virgile lui-même eût perdu son latin à lui dire : *Quintam fuge.*

RUE POISSONNIÈRE.

A Derbais, marbrier du roi, fut adjugé, en 1686, un grand terrain qui longeait le rempart, c'est-à-dire le boulevard, en partant de la rue des Poissonniers. C'était une portion du territoire appelé Vallée-aux-Voleurs ou Champ-aux-Femmes ; sous les mêmes noms avait été un chemin, connu dès 1290, et hors de ville, bordant ce territoire, qui dépendait lui-même du Clos-aux-Halliers, fief dit aussi des Masures de Saint-Magloire. Le passage des marchands de marée avait valu à l'ancien chemin son érection en rue de Paris sous une autre dénomination, et la rue des Poissonniers comptait déjà 44 maisons, 10 lanternes, à la fin du xviie siècle ; seulement elle empiétait un peu en ce temps-là sur la rue du Petit-Carreau.

Derbais était alors propriétaire du n° 35 actuel, et la veuve Misson du 37. Daniel Gittard, architecte du roi, qui avait travaillé à Saint-Jacques-du-Haut-Pas et à Saint-Sulpice, disposait du 26.

Un sieur Milieu, dont la propriété s'étendait jusqu'à la rue du Sentier, jouissait probablement du 21, auquel de belles ferrures et un balcon, donnant sur une grande cour, gardent l'air d'un ancien hôtel de traitant, et où des plaques de cheminée portent le millésime 1660.

Cette même maison se trouvait habitée, en 1787, par Grétry et par sa famille. L'illustre compositeur avait déjà, dans sa fille Lucie, un élève sans pareil : elle avait composé, à l'âge de treize ans, la partition du *Mariage d'Antonia*.

Aux dépens du jardin de cet hôtel s'étaient édifiées, du vivant de Milieu, plusieurs maisons. Mais le 33, construction moderne, n'a pas même su conserver le titre que lui donnait à la notoriété le nom de Guidicelli, sur la porte du successeur de ce fameux chocolatier. Il est vrai que Guidicelli, qui était venu à Paris en sabots avant la grande révolution, ne se souciait plus, devenu trois fois millionnaire, d'afficher le point de départ de la fortune de sa fille, mariée au fils d'un comte de l'Empire. Le véritable chocolat n'a-t-il pas fait son temps en France, et surtout à Paris, depuis que les droguistes en vendent à profusion sans sucre, sans cacao, mais non pas sans annonces à la quatrième page des journaux? Guidicelli en fabriquait de meilleur, en moins grande quantité, à un prix plus élevé, et pourtant ce chocolatier convenait déjà, dans ses jours de franchise, qu'un Espagnol n'eût employé le sien que comme cirage, mastic ou amidon.

Peu de masures rappellent dans la rue Poissonnière l'ancien clos des Masures-de-Saint-Magloire. Mais voici bien encore des maisons à porte bâtarde et à deux croisées par étage, qu'ont fait bâtir un honnête cordonnier, une mercière ou un pâtissier, avec le fruit de leurs économies. L'architecture fort peu académique du n° 25 est bien plus amusante pour le passant que les façades signées par les architectes d'à présent, et il y aura toujours des Parisiens assez peu fortunés pour se contenter de l'abri que leur procure cette bicoque, et pour se sentir encore plus à l'aise avec leur veste, leur blouse, leur tablier, que couverts d'un habit acheté au *Prophète* ou à la *Belle-Jardinière*.

D'autres traditions sont respectées elles-mêmes tant soit peu sur la lisière de l'ancien Champ-aux-Femmes. L'amour vénal faisait encore bon feu, il y a quelques années, dans un grand nombre d'entre-sols de la rue; il s'y cache aujourd'hui dans les mansardes, d'où il s'en va, transi, se réchauffer sous les lustres des bals publics. Mais il porte si mal, il dépose si souvent le masque de la grisette, qu'on ne s'y trompe pas beaucoup. Il n'y a qu'une nuance entre cet amour-là et celui que garde en pension, à l'angle de la rue de la Lune, une maison plus que séculaire dans la spécialité. L'autre coin de la rue de la Lune était occupé, sous Louis XVI, par la compagnie colonelle des gardes-françaises.

RUE DE LA LUNE.

Pour l'honneur de la compagnie d'élite dont la caserne avait, rue de la Lune, sa porte principale, constatons qu'il n'y avait encore, du temps des gardes-françaises, à l'encoignure opposée de la rue Poissonnière, qu'une seule des deux maisons de tolérance qui, aujourd'hui, relient une rue à l'autre. Celui de ces deux établissements dont la porte s'entre-bâille sur la rue de la Lune fut fondé vers 1820 par un marchand à la toilette.

C'est fort innocemment, nous le croyons, qu'à la fin du xviie siècle M. Plaisir habitait le 41 : le véritable nom de ce propriétaire était bien Claude du Plaisir. Le joli nom de qualité! Par malheur, à cette époque-là, une bonne moitié des marchands de la rue Saint-Denis prenaient très-librement le *de*, que l'ignorance crasse de notre siècle, en fait d'archéologie nobiliaire, prend pour l'équivalent de *messire*.

Entre les rues Saint-Etienne et Sainte-Barbe, le côté des

numéros pairs fut bâti originairement par François Berthelot, secrétaire des commandements de la dauphine, et par Marie Regnauld, sa femme, pour y placer cinquante soldats blessés. Mais la fondation de l'hôtel des Invalides réalisa royalement le vœu des institutions du même genre, et supprima la moinerie des soldats infirmes. La maison principale de la rue de la Lune fut achetée, en 1682, par les dames de Saint-Chaumont, qui en firent le petit Saint-Chaumont. La maison principale de cette communauté des filles de l'Union-Chrétienne recevait des élèves rue Saint-Denis à des conditions autres que la succursale, qui prenait des pensionnaires à raison de 250 à 400 livres, et des demi-pensionnaires. Les bâtiments qu'elles occupaient, et qui donnaient également sur les cours, dataient seulement de la renaissance de la rue, dont l'acte de naissance remontait au milieu du XVIe siècle. On avait rasé les maisons en 1593 pour fortifier la ceinture de Paris, dont la Ligue refusait l'entrée au Béarnais; une chapelle Sainte-Barbe avait disparu, elle aussi, et c'est trente ans plus tard qu'on avait élevé à sa place Notre-Dame-de-Bonne-Nouvelle.

De Caux, huissier de salle chez Louis XIV, payait à ce roi un cens pour trois propriétés qui se suivaient rue de la Lune : le 14 bis en était une. Voyez-vous une maison de secours et une école de filles, n° 12? Cet immeuble et l'immeuble adjacent appartenaient aux pauvres de la paroisse Bonne-Nouvelle, et ils étaient chargés de 2 livres 5 sols,

5 deniers de cens, redevance acquittée par les mains de Françoise Enault, supérieure, Marguerite Gautier et Jacqueline Guénot, sœurs de la Charité attachées à ladite paroisse, année 1703. La plupart des maisons situées sur cette ligne avaient sur le rempart une seconde porte que quelques-unes conservent de nos jours.

RUE DU PETIT-CARREAU.

La Boucherie. — Les marchands de vin. — Les joueurs de violon. — L'hôtel Thévenot. — La cour des Miracles. — Le tripot de Dubarry. — Le père Duchesne.

On appelait hôtel des Grilles le n° 43, quand la veuve Boyer y commandait en maître. Vis-à-vis était la boucherie qui avait un moment fait appeler rue des Boucheries l'entre-deux des rues Montorgueil et Poissonnière. Le plan de Gomboust, il est vrai, faisait commencer celle-ci et finir celle-là, en 1652, à la hauteur de la rue Neuve-Saint-Eustache ; toutefois on connaissait déjà un siècle avant, dans la rue Montorgueil, un lieu dit les Petits-Carreaux, et 58 maisons étaient portées au compte de notre rue en 1714 ; au nombre de ces maisons figurait déjà le 38, possédé sous Louis XVI par la baronne de Vignet.

On a toujours bu sec dans ce quartier. L'enseigne des Trois-Bouteilles et celle du Château-Gaillard, rue du Petit-

Carreau, rivalisaient avec le Triomphe-de-Bacchus, dont le propriétaire lui-même portait, vers 1714, un nom qui ratissait chaleureusement la gorge et donnait soif : Le Poivre ! La corporation des joueurs de violon avait bien son bureau rue Saint-Martin, attenant à Saint-Julien-des-Ménétriers ; néanmoins les musiciens à embaucher se donnaient rendez-vous chez Zublet, aux Trois-Bouteilles, près la rue Thévenot, et, de nos jours encore, tous les dimanches, des virtuoses disponibles se réunissent sur le même point de la rue du Petit-Carreau, à la porte d'un marchand de vin, et y trouvent un engagement pour la soirée dans quelque orchestre de bal, de spectacle ou de café-concert.

Le cul-de-sac du Crucifix, dit aussi du Petit-Carreau, n'est plus actuellement désigné que comme n° 10. L'hôtel où Thévenot résidait est des plus faciles à reconnaître sous le chiffre 14, et comment le louer assez de n'avoir pas renoncé au jardin qui distingue un hôtel d'une maison bourgeoise ?

Le n° 26 sert de passage officieusement à l'ancienne cour des Miracles. Tout le monde, au commencement du dernier siècle, ne se hasardait pas encore le soir dans l'ancienne vallée aux Mendiants et aux Voleurs, chef-lieu de la truanderie au moyen-âge : il y avait pourtant trois lanternes pour éclairer quatre maisons, en comptant ce qu'y possédaient les hospitalières de Sainte-Catherine et les Filles-Dieu, sans compter par exemple les petites échoppes qui étaient adossées aux murs et qui n'étaient pas habitées la nuit. Une maison s'ouvre dans ledit passage, par une porte cochère, en face de la ruelle indiquée sur son écriteau comme impasse de l'Étoile : n'était-ce pas l'hôtel Dupressoir? De toute façon elle était louée, ou par logement ou par corps de logis, à des particuliers, Louis XV régnant, et tout un autre genre de francs-mitous et de ribaudes reprenait alors possession de la cour des Miracles, purgée à leur profit par Louis XIV de parasites et de malfaiteurs moins civilisés. Les charmes de Dorothée, de la Beauvoisin, et puis enfin de Jeanne Vaubernier, à l'âge de vingt et un ans, y attiraient des financiers, des grands seigneurs, le duc de la Trémoille, le prince de Ligne, chez le comte Dubarry, qui leur enlevait par le jeu un argent sur lequel l'amour perdait ses droits. Au reste, les bonnes grâces de la plus séduisante des complices de ce chevalier d'industrie, avaient déjà le privilége si rare de retenir encore plus que les espérances. Elle était grande, bien faite, blonde à ravir : front dégagé, beaux yeux, sourcils à l'avenant, visage ovale légèrement marqué de petite-vérole, mais parsemé de signes sur les joues qui le rendait piquant comme pas d'autre, nez aquilin, bouche au rire leste, peau fine, gorge qui contrariait la mode en conseillant à beaucoup d'autres gorges de se mettre à l'abri d'une comparaison! Jeanne, sans songer à l'avenir, s'amusait pour son propre compte de l'empire exercé par elle à bien moins de frais qu'il ne fallait à son associé d'abnégation et de dextérité pour commander à la fortune. Tout commençait alors ou finissait pour elle par un souper, où elle buvait peu de vin, mais beaucoup de liqueurs. Qui se fût inquiété de son passé? personne encore. Elle n'était réellement que la fille d'un abbé et d'une Lorraine nommée Bécu, mariée ensuite à Ranson, domestique qui s'était transformé en employé aux barrières de Paris. Dubarry avait rencontré cette jolie femme chez la comtesse Duquesnay, qui vivait avec elle dans une grande intimité, bien que cette dame fût la maîtresse de M. de Chabrillan et fît aussi jouer chez elle. Lebel, valet de chambre du roi, vint de même cour des Miracles, lia facilement connaissance avec l'Égérie du tripot, et un appartement se meubla avant peu, rue des Petits-Champs, pour Jeanne Vaubernier, qu'on avait aussi surnommée l'*Ange*, chez la Gourdan, et l'*Ange* changea moins de conduite que de fortune et de nom, comme chacun le sait.

Dans l'ancienne demeure de Dubarry, habita le publiciste Hébert, en 1763. Ce rédacteur du *Père Duchesne*, journal de cynique mémoire, avait été receveur de contremarques dans un théâtre; il devint membre de la commune de Paris, acquit de nouveaux titres à l'exécration générale lors du procès de Marie-Antoinette, fut dénoncé par Saint-Just à la Convention, comme chef d'une faction menaçante pour l'État, et monta sur l'échafaud le 4 germinal an II.

RUE THÉVENOT.

Ne venons-nous pas de revoir dans la rue du Petit-Carreau l'hôtel Thévenot, à côté de la rue qui s'est inféodée nominalement à cette famille sous Louis XIV, après avoir été le cul-de-sac des Cordiers depuis le règne de Charles V? Jean Thévenot fut échevin sous la prévôté de Jacques Sanguin, et après lui un autre Thévenot se fit connaître par des voyages, par l'importation en France du café. L'usage de la liqueur nouvelle fut d'abord une affaire de mode; Mme de Sévigné contribua elle-même, sans le vouloir, à sa propagation, en disant que le café passerait comme Racine, ou Racine comme le café. La réputation de l'un et de l'autre, et celle aussi de Mme de Sévigné, n'ont fait que croître et embellir depuis cette comparaison! André Thévenot, contrôleur en chef des rentes de l'Hôtel-de-Ville, survécut à Thévenot le voyageur, et il était le fils ou le petit-fils de l'échevin. A sa requête, fut donné à l'impasse, en 1676, un débouché rue Saint-Denis.

Le parrain de la rue Thévenot y laissa à ses héritiers des maisons parfaitement construites, dans lesquelles au XVIIIe siècle se succédèrent des magistrats et principalement des banquiers, des agents de change, et en voici les numéros actuels : 10, 12, 14, 17, 18, 19, 20, 21, 22, 23, 24.

En tout douze propriétés, et la rue n'en nombrait que seize. Lorsque la succession s'ouvrit de ce marquis de Carabas, les n°s 6 et 8 appartenaient à Thoré, et nous sommes porté à croire que le 26, dont le magnifique balcon fait l'angle sur l'impasse de l'Étoile, était à l'hospice Sainte-Catherine. Ce cul-de-sac, qui n'en est plus un pour les piétons, puisqu'il mène Cour-des-Miracles, avait dépendu de l'impasse des Cordiers, antérieurement à la formation de la rue.

Vers le milieu du règne de Louis XVI, le propriétaire du 18, où un hôtel garni a repris de nos jours le nom de Thévenot, créateur de l'immeuble, s'appelait de Saint-Péravy; celui du 16, le docteur Chomel; celui du 14, Armand. Au même temps, le comte de Lallemant, ou de Latemend, disposait du 7 et 9; Bourdin, du 11; Osmond du 13. Quant au 24, qui a été mairie sous la Restauration, l'architecte Goupil y a laissé des traces de son passage sur les brisées de Thévenot, comme propriétaire.

Enfin le 12, déjà cité, était la résidence, avant 89, de la famille de Montmerqué, et Joséphine de la Pagerie y séjourna, n'étant encore que Mme de Beauharnais. Cet hôtel, qui fait face à la rue des Deux-Portes-Saint-Sauveur, a conservé un jardinet.

RUE SAINT-SAUVEUR.

L'église. — Les agents de change. — Le jeu de boules. — Les Colletet. — Julie Berville. — Le Bout-du-Monde et le Cadran. — Le médecin Chambon.

On remarque, rue Saint-Denis, au coin de la rue Saint-Sauveur, une vaste propriété avec des bains au fond de la cour. On était en train d'y reconstruire l'église Saint-Sauveur, quand la Révolution y fit suspendre des travaux qui ne furent repris qu'en vue de transformer le temple en une salle de spectacle. Puis, ce nouveau projet ayant été abandonné comme le premier, une vente nationale, le 13 pluviôse an VIII, convertit l'édifice public en un bien privé. Mais l'ancienne église audit nom n'était pas encore démolie en 1786; la fabrique possédait, rue Saint-Sauveur, plusieurs maisons dont l'emplacement devait servir à l'agrandissement de l'édifice, et dans une de ces maisons était organisé un service portatif de bains médicinaux qui revenaient à 3 francs.

Le bureau des changes payait également loyer à Saint-Sauveur; aussi bien les agents de change ne manquaient pas dans le quartier. Il y en avait un au n° 6, ainsi que le bureau des rentes sur les huissiers-priseurs. La recette des décimes et d'autres impositions était centralisée n° 1.

Un asile hospitalier pour huit femmes veuves avait été

fondé ou transféré rue Saint-Sauveur dans une propriété située entre la rue des Deux-Portes et la rue du Petit-Carreau. Il se peut fort que ce fût au 26 ou au 28, dont le propriétaire sous Louis XIV avait été le fermier général Letellier, et dont le locataire avait tenu un jeu de boules.

Parmi les amateurs qui fréquentaient cet établissement, et alors le jeu de boules était en honneur dans la bourgeoisie parisienne, figurait un abbé Colletet, propriétaire vis-à-vis. Ce n'était ni Guillaume Colletet, un des premiers membres de l'Académie française, qui avait épousé successivement ses trois servantes, ni François Colletet, le poëte crotté, le parasite des cuisines, celui dont la misère faisait rire Boileau ; mais l'abbé, leur proche parent, avait mieux conservé son lopin de maison que Guillaume ses places lucratives et ses terres assez considérables aux environs de Paris. Les Colletet étaient enterrés à Saint-Sauveur.

Les jolies femmes ont eu en tout temps un moyen de faire fortune qui n'a aucun rapport avec la poésie. Toutefois la rue Saint-Sauveur, vers la fin du règne de Mme de Pompadour, vit une charmante personne cruellement déchoir des espérances que lui avaient fait concevoir la galanterie d'un M. de Famini, et ses 15,000 livres de rente. Julie Berville, fille d'un marchand de tableaux de la rue du Bac, avait été séduite par cet homme de condition, qui l'avait emmenée chez lui, au n° 12 ou 14 ; trois mois après, comme elle était enceinte, le suborneur la renvoyait, en reprenant ses arrhes, 3,000 francs de bijoux, et en les remplaçant par 25 louis, que doubla, il est vrai, la menace d'un procès, mais tout à fait pour en finir. Julie, après ses couches, songea à profiter de l'éducation qu'elle avait reçue et s'exerça à la déclamation en vue de la Comédie-Française ; elle profita surtout de la leçon que lui avait donnée M. de Famini en montrant moins de confiance, plus d'exigence au comte de Martigny.

En revanche, par le temps qui court, les jeux de l'amour et du hasard sont simplifiés outre mesure, au n° 59 de la rue, dans un établissement à la tête duquel on pouvait s'étonner de voir il y a vingt ans un homme décoré. Le 65 en est encore jaloux. Comme bâtiments, ces deux maisons sont vieilles, et il en est dans la rue Saint-Sauveur qui datent du XIIIe siècle. Seulement on appelait rue des Égouts en 1489, rue du Bout-du-Monde dans les siècles suivants, et dernièrement encore rue du Cadran, la portion qui s'en trouve entre les rues Montorgueil et Montmartre.

Un fabricant d'horloges a remplacé, pendant la Révolution, par un Cadran qui lui servait d'enseigne, et qui n'a pas encore disparu ; l'enseigne de Bout-du-Monde, figurée en rébus, au n° 93. Mme de Lassure était propriétaire de la maison quelques années avant cette modification. Mais au coin de la rue Montorgueil, du côté des numéros pairs, l'enseigne du Bout-du-Monde avait été portée aussi par une maison ayant appartenu à Mlle Chambon, sœur du médecin du duc de Vendôme. La propriété contiguë était échue à Chambon, officier du roi, membre de la même famille. Voltaire cite le médecin dans ses vers, en donnant au prince de Vendôme un conseil que lui dicte ainsi François Ier :

> Dites-lui de troquer Chambon
> Contre quelque once de mercure.

Un poëte moins connu, Vergier, qui a fait des *Contes agréables*, a été assassiné au coin de la rue Montmartre, dans la nuit du 17 au 18 août 1720 ; le chevalier Le Craqueur, complice de Cartouche, s'est reconnu l'auteur de ce crime, qu'il a expié avec bien d'autres, rompu vif le 10 juin 1722. Vergier, inhumé à Saint-Sauveur, près de Colletet, près des acteurs fameux Gauthier-Garguille, Gros-Guillaume, Turlupin et Raymond Poisson, avait très-probablement habité la rue.

RUES DE VIARME, MERCIER, DE SARTINES, DE VANNES, DEVARENNE ET OBLIN.

M. Rousseau, qui songe à se marier, n'était guère flatté que nous l'envoyassions faire le tour de la Halle-au-Blé. La réputation acquise à ce quartier offrait des points curieux à étudier au point de vue des mœurs, mais était inquiétante pour un explorateur qui ne se contente pas toujours d'interroger l'enseigne d'une maison, le numéro d'une porte, l'inscription angulaire d'une rue. Les établissements séculaires où M. Rousseau redoutait d'avoir à prendre quelques notes, sont de ceux où l'on entre en craignant d'être vu, surtout lorsqu'on est disposé à rompre avec le célibat. Il partait donc à contre-cœur, et pour la première fois sans doute, notre député à la course, notre observateur au carnet ! Il avait passé la nuit blanche, additionnant avec appréhension presque autant de gros numéros qu'il pouvait se trouver de portes dans les rues dont la nomenclature sert de titre au présent chapitre. Mais il est revenu tout fier des progrès accomplis autour du grenier d'abondance, par la moralité publique de son siècle. Sa philosophie optimiste n'avait été mise à l'épreuve qu'une seule fois dans les rues mal famées.

La seule maison de filles qui y survive à beaucoup d'autres, date, comme établissement, de la construction de la place. La dot de la comtesse Ogier n'en a pas moins été constituée en partie par l'apport de l'immeuble, dont le premier propriétaire avait été Eynaud, son père. C'est le n° 1 de la rue circulaire, autorisée en 1762, ouverte trois années après, et appelée de Viarme à cause de Jean-Baptiste-Elie Camus de Pontcarré, chevalier, seigneur de Viarme, Sengy, Belloy et autres lieux, conseiller d'État, prévôt des marchands de 1758 à 1764. Trois ans avant l'élection de ce magistrat, la ville avait acquis le terrain de l'hôtel de Soissons, sur lequel furent établies simultanément, d'après le plan de Le Camus de Mézières, la Halle-au-Blé, la rue de Viarme et les rues qui rayonnent autour de cette place.

Le père de Mme Ogier était aussi propriétaire, rue de Viarme, n° 3, et l'échevin Babille au coin de la rue Babille, mais sans porte sur la rue de Viarme. Toutes les autres propriétés qui ouvrent sur cette rue sans fin, ont appartenu à Camus originairement, à l'exception du 21, qui fut bâti pour Devarenne, d'une maison au coin de la rue de Sartines, qu'avait Piedbot, et du 4, qu'avait Gallien. Ce Camus, était-il le prévôt des marchands, ou l'architecte, ou un de leurs parents, déjà gros propriétaire du faubourg Saint-Honoré? Assurément, il avait derrière lui des associés ou des bailleurs de fonds.

La rue Mercier, dont les constructions sont uniformes comme celles de toutes les rues de la même création, eut pour parrain Louis Mercier, écuyer, conseiller du roi en l'Hôtel-de-Ville, échevin. La comtesse du Bocage y disposait des n°^{s} 5, 7, 9, peu d'années après la fondation de la halle.

Gabriel de Sartines, comte d'Alby, avait été conseiller au Châtelet, lieutenant criminel et maître des requêtes, avant de passer lieutenant général de police, et il devint ensuite ministre de la marine. Son nom, placé sur l'estampille d'une rue, en face du grenier d'abondance, ne rappelle-t-il pas qu'on accusa ce lieutenant de police d'affamer, par calcul, Paris et tous ses environs, pendant que quatre intendants des finances, Trudaine de Montigny, Boutin, Langlois et Boulogne se seraient entendus eux-mêmes avec Perruchot, directeur général du monopole des grains, pour exploiter pareillement toutes les provinces à la fois? Mais l'agiot sur le blé n'a jamais pu offrir que des dangers locaux, momentanés, entièrement conjurés de nos jours par la rapidité des moyens de tranport, et jamais l'acquisition par fortes parties n'a pu être étendue à toutes les places en même temps. Les marchands de farine, qui se réunissent tous les jours au café du Commerce, et justement au coin de la rue de Sartines, sont loin de craindre que les capitaux affluent outre mesure dans le commerce des grains en France : la disette de l'argent y suit toujours de près celle du blé. Rue de Sartines, sur la droite, Camus, Devarenne, Bassin et encore Camus étaient propriétaires; sur la gauche, Prévosteau et Camus.

Jollivet de Vannes, avocat, procureur du roi et de la Ville, a gravé également sa carte de visite à l'angle d'une petite rue. En face de cette ruelle se dresse la colonne de Médicis, monument conservé grâce à l'initiative généreuse de Bachaumont, lequel poëte a fait l'acquisition de cet observatoire de la reine, afin qu'il survécût à l'hôtel de Soissons, démoli par les créanciers du prince de Carignan. Camus, Benoît et Dussausaye signèrent dans la rue de Vannes les premières quittances de loyer.

Le nom de Pierre Devarenne, écuyer, avocat au parlement, conseiller du roi, quartenier et puis échevin, est arboré sur un autre écriteau municipal, en face de la même rotonde, entre les n°s 1 et 2 de la rue de Viarme.

Avant que la halle au blé fût transférée d'un coin de l'emplacement actuel des Halles-Centrales, sur le terrain de l'hôtel de Soissons, on nommait rue Bouchée une impasse au fond de laquelle était une entrée de l'hôtel, et la place de cette porte en regard de Saint-Eustache, est encore marquée par des pierres en saillie au milieu de la rue Oblin. Dans cette rue, qui avait commencé par s'appeler Carignan, dernière dénomination du cul-de-sac, Bernard Oblin et Charles Oblin, intéressés dans les affaires du roi, et très-probablement dans celles de Camus, n'ont rien fait bâtir que nous sachions, mais ils n'y ont pas jeté par terre les maisons préexistantes. Mme Fleuret y disposait, avant 1780, de deux propriétés près de la rue Coquillière, et l'éternel Camus en avait deux à l'autre extrémité de la ligne opposée.

RUE DE LA JUSSIENNE.

A l'une des deux extrémités de la rue de la Jussienne, côté des chiffres pairs, il existait un hôtel de Givrac au moment de la convocation des états généraux. Le 16 appartenait à Dulac, et nous y trouvons aujourd'hui une école de filles; mais les sculptures et les ferrures illustrant la façade aident à y reconnaitre aussi cet hôtel Dubarry dans lequel Perruchot, receveur général des armées du roi, avait précédemment établi la caisse d'une spéculation sur les grains qui a été flétrie du nom de *Pacte de Famine*. Perruchot avait succédé, rue de la Jussienne, à Dupleix, gouverneur des établissements français dans les Indes. Au 8 avait demeuré Lattaignant, poëte jovial, et cependant abbé, chanoine de Reims et conseiller au parlement de Paris; mais cet homme d'esprit, dont jamais les couplets n'étaient mieux chantés que par lui-même, n'habitait plus, dans sa vieillesse, que chez les pères de la Doctrine chrétienne, où il avait cessé de vivre en 1779. Il y avait des pompiers dans l'ancien logis de Lattaignant, ou dans la maison contiguë. Les Carmélites de la rue Saint-Jacques touchaient les revenus du 9; le comte d'Anesse jouissait du 11; Robin, du 13; Caqué, du 15. Dans ce dernier immeuble ont élu domicile, pendant toute la durée du xixe siècle, les clients d'un avoué assez original, Me Périn, qui avait pris sa femme pour maître-clerc, sa fille pour expéditionnaire et sa bonne pour saute-ruisseau. Volte-face économique n'empêchant pas Périn de figurer dans les conseils du Théâtre-Français, à titre d'avoué et en qualité de gastronome! Les sociétaires, les créanciers, les fournisseurs et les auteurs eux-mêmes de ce théâtre, l'invitaient à des déjeuners au café de Chartres, alors irréprochable, et l'avoué y posait de telles conclusions que ses honoraires y passaient; mais il savait se rattraper sur la colonne des déboursés, dans les notes de frais présentées au client, son amphytrion de la veille, qui le lendemain prenait un autre avoué !

La rue de la Jussienne nombrait, au dernier siècle, 26 maisons. Il y en a 22 à l'heure qu'il est, dont quelques-unes seulement de construction moderne. Les derniers propriétaires de celles qui ont disparu au bout, du côté gauche, étaient le susnommé Caqué et le roi. Néanmoins, quelques historiographes attribuent à la confrérie des drapiers la possession de l'ancienne chapelle de Sainte-Marie-l'Égyptienne, située à l'angle de la rue Montmartre. On y disait déjà la messe sous Louis IX ; mais on a pu croire indûment que ce fut une chapelle donnée aux Augustins, établis près de là au milieu du xiiie siècle, et dont le cimetière confinait effectivement à Sainte-Marie-l'Égyptienne. Ces pères vendirent leur maison à Guillaume-Lenormand en 1290, et, trois ans après, Matifas, évêque de Paris, en transporta la propriété à Robert, fils du comte de Flandre. Le nom de la rue qui nous occupe vient par corruption du titre de la chapelle, reconstruite au xive siècle, qui devint celle des drapiers, commnnauté primitivement paroissienne de Saint-Denis-de-la-Chartre. Les six corps de marchands de l'antique hanse parisienne, dits d'abord *les marchands par eau*, étaient les drapiers, les épiciers, les merciers, les fourreurs, les bonnetiers et les orfèvres. Henri III, par lettres patentes, a fait de la communauté des marchands de vins un septième corps, mais qui n'a pu se faire reconnaître par les six autres qu'en 1776. Une autre dévotion particulière attirait autrefois dans l'oratoire de la rue de la Jussienne les jeunes filles qui craignaient d'être enceintes. Souvent une prière suffisait, disait-on, pour que sainte Marie-l'Egyptienne fît un miracle en sens inverse de l'opération du Saint-Esprit. Malheureusement la chapelle fut détruite dans les premières années de la Révolution.

RUE DE LA VERRERIE.

Suger. — Les Verriers. — Le père de Bossuet. — Le Saint-Esprit. — Les Juges-Consuls. — Les prédécesseurs des Droguistes. — La maîtrise des Couturières. — Valmont de Bomare.

Près de l'église Saint-Merri, connue comme chapelle dès le VIIIe siècle, convertie en collégiale sous l'épiscopat de Rainaud II et sous le règne de Robert II, était situé le séjour de Suger en 1140. La reconstruction de l'église au siècle XVI engloba cet hôtel, mais sans défigurer sa façade sur la rue de la Verrerie ; les restaurations opérées en 1754 et 1836, n'ont pas même empêché de reconnaître la porte d'un vieux logis seigneurial dans l'entrée latérale de Saint-Merri.

Les recherches de nos devanciers ont constaté l'existence d'une verrerie en 1187 dans cette rue. Aussi bien la communauté des peintres sur verre, nommée aussi des émailleurs, verriers et patenôtriers, dont les statuts reglés en 1467 furent modifiés en 1666, s'y établit dans le principe. Cette compagnie fut dite des vitriers, pour mieux représenter la tige des diverses branches de l'industrie verrière. On y avait fixé la durée de l'apprentissage à 4 années, le coût de la maîtrise à 500 livres. Le patron de la confrérie était saint Marc, et son bureau rue Saint-Denis, au Renard, avant la fin du xviie siècle, mais au cimetière Saint-Jean vers le milieu du xviiie siècle. Un peu plus tard elle se trouvait en concurrence avec la communauté des faïenciers, reglémentée sous Henri IV, mais qui avait été réunie pendant soixante-dix ans à celle des verriers. Tout apprenti ou compagnon faïencier qui avait abusé de la femme, de la fille, de la parente ou de la servante de son maître, était par cela même déchu du droit de parvenir à la maîtrise. Au reste, s'ils battaient la séduction en brèche, les statuts de la faïencerie favorisaient la recherche pour le bon motif, en réduisant de 500 à 200 livres la prise de la maîtrise en cas de mariage avec la fille du maître. Apprentissage 5 ans ; ompagnonage *idem;* brevet, 80 livres, et patron, saint Éloi. L'émailleur Jacquemin Gringoneur, inventeur des cartes à jouer sous Charles VI, et qui en peignait *à or et à diverses couleurs pour l'esbattement du roy,* a demeuré rue de la Verrerie, en y précédant de trois siècles un autre membre de la confrérie, qui vivait à l'époque de l'association des deux communautés, et qui était Trincard, marchand de porcelaine. Le magasin de ce Trincard attirait de riches amateurs. La rue était alors sur le passage de Louis XIV pour aller du Louvre à Vincennes, sur le passage aussi des ambassadeurs étrangers, qui se rendaient au Louvre, le jour de leur entrée officielle, dans les carrosses du roi, après avoir mis pied à terre aux Folies-Rambouillet, rue de Charenton : ces deux considérations avaient fait élargir la rue en 1672.

Sous le règne précédent, Bossuet, fermier des gabelles du Lyonnais et du Languedoc, et père de l'immortel Bossuet, avait résidé presque en face de la rue des Juges-Consuls. Par conséquent il habitait une des maisons séparant la rue de la Poterie de la rue Saint-Martin. Les propriétaires de ces maisons, vers l'année 1780, se suivaient dans l'ordre que voici : Lebel, au coin de la rue de la Poterie, Lebel encore, de Sorèze-de-Meuze, Coulon-Destouches, de la Motte et consorts, le Saint-Esprit, le Saint-Esprit encore, Bourgoin, de la Capelle. Le Saint-Esprit, ordre de chevalerie, avait été institué par Henri III. Supprimé en 1789, il se releva sous la Restauration pour disparaître de nouveau en 1830. Les cent chevaliers de cet ordre devaient être catholiques et déjà reçus de l'ordre de Saint-Michel.

Des dépendances de l'hôtel des Juges-Consuls longeaient la rue de la Verrerie. La juridiction consulaire avait été créée par Charles IX. Le siége de ce tribunal resta derrière le chevet de Saint-Merri, jusqu'à sa translation dans le palais de la place de la Bourse.

Des notaires occupaient au xviiie siècle quatre ou cinq belles maisons, édifiées pour la grande robe, et maintenant vouées au commerce en gros de l'épicerie, de la droguerie. Cette spécialité n'a été accusée par presque toute la rue qu'en notre siècle. Il y avait près la rue du Temple le bureau des experts-jurés des bâtiments, institués par édit en 1690, et plus près de Saint-Merri le bureau des huissiers-audienciers au Châtelet, où paraissait imprimé tous les mois un extrait des criées du tribunal. Un hôtel Saint-Faron, que nous croyons le n° 18, était devenu le bureau général des fosses vétérinaires pour l'équarrissage hors de ville. Un service régulier de carrosses pour Sézanne et pour d'autres localités, partait dès le XVII° siècle d'un hôtel de la Trinité, rue de la Verrerie, et un traiteur à l'enseigne du Petit-Paris servait jusqu'à des repas de noces. Des grands magasins de tapissiers s'y établirent postérieurement, et ils y dominaient au commencement de l'Empire, comme la verrerie autrefois. Roussin aîné, tapissier du gouvernement, entrepreneur de la décoration des fêtes publques, encombrait constamment la rue de ses voitures et occupait de nombreux ouvriers.

Non loin de l'hôtel Saint-Faron, mais du côté opposé, a été le bureau des maîtresses couturières découpantes, communauté divisée en quatre classes: Les couturières en robe composaient la première; celles pour enfants venaient ensuite, puis les lingères, puis les confectionneuses de garnitures. Une maîtresse ne pouvait avoir qu'une apprentie à la fois; l'apprentissage durait trois ans; le chef-d'œuvre était obligatoire pour parvenir à la maîtrise, qui coûtait 174 livres, comme le brevet 20 livres 10 sols. Saint Louis était le patron de la communauté.

Dans un hôtel peu distant du bureau des couturières, le naturaliste Valmont de Bomare avait un riche cabinet, dans lequel il faisait des cours, mais qui fut réuni en 1787 au cabinet du prince de Condé, dont venait d'être nommé garde ce savant, dans le château de Chantilly. Valmont de Bomare, membre de l'Académie des sciences, avait utilement voyagé pour le compte du gouvernement. Il est l'auteur d'un *Dictionnaire d'Histoire naturelle*.

Le n° 2 de la rue de la Verrerie a appartenu à la famille de Salignac-Fénelon. La fabrique de l'église Saint-Jean était propriétaire des n°s 4, 6 et 8, ainsi que de cinq maisons contiguës dans la petite rue de Moussi.

324. — Paris. Imprimerie de Ch. Bonnet et Comp., 42, rue Vavin.

LES ANCIENNES MAISONS

Des rues Mignon, d'Orléans, du Louvre, des Prouvaires, de Grenelle-Saint-Honoré, Neuve-Saint-Eustache, Tiquetonne, Montorgueil, N.-D. Bonne-Nouvelle, Sainte-Apolline et du Boulevard Saint-Denis.

NOTICES FAISANT PARTIE DE L'OUVRAGE INTITULÉ :

LES ANCIENNES MAISONS DE PARIS SOUS NAPOLÉON III

PAR M. LEFEUVE,

Monographies publiées par livraisons séparées, avec table de concordance à la fin de la publication.

RUE MIGNON.

Le collège Mignon.

Ce collége fut fondé en 1343 par Jean Mignon, archidiacre de Chartres et maître des comptes à Paris, pour douze écoliers, à prendre autant que possible dans sa famille. Le maître des comptes avait affecté à cette fondation des biens acquis dans la rue de l'Ecureuil et dans la ruelle des Petits-Champs, dite postérieurement de la Semelle et puis Mignon, laquelle était déjà connue au xiie siècle; seulement il mourut le 13 avril 1345, avant l'exécution de son projet. Son frère, Robert Mignon, n'hérita pas du zèle qui l'avait animé. L'université de Paris s'en plaignit au roi Jean, qui, en juillet 1353, enjoignit à Robert d'acheter avant Noël 170 livres parisis de rente, qui appartenaient au collége en vertu de la donation ou du testament du défunt, et de livrer aux boursiers la maison que son frère occupait, ou toute autre de même valeur, en y faisant placer quinze lits, en y établissant une chapelle, avec les vases, les livres et les ornements nécessaires, le tout à porter au passif de la succession dudit frère. Le roi amortit gratuitement le patrimoine de cette pédagogie, et il nomma aux bourses, en maintenant toutefois aux membres de la famille du fondateur la préférence qui leur était due.

Cette institution du xive siècle fut modifiée le 24 avril 1584 par Henri III. Ce roi donnait le collége Mignon aux religieux de Grammont, dans le couvent desquels venaient d'être établis, à Vincennes, les hiéronymites; mais il chargeait les grammontins d'entretenir à perpétuité dans le collége un prieur et ses religieux, ayant sept ans pour faire leurs études.

Louis XV ayant anéanti l'ordre de Grammont, la maison reconstruite depuis peu pour ces religieux fit retour à l'Université, qui avait alors le collége Louis-le-Grand pour chef-lieu, pour déversoir des bourses des petits colléges. Les charges absorbaient, sous le règne suivant, presque tout le revenu de la fondation Mignon; mais elle promettait d'être une des plus riches fondations administrées par le bureau de Louis-le-Grand, car ses dettes étaient amorties par les redevances stipulées dans les baux emphytéotiques consentis à Simon, imprimeur du parlement, et à un serrurier. Simon, qui avait déjà fait un atelier de la chapelle du collége, bâtie sur le dessin de Carpentier, et ornée par Adam le cadet de bas-reliefs, eut pour successeur Nyon, autre imprimeur du parlement.

Robert Lindet, député à l'Assemblée législative, conventionnel et puis ministre, a habité l'hôtel Mignon, avant qu'on en fît la mairie du XIe arrondissement. Des imprimeurs sont revenus ensuite dans cette propriété, aliénée par l'Etat en 1824. M. Pommeret, qui a commencé autre part l'impression du présent recueil, que termine son successeur, y avait ses ateliers antérieurement à M. Martinet, propriétaire actuel.

RUES D'ORLÉANS.

Le Petit-Séjour d'Orléans. — Les Pensionnats. — Les Jansénistes. — Le Cimetière Saint-Médard. — Dupont-Dutertre. — La maison au bas-relief. — Les filles de la Croix. — L'ancien palais d'Orléans. — L'hôtel d'Aligre.

Isabeau de Bavière, femme de Charles VI, donna à son

beau-frère, Louis de France, duc d'Orléans, en échange du Val-de-la-Reine, une maison de plaisance, sise à Richebourg, près Paris. La rue principale de ce bourg avait porté la dénomination de rue du Bouloir, à cause d'un jeu de boules, avant celles de Richebourg et enfin d'Orléans. N'est-on pas étonné d'apprendre que le quartier le plus pauvre de Paris ait été regardé comme riche, ait été résidence royale avant de s'annexer à la ville? Le fief princier qui avait pour chef-lieu l'hôtel dit Petit-Séjour d'Orléans embrassait l'espace situé entre les rues d'Orléans-Saint Marcel, Mouffetard, de la Muette et du Jardin-du-Roi, à l'exception toutefois du territoire de l'église Saint-Médard. L'église avait été d'abord une chapelle construite dans un clos qui dépendait de l'abbaye Sainte-Geneviève, et, en effet, cette abbaye fut propriétaire du bourg Saint-Médard, ainsi que des clos du Chardonnet, des Saussayes et du Cendrier, lesquels étaient compris, comme les clos du Breuil, Copeau et Gratard, dans la circonscription originaire de ladite paroisse. Ruinée par les Normands, mais relevée au XIIe siècle, la chapelle était devenue église paroissiale, et de la même époque datait le percement de la rue dont nous vous parlons. Seulement, le plan de Paris en 1739 désigne comme rue Neuve-d'Orléans la portion de cette rue qui longe Saint-Médard. La tradition purement orale qui fait des n°s 41 et 43 un reste du logis princier, ne se trouve-t-elle pas d'accord sur tous les points avec les vraisemblance? Des balustres d'escalier y sont plus vieux encore que les mansardes couronnant la façade, et le jardin des deux maisons jumelles s'est étendu plus loin que de nos jours.

Beaucoup d'autres maisons de la même rue sont encore pourvues de plantations pareilles, qui n'ont formé autrefois qu'un jardin, et le terrain y suit partout une pente qui supprime pour la vue bon nombre de clôtures. Aussi des pensionnats, qui n'ont rien à cacher, succèdent-ils, et sans scrupule, à des ménages de petits rentiers, dont chaque génération a célébré une cinquantaine dans ces nids, qui semblaient tressés pour l'hivernage de l'amour conjugal. Le célibat pourtant y dominait à l'époque des agitations du jansénisme, dont les théologiens affectionnaient les environs du cimetière Saint-Médard. Ne savons-nous pas tous que les *convulsionnaires* y parodièrent les miracles des saints sur la tombe du diacre Pâris? Ce cimetière, d'une dimension modeste, contournait le chevet de Saint-Médard, et nous en revoyons une porte au 47, qui sert maintenant de passage latéral à l'église. L'entrée principale du champ de repos était même rue d'Orléans.

Le moraliste Pierre Nicole, ce janséniste plus justement célèbre, avait été inhumé également dans le pourtour de Saint-Médard, en 1695, et les dépouilles mortelles de son ami Dugué vinrent, de plus, y prendre place, mais après celles de Pâris. Pour couper court aux excès du parti, l'autorité fit fermer le cimetière, et un plaisant écrivit sur la porte :

> De par le Roi, défense à Dieu
> De faire miracle en ce lieu.

Le jésuite Duport-Dutertre ne s'en vint que plus à l'aise habiter le 3 ou le 7 de ladite rue, vers le milieu du siècle. Il avait, au surplus, jeté le froc aux orties pour se livrer plus librement à la littérature, et il publia notamment une *Histoire des Conspirations et des Révolutions*, en 8 volumes. Or, une révolution, que n'avait pas prévue l'historiographe de tant de conjurations, devait faire de Dupont-Dutertre, fils de cet écrivain, un ministre de la justice en 1790, et une victime de plus, trois ans après.

Une autre maison de la rue d'Orléans était décorée, sous Louis XVI, d'un bas-relief, où l'héroïque événement de la mort du chevalier d'Assas avait été représenté par Goujet, témoin oculaire de cet acte de dévouement.

Les filles de la Croix, établies cul-de-sac Guéménée, rue Saint-Antoine, avaient acquis, par voie d'échange, le 13 juillet 1656, de Marie-Anne Pétaut, veuve de Regnaud de Traversay, deux maisons qui s'étaient détachées, elles aussi, du Petit-Séjour d'Orléans, et ces religieuses y avaient fondé, sous le patronage de sainte Jeanne, après réparation des bâtiments, une infirmerie pour leur maison et une succursale pour leur œuvre. Les sœurs qui résidaient dans ce faubourg ne prenaient pas de pensionnaires ; elles tenaient seulement les écoles de charité de la paroisse Saint-Médard. Leur propriété fut mise aux enchères le 28 thermidor an V. Nous la retrouvons au 11, au 13, et très-probablement aussi dans les immeubles contigus : son jardin avait pour limite la rue Censier.

Au précité duc d'Orléans, son frère, Charles VI, avait fait présent de l'ancien hôtel de Nesle et de Bohême, où des rois avaient résidé, et sur l'emplacement duquel Catherine de Médicis éleva son palais, postérieurement hôtel de Soissons et de Carignan. Louis d'Orléans, plus tard Louis XII, avait lui-même habité cette maison royale, puis y avait placé des filles pénitentes, transférées rue Saint-Denis un siècle après, et la rue qui bordait cet historique séjour avait été appelée rue des Filles-Pénitentes, mais aussi et principalement rue d'Orléans. Elle s'étendait de la rue Saint-Honoré à la rue Coquillière avant la construction de l'hôtel de Soissons, qui en absorba plus de la moitié en 1572. Ce qu'il en reste depuis lors porte la dénomination de rue d'Orléans-Saint-Honoré.

Roquencourt, contrôleur-général des finances, s'était déjà créé, sous Henri II, une assez belle résidence dans cette petite rue, aux dépens des communs du palais d'Orléans ; il en fit don à Diane de Poitiers, et celle-ci à sa fille, la maréchale de Bouillon ; l'hôtel fut ensuite Sillery, de

Harlay, Puysieux, Verthamont, et enfin d'Aligre. Les cinq ou six dernières maisons de la rue, du côté des chiffres impairs, ont dépendu de cette propriété, ainsi que l'emplacement occupé par les Messageries du chemin de fer d'Orléans, voire même la cour d'Aligre, située de l'autre côté de la rue Saint-Honoré. Sous le premier Empire, il y avait un bal public et des bains, au 11 et au 13 de ladite rue d'Orléans, dans les ci-devant appartements du président d'Aligre, que sa famille n'habitait plus, mais donnait en location.

RUE DU LOUVRE.

La rue de l'Oratoire s'est appelée cul-de-sac de l'Hôte Riche, rue de l'Autriche, rue de l'Autruche, et aussi rue du Louvre. Ce dernier nom n'a été redonné que de nos jours à une rue parallèle, connue dès 1205 comme rue des Poulies. Il y a eu, à l'usage de nos pères, un jeu de boulies qui pouvait bien n'être qu'un jeu de boules; mais on parle également d'un jeu de poulies, tradition beaucoup plus obscure. Autre étymologie pourtant si, comme on dit, Alphonse, comte de Poitiers, frère de saint Louis, a acheté d'un sire Edmond de Poulie ou l'hôtel d'Alençon ou un autre des vieux logis qui y tenaient. Ces habitations bordaient la rue, du côté qui a disparu, et que de noms brillants portaient par là plusieurs habitations au xviie siècle ! Le Petit-Bourbon, les hôtels de Choisy, de Longueville, de Villequier, d'Aumont et de Créqui, s'y suivaient sur la même ligne.

A la fin dudit siècle, le premier coin de la rue Bailleul appartenait à la fabrique de Saint-Germain-l'Auxerrois ; le 12 à Mme Blanchard, marchande de vin, dont l'enseigne était *l'Épée-de-Bois;* le 14 à d'Aligre ; le 16 à la duchesse de Luynes ; le 8, avec une *Rose-Rouge* pour enseigne, à la comtesse de Verderonne, qui demeurait à l'hôtel Beauvais, rue Saint-Antoine ; le 20 à Canton, et le coin de la rue Saint-Honoré, avec l'image des *Trois-Chapelets*, à Poupard, secrétaire du roi.

RUE DES PROUVAIRES.

C'était sous le règne de Louis XI une des plus belles rues de Paris. Alphonse V, roi de Portugal, étant venu en France pour demander des secours contre le fils du roi d'Aragon, qui lui avait enlevé la Castille, fut logé par le roi chez Laurent Herbelot, riche épicier, rue des Prouvaires. Le *Dictionnaire des rues de Paris* signale au 22 une grande façade à fronton, comme ayant remplacé l'hôtel; seulement rien n'empêcherait qu'elle en eût dépendu. Louis XI reçut à la Bastille plusieurs visites du roi de Portugal, et il lui fit les honneurs de Paris, en lui donnant le spectacle d'une audience au palais, puis de la réception d'un docteur en théologie, auquel l'évêque de Paris donnait lui-même le bonnet, et enfin d'une procession de l'Université, qui passa sous les fenêtres du prince, et Alphonse V, dont le temps était compté, partit comblé de politesses, mais sans avoir trouvé le temps de formuler une demande qui eût embarrassé le roi de France, toujours habile à lui fermer la bouche.

Nous croyons que le 12 a fait partie de l'hôtel de Longueuil, où Réné de Longueil, sous Louis XIV, trouva dans un caveau 4,000 pièces d'or au coin de Charles IX, épave sans doute de la Saint-Barthélemy. Le château de Maisons fut édifié aux frais du huguenot qui avait dû enterrer cette fortune. A quelques pas de l'hôtel de Longueuil a demeuré le grammairien Vaugelas.

Au 16 ou au 18 était le bureau du *Journal du Violon*, quelques années avant la Révolution, et l'architecte Goupy, constructeur de la caserne du faubourg Poissonnière, était propriétaire de la belle maison qui porte les chiffres 2 et 4 : Saint-Aubin, le graveur du roi, l'artiste laborieux qui a laissé un nom dans l'histoire de l'art, y était domicilié. Cavillier disposait du 1 et du 3, si remarquable construction que nous sommes porté à voir l'ancien hôtel de d'Herbelot. La famille de l'épicier était devenue, au xviie siècle, celle d'un directeur-général de l'artillerie, Étienne Berthelot de Pléneuf, père de la marquise de Prie.

Mais ne nous faut-il pas remonter bien plus loin pour dire l'origine de la rue? Des prêtres y logeaient avant même que l'église Saint-Eustache eût pris la place d'une chapelle de Sainte-Agnès; mais l'église des Innocents, non loin de là, avait été déjà substituée à une autre chapelle par Philippe-Auguste, avec une partie des sommes confisquées sur les Juifs expulsés du royaume. On appelait alors les prêtres des *Provaires*.

RUE DE GRENELLE-SAINT-HONORÉ.

Camus et Cie. — Le latin de cuisine. — Les hôtels garnis. — Les Huit-Veuves. — Les Jeux de Paume. — Vestris. — La demoiselle de Saint-Lô. — L'hôtel des Fermes. — Le théâtre Comte.

La chapelle de l'hôtel de Soissons était à l'angle de la rue Coquillière et de la rue de Grenelle-Saint-Honoré ; le mur du jardin de l'hôtel bordait celle-ci, depuis ladite chapelle jusqu'à la rue des Deux-Écus. Les maisons remplaçant ce mur furent construites en même temps que la Halle-au-Blé et son pourtour. Camus de Viarme, prévôt des marchands, avait eu la première idée de cette spéculation privée ; puis un des frères Oblin en avait mûri le projet avec Camus, sur plan dressé par Le Camus de Mézières, et une compagnie s'était constituée, avec plusieurs autres intéressés, pour se rendre adjudicataire de la majeure partie de l'hôtel de Soissons, et y bâtir un grand nombre de maisons. Six de celles qu'on avait élevées rue de Grenelle, appartenaient en 1787 à Daugny, qui avait pu être un des associés d'Oblin; mais ce dernier n'existait plus. Camus était encore le gérant de la grande compagnie, qui avait rue de Viarme son bureau général de location; toutefois une seule propriété répondait au nom de Camus, rue Grenelle, et une au nom de Devarenne. Un des premiers restaurants à la carte occupait une desdites maisons, juste en face de l'hôtel des Fermes, et l'enseigne y parlait latin, latin de cuisine : *Et ego vos restaurabo*.

A Baucheron payait loyer un hôtel de l'Empereur, aujourd'hui des Empereurs, et les voyageurs descendaient aussi, rue de Grenelle, dans les hôtels de Lyon, de Mesmes, de Notre-Dame et du Grand-Louis.

Le 16 : asile hospitalier pour huit veuves, dans lequel néanmoins pouvaient être admises des filles ayant passé la quarantaine. MM. Le Pileur de Brévannes nommaient aux places vacantes dans cet établissement, fondé par Catherine Duhomme, veuve Barthélemy. Au 14 : Gautier de Claubry, premier chirurgien du comte d'Artois.

La famille de Fautras avait sa résidence presque en face ; néanmoins les propriétaires, entre les n°s 3 et 21, se trouvaient : Barrière, la comtesse de Longanet, Quatremère et Laffitte. Deux jeux de paume s'étendaient derrière les façades qui suivent : il n'y en avait qu'un encore de fermé en 1808.

Contigu à l'un ou à l'autre de ces jeux, était l'appartement de Vestris l'aîné, dans le troisième quartier du xviiie siècle. Ce prince des danseurs vivait alors près de sa sœur, et toute sa famille, qui était italienne, se ressentait des libéralités d'Affligna, comte vénitien, fraîchement débarqué dans la capitale des plaisirs. Sa seigneurie était conduite au bal et au spectacle par le galant danseur, qui connaissait toutes les femmes en vue, mais dont les discours officieux, se gardaient bien de ménager celles qui eussent fait concurrence à sa sœur en séduisant le Vénitien. Cet étranger, outre l'argent mignon qui sonnait dans toutes ses poches, et qui mettait à son service une nombreuse livrée de cœurs, avait au doigt un autre passe-partout. C'était un diamant de 50,000 écus, qu'il se proposait de vendre au roi ; mais Mlle Vestris ne désespérait pas de lui en faire passer la fantaisie.

Au même temps la demoiselle de Saint-Lô habitait une des maisons qui se sont partagées en deux, sur ce point de la rue de Grenelle. Cette voisine de Mlle Vestris se contentait fort bien de faire la conquête, à la Comédie-Italienne, de Pelletier de Morfontaine, qui dérogeait, étant déjà l'amant de la duchesse de Mazarin. Mlle de Saint-Lô n'était réellement que la fille de Fronteau, sellier de la rue Meslay, inventeur des cabriolets : elle avait été débauchée par Roquemont, commandant du Guet.

L'ancien hôtel des Fermes, dont nous avons déjà parlé

rue du Bouloi, donne également rue de Grenelle. Le huguenot Jean de la Ferrière, vidame de Chartres, y eut d'abord sa résidence; la mère de Henri IV y rendit le dernier soupir; Henri de Bourbon, duc de Montpensier, y fut remplacé par le comte de Soissons, puis par le duc de Bellegarde; le chancelier Séguier, qui en fit son hôtel, le mit aussi à la disposition de ses collègues de l'Académie française, qui y tinrent des séances auxquelles assista plusieurs fois Louis XIV, et une fois la reine Christine en 1656. Les fermiers-généraux, en achetant l'hôtel, que le duc de Bellegarde avait fait rétablir par Ducerceau, en dérangèrent toutes les dispositions : la bibliothèque devint un entrepôt de marchandises, le nombre des bureaux s'augmenta aux dépens du salon académique, la cour d'honneur ouvrant rue de Grenelle s'intitula cour de la Douane. La suppression de la ferme générale, à la Révolution, permit de convertir son hôtel confisqué en une maison d'arrêt, où plusieurs ci-devant fermiers eurent à méditer tristement sur l'instabilité de la fortune, avant de comparaître devant des juges qui n'épargnèrent aucun des membres de leur compagnie, et pas même Lavoisier!

Le spectacle d'Olivier s'établit dans l'hôtel, et peu de maisons séparaient ce théâtre du salon dit encore de la Redoute, dont les bals étaient fréquentés principalement par les filles du Palais-Royal, mais où se donnaient des concerts que suivaient les honnêtes gens. Le spectacle d'Olivier cessa d'être dramatique et lyrique quand on réduisit, sous l'Empire, le nombre des théâtres qu'avait multipliés l'abolition des priviléges; mais la spécialité de la physique, de la mécanique et des tours de passe-passe, déjà adoptée par Olivier, fit autoriser la réouverture du spectacle de curiosité, où lui succéda Comte, physicien, prestidigitateur et ventriloque; le même Comte fonda plus tard le théâtre du passage Choiseul, occupé de nos jours par les Bouffes-Parisiens!

La rue de Grenelle-Saint-Honoré longeait, comme chemin de ronde extérieur, l'enceinte de Philippe-Auguste. Un propriétaire du nom de Guernelle fut un de ses premiers habitants.

RUE-NEUVE-SAINT-EUSTACHE.

Le Comte d'Hertford. — Mademoiselle de Breteuil. — La demoiselle Dumirey. — Madame de Brie. — Les Procope. — Tourville. — Autres propriétaires et habitants de la rue.

Quand le traité de Paris mit fin à la guerre de Sept ans, la France perdait ses plus belles colonies; l'Angleterre était, au contraire, à l'apogée de sa grandeur; mais avant peu les colonies anglaises de l'Amérique septentrionale allaient secouer le joug de la métropole, avec l'aide des armes françaises. Il y avait donc entente médiocrement cordiale entre les deux nations, qui n'avaient pas encore, comme de nos jours, des intérêts communs à soutenir. L'élite des habitants de Londres n'en affluait pas moins à Paris, depuis le traité de paix, et les maîtres d'hôtels, les marchands, les filles galantes d'en profiter à qui mieux mieux. Est-ce à dire que les étrangers de bonne mine fussent tenus à distance par les dames de la cour? On aurait eu mauvaise grâce à méconnaître les lois de l'hospitalité au point d'exclure, soit Prussiens, soit Anglais, de la seule fête que s'offrit sans relâche à elle-même la société française. Le XVIIIe siècle ne rompait pas encore en visière avec le plaisir, qui consiste surtout à plaire. Ce genre de conquête a donné à la France une suprématie, la plus agréable à subir pour les autres nationalités, mais elle date de l'ancien régime. Quel étranger fut mieux reçu, plus fêté, et à Paris et à Versailles, que le fils du comte d'Hertford, ambassadeur de Georges III ! Il était grand, bien fait et bien élevé, ce membre d'une des plus nobles familles des Trois-Royaumes, et son mérite personnel, qui sauta vite à tous les yeux, lui valut les honneurs du pas et d'agréables marques de préférence. Les plus heureuses, parmi les belles dames qui se le disputaient, furent Mme de Coislin et Mme de Montregard. Or, le fils de l'ambassadeur était descendu tout bonnement à l'hôtel Carignan. Ainsi s'appelait alors une hôtellerie rue Neuve-Saint-Eustache, probablement au n° 37.

Le numéro qui vient après, et où demeurait en ce temps-là une baronne de Breteuil, avait appartenu sous Louis XIV à Aubert, introducteur des ambassadeurs. Pourquoi baronne, puisqu'elle était demoiselle? L'une de ces qualités excluait l'autre, et on pouvait même se permettre de les contester toutes les deux à cette jolie femme de vingt-quatre ans, bien qu'elle fût née fille de condition, vers 1740, en Normandie. Ses deux cousines-germaines, les demoiselles Quesnel-Dutorp, qui n'avaient pas mieux tourné qu'elle, avaient été internées à Sainte-Pélagie, sur un ordre du roi obtenu à la requête de leur parent, M. de Miroménil, premier président au parlement de Rouen. Les familles honorables pardonnaient beaucoup moins aux jeunes filles que les maris aux femmes ! Mlle de Breteuil, qui conservait un air très-distingué, avait la taille si fine que, pour lui prendre mesure d'une ceinture, il suffisait des mains d'un sieur Château, qui devait, il est vrai, les avoir larges. Ce protecteur était le gendre et le premier secrétaire de M. de Sauvigny, intendant de Paris, chez lequel il était logé, rue de Vendôme, et ses appointements à l'intendance n'étaient évalués qu'à peine à 2,000 écus; néanmoins il trouvait moyen de subvenir à la dépense d'environ 800 livres par mois que faisait sa maîtresse, dont l'appartement seul coûtait 1800 livres par an. Le premier entreteneur connu de Mlle de Breteuil avait été M. Decaze, directeur-général des grandes gabelles.

La demoiselle Dumirey, danseuse à l'Opéra, habitait le 6 ou le 8, et M. de Cramayel, le fermier-général, défrayait son train de maison, avant M. Bernard de Marville, receveur-général des finances. Ce dernier était d'une figure à se faire aimer pour lui-même; mais la demoiselle Dumirey disait souvent : — Je ne comprends pas qu'une femme puisse aimer l'homme qui la paye; l'amour veut de l'égalité; une femme entretenue n'est qu'une parure quand on la montre, et qu'une commodité quand on la cache..... Cette danseuse, par conséquent, ne voulait rien du marquis de Bougainville, qu'elle aimait véritablement, et auquel même elle fit quelques avances lorsque le jeu l'avait trop maltraité. L'infidélité du marquis la brouilla avec Sophie Arnould, et elle se mit à déprécier les charmes de sa spiri-

tuelle camarade près de tous ceux qui lui faisaient la cour :
— J'ai vu, leur dit-elle, j'ai vu Sophie dans son lit en plein jour, et quelle peau noire, quelle sécheresse de parchemin ! Est-ce la bave des bons mots de la veille qui, le matin, écume sur sa bouche ? Est-ce la crême de ses discours qu'elle envoie au visage de tous ceux qui l'approchent ?

Le 13 appartenait, au commencement du même siècle, à Mme de Brie. Nous sommes très-porté à croire que ce nom, infidèlement transcrit sur le papier-terrier où nous l'avons trouvé, est celui de la célèbre marquise de Prie, dont l'influence marqua sous la Régence. Il existait pourtant une famille de Brie, en Limousin, maintenue noble en 1712, et Mlle de Brie, qui avait joué ainsi que son mari dans la troupe de Molière, n'était morte qu'en 1706.

Plusieurs descendants de Procope, fondateur du café Procope, se sont faits magistrats ; mais Michel Procope de Cultelli, son fils, fut reçu docteur en médecine, et se livra ensuite à la littérature. Cette famille était propriétaire du 17, rue Neuve-Saint-Eustache, bien avant qu'un second mariage, contracté avec une Anglaise, eût enrichi Michel de Cultelli, qui était petit, contrefait et fort laid, mais ami du plaisir et très-bien vu des femmes.

L'illustre amiral de Tourville, fait comte et maréchal de France, mourut dans cette rue, le 28 mai 1701, et il fut enterré dans l'église Saint-Eustache. A la maréchale de

Tourville, veuve en premières noces du marquis de la Popelinière, restaient le 27 et le 29. Le fils unique de Tourville fut tué à la tête de son régiment d'infantérie dans la journée de Denain.

En ce temps-là Mme de Braque disposait du 24, M. de Bournonville du 23, l'abbé Tronchet du 19, et le fermier-général Chevalier du 7, qui fut occupé sous l'Empire par le général Gouvion.

Le président de Bésigny résidait, à la fin du règne de Louis XV, au 45; M. Guesdon lui succéda. L'ancienne habitation de Mlle de Breteuil était devenue le bureau de M. Gouin, agent des villes de Provence. Au 54 était le bureau des hypothèques sur les rentes, dont le conservateur était M. Chauchat.

La rue Neuve-Saint-Eustache, tracée en 1634 sur le fossé de l'enceinte du xive siècle, doit sa dénomination à la chapelle de Saint-Joseph, autrement dite le Petit-Saint-Eustache, dont cette rue était voisine à l'époque de son ouverture.

RUE TIQUETONNE.

Rogier de Quiquetonne, riche boulanger, avait son logis dans cette rue, sous le règne de Philippe de Valois, et de là vient par corruption la dénomination de Tiquetonne. Mais la rue, au siècle précédent, portait le nom d'un autre de ses habitants, Denis-le-Coffrier.

Nous y retrouvons deux grandes habitations plusieurs fois séculaires, n° 12, n° 16. L'une a servi de résidence à Henri de Talleyrand, comte de Chalais, mort en 1626, et a, plus tard, appartenu au marquis de Maugé, puis à Daubonne, tapissier de Louis XVI; l'autre, comme hôtel d'Artagnan, a été le théâtre des équipées d'un mousquetaire, habilement popularisées par un roman d'Alexandre Dumas.

La 4me ou la 5me maison à droite, en venant de la rue Montorgueil, était, du vivant de Maugé, à la disposition de Vélut de la Crosnière, conseiller aux aides. Les deux premières, de l'autre côté de rue, appartenaient à la fabrique de Saint-Eustache.

RUE MONTORGUEIL.

Grandeur et décadence des huîtres. — Le Rocher de Cancale. — Béranger. — La rue Comtesse-d'Artois. — La Gourdan. — La demoiselle Marquise. — Les chaises à porteurs. — Philippe. — Le passage du Saumon. — Les Pâtissiers.

Il semble aujourd'hui fabuleux que les gourmands du siècle précédent aient avalé jusqu'à cent douzaines d'huîtres. Mais il ne faut pas trop en faire honneur à la sobriété de notre époque : la multiplication artificielle des huîtres parquées fait certainement dégénérer l'espèce. Les progrès de la pisciculture finiront même par donner au brochet tant de rapports avec la carpe, qu'on le prendra pour un goujon, l'échelle du goût n'étant plus qu'un niveau, et la gamme des saveurs ne donnant plus qu'une note. N'est-il pas déjà vrai que les harengs, pêchés tout simplement sur les côtes de l'Ecosse, valent mieux, avec un peu de moutarde, que les truites recoltées comme des pommes de terre par les procédés de M. Coste? Mais il se peut que la rue Montorgueil préfère la quantité à la qualité, en fait d'huîtres, puisqu'elle reste le marché des produits de l'ostréoculture. Le bureau des huîtres d'Etretat s'y trouvait un peu avant le passage du Saumon, et celui des huîtres de Fécamp après la rue du Petit-Lion.

Il était rare qu'on fît ouvrir des huîtres, dans le bon temps, ailleurs qu'au cabaret. Béauvais, au Rocher-d'Etrelat et Baleine, au Rocher-de-Cancale, premiers traiteurs de la rue Montorgueil, donnèrent au déjeuner cette extension qui força le dîner à reculer son heure. Les *dîners du Vaudeville*, inaugurés le 2 fructidor an IV, par Bourgueil, Chambon, Chazet, Chéron, Demautort, Deschamps, Desfontaines, Despréaux, Desprez, Dupaty, Maurice, Léger, Monnier, Piis, Radet, Séguier, les deux Ségur, ouvrirent une ère de chansons après boire, qui se ferma le 2 nivôse an IX. Les *dîners du Caveau moderne*, puis les *soupers de Momus*, continuèrent les *dîners du Vaudeville*, et le fond de la société était le même. Seulement, il y avait de nouvelles recrues, telles que Laujon, Désaugiers, Grimod de la Reynière, La Réveillère, Jouy, Rougemont, Ducray-Duminil, Salverte, Gentil, Cadet-Gassicourt, Théaulon, Brazier et Coupart, remplaçant fort bien les absents, comme convives et comme gens d'esprit, le couplet et la coupe aux lèvres, dans les mémorables réunions qui avaient lieu le 20 de chaque mois au Rocher-de-Cancale. A Baleine succéda Borel, et la plupart de nos lecteurs ont pu dîner eux-mêmes chez ce restaurateur, le Rocher-de-Cancale n'ayant quitté le coin de la rue Mandar que sous le gouvernement de Louis-Philippe.

Béranger y fut présenté par Désaugier aux membres du *Caveau*, et il paya, comme les autres convives, son tribut lyrique au champagne. Dans une maison modeste de la rue Montorgueil était né Béranger; mais l'installation du Parc-aux-huîtres a fait jeter bas la maison. Il allait à l'école, étant enfant, cul-de-sac de la Bouteille : cette impasse qui subsiste encore, avait été, dans l'origine, une ruelle de Cuillier, et quelques-uns disent de la Cuiller, afin que presque tout, dans la rue Montorgueil, tienne au service de la table. Le cul-de-sac, au reste, ne paraît plus, dans notre rue, que la porte du 31. L'immeuble contigu n'a fait qu'un avec celui-là ; le propriétaire en était M. Desnoireterre, ex-lieutenant de cavalerie, à l'époque où le poëte venait apprendre à lire dans l'impasse qui s'y rattache. On lit sur la façade : *Ici est l'ancien mur de la ville de Paris;* cette inscription fait allusion à l'enceinte de Philippe-Auguste, dont la fausse porte dite du comte d'Artois, en l'honneur de Robert d'Artois, neveu de saint Louis, fut démolie à la requête de Nicolas Janvier, marchand de poisson, sous le règne de Louis XI. Ajoutons que la rue Montorgueil y commençait et que la rue Comtesse-d'Artois y finissait. Les deux ne furent réunies qu'en 1792, sous la dénomination qu'avait portée premièrement la butte dont le point culminant est rue Beauregard : *Mons-superbus.*

Quelque dix ans avant cette annexion, le 15 ou le 17 appartenait au comte de Crillon; le 23, à M. Lourdet. Le bureau M. de Boislandry, banquier, était au 34. Une maison voisine de cette dernière avait eu pour locataire, en 1763, la Gourdan, entremetteuse déjà connue, mais qui n'avait alors que les restes de la Brissault, plus digne du surnom de *Madame la Présidente*, qu'on s'amusait à lui donner, et celle-ci servait beaucoup mieux que celle-là les soupers qu'on lui commandait à deux ou trois livres par tête. Un Anglais, nommé Fox, ne craignait pas de vivre avec l'appareilleuse de la rue Comtesse-d'Artois. Vers le même temps, la demoiselle Marquise occupait un appartement de l'autre côté de la rue, et plus bas, dans une maison sur la porte de laquelle est sculpté un croissant qui servait autrefois d'enseigne. Cette femme entretenue, qui était figurante, fut renvoyée de la Comédie-Italienne par M. de Laferté, comme ayant voulu débaucher Pantalon. Elle n'était pas jolie : circonstance aggravante ! La mesure de rigueur qui l'éloignait de la rampe reçut son exécution, malgré le maître de ballet, qui protégeait la figurante, concurremment avec un fils d'Albion, que remplaça un comte allemand. Une Provençale du même nom habitait la rue Richelieu, avait une maison à Clamart; mais elle était déjà sur le retour, sans que le marquis de Puységur et M. Hocquart y prissent garde. Cette dernière était sans doute la demoiselle Marquise qui, quatre années auparavant, avait fait semblant de quitter le marquis de Villeroi pour devenir la maîtresse du duc d'Orléans.

En face de la rue Tire-Boudin, maintenant Marie-Stuart, était le bureau central des chaises à porteurs. Le prix de la course et de la première heure, dû aux porteurs de ces voitures, était de 30 sols, et celui des heures suivantes, tant de nuit que de jour, 24 sols. Il y avait en ville vingt places de chaises à porteurs.

Le marquis de Mornay disposait d'une maison dont la porte vient la troisième avant la rue Tiquetonne. Il y avait un roulage et une auberge au Compas-d'Or, établissements et enseigne conservés. Les deux portes de cette maison sont séparées l'une de l'autre par le restaurant Philippe, fondé comme cabaret sous la Restauration par le père Philippe, prédécesseur de Philippe fils et de Pascal. Le passage du Saumon, lequel devait évidemment son nom à l'enseigne d'un poissonnier, fut ouvert sous Louis XV et rétabli sous Charles X par Rohault de Fleury, architecte. Le 67 appartenait à M. Trouard avant la grande révolution. Un banquier occupait à cette époque la maison où Lesage commença à vendre des pâtés pendant le Consulat. La spécialité des babas met en renom, depuis la Restauration, un autre pâtissier, dont la boutique, située un peu plus bas, était d'abord sur l'emplacement du Parc-aux-Huîtres.

RUE NOTRE-DAME-DE-BONNE-NOUVELLE.

Quatorze maisons et deux lanternes formaient le contingent de cette rue vers la fin du règne de Louis XIV. Le cimetière de la paroisse y longeait l'église du même nom, entre la rue Beauregard et la rue de la Lune. M. de Vitry était propriétaire du n° 2, et le sculpteur Roger-Chabot, du 11. Une des maisons situées du côté opposé à l'église se trouvait occupée, au moment de la Révolution, par la régie des étapes et convois militaires pour le compte du roi : les fonctions du régisseur avaient été déterminées par un arrêt, le 3 octobre 1778.

RUE SAINTE-APOLLINE ET BOULEVARD SAINT-DENIS.

La rue Sainte-Apolline, ouverte au XVIIe siècle, prend aussi le nom de Bourbon sur le plan de Lacaille, en 1714, et empiète sur la rue Meslay; le pseudonyme de Sainte-Apolline est attribué sur le même plan à la rue des Fossés-Saint-Denis, maintenant rive droite du boulevard Bonne-Nouvelle. Nous craignons, à vrai dire, que Lacaille s'y soit trompé, car le texte de son atlas ne concorde qu'imparfaitement avec la description graphique, en ce qui regarde les rues Sainte-Apolline.

Dans celle qui nous reste, le côté des chiffres impairs comporte deux maisons vouées à l'amour facile : l'une s'appelle, dans le quartier, la maison de la terrasse, et l'autre la maison de brique. Le domicile de Watin, peintre en bâtiments et auteur d'un livre intitulé : *l'Art du peintre, doreur-vernisseur*, était, ou peu s'en faut, la maison de brique, en 1787 ; Watin fils y éditait un autre ouvrage sous le titre de : *l'Étranger et le Provincial à Paris*. Au bureau de cette publication attenait le magasin de Lefèvre, bibliothécaire de musique à l'Opéra : le théâtre de la Porte Saint-Martin était alors la salle de l'Opéra.

Les propriétés situées sur l'autre ligne n'avaient encore que des terrasses ou des jardins sur l'ancien rempart, converti en promenade depuis près d'un siècle. Le terrain en bordure de ce nouveau boulevard avait été concédé à Lepage de Quincy, ancien écuyer de la dauphine, et au marquis de Bouillac. On y remarquait, avant la Révolution, l'hôtel de Romans, contigu à la résidence de Chardon, procureur-général des prises, qui tenait à celle de Guichard, procureur du roi au bureau des finances. Nous estimons que ces trois hôtels de la rue Sainte-Apolline sont restés debout, plus ou moins transformés du côté du boulevard, et que celui de Chardon est depuis lors le bureau des nourrices, précédemment rue Quincampoix et rue Saint-Martin.

L'autre côté du boulevard Saint-Denis s'appelait rue Basse et Neuve-d'Orléans. Bocquet y disposait de trois propriétés, dont une servant d'entrée au passage du Bois-de-Boulogne.

Le 16 appartenait à l'abbé Marion, neveu de l'écrivain du même nom, qui avait été chef de bureau au conseil des affaires étrangères. M. de la Fresnaye, gendre du libraire Ganeau, propriétaire des collections du *Dictionnaire de Trévoux*, 8 vol. in-fol., était locataire de l'abbé Marion. Le président de Graige disposait de l'immeuble voisin. Le restaurant qu'on y fréquente depuis 1848 n'était antérieurement qu'un cabaret dit du Veau-Froid, parce qu'on y faisait alors des soupers uniquement composés de viande froide. L'immeuble a fait partie de la cité d'Orléans, établie par Marais en 1827, et dont le boulevard de Strasbourg n'a laissé subsister qu'une aile. L'architecte Ledoux avait, rue Neuve-d'Orléans, son cabinet de plans ; il se peut que ce fût au 8. L'abbé Lesueur était propriétaire des deux dernières maisons de ladite rue.

---

324. — Paris. Imprimerie de Ch. Bonnet et Comp., 42, rue Vavin.

Liv. 51
LES ANCIENNES MAISONS

Des rues Saint-Paul et Neuve-Saint-Paul, Sainte-Croix-de-la-Bretonnerie, des Lombards, Saint-Sébastien, Saint-Gilles, de Harlay-au-Marais, Saint-Claude, Soly, Pagevin et de la Vrillière.

NOTICES FAISANT PARTIE DE L'OUVRAGE INTITULÉ :

LES ANCIENNES MAISONS DE PARIS SOUS NAPOLÉON III

PAR M. LEFEUVE,

Monographies publiées par livraisons séparées, avec table de concordance à la fin de la publication.

RUES SAINT-PAUL ET NEUVE-SAINT-PAUL.

L'église. — Le cimetière. — La prison. — Les Filles-de-Saint-Paul. — Le Palais. — L'hôtel de Sens. — Le logis de la reine Blanche. — M. de Lignerac et le marquis de Sade. — La renommée des brioches. — L'hôtel Saint-Maur. — Le médecin et l'apothicaire de Charles IX. Mme de Brinvilliers. — Mme du Boccage. — L'hospice médio-électrique. — Mme de Serrant. — Hôtel de la Vieuville.

Saint Éloi a fondé dans la Cité, sous l'invocation de saint Martial, un monastère de filles, plus tard abbaye de Saint-Éloi. Nous rapportons ailleurs comment ce monastère est devenu l'église Saint-Barthélemy, dont l'ancien bâtiment fait encore face au Palais-de-Justice. Sainte Aure a été la première abbesse de Saint-Martial, couvent qui, peu d'années après sa fondation, comptait trois cents religieuses. Le cimetière du monastère était situé hors de la ville ; il attenait à la chapelle Saint-Paul-des-Champs, également bâtie par saint Éloi, et que les Normands détruisirent. Rebâtie et flanquée de tours au XIIe et au XIIIe siècle, c'était déjà l'église d'un quartier ; elle fut agrandie encore par Charles V, et dédiée de nouveau, en 1431, par Jacques du Châtelier, évêque de Paris. Près de l'église était un bâtiment, dit originairement la grange Saint-Eloi, et converti de bonne heure en prison. Aux prisonniers qu'on y a égorgés, le 12 juin 1418, a survécu Villette, abbé de Saint-Denis, échappé seul à ce massacre : il avait eu le temps de revêtir l'habit sacerdotal, en se plaçant, une hostie à la main, sur les marches de l'autel. La grange est devenue postérieurement une prison de femmes, mais qui a été, vers la fin, restituée à l'autre sexe. Il y avait alors, dans un passage contigu à l'église, une communauté dite des Filles-de-Saint-Paul, composée vraisemblablement des sœurs de charité attachées à cette paroisse, et à leur place, sous le premier empire, s'est installée une communauté de pauvres ouvrières, composée de 48 jeunes filles. L'aliénation par l'Etat de la ci-devant prison de Saint-Eloi est du 25 vendémiaire an V ; celle de l'église est du 6 nivôse, même année. Or le numéro 34 actuel de la rue Saint-Paul appartenait à ladite église, et il y touchait d'une part, comme d'autre part à la prison, dont le geôlier en chef a habité un corps de logis du 38. Les Filles-de-Saint-

Paul occupaient la première de ces maisons, dans laquelle se retrouvent des balustres d'escalier remontant au xive siècle, et un passage Saint-Pierre, qui mène rue Saint-Antoine, mais qui n'a pas toujours été ouvert. L'autre bâtiment que nous signalons porte, comme hôtel garni, une dénomination rappelant le séjour royal de Saint-Paul, dont il a fait partie. La prison Saint-Eloi, ainsi que tout le territoire qui, de ce côté de la rue, n'appartenait pas à l'église, avait été rattachée au palais.

Non-seulement Charles V, n'étant encore que dauphin, a créé le palais, en lui donnant le nom de l'église; mais encore, étant roi, il a fait élever la Bastille, pour tenir en respect les soldats du duc de Bourgogne, et il a pris sur les jardins de l'hôtel l'emplacement donné aux Célestins. Ce domaine princier, réuni en 1364 au domaine de la couronne comme *hostel solemnel des grants esbatemens*, avait été formé pendant la captivité de Jean-le-Bon en Angleterre, et le dauphin étant régent, par l'acquisition de plusieurs hôtels, et au moyen d'une taille particulière établie sur les Parisiens. Il avait fini par s'étendre de l'autre côté de la rue Saint-Paul, et au delà même de l'*Ave-Maria*, rue des Barrés. L'hôtel de Sens ayant été vendu au dauphin, en 1363, par Guillaume de Melun, archevêque de Sens, Jean le Bon y avait lui-même résidé. Diverses pièces de cet hôtel de Sens ont été appelées la chambre *où gît le roi*, la chambre *des nappes*, la *grand'cham-*

bre du retrait, la chambre de l'*estude*, les *estuves*, les *chauffe-doux*; mais, sous François Ier, a été rétablie la résidence archiépiscopale dont nous avons déjà parlé rue du Figuier, rue des Barrés.

Un autre hôtel est désigné comme ancien logis de la reine Blanche, au coin de la rue Saint-Paul et de la rue des Barrés. On y remarque un chiffre merveilleusement sculpté, la décoration d'une alcôve qu'un atelier a le bon goût de respecter, des mansardes du XVIe siècle, et une rampe de fer moins ancienne. Les béguines de l'*Ave-Maria* ont été établies par saint Louis à côté du séjour de la reine-mère, que le palais a dû également englober au siècle suivant. M. Bournet-Verron, notaire, est présentement propriétaire de cette maison, qu'il tient de son beau-père, et que l'État a vendue pendant la République. M. Bournet-Verron, n'ayant entre les mains aucun titre de propriété séculaire, nous permettra de lui apprendre que son immeuble, au XVIIIe siècle, était l'hôtel de Lignerac. Une baronie audit nom était possédée, dans la Marche limousine, par la maison de Robert de Mure. Toutefois M. de Lignerac, dont les petits soupers n'ont pas laissé que de faire quelque bruit, portait le titre de marquis. Ses commensaux étaient principalement le marquis de Gaucourt et M. Dutillet, et il donnait en ce temps-là 25 louis par mois à Collette, de la Comédie-Italienne, chez laquelle ce chef d'emploi se contenta ensuite de servir de doublure, par mesure d'économie, au trop fameux comte de Sades, plus tard marquis. Ce dernier avait été conduit à Vincennes par ordre du roi, en 1763, puis dans les terres de son beau-père ; on lui avait permis, l'année suivante, de reparaître en ville, mais la police avait défendu à la Brissault et à d'autres appareilleuses de lui confier des filles hors de leur surveillance directe. La comtesse de Liguerac disposa aussi, sous Louis XVI, d'une propriété venant après l'ancien logis de la reine Blanche.

M. de Malerme en avait deux en face de la rue des Lions-Saint-Paul ; la comtesse de Percuit ou de Pereuil, deux autres vis-à-vis la rue Neuve-Saint-Paul ; la comtesse de Fontelet, trois ou quatre du même côté. Le 35, avec une autre maison contiguë, appartenait aux de Sève : un conseiller d'État, membre de cette famille d'origine piémontaise, avait épousé une fille de Guénégaud, trésorier de l'épargne. A la fabrique de Saint-Louis étaient deux maisons, situées à l'entrée d'un cul-de-sac, maintenant passage à l'église. Là se trouvaient sans doute les six étaux de la boucherie ouverte dans la rue. Mais l'angle de la rue Saint-Antoine avait été incontestablement occupé au XVIIe siècle par Flécheux, pâtissier, dont les brioches avaient de la réputation ; les prisonniers de la Bastille en faisaient prendre de toutes chaudes : ils étaient les premiers servis.

Des autres pièces du palais Saint-Paul a été distingué, sous le règne de Louis XI, le *retrait où dit ses heures monsieur Louis de France;* cette pièce ne dépendait ni de l'ancien hôtel de Sens, ni de l'hôtel de Puytemuce, mais de celui qu'on avait appelé Saint-Maur et de la Conciergerie, sis entre la ménagerie, que représente la rue des Lions, et l'église Saint-Paul. Charles V y avait logé ses deux fils; la reine Isabeau y avait établi quelque temps après les écuries de sa maison.

La rue Neuve-Saint-Paul, dont une moitié a porté jusqu'en 1841 le nom de rue des Trois-Pistolets, s'est ouverte au milieu du XVIe siècle sur le terrain desdites écuries, mais elle n'a pas fait jeter bas tout l'hôtel. La preuve, c'est que Léonard Botal, médecin de Charles IX et de Henri III, a habité l'ancien hôtel Saint-Maur. D'ailleurs, cette tourelle que nous voyons encore au coin de la rue des Lions, y est-elle tombée des nues? De plus grosses tours, il est vrai, avaient défendu le royal séjour, mais l'espace manquait rue Saint-Paul. Ce Botal, qui n'a pas été fâché de s'y retrancher dans un reste de fortifications, avait inauguré, comme médecin, l'ère de la saignée; il avait sous ses ordres l'apothicaire du roi, qui pouvait bien être un Séguier, et qui tenait pour les purgatifs; ce médecin et cet apothicaire valaient donc, à eux deux, le docteur Sangrado, création de Lesage, dans laquelle Rabelais eût sans doute retrouvé deux anciennes connaissances, bien qu'il fût enterré au cimetière de Saint-Paul depuis 1553.

On dit aussi que madame de Brinvilliers a eu pour résidence l'immeuble qui est flanqué d'une jolie tourelle;

mais nous considérons comme beaucoup plus certain que la célèbre empoisonneuse, dont le nom se rattache déjà à l'histoire d'une rue donnant quai de la Tournelle, a demeuré au numéro 12, rue Neuve-Saint-Paul. La marquise, il est vrai, pouvait avoir simultanément grand et petit hôtels dans le quartier Saint-Paul, sans qu'ils fussent tout à fait attenants l'un à l'autre. On revoit dans celui de la rue Neuve, en haut d'un escalier, un bas-relief où figurent des cornues, et celles-ci rappellent la nature des crimes que la Brinvilliers a expiés en montant sur un échafaud. Le 10, même rue, n'est qu'un démembrement de ladite propriété, postérieurement hôtel de l'Aigle, puis habitation et bureau de Rivière, arpenteur de la maîtrise des eaux et forêts, et dans la possession, en ce temps-ci, des sœurs hospitalières de Bon-Secours.

Aux chiffres impairs de la rue Neuve-Saint-Paul, nous ne réclamerions en vain : ni un appartement qu'a occupé mademoiselle Lepage, dame du Boccage, prônée par Fontenelle et Voltaire, mais auteur de poëmes obscurs, et morte nonagénaire pendant le Consulat ; ni un ancien hôtel de Gourgues ; ni une maison hospitalière, desservie par des sœurs de Saint-Thomas de Villeneuve. Les Célestins étaient propriétaires de cette dernière maison, où l'autorité a formé en 1783 un hospice médico-électrique, tenu par Ledru père, surnommé *Comus*, qui y traitait encore les affections nerveuses sous l'Empire, mais sans le concours des sœurs de Saint-Thomas ; il était aidé par son fils, et les malades n'avaient rien à payer pour profiter de ses expériences.

Rue Saint-Paul, près de la tourelle, mais de l'autre côté de la rue des Lions-Saint-Paul, c'est-à-dire entre la fontaine qu'on nommait le regard Ficubet et le quai des Célestins, une jolie femme a vécu sous Louis XV. M. de Serrant, son mari, gouverneur des pages du duc d'Orléans, avait exigé d'elle une patience et une abnégation dont s'accommodait son amant, le fermier général Bouret, en affichant aussi comme sa maîtresse madame Filleul, femme d'un intéressé dans les affaires du roi. Les deux rivales, bien loin de s'arracher les yeux, prenaient leur mal en patience, et elles faisaient souvent de compagnie des parties de campagne à Croix-Fontaine, avec le financier. M. de la Vieuville était propriétaire de l'hôtel habité par madame de Serrant et lui donnait son nom. Plus tard, le citoyen Cardon y a installé une manufacture de tabac, remplacée vers 1808 par l'établissement des Eaux de Seine clarifiées. L'hôtel, transformé en usine, s'était lui-même détaché du palais de Saint-Paul, sous le règne de Henri II. Les prédécesseurs de ce roi avaient fixé leur résidence au château des Tournelles, et, dès l'an 1516, Jacques de Genouillac, dit Galliot, grand-maître de l'artillerie, avait acquis de François Ier une portion du séjour abandonné.

RUE SAINTE-CROIX-DE-LA-BRETONNERIE.

Les chanoines. — La famille Luillier. — Partie carrée au bal de l'Opéra. — Le bijoutier Strass. — Hôtel Peletier. — Vol d'un marteau de porte-cochère. — Les numéros 21, 39 et 44.

Dans la rue appelée de Lagny et de la Grande-Bretonnerie, située sur le fief de Saint-Pierre-de-Lagny et sur un terrain dit le Champ-aux-Bretons, il y avait un hôtel royal des monnaies, que saint Louis donna à des religieux originaires de Liége. Le docteur Robert Sorbon, chapelain du roi, chanoine de Cambrai, céda aux religieux des maisons contiguës, et en échange le roi se dessaisit de trois maisons rue Coupe-Gueule, où le savant fonda bientôt le collége de la Sorbonne, que fit reconstruire avec magnificence le cardinal de Richelieu. L'église des nouveaux chanoines ayant été dédiée sous le titre de l'Exaltation-de-Sainte-Croix, la rue où elle avait son entrée principale prit le nom de Sainte-Croix-de-la-Bretonnerie. Le cardinal de Larochefoucauld les réforma sous Louis XIII, et il introduisit dans leur maison des chanoines de Sainte-Geneviève, abbaye réformée à la même époque; seulement les anciens membres de l'un et de l'autre chapitre résistaient aux innovations, et ceux de

Sainte-Croix obtinrent un ordre du roi qui, au bout de trois mois, les remit exclusivement en possession de leur couvent en y changeant seulement de règle. Mais nous avons déjà introduit le lecteur dans cet ancien établissement religieux, par la grande porte donnant rue des Billettes.. Le dépôt des minutes du conseil privé y fut très-longtemps établi, et une bibliothèque fort estimée, mise à la disposition des savants et des curieux. Le chapitre prenait, au milieu du XVIIIe siècle, des laïques pour locataires, moyennant 200 livres par an, plus 800 livres pour les pensionnaires. Outre les bâtiments conventuels, dont plus d'un survit à l'église dans le passage Sainte-Croix-de-la-Bretonnerie, les chanoines n'avaient-ils pas plusieurs maisons rue des Billettes, et deux maisons se suivant rue Ste-Croix? Celles-ci avaient appartenu à Dreux-Hennequin, abbé de Bernay, conseiller au parlement sous Louis XIII, puis à une de ses héritières, femme de Denis Feydeau de Brou : nous en revoyons une au n° 35. Mais l'administration de tous les biens desdits chanoines réguliers de Sainte-Croix-de-la-Bretonnerie, maison de Paris, fut confiée par arrêt du conseil, le 10 juin 1778, à Bollioud, receveur-général des rentes du clergé, et des baux furent consentis à de plus stables locataires par ledit administrateur, qui demeurait un peu plus tard dans la rue et l'hôtel qu'habite présentement M. le baron de Rothschild.

Le comte de la Martellière disposait alors du n° 5, rue

Sainte-Croix-de-la-Bretonnerie. On y remarque, dans le fond, un bel escalier à balustres de chêne, sur lesquels a pu s'appuyer un changeur du temps de Jean le Bon et de Charles V, qui avait nom RobertLuillier, et de qui descendait Eustache Luillier de la Malmaison, prévôt des marchands dans les premières années du XVIᵉ siècle. Il est du moins à notre connaissance que Geoffroi Luillier, seigneur de la Malmaison et d'Orgeval, a hérité de ses ancêtres une propriété peu distante de Sainte-Croix ; qu'il a fondé dans cette église la chapelle de sa famille, et que son fils, Nicolas Luillier, a épousé la fille de Faucon, marquis de la Luzerne. De la maison dudit La Martellière, rien n'empêchait que se fût détachée celle de Lartat, ou mieux encore celle de Pannetier, faisant le coin de la rue Bourtibourg. Les numéros 11, 13, 15, 17 et 19 appartenaient à Thureau, Drouard, Lefebvre, Guérin et Leboucher.

Est-ce le 14, est-ce le 16 qui représente l'ex-hôtel d'Amblimont ? La chronique indiscrète des bals de l'Opéra n'a pas plus épargné ce nom que beaucoup d'autres ; on y trouve à la date du 13 février 1767 la petite note que voici : « M. de Bargemont, colonel du régiment de Soubise, « ne cache pas son intrigue avec Mˡˡᵉ de Beauharnais ; ils « ont disparu ensemble pendant trois heures au dernier bal « de l'Opéra. M. de la Sablière, chevalier de Saint-Louis, qui « a été dans l'Inde, faisait partie carrée avec Mᵐᵉ d'Am- « blimont. » Cette nouvelle à la main, qui aurait inspiré de la jalousie à Dorat, ménageait Claude de Beauharnais, en dissimulant l'existence de ce mari de Fanny Beauharnais, capitaine des vaisseaux du roi. Fanny était la fille d'un receveur des finances nommé Mouchard ; elle faisait jusqu'à des comédies et vivait en garçon... d'esprit.

Un peu plus bas était propriétaire d'une maison décorée d'un fronton, le bijoutier Frédéric Strass, dont le nom et l'état s'accordaient parfaitement. *Strass* ne veut-il pas dire *cristal* en allemand ? Pline citait déjà comme une industrie lucrative chez les Romains l'art d'imiter les pierres précieuses, pratiqué par les alchimistes au moyen âge, et perfectionné en Allemagne avant de prendre à Paris des développements nouveaux. La fortune que Frédéric Strass avait su faire se brisa comme verre à son tour ; sa maison fut saisie à la requête d'un serrurier, et adjugée en cour des aides à l'échevin Bernard, qui s'y fixa.

Le fermier-général Romans avait dans la maison d'après sa résidence, sous Louis XIV : la rue comptait en ce temps-là 57 maisons, 20 lanternes. Le règne suivant vit passer, sous ce toit, Le Peletier de Morfontaine, intendant de la généralité de Soissons, puis conseiller d'État, qui de là fut habiter l'hôtel Roquelaure, rue Notre-Dame-de-Nazareth, en y transférant son cabinet de peinture. Cet homme à bonnes fortunes, que s'était attaché pendant plusieurs années la duchesse de Mazarin, la laissa dans les meilleurs termes avec M. de Sainte-Foix, trésorier de la marine, qui toute fois n'était pas alors sans engagement avec Jeanne Vaubernier. Peletier, trésorier d'Amiens, remplaçait M. de Morfontaine rue Sainte-Croix-de-la-Bretonnerie : il avait installé un curieux cabinet d'histoire naturelle dans l'ancienne galerie de peinture. L'hôtel, qui est devenu depuis 1840 la mairie de l'arrondissement, a gardé bonne contenance. Mais la conservation a été moins heureuse, quant au marteau artistement ciselé dont la grande porte était fière : il a été enlevé la nuit, en 1858, par un véritable amateur, dont le signalement n'a pu être expédié, en même temps que celui du marteau, à la police de Londres, qui se livre encore à des recherches.

Un des hôtels situés vers le milieu de la rue servait de bureau, sous Louis XVI, à Dufresne de Saint-Cergue, contrôleur général de la maison de Madame. On y trouvait, au commencement de l'Empire, une Caisse des employés et artisans, dont les actions étaient de 30 francs. Nous croyons que l'un et l'autre de ces renseignements intéressent le 21.

Le 39 fut laissé par Quentin, baron de Champlost, premier valet de chambre du roi, à Quentin, chevalier de Champlost, mestre-de-camp de cavalerie, également valet de chambre du roi, lequel demeurait au vieux Louvre et faisait gérer ses affaires par Jean-Charles Guinard, *fourrier du corps de la comtesse d'Artois.*

A la famille Feydeau de Brou avait appartenu le 44.

RUE DES LOMBARDS.

Boccace. — Les dames de Sainte-Catherine. — Le Poids du roi. — Le Mortier-d'Or. — Le Fidèle-Berger. — Etc.

Nous donnerions bien volontiers trois squares et une trentaine de rambuteaux, créations de notre siècle, pour retrouver dans la rue des Lombards la maison où est né Boccace. Ne peut-elle pas encore y subsister? Cette rue des Lombards, qu'un large boulevard a de nos jours percée de part en part, était déjà bâtie à l'époque de la ve croisade, et dite rue de la Buffeterie à la fin du xiie siècle, rue de la Pourpointerie sous Louis XIII; il s'y était pourtant établi des Lombards dès le règne de Philippe-Auguste, c'est-à-dire des prêteurs sur gages originaires de la Lombardie. On appela longtemps, par extension, les bureaux de prêts des *lombards*. Cette industrie particulière fut anéantie, sous Louis XVI, par la fondation du Mont-de-Piété. Les plans de Paris donnaient officiellement, depuis

1652, à l'ancienne rue de la Pourpointerie la dénomination qui devait prévaloir, et qui était adoptée par l'usage depuis un temps beaucoup plus reculé. La confrérie des Pourpointiers, dont le bureau originairement s'était ouvert dans cette rue, avait fusionné avec celle des Tailleurs d'habits, en 1655. Quant à Boccace, il avait vu le jour en l'an 1313, et sa naissance était le fruit d'une liaison contractée en dehors du mariage par un marchand de Florence; son père l'avait renvoyé à Paris pour qu'il s'y formât au commerce, mais il avait une autre vocation, à laquelle son nom doit l'immortalité. Boccace fut donc Parisien, par les impressions de son adolescence, encore plus que par la naissance, et ne devait-il pas en jaillir cette séve tout à fait française qui perce à chaque instant sous la tendre écorce italienne, dans le génie du poëte et du conteur?

Nous regrettons l'hospice de Sainte-Catherine, qui s'élevait aussi rue des Lombards, à l'angle méridional de la rue Saint-Denis, et dont la porte était décorée d'une belle statue de sainte Catherine, par Renaudin. Les hospitalières de Sainte-Catherine, soumises comme religieuses à la règle de saint Augustin, étaient tenues de loger pendant trois jours les servantes sans condition; or notre époque n'a plus d'asile ouvert pour les filles de service attirées dans la grande ville, où elles ne trouvent pas à se placer en arrivant. Lesdites religieuses étaient chargées, en outre, de faire enterrer tous les morts exposés au Châtelet, lorsque la Morgue s'y trouvait, et dont les corps n'avaient pas été réclamés. Ce service répugnant est confié entièrement à des mains mercenaires depuis la suppression de l'établissement des pieuses filles qui, en remplissant un grand devoir, servaient de famille à qui n'en avait plus. Les Catherinettes étaient au nombre de trente en 1770 ; elles louaient, dans la rue des Lombards, plusieurs maisons à des particuliers. Il doit en rester une ou deux en face de l'emplacement que les religieuses ont occupé.

Au commencement du règne de Louis XIV, le *Poids du roi* était dans cette rue, résidence d'un juré-peseur que nommaient les épiciers et les apothicaires, comme préposés à la garde et à la vérification des poids et mesures ; ce juré conservait les poinçons, les matrices, les étalons des poids et mesures d'un usage légal dans la ville de Paris. Les revenus du poids public avaient d'abord appartenu au roi ; mais Louis le Gros en avait gratifié Henri de Puelle ; divers particuliers en avaient joui postérieurement ; puis la propriété en avait fait retour à la couronne, qui s'en était de nouveau dessaisie, et enfin le chapitre de Notre-Dame avait acquis le *Poids du roi*, avec le droit y attaché de visite sur les balances. Pendant toute la durée de la foire de Saint-Ladre, on transportait ledit poids dans les halles, et il finit par y rester. L'établissement d'un droguiste à l'enseigne du Mortier-d'Or, fondé en 1689, occupe dans la rue des Lombards l'ancien bureau du *Poids-du-roi*. Le Fidèle-

Berger, magasin de confiseur touchant au Mortier-d'Or, a déjà fourni les dragées de plusieurs millions de baptêmes, et les bonbons d'étrennes en boîtes ou en sacs de cent-quarante premiers-de-l'an. Mais presque tous les titres de noblesse commerciale dont se parent les maisons de la rue des Lombards seraient d'une origine plus reculée, si les droguistes et les confiseurs n'y avaient pas eu intérêt à substituer des enseignes anodines à celles de l'usure, du prêt sur nantissement et même de la droguerie d'importation italienne.

Notre-Dame-des-Victoires est encore la patronne d'une maison jadis habitée par Courtinay, médecin, rue de la Pourpointerie. Ce médecin, qui traita d'une charge de secrétaire du roi en 1638, y gagna l'anoblissement et s'appela Courtinay de Péreuse.

Trudaine disposait, sous Louis XVI, de la propriété qui vient immédiatement après la rue Nicolas-Flamel. Trois autres maisons peu éloignées appartenaient alors à Fildesoye, à Sarrazin et à Mme Badouleau.

RUE SAINT-SÉBASTIEN.

L'enseigne d'un ébéniste, n° 12, paraît avoir été, dès le commencement du siècle précédent, celle de la maison qu'il occupe, et avoir fait changer en ce temps-là le nom de Saint-Étienne, que la rue tenait d'une autre enseigne. Outre une barrière de la ville, la rue ne comportait alors que des champs, des jardins et six maisons, parmi lesquelles figurait celle que nous venons de signaler, construction basse assez curieuse. Un ratelier de mansardes en forme de guérites y borde une petite cour : on s'y croirait dans un château de cartes. Un bâtiment d'aspect tout différent répond au chiffre 44 ; la rue n'en voit que le profil, dans une muraille percée de jours irréguliers et d'une seule fenêtre dont la ferrure est vieille. Cette construction date d'une époque antérieure à l'ouverture de la rue Saint-Sébastien, qui toutefois se prolongeait déjà sous Louis XIV jusqu'à celle de Popincourt.

Du côté opposé, une propriété moins importante en façade qu'en profondeur appartenait, avant la Révolution, à M. d'Ormesson de Noiseau ; elle englobait probablement les n⁰ˢ 9, 19 et 25. A cette époque, il y avait dans la rue une manufacture royale de terre d'Angleterre. Le directeur dudit établissement demeurait au 24, au 36 ou au 48 : deux de ces trois propriétés étaient des petites maisons de grand seigneur. Le dépôt général des pompes antiméphytiques des bâtiments du roi, pour le service de la vidange, n'en était pas moins établi dans le cul-de-sac Saint-Sébastien.

RUE SAINT-GILLES.

Le Palais des Tournelles ne survécut qu'un demi-siècle au séjour de Saint-Paul, qu'il avait remplacé comme résidence royale. Les Minimes de Chaillot furent établis par Marie de Médicis sur une partie du jardin des Tournelles, et on perçait une rue trente ans après entre la rue Saint-Louis et le rempart; l'église du monastère s'y ménageait une entrée latérale. Une statue de saint Gilles, qui avait figuré sur ce point dans le parc royal, donna son nom à la nouvelle rue. Le mur de la caserne qui succède au couvent y conserve ostensiblement une Sainte-Vierge dans sa niche.

Un immeuble très-important répond aux chiffres 12 et 14, ainsi qu'à la désignation traditionnelle de cour de Venise, dans cette rue Saint-Gilles, où le plan de Paris en 1652 marque en effet un hôtel de Venise. C'était la résidence de l'ambassadeur de la sérénissime république; ce fut l'hôtel Péreuse dans le siècle qui vint après. Charles Courtinay, seigneur de Péreuse, secrétaire du roi et médecin, avait marié sa fille, Françoise Courtinay, à Louis

Prosper Bauyn d'Angervilliers : la branche Bauyn de Péreuse n'eut pas d'autre origine. Le lieutenant-général Bauyn, marquis de Péreuse, acquit l'hôtel dont nous parlons des hoirs du président Labrosse, qui lui-même tenait de Mlle Tarade. Les dépendances s'en étendaient jusqu'au boulevard, mais derrière un crochet que décrivait la rue à cette extrémité.

Le comte de Brisay vendit un autre hôtel, que lui avait laissé sa mère, née Pinon, à Claude-Jacques de Vigny, marquis de Courquetaine, maître des comptes ; la veuve et les enfants de ce dernier y demeuraient sous le règne de Louis XVI. Cette maison, bâtie sur un terrain aliéné vers l'année 1680 par l'église Sainte-Opportune, est encore reconnaissable entre la cour de Venise et l'ancien hôtel Morangis.

L'emplacement de celui-ci fut acquis de Sainte-Opportune par Delisle-Mansart, architecte des bâtiments du roi, qui ne s'est pas fait faute d'y créer un petit chef-d'œuvre comme architecture domestique. Sous la Régence, Mme de Morangis habita cette maison qu'elle tenait de sa mère, Mme de Guénégaud. Soixante années plus tard, le grand-maître des eaux et forêts, Jules du Vaucel, marquis de Castelnau, en avait fait ses petits appartements. Un salon rond, dont les boiseries dorées sont illustrées de peintures de Watteau, y précède une salle de billard, que d'autres dessus de portes et des sculptures décorent. Une double porte, dont la menuiserie est aussi un travail d'artiste, sépare le billard d'un boudoir, la miniature d'un salon. Le jardin de l'hôtel allait loin ; M. Savard, propriétaire actuel, a pris une portion de ce qu'il en restait pour en faire des ateliers où se fabrique sur une vaste échelle la bijouterie en or doublé. Mais quelques mascarons qui donnent sur la cour ont des sourires de gratitude pour le conservateur intelligent d'une charmante habitation, qui est tombée entre bonnes mains.

RUE DE HARLAY-AU-MARAIS.

Les Filles du Saint-Sacrement avaient reçu de la Ville, par voie d'adjudication, le terrain que ces religieuses avaient vendu au chancelier Boucherat; le jardin de l'hôtel Boucherat, situé rue Saint-Louis, ne finissait qu'au boulevard. La fille du chancelier, Anne-Françoise-Marie-Louise Boucherat, veuve de Auguste de Harlay, conseiller d'État, vendit en plusieurs lots une portion du jardin de l'hôtel, après avoir obtenu l'autorisation de percer la rue de Harlay, qui fut livrée à la circulation en l'année 1721. On y retrouve trois maisons séculaires qui ont perdu à la Révolution leur dénomination d'hôtels de Ruault, de la Blache et de Villars, et auxquelles se sont ajoutées des constructions.

RUE SAINT-CLAUDE.

Sept jardins et deux parcs dépendaient des Tournelles; ils avaient absorbé tout ou partie du clos Margot, propriété des Célestins. La rue Saint-Claude-au-Marais fut tracée en 1640 sur la lisière d'un terrain dit encore le clos Margot, adjugé par le bureau de la Ville en 1686, avec un terrain adjacent, à Gon de Vassigny, vicomte d'Argenlieu. On dit qu'une statue de saint Claude, anciennement érigée à l'extrémité du parc des Tournelles, valut à cette rue le nom qu'elle porte; mais il est plus probable que Claude Guénégaud, trésorier de l'épargne, propriétaire rue Saint-Claude, rue Saint-Louis et rue Saint-Gilles, fit lui-même placer sous l'invocation de son patron la nouvelle voie de communication.

L'hôtel de Guénégaud passa au chancelier Voysin. La porte en ouvre rue Saint-Louis; mais il en reste des dépendances dans l'impasse Saint-Claude, contiguës à d'autres maisons qu'a encore possédées le trésorier de l'épargne. Quant aux maisons construites par le vicomte d'Argenlieu, elles appartenaient, en 1729, à Antoine Le Feuve de la Malmaison, conseiller au parlement, et plus tard à Petit de la Villonnière, qui siégeait à la même cour : les n°s 8 et 10 nous les représentent ; seulement elles s'étendaient jusqu'au boulevard.

Le 6 paraît bien plus ancien que la rue ; il a donc pu dépendre du palais des Tournelles. N'est-on pas tenté de croire qu'il a servi de résidence à Charles de Valois, duc d'Angoulême, fils naturel de Charles IX et de Marie Touchet, qui fut enterré aux Minimes ? Au milieu du xvii° siècle il ne s'élevait encore aucune église au coin de la rue Saint-Claude et de la rue Saint-Louis ; on y voyait un hôtel Levasseur, auquel le 6 pouvait se rattacher. Dans tous les cas, une femme, scandaleusement célèbre, et qui descendait des Valois par un fils naturel de Henri II, la comtesse de Lamotte, habita cette propriété.

Le comte de Cagliostro, que Mme Lamotte accusait d'avoir reçu le collier de la reine des mains du prince de Rohan, était revenu à Paris le 30 janvier 1785, et s'était établi même rue, n° 1, après avoir couru tous les pays, parlé toutes les langues, changé souvent de nom et fait bien des métiers. Le mobilier de cet illustre aventurier ne fut vendu que cinq ans après sa mort, c'est-à-dire en 1810, dans l'appartement même qu'il avait occupé. C'est la marquise d'Orvillé qui avait eu pour locataire le thaumaturge du xviiie siècle ; le père de la marquise, M. de Chavigny, capitaine des vaisseaux du roi, avait fait bâtir cet hôtel sur un terrain acquis en l'année 1719 de Mme de Harlay, héritière de son père, le chancelier Boucherat.

La chronique scandaleuse donne aussi rue Saint-Claude l'adresse d'une demoiselle de Vauvignolles, entretenue par Collet fils. Ce protecteur était intéressé, pendant la guerre de Sept Ans, dans la fourniture des fourrages de l'armée. Mais ladite demoiselle pouvait bien recevoir les visites de Collet dans une autre rue Saint-Claude, ouverte en 1660 entre la rue de Cléry et la petite rue Sainte-Foy. Une image de saint Claude, pendue au coin de la rue Bourbon-Villeneuve, avait fait prévaloir ce nom sur celui de Sainte-Anne porté antérieurement par cette voie de communication, qui garde à peu près, de nos jours, sa physionomie de l'autre siècle.

La carte de Paris ne met pas moins d'obstination à conserver deux culs-de-sac Saint-Claude. Le second est situé rue Montmartre. La demoiselle Beauvoisin, aprè avoir vécu quelque temps avec le comte Dubarry dans la rue Basse-du-Rempart, vint s'établir dans un appartement dont le balcon se voit encore à l'angle de la rue Montmartre et de l'impasse. Le marquis de Duras avait pourvu aux frais d'emménagement. Au marquis, succéda le chevalier de

Jaucourt, qu'elle trompa d'abord avec Tombœuf, officier aux gardes-françaises, et le comte de Sade. Jaucourt n'en destinait pas moins à l'infidèle une aigrette de diamant, qu'on lui vola dans son carrosse; il n'en avait donné qu'une pareille à la princesse de Bauffremont.

RUE SOLY.

Les venelles deviennent des curiosités; mais il faut être Parisien pour s'y engager d'un pas ferme; l'étranger craindrait de s'y perdre, la femme honnête d'y être rencontrée. On y sourit trop au passant, soit d'une fenêtre, soit d'une allée, pour la moralité publique; mais il faut passer quelque chose à des coupe-gorges qui en ont fait bien d'autres. Où se trouver mieux à l'abri des accidents et des ennuis qui sont occasionnés ailleurs par une trop grande circulation ? Les petites rues supportent l'abandon avec philosophie et bonne humeur; l'enfant y joue et la grisette y chante; l'aveugle y chemine sans bâton ; le ruisseau ne s'y cache pas sous un trottoir, et les fentes du pavé y permettent encore de marcher un peu sur la terre; la sagesse s'y réfugie dans le travail quotidien, le chômage y est dangereux, et le vice une misère de plus.

Balzac a placé, rue Soly, une scène de roman qui se passe de son temps : une femme du monde s'y trouve compromise, rien que pour avoir été vue un matin dans la rue Soly. Presque toute la rue était alors peuplée d'un genre de femmes qui n'y affichent plus aujourd'hui qu'une maison.

La comtesse d'Herselles, au siècle précédent, bravait sans doute le préjugé qui l'aurait empêchée de faire connaissance avec une propriété qui lui appartenait : le n° 8 de la rue. Une église, la Sainte-Chapelle, était propriétaire du 10 ; M. Dionis, du 6 : le comte de Luges, du 4. La plupart des numéros impairs étaient en la possession de M. de la Poterie. Parmi les prédécesseurs de ce dernier avaient sans doute figuré non-seulement Bertrand Soly, propriétaire aussi rue des Vieux-Augustins, mais encore Antoine Soly, un échevin du temps de Henri II, parrain de la petite rue.

RUE PAGEVIN.

L'ancien hôtel Massiac, que nous avons déjà trouvé place des Victoires et rue des Fossés-Montmartre, donne aussi rue Pagevin. Une des maisons qui y font vis-à-vis aux dépendances de l'hôtel, fut le siége, vers la fin du xviie siècle, de l'académie de la Danse, établie en 1661, et dont les membres se proposaient de *corriger et de polir la danse en s'y exerçant.* Les académiciens n'étaient qu'au nombre de treize; la mort de chacun d'eux donnait lieu à la nomination d'un remplaçant; les membres survivants le choisissaient parmi les maîtres à danser, qui pouvaient tous se porter candidats : la pluralité des suffrages déterminait l'admission. Les treize académiciens jouissaient du droit de *committimus*, comme les officiers commensaux de la maison du roi; ils étaient dispensés de garde et de tutelle, exempts de taille et de guet, et leurs enfants pouvaient montrer leur art, comme professeurs, sans lettres de maîtrise. Les assemblées de l'académie de la Danse avaient lieu chez son directeur, lequel payait loyer au sieur Prudot dans une propriété voisine de la place des Victoires. La partie de la rue Pagevin où siégea cette compagnie, s'appelait rue du Petit-Reposoir depuis cent ans, à cause d'un reposoir où s'arrêtait la procession de la Fête-Dieu, et elle s'était appelée rue Breneuse comme le reste de la rue Pagevin. Ce vieux mot français de *breneuse* voulait dire *malpropre*. Mais la rue avait dû à un particulier, dès le commencement du XIV° siècle, le nom de rue Jacques-Breneult.

La dénomination de Pagevin ne s'est appliquée, pendant deux siècles et demi qu'à la section de notre rue comprise entre les rues des Vieux-Augustins et Coq-Héron : les propriétés du côté impair y appartenaient, avant la Révolution, à la comtesse de Choiseul-Gouffier, et elles avaient été bâties à la place des écuries de l'hôtel d'Épernon, maintenant hôtel des Postes.

Le surplus de la rue Pagevin a été dit Verdelet, Verderet, Merderet, de l'Ordure et Breneuse : qualifications peu regrettables. Jean-Jacques Rousseau y prit un logement en quittant l'hôtellerie de Saint-Quentin, afin de se rapprocher de M. de Francœuil, dont l'hôtel était situé rue Plâtrière, actuellement rue Jean-Jacques-Rousseau, en face de la rue Verdelet. Le comte de Vannaux était propriétaire de la maison habitée par le philosophe, et qui porte le n° 4.

A la rue Pagevin se sont ajoutées les deux autres, en 1849.

RUE DE LA VRILLIÈRE.

La rue des Fossés-Montmartre allait d'abord jusqu'à la rue de la Vrillière, ce prolongement de la rue des Petits-Champs. Néanmoins la place des Victoires, lors de sa formation, ne communiqua pas directement avec la rue de la Vrillière. Il fallut jeter par terre le bâtiment qui interceptait la vue de part et d'autre. Place fut ainsi faite à une venelle, dite rue Percée, puis petite rue de la Vrillière, et présentement Catinat, sur laquelle quatre maisons ont des croisées, mais pas une porte. Le plan de Lacaille, en 1714, présentait ladite ruelle comme une avenue ajoutée au grand hôtel qui maintenant est celui de la Banque. Toutefois, les deux rives de la rue de la Vrillière étaient loin de se relier par l'unité de propriété.

La première maison de cette rue, côté droit, appartenait à Leduc, architecte, et elle fut restaurée sous le règne de Louis XV par un autre architecte, qui s'appelait Desmaisons. Les bureaux du Journal l'*Union*, qui en occupent un étage, ont des croisées donnant sur un balcon tournant, dont la grille est en fer battu bien ouvragé. L'encoignure de l'édifice sur la rue Croix-des-Petits-Champs est arrondie et dépasse hardiment l'aplomb du rez-de-chaussée. Lallemant, Ludet et Chapuis, contemporains de Leduc, étaient propriétaires des nos 6, 8 et 10, et Chevallier de la Motte avait le 4, qu'on vient de rétablir de fond en comble.

Par conséquent, Rouillé, maître des requêtes et fermier des postes, n'avait réellement acquis, en l'an 1705, et chacun de nous se contenterait à moins, que l'hôtel édifié au siècle précédent par François Mansard, pour le secrétaire d'État Phélypeaux de la Vrillière. Louis-Alexandre de Bourbon, comte de Toulouse, s'en rendit acquéreur deux années avant la mort du roi, son père, et il y fit faire des changements considérables par Robert de Cotte, architecte. Le duc de Penthièvre, la princesse de Lamballe et Florian résidaient, sous Louis XVI, dans l'ancien hôtel de Toulouse, décoré de peintures et de bas-reliefs magnifiques : soixante et un portraits en pied y représentaient les amiraux de France, depuis Florent de Varennes jusqu'au duc de Penthièvre. L'Imprimerie nationale quitta ensuite le Louvre, par ordre de la Convention, et fut placée rue de la Vrillière. Les discours des tribuns les plus ardents, notamment ceux de Robespierre, s'y tiraient à 400,000 ; toutes les fabriques de papier furent mises en réquisition, pendant trois ans, pour subvenir aux exigences de cette immense consommation. Marat, dans la cour du Commerce, travaillait pareillement au salut de la liberté, à l'aide de trois presses, qu'une autorisation écrite de Danton, ministre de la justice, lui avait permis d'enlever à l'Imprimerie nationale, pour imprimer l'*Ami du Peuple*. Laverne, directeur dudit établissement, ne monta pas sur l'échafaud, comme son prédécesseur, Annisson-Duperron; mais il se jeta d'une des croisées de l'hôtel, en 1804. L'immeuble, sept années après, fut vendu par l'État à la Banque de France, dont les bureaux étaient précédemment place des Victoires, dans l'ex-hôtel Massiac.

LES ANCIENNES MAISONS

Des rues Saint-Victor, de la Montagne-Sainte-Geneviève, de l'Hôtel-Colbert, Saint-Jacques et Mazarine.

NOTICES FAISANT PARTIE DE L'OUVRAGE INTITULÉ :

LES ANCIENNES MAISONS DE PARIS SOUS NAPOLÉON III

PAR M. LEFEUVE,

Monographies publiées par livraisons séparées, avec table de concordance à la fin de la publication.

RUE SAINT-VICTOR.

L'Abbaye. — La fontaine. — Les manufactures. — Le bureau des brouettes. — Les maisons d'encoignure. — La communauté des bouchers. — Le séminaire Saint-Firmin. — L'abbé Haüy. — Le collège du Cardinal-Lemoine. — Le n° 90. — Le séminaire de Saint-Nicolas-du-Chardonnet. — Hôtel d'Audrezel.

Près d'une ancienne chapelle dédiée à saint Victor, une communauté de chanoines réguliers fut établie par Guillaume de Champeaux, archidiacre de Paris, sous les auspices de Louis le Gros, et telle fut l'origine de l'abbaye que ses écoles rendirent bientôt célèbres : Abélard, saint Thomas de Cantorbéry et saint Bernard s'y suivirent de tout près. La principale entrée de Saint-Victor avait pour vis-à-vis la rue des Boulangers. L'abbaye, avec son église et son enclos, occupait presque tout l'emplacement compris entre la rue Cuvier et la rue des Fossés-Saint-Bernard. Les bâtiments conventuels, rétablis sous François Ier, ainsi que l'église, ont été démolis en 1807, 1813 et 1840 ; toutefois, des constructions subsistent rue Cuvier qui ont appartenu aux Victorins, et deux arcades du cloître dessinent leur demi-cercle encore rue Saint-Victor, n° 4, au-dessus d'un atelier et d'une boutique. La bibliothèque de l'abbaye se trouvait de ce côté-là, et elle était publique tous les lundis, mercredis et samedis. A une tourelle, qui en était voisine, s'adossait une fontaine qui a changé d'aspect en changeant d'alignement sous le règne de Louis-Philippe. Un distique de Santeul, le poète victorin, faisait allusion à la source du savoir de laquelle découlait l'eau claire :

Quæ sacros doctrinæ aperit domus intima fontes
Civibus exterior dividit urbis aquas.

L'abbaye Saint-Victor eut, dans les derniers temps, pour vis-à-vis la pension Imbert, qui recevait des étudiants en droit, en médecine, en chirurgie, en philosophie et en théologie dans des chambres particulières, et aussi la manufacture de velours et soie noire de Merlin, qui était située plus près de la Pitié, hospice d'enfants à cette époque. Deux ou trois des maisons encore debout, parmi celles qui faisaient face à l'établissement monastique, furent des hôtels de gens de robe. L'enseigne du Buisson-Ardent, conservée par un cabaret, fut celle de la propriété, le n° 51. La régie des brouettes eut aussi, vers la fin, son siége principal au 67 ou au 69 : les chaises roulantes ainsi nommées, qui se prenaient à l'heure ou à la course, coûtaient moins cher que les chaises à porteurs. Cette partie de la rue s'était appelée du Faubourg-Saint-Victor et du Jardin-du-Roi avant la destruction de la porte Saint-Victor, bâtie vers 1200 et rebâtie sous Charles IX, un siècle avant d'être supprimée.

A quelques pas du bureau des brouettes, et plus bas en suivant la pente de la rue, mais plus haut dans l'ordre numérique d'à présent, se trouvait une manufacture royale de couvertures. L'un des deux coins de la rue du Bon-Puits fut acquis, en 1787, par Godiveau, fondeur y établi, de Cormeille, maître de la verrerie de Courval, lequel avait eu pour prédécesseur Rémy Hachette, chef des échansonniers de Louis XV. L'autre coin, occupé par un marchand de vins, fut transporté l'année suivante par Poirot d'Ogeron, comte du Saint-Empire, et Soury, charpentier, à Pierre, ancien entrepreneur. Petit, secrétaire du roi sous Louis XIII, avait eu plusieurs maisons de ce côté : notamment le

n° 121, vendu en 1724 par Éloi, marchand de vins, bourgeois de Paris, à Muguet, premier imprimeur du roi et libraire rue Neuve-Notre-Dame; et le n° 123, acheté quelques années plus tard de Mlle de la Pome de Plainville, femme de François Lemaître, procureur général de la connétablie et maréchaussée de France, par Vassel, perruquier de la rue des Canettes. Une autre maison d'encoignure, composée de deux corps de bâtiment, dont le plus grand sur la rue du Mûrier, avait porté simultanément l'image du *Pressoir d'or* et celle du *Vaisseau royal*. A l'angle opposé de la même rue, une propriété tenant à la *Pomme-de-Pin*, propriété du collége de la Marche, avait été vendue le 17 juin 1665 par Foucaut, maître sellier, à la communauté du séminaire de Saint-Nicolas-du-Chardonnet, le curé de ladite église étant Fréret, docteur en théologie. Dans une des maisons voisines, au moment de la Révolution, était le bureau des maîtres et marchands bouchers, précédemment au port de la Grève, devant la place aux Veaux. Les statuts de la communauté des bouchers, établie en corps de jurande, remontaient à 1687 et avaient été modifiés en 1730. On y lisait : « Nul ne peut être reçu maître s'il n'est
« fils de maître ou n'a servi comme apprenti pendant trois
« ans, et acheté, habillé, débité et vendu chair pendant
« trois autres années. » Quatre jurés gouvernaient les affaires de la communauté, et il entrait dans leurs attributions de visiter toutes les bêtes qu'on amenait; ils prohi-

baient la vente de « toute viande provenant de bête morte « ou malade, ou ayant été nourrie ès maisons d'huiliers, « barbiers, maladreries, sous peine d'amende. » Le brevet coûtait 202 livres, et la maîtrise 1,500.

Les boucheries royales de Saint-Victor étalaient de l'autre côté de la rue Saint-Victor, avant la rue des Fossés-Saint-Bernard, mais après un des corps de garde de sapeurs-pompiers établis par M. de Sartines, et après une maison, détruite aussi depuis l'Empire, dans laquelle Petit-Radel avait fait son cours d'anatomie.

Puis venait l'ancien collége des Bons-Enfants, institué dès l'année 1257, dans lequel avait séjourné le réformateur Calvin, et où ensuite saint Vincent-de-Paul avait établi, avec le titre de principal, les prêtres de la Mission. Ladite congrégation ayant transféré son chef-lieu à Saint-Lazare, le cardinal de Noailles, archevêque de Paris, avait mis à la place du collége des Bons-Enfants un séminaire sous le titre de Saint-Firmin, qui était celui de son église. Les affaires de cette maison ne furent réglées définitivement qu'en 1773, après maints débats judiciaires : les biens extérieurs et les bourses de l'ancien collége furent réunis à ceux de Louis-le-Grand ; mais la principalité, la chapellenie et les bâtiments dudit collége furent légalement reconnus aux Lazaristes. La Révolution transforma le séminaire de Saint-Firmin en une prison pour les prêtres qui n'avaient pas prêté serment à la constitution nouvelle, et au nombre desquels figurait l'abbé Haüy. Ce fils d'un tisserand avait été élevé comme boursier au collége de Navarre, et il était régent depuis longtemps au collége du Cardinal-Lemoine. Cet éminent naturaliste, créateur d'une science nouvelle, la cristallographie, avait vu envahir son logement modeste en 1792 par des hommes qui lui demandaient : — Avez-vous des armes à feu? — Je n'en ai d'autre que celle-ci, avait répondu le savant en faisant jaillir de sa machine électrique une étincelle... On avait néanmoins saisi tous ses papiers; mais on avait permis qu'il emportât dans l'ancien séminaire ses herbiers culbutés et ses cristaux décapités de leurs étiquettes recognitives. Le prisonnier n'avait d'autre souci que de remettre en ordre ses collections. Il commençait à s'y reconnaître, quand Geoffroy Saint-Hilaire, qui avait obtenu la mise en liberté de son maître, le ci-devant abbé, vint apporter l'ordre de délivrance. Seulement, Haüy, craignant pour ses tiroirs tous les dangers d'un nouveau déplacement, se refusa pendant un jour ou deux quitter la cellule pleine de ses collections; il fallut l'enlever de force. Le lendemain, 2 septembre, on égorgeait à Saint-Firmin 78 prêtres non assermentés; parmi eux, l'abbé Gros, curé de Saint-Nicolas-du-Chardonnet. L'institution des Jeunes-Aveugles, fondée en 1784 par Valentin Haüy, frère du précité, fut placée postérieurement dans une partie des bâtiments de l'ancien séminaire, avant d'être transférée boulevard des Invalides; l'aliénation du reste date de l'an IV et de 1808.

Le collége de plein exercice dit le Cardinal-Lemoine, lequel avait aussi une entrée par le quai, touchait immédiatement à Saint-Firmin, comme l'indique encore la situation des bâtiments qui survivent à ces deux institutions. Le cardinal Jean Lemoine, créateur de cet établissement sous Philippe le Bel en faveur d'écoliers du diocèse d'Amiens, a été inhumé dans sa chapelle, érigée en paroisse six ans après la fondation. Le nombre des bourses du collége a été fixé à 24 par un arrêt du parlement, le 2 avril 1545. Turnèbe, Buchanan et Muret ont été maîtres au Cardinal-Lemoine. Baudoin y exerçait la principalité vers la fin du règne de Louis XVI ; toutefois un pensionnat qui ne dépendait pas du collége y était tenu par l'abbé Levasseur, professeur de rhétorique. Geoffroy Saint-Hilaire demeurait encore dans la maison lors de l'arrestation de l'abbé Haüy.

Isoré, avocat, était propriétaire au XVIIe siècle de deux maisons après le collége du Cardinal ; elles furent vendues dans le siècle suivant par Barbey de la Tour, bourgeois, à Berthault, pâtissier ; celui-ci tenait d'autre part à une des propriétés de Godiveau, déjà nommé plus haut. Auvray, maître couvreur, avait fait édifier avant la mort de Louis XIV un hôtel qui fut longtemps loué à des particuliers notables, le n° 90, resté sous la censive de l'abbaye Saint-Victor, à laquelle appartenait une maison contiguë. Aussi bien, la plupart des autres maisons de la rue payaient cens à l'abbaye Sainte-Geneviève. Auvray vendit l'hôtel, mais conjointement avec la famille Junot, dans laquelle figurait un notaire de Paris, à un échevin du nom de Jacques Pyard.

Nous revoyons encore le 100 et le 102 de la rue Saint-Victor occupés par le séminaire de Saint-Nicolas-du-Chardonnet, fermé à la Révolution, rétabli en 1811. L'initiative d'Adrien Bourdaise, sous la régence de Marie de Médicis, avait donné successivement à cette institution un siége provisoire dans les colléges du Mans, des Bons-Enfants et Montaigu. Elle fut introduite, le 16 décembre 1620, par Compain, fils d'un secrétaire du roi, dans une propriété qui lui appartenait près de l'église Saint-Nicolas ; néanmoins, le prince de Conti, Armand de Bourbon, donna ensuite 40,000 livres pour contribuer à cette installation définitive d'une communauté qui ne fut érigée absolument en séminaire qu'en 1644. Louis XV régnait depuis quinze ans lorsque le séminaire fit bâtir vis-à-vis, dans la rue Saint-Victor, une grande maison dite le Petit-Séminaire, dont les élèves payaient pension et suivaient les cours de l'université. Le supérieur des deux établissements n'était pas le même, puisque l'abbé Pilon, en 1786, se trouvait à la tête de celui qui n'existe plus, et l'abbé Andrieux de l'autre.

Nous sommes tenté de placer au 159, au 161, un ancien hôtel d'Andrezel, qui passa vers le même temps des héritiers Camet à la veuve de Boivin, grand-garde de la draperie et juge-consul.

RUE DE LA MONTAGNE-SAINTE-GENEVIÈVE.

Hôtel d'Andrezel. — Colléges de la Marche, de Navarre et d'Hubant. — Origine de cinq particules nobiliaires. — L'écuyer-tranchant. — Les Trente-Trois. — Les boucheries. — Le collége de Laon.

Cet ancien hôtel d'Andrezel qui existe rue Saint-Victor s'était sans doute détaché d'un autre hôtel, pareillement qualifié rue de la Montagne-Sainte-Geneviève, et vendu en 1655 par Gaston Viole, vicomte d'Andrezel, à la famille Bourgevin, dans laquelle se trouvait un trésorier général des maréchaussées de France. N'est-ce pas la même propriété qu'acheta Luxembourg, chirurgien ordinaire du roi, en 1779, de Brice, lieutenant criminel de robe-courte? A coup sûr celle-ci faisait face à la porte du couvent des Carmes, et par conséquent elle subsiste parmi les maisons séculaires situées en regard du marché.

Le collége de la Marche, qui était de plein exercice, disposait de plusieurs maisons qui se retrouvent un peu plus haut. En exécution du décret impérial du 11 décembre 1808, l'Université fut mise en possession dudit collége supprimé à la Révolution ; les bâtiments qu'il avait occupés au premier coin de la rue Traversine ont tout récemment disparu. Quant à l'origine, la voici. Jean de la Marche, professeur de philosophie et ancien recteur, s'établit comme locataire, en 1362, avec un petit nombre d'écoliers, dans le collége de Constantinople, cul-de-sac d'Amboise, où il n'était plus entretenu qu'un seul boursier. A la mort du boursier, l'université de Paris concéda à Guillaume de la Marche, chanoine de Toul, neveu du précité, l'ancien collége de Constantinople, moyennant une rente perpétuelle de 20 livres. Guillaume, par son testament, créa des bourses perpétuelles pour quatre écoliers à prendre dans la petite ville de la Marche, au diocèse de Toul, et pour deux autres natifs de Rosières-aux-Salines, en Lorraine, où le fondateur avait été curé. Beuve de Winville, en qualité d'exécuteur testamentaire, acheta au mont Sainte-Geneviève l'hôtel des abbés de Saint-Vincent de Senlis, et il en fit le collége de la Marche, en ajoutant à ceux de la première fondation six boursiers et un chapelain, qui devaient être originaire du bailliage de Saint-Mihiel. Jean de la Roche-Taillée, patriarche de Constantinople, administrateur perpétuel de l'évêché de Paris, approuva en l'année 1423 les dispositions nouvelles qui supprimaient absolument l'ancien collége. D'autres bourses créées par des particuliers en avaient porté le nombre à 24, auxquelles il était encore pourvu sous le dernier principal, qui s'appelait Caboche. Chaque vacance s'en publiait au prône, dans les paroisses bénéficiaires ; le curé et les marguilliers adressaient à Caboche le candidat; Caboche l'examinait avant de le présenter à l'archevêque de Paris, qui lui accordait ses provisions.

C'est alors l'abbé Dubertrand qui exerçait la principalité au collége de Navarre, dont la porte disait l'origine royale. Les statues de Philippe le Bel et de sa femme Jeanne de Navarre y avaient été conservées lors de la reconstruction de ce collége sous Louis XI. Le testament de la reine Jeanne avait fondé cette illustre maison pour soixante-dix pauvres écoliers, dont vingt étudiants en grammaire, trente en philosophie, vingt en théologie. Jean de Launoy a écrit l'histoire de ce collége, en élève reconnaissant; le chancelier Gerson, Henri III, Henri IV, le cardinal de Richelieu, Bossuet y ont compté parmi les pensionnaires. L'École polytechnique a été transférée en l'an XIII dans l'ancien collége, où les frères Pyranési avaient établi leur calcographie, et dans l'ancien collége de Boncourt, réuni à l'autre sous Louis XIII. Au premier de ces établissements a survécu, en ce qui regarde la rue de la Montagne-Sainte-Geneviève, un corps de bâtiment y répondant à quatre numéros, avant le portail de l'École.

Moins longtemps a vécu une institution plus modeste, le collége d'Hubant, dit aussi de l'*Ave-Maria* à cause d'une inscription gravée originairement sur la porte de la maison, et de la dévotion particulière à la Sainte-Vierge dont elle témoignait. Jean de Hubant, clerc, conseiller du roi, acheta de Philippe VI une maison dans laquelle il approvisionna quatre écoliers, un principal et un chapelain, qui devaient être pris de préférence à Hubant, en Nivernais. Quatre siècles ne s'écoulèrent pas, on peut le croire, sans déposer sur cette fondation l'alluvion de fondations nouvelles, soit en bourses, soit en messes à perpétuer dans la chapelle. Pas un mot n'en fut dit pourtant dans un état dressé en 1764 à la requête de MM. Rolland, Roussel, de la Tour et de Laverdy, commissaires de l'administration des petits colléges réunis à celui de Louis-le-Grand. Depuis vingt-sept années déjà, par un arrêt du parlement, le notaire Renard avait été nommé séquestre des biens du collége d'Hubant, assez singulièrement administrés par maître Grillet, principal. Ce dernier avait pris lui-même par les épaules les derniers boursiers, pour leur signifier congé; depuis lors pendait le procès fait au principal expulsé, qui avait obtenu néanmoins de la cour 300 livres par an pour se loger ailleurs et des allocations alimentaires. Il est vrai que Renard était mort dans l'intervalle, et qu'il avait fallu nommer à sa place un autre séquestre, le notaire Maupetit. Celui-ci déposait en quelque sorte le bilan du collège entre les mains du triumvirat syndical, et il fut reconnu que le passif s'élevait à 201,999 livres, 5 sols, 11 deniers, y compris les 37,000 livres qu'avait dû emprunter l'administrateur judiciaire pour faire réparer d'urgence la maison du collége, entièrement louée à un vinaigrier, et les trois autres maisons appartenant à la communauté rue Saint-Victor et rue Bordet. Comme le revenu de tous les biens n'excédait pas 5,625 livres, l'abbé de Sainte-Geneviève et le grand-maître du collége de Navarre, tous deux réformateurs nommés par les anciens statuts, et le comte de Jaucourt, représentant les fondateurs, n'avaient plus qu'à regarder les bourses comme honoraires. L'ancien établissement dont nous parlons a occupé du côté gauche de la rue les deux maisons après lesquelles il n'y a plus qu'une porte : immeuble aliéné par l'État, le 7 septembre 1810.

On s'introduit par une porte basse et par un escalier à vis dans une maison à l'angle de la rue des Amandiers. C'est remonter à peine dans son histoire que de voir un marchand de vins nommé Arnould, y demeurant, succéder comme propriétaire à des cohéritiers nombreux, bourgeois qu'on prendrait aujourd'hui pour des nobles à cause du *de* : Armet de Sarrault, avocat ; Armet de Lisle, marchand de bois de charpente; Armet de Siry, mercier; Armet de la Luzette, négociant; Armet de Sennevière, et d'autres encore. Le collége Montaigu disposait d'une propriété, qui n'en était pas éloignée, et qui avait porté l'enseigne des Patenôtres; cette maison était mitoyenne avec un héritage échu au XVIIe siècle à Guillaume Hayotte, *escuyer de cuisine de son Altesse Sérénissime la duchesse de Longueville, demeurant à l'hôtel de ladite dame, faubourg Saint-Jacques.*

Interrogeons à son tour M. de Bourges, le dernier supérieur du collége des Trente-Trois, ou séminaire de la Sainte-Famille, sur les antécédents de la maison dont il n'avait pas seul la direction. Trouve-t-on quelque part l'omnipotence dans les institutions de l'ancien régime? Bien que le collége des Trente-Trois fût sous l'autorité de l'archevêque, six administrateurs le régissaient, dont trois laïques. Claude Bernard, qui n'avait réuni d'abord que cinq écoliers, et puis douze, en porta le nombre à trente-trois, ce qui faisait un par année que Jésus-Christ a passée sur la terre; Claude s'était contenté successivement d'une salle au collége des Dix-Huit et de six chambres à Montaigu, avant de s'installer plus grandement à l'hôtel de Marly, rue des Sept-Voies, et enfin à l'hôtel d'Albiac, rue de la Montagne-Sainte-Geneviève, en face des bâtiments du collége de Navarre. Anne d'Autriche accorda au fondateur 33 livres de pain par jour, qui se convertirent en une pension de 900 livres sur le trésor royal. Les élèves n'étaient reçus que pauvres et déjà clercs ou prêts à prendre la tonsure; ils suivaient les cours de théologie et de philosophie de l'Université. Les bâtiments ayant été refaits au xviiie siècle, tels à peu près que nous les revoyons, il fallut retrancher ou réduire les bourses pour subvenir à la dépense; mais le duc d'Orléans, fils du régent, les rétablit, à la condition qu'elles seraient données au concours, et en effet il s'ouvrit tous les ans, le 1er octobre, un concours, auquel pouvait se présenter l'étranger comme le régnicole. Le nombre des pensionnaires était tel, quelque temps après, qu'il fallut s'agrandir; en conséquence Joseph-Marie Gros, docteur en théologie, supérieur du séminaire de la Sainte-Famille, ayant charge et pouvoir des administrateurs dudit séminaire, acheta le 23 janvier 1775 deux maisons qui touchaient au collège des Lombards et qui appartenaient à Michel Foucher, docteur en théologie, principal du collège de Navarre. Déjà le supérieur Sarcey de Suttières, docteur en Sorbonne, grand vicaire de l'évêque de Beauvais, avait acquis, en 1746, de Lejeune, officier du roi, une maison au cul-de-sac de la cour des Bœufs. L'État bénéficia de ce double accroissement, en mettant le tout aux enchères le 14 vendémiaire an IV.

L'une des maisons dont Foucher passa contrat au séminaire avait appartenu aux Bignon, famille de bouchers qui sont devenus restaurateurs. Une autre propriété avait été à Jolyot Crébillon, bourgeois de Paris, avant que le boucher Garnier s'en rendit adjudicataire : elle comportait étal, bergerie, tuerie, puits, échaudoir, et tenait aux Trente-Trois. Brussel, échevin, avait été aussi propriétaire d'une maison à étal attenante, et Honoré de Lamerie, *gentilhomme de la vénerie, toiles des chasses, tentes et pavillons du roi*, avait acquis de même étal avec pignon, à l'image de Saint-Nicolas, entre le Pot-d'Étain et la Hure, celle-ci contiguë au collége de Navarre. Permis de croire que la Hure servait aussi d'enseigne aux andouilles de Robinot, fort achalandées dans la rue sous le règne de Louis XIV. Seulement les 15 étaux qui avaient fait nommer quelque temps rue des Boucheries la rue dont nous nous occupons, appartenaient, comme privilége, à l'abbaye de Sainte-Geneviève, depuis l'an 1245.

N'est-ce pas un arrière bâtiment de l'ancien collége de Laon, établi rue des Carmes, que nous voyons aussi dans la rue de la Montagne, n°° 4 et 6 ?

RUE DE L'HOTEL-COLBERT.

De la seigneurie de Garlande dépendait le clos Mauvoisin, qui n'était séparé que par la rue de Garlande, ou Galande, du clos portant le même nom. La rue des Rats, ouverte en 1202, sur l'ancien clos Mauvoisin, perdit sa dénomination en 1829, sur la demande des habitants, pour s'appeler rue de l'Hôtel-Colbert, en raison d'un immeuble qu'une plaque en marbre noir y désigne comme hôtel Colbert.

On dit que le ministre de Louis XIV fit construire cette maison au commencement de sa fortune; nous croyons qu'il en hérita, et que son auteur, le partisan Colbert, ce fils d'un simple joueur de vielle, s'était fixé lui-même rue des Rats. Une propriété d'importance y fut donnée, avant la mort du grand Colbert, par Vivon, procureur, à une de ses parentes, la femme du procureur Henri, et celle-ci eut pour acquéreur Louis de Froidour, grand-maître des eaux et forêts au département de Languedoc et Guyenne. Cette maison tenait d'un côté à Issales, avocat, et de l'autre à Gilles, docteur en médecine, ainsi qu'à ladite veuve Henri, propriétaire d'une seconde maison à petite porte, et à quatre étages, qui passa vingt années après à Ravot d'Ombreval, avocat général à la cour des Aides, puis à Florent d'Argouges. La plus grande de ces deux maisons, ou celle de l'avocat Issales, était évidemment l'hôtel Colbert, dont la désignation elle-même était devenue excessivement impopulaire à la fin de la vie du ministre, qu'il fallut enterrer de nuit pour soustraire ses funérailles aux outrages de la haine et de la barbarie. La vieille porte cintrée de cette seigneuriale habitation, transformée sous l'Empire en une imprimerie, et depuis lors en d'autres ateliers, donne accès dans une cour carrée dont les faces sont décorées de bas-reliefs du XVIIe siècle; la belle rampe de fer de l'escalier n'est pas d'un âge plus reculé.

Boucot, au milieu du grand règne, était propriétaire à l'un des angles de la rue des Trois-Portes; Le Petit, premier imprimeur du roi, à l'autre coin. La veuve de Nicolas Fraguier, président des trésoriers de France, habitait le n° 11, que ses héritiers transportèrent, avec le n° 9, à un notaire. Celui-ci s'appelait Bouron, dans son étude; mais, une fois notaire honoraire, il signa Bouron de Courcelles, et il vendit ainsi le n° 9 à Duval, épicier de la rue Mouffetard. Pasquier, contrôleur de la maison du roi, disposait du 7. Enfin, le 8 et 10 étaient des dépendances du collége de médecine, dont nous avons déjà parlé.

RUE SAINT-JACQUES.

Saint-Yves. — Hôtel Bignon. — Les libraires. — Hôtel de la Cousture. — L'Académie d'écriture. — Colléges du Plessis, Marmoutiers et Louis-le-Grand. — Les Jacobins. — La porte Saint-Jacques. — Les Visitandines. — Les Ursulines. — Les Feuillantines. — Les Bénédictins-Anglais. — Le Val-de-Grâce. — La duchesse de Longueville. — Les Carmélites. — Le séminaire.

Le coup de grâce vient d'être donné, pour l'ouverture du boulevard Saint-Germain, à ce qu'il restait rue Saint-Jacques de l'église Saint-Yves, ancienne propriété d'une confrérie de procureurs et d'avocats, et à ce qu'il restait aussi d'un hôtel adjugé en 1662 à Thierry Bignon, président du grand conseil, et vendu par ses héritiers à Coignard, imprimeur du roi, imprimeur de l'Académie française. Ce dernier, en 1738, avait eu pour cessionnaire l'université de Paris, représentée par Piat, recteur, demeurant au Plessis, Romigny, syndic de la faculté de théologie, Legendre, doyen de la faculté de droit, Bourdelin, doyen de la faculté de médecine, Denise, procureur de la nation de France, Petit, de la nation de Picardie, Parisy, de la nation de Normandie, Currin, de la nation d'Allemagne, Gibert, ex-recteur, Chantelou, vice-recteur, et Besoigne, trésorier.

Plusieurs Bignon avaient demeuré là. Cette famille, dont plusieurs membres ont été bibliothécaires du roi, s'était fixée au milieu des libraires. On en comptait pas mal, en 1692, à côté de l'hôtel Bignon, sans sortir de la rue Saint-Jacques, et notamment : le susnommé Coignard, éditeur de l'*Architecture*, de Vitruve ; la veuve Coignard, qui vendait les Brefs à l'usage de Rome ; Denis Thierry, chez lequel se trouvait le *Dictionnaire* de Moréri, et les œuvres de M. Boileau ; Desprez, Josset, Roulland et Pralard, tenant les œuvres de messieurs de Port-Royal ; veuve Besnard, celles des jésuites ; Boudot, Lacaille et Hortemels, adonnés à la librairie étrangère ; Léonard, libraire de la cour des Monnaies ; Langlois, éditeur de l'*Architecture*, de Vignole ; Michalet, de celle de Bullet, et des publications de l'académie des Sciences ; Houry, pour les livres de médecine ; Cusson, éditeur du *Journal des Savants ;* Angot, Hérissant et Foucault, vendant principalement des Heures.

Louis-Henri, légitimé de Bourbon, comte de Soissons, abbé commendataire de Saint-Pierre-la-Cousture-lès-Mans, donnait à bail emphytéotique, le 27 septembre 1661, l'hôtel de la Cousture, sis rue Saint-Jacques, avec ses dépendances : le n° 107 et le 109 y figuraient. Les créanciers de Pierre Loys, conseiller secrétaire du roi, qui avait pris la suite de ce long bail, en transférèrent la jouissance à Ollier, membre du grand-conseil, qui eut pour successeur l'avocat Holo. Comment l'emphytéose fut-elle convertie en toute propriété? Cette transition nous échappe. Toujours est-il qu'en 1767, Lambin, maître ès arts, entrait en possession de l'hôtel proprement dit, où il établissait une pension, et que deux maisons attenantes s'en étaient détachées. L'une appartenait à Jacques Colombat, écuyer, gentilhomme de la maison du roi, premier imprimeur du cabinet, maison et bâtiments du roi, acquéreur de Gilbert des Voysins, procureur général, et de sa femme, laquelle tenait de son père, Robert de Cotte, ordonnateur général des bâtiments, jardins, arts et manufactures, directeur général de la Monnaie. L'autre, après plusieurs mutations, passa de la famille Peyrenc de Moras, alliée au comte de Merle, brigadier des armées du roi, ancien ambassadeur en Portugal, dans les mains de Seconds, docteur en Sorbonne, principal du Plessis.

Au coin de la rue des Mathurins, voici l'ancien couvent des religieux de la Sainte-Trinité, traitant du rachat des captifs, qui furent mis en possession sous Louis IX d'un hôpital, aumônerie de Saint-Benoît, avec église dédiée à saint Mathurin, nom donné bientôt à leur ordre. La maison contiguë appartenait à ces religieux, ainsi qu'une autre, l'ancienne Poste, au moment de la Révolution ; ils y avaient pour locataire le sieur Yon, secrétaire de l'académie d'Écriture. M. Prud'homme eût envié ce titre ! La communauté des écrivains-jurés, experts et vérificateurs avait été fondée sous Charles IX ; Henri IV avait accordé des immunités à ses membres ; elle tenait de Louis XIV ses armes, et de Louis XV une confirmation. Néanmoins, l'ouverture des séances de l'académie d'Écriture et la constitution de son bureau dataient seulement du 25 février 1762.

Le collége du Plessis, cette création d'un secrétaire de Philippe le Long, fut réuni à la Sorbonne en 1646, devint une prison à l'époque révolutionnaire, et puis ses bâtiments furent réunis à ceux de Louis-le-Grand, à l'exception de la partie affectée à l'École normale avant la translation de celle-ci rue d'Ulm. Le collége de Marmoutiers, qui avait eu le même fondateur, fut vendu par les Clunistes, dès 1641, aux Jésuites du collége Louis-le-Grand, illustre établissement dont l'histoire n'entre pas dans le cadre du présent recueil.

L'église Saint-Étienne-des-Grès faisait face au couvent des Jacobins. Dès que ces religieux de Saint-Dominique avaient été établis par saint Louis près des tours de l'ancien Parloir-aux-Bourgeois, se rattachant aux murailles de la ville ainsi qu'à une chapelle Saint-Jacques, ils avaient été dits les Jacobins, nom qui passa à tout leur ordre : la *Grant-rue du Petit-Pont* était devenue Saint-Jacques au même temps. Un passage public la reliait à celle de la Harpe, en traversant l'enclos des Jacobins, dont les prédications étaient tellement courues à l'époque de la Ligue qu'ils prêchaient en plein air, dans leur préau. Un pan de leur église subsiste à l'entrée de la rue des Grès, cet ancien passage élargi. Un bastringue d'été et d'hiver s'y installa pendant la République ; le prix d'entrée était de 20 centimes ; Prudhomme, auteur du *Miroir de Paris*, raconte qu'il rencontra dans l'ancien cloître, devenu salle de danse, plusieurs ci-devant Jacobins.

L'enceinte de Philippe-Auguste avait une ouverture au-dessus des Jacobins, près de la rue Saint-Hyacinthe, et la porte Saint-Jacques y resta debout jusqu'en 1684. A ce point le faubourg Saint-Jacques prenait encore naissance, au commencement du premier Empire : la rue Saint-Jacques fut alors prolongée jusqu'à la Bourbe. Toutefois le bureau des entrées était placé en 1714 près la rue Saint-Étienne-des-Grès, à l'opposite d'un corps de garde attenant au couvent. Une vingtaine d'années avant, un livre d'adresses annonçait : « On trouve des mulets et litières à louer chez « M. Mariette, capitaine des charrois de Monsieur, près la « porte Saint-Jacques. » Une boucherie étalait au n° 228 ; mais trois autres étaux avoisinaient le bureau des entrées : Saint-Benoît, Saint-Étienne-des-Grès, les Jacobins et un particulier étaient titulaires du privilége de ces quatre boucheries.

Des sœurs de Notre-Dame-de-Charité, dites de Saint-Michel, occupent depuis le Consulat l'une des anciennes maisons des dames de la Visitation ; mais ce n'est pas en totalité. La distraction immobilière date de la vente nationale du 4 prairial an V. Les Visitandines de la rue Saint-Jacques recevaient des dames pensionnaires à raison de 1,000 et 1,200 livres.

D'une autre maison religieuse la rue des Ursulines dit le nom et la place ; mais tout n'en a pas disparu. Elle était numérotée 213 quelques années avant la suppression des couvents et communautés. Le bureau de Cochin, payeur de rentes, dont la porte venait immédiatement après, y répondait au chiffre 214. Les sœurs de charité de la paroisse Saint-Jacques-du-Haut-Pas tenaient école, quelques portes plus haut.

Le plan de 1652 marque à peu de distance des Ursulines la place des Feuillantines : pourquoi n'indique-t-il pas également le couvent des Bénédictins-Anglais, contigu à celui des Feuillantines ? Ces religieux transfuges s'établirent pourtant rue Saint-Jacques dès 1640. Leur église, il est vrai, dont la première pierre fut posée par Marie-Louise d'Orléans, plus tard reine d'Espagne, ne fut achevée que plus tard. Le roi Jacques II et sa fille y reçurent la sépulture. La maison des Bénédictins fut confisquée, comme bien monastique, mais restituée pendant le Consulat, à titre de bien d'étrangers. Rappelons, quant aux Feuillantines, qu'elles arrivèrent de Toulouse, appelées par Anne d'Autriche, qui venait de poser déjà la première pierre de l'église des Ursulines : leurs pensionnaires payaient un peu moins cher que celles des dames de la Visitation.

Le Val-de-Grâce, cette abbaye royale convertie en hospice de la Maternité, puis en hôpital militaire, touche aussi à l'ancien monastère des Anglais. Un hôtel contigu à l'hôpital semble avoir dépendu de l'abbaye; mais on y parle d'une duchesse dont il aurait été la résidence, et ne se peut-il pas que ce fut la duchesse de Longueville, dont un hôtel porta assurément le nom dans ces parages? On sait que cette femme célèbre se partagea, dans ses dernières années, entre les Carmélites et Port-Royal-des-Champs. A l'image de la Herse était une laiterie, en face de l'hôtel dont nous nous occupons. Tapon-Cholet demeura, sous Louis XIII, au n° 282 actuel, qui dépendit des Carmélites.

Il y a encore des religieuses de ce nom dans une partie de leur ancien couvent; seulement elles y entrent par la rue d'Enfer. Leur ancienne porte rue Saint-Jacques se revoit au fond de l'impasse dite des Carmélites. La duchesse de Longueville a été inhumée dans l'église dudit monastère, qui avait été celle des religieux de Marmoutiers sous le règne de Hugues-Capet. Que Turenne ait mis son épée au service de la princesse, qui était sœur du grand Condé, faut-il beaucoup s'en étonner? Un autre courtisan, engagé dans la Fronde par Mme de Longueville, justifia Turenne avec lui, par ce distique :

> Pour mériter son cœur, pour plaire à ses beaux yeux,
> J'ai fait la guerre aux rois, je l'aurais faite aux dieux.

Les dépendances des Carmélites touchaient à celles de Saint-Magloire, séminaire dirigé par les pères de l'Oratoire depuis 1618. Les Oratoriens y avaient succédé aux religieux de Saint-Magloire, précédemment rue Saint-Denis, et à la congrégation hospitalière de Saint-Jacques-du-Haut-Pas, avant que l'église du même nom en fût distraite. Des laïques y payaient 600 livres de pension, sans compter le prix du logement, sous le père Tournaire, dernier supérieur. A la place des séminaristes furent transférés les sourds-muets en 1790, un an après la mort de l'abbé de l'Épée; mais la reconstruction des bâtiments y remonte seulement à 1823. La mairie du XIIe arrondissement était alors au n° 262.

RUE MAZARINE.

Le collége des Quatre-Nations et son pourtour. — Les comédiens du roi. — L'Eau-de-Jouvence. — Mlle Dubois. — Mlle Hus. — Barbaroux. — La Botte-de-Paille.

Derrière la tour de Nesle était la petite rue de Nesle, et plus loin la rue des Fossés. La construction du collége Mazarin, en 1662, à la place de la tour de Nesle et du fossé, a donné lieu d'appliquer aux deux rues la dénomination de rue Mazarini, au siècle suivant Mazarine. Le nom de Traversine, qu'avait aussi porté l'ancienne rue de Nesle, est resté plus longtemps à l'extrémité qui s'en est détachée, de l'autre côté de la rue de Seine, c'est-à-dire derrière le pavillon monumental où Jean Jouvenet eut un logement sous Louis XIV, comme Horace Vernet de nos jours. La bibliothèque léguée par le cardinal Mazarin à son collége a été mise, bien avant celle du roi, à la disposition du public. Le testament ajoutait à ce don 2 millions, consacrés à l'édification, et 45,000 livres de rente. Le fondateur n'avait pas moins en vue une académie qu'un collége, en appelant soixante fils de gentilshommes ou de bourgeois notables de Pignerol, de l'État ecclésiastique, d'Alsace, des Flandres et du Roussillon, c'est-à-dire de quatre nations, à y recevoir l'éducation la plus complète. Mais l'université de Paris n'a adopté ce collége des Quatre-Nations, en 1674, et elle n'en a fait l'ouverture, à quatorze ans de là, qu'en réduisant le nombre des bourses à 30, en rayant du programme l'équitation, l'escrime, ainsi que la danse, en restreignant l'enseignement au cercle des humanités. L'aîné mâle de la maison de Mazarin était le collateur des bourses; mais Jules Mazarin, duc et pair, étant mort sans postérité masculine le 30 janvier 1738, cas prévu par le fondateur, c'est à partir de cette époque le roi qui a nommé aux bourses, sur présentation du secrétaire d'État au département de Paris. Du collége Mazarin on a fait, pendant la Révolution, un lieu de sûreté, où se mettaient les gens nouvellement arrêtés, et le siége du comité de salut public du département. Depuis lors, le palais de l'Institut n'est pas autre.

Dans une reconnaissance censuelle, passée le 19 décembre 1701, par Pierre-Jean le Chapellier, docteur de Sorbonne, grand-maître et principal du collége Mazarin, et Charles Thorel-Dalloz, docteur de Sorbonne, procureur audit collége, nous voyons figurer non-seulement le corps d'hôtel dont la façade est sur le quai et dix maisons, dont sept rue Mazarine et trois en retour rue Guénégaud, mais encore six autres maisons qui se détachent de ce groupe, dont trois encore rue Mazarine et trois autres rue Guénégaud; plus un emplacement de 968 toises avec échoppes, écuries et remises, le tout étant dans la censive du roi, comme substitué à l'hôtel et aux fossés de Nesle. Et lesdits sieurs reconnaissants s'obligent à faire insculper sur chacune des principales portes du collége, pour marque perpétuelle de ladite censive, une fleur de lys en matière convenable.

Que si messieurs de la Sorbonne, en se mettant aux lieu et place des Théatins, auxquels le cardinal avait voulu confier la direction de son collége, ont modifié les plans du fondateur, ils ont aussi fait plier des voisins sous le poids de leurs exigences. Par leur crédit ont été congédiés, en 1688, les comédiens du roi, qui jouaient depuis seize ans rue Mazarine, en face de la rue Guénégaud : c'était la troupe de feu Molière, réunie à celle du Marais, et puis à celle de l'hôtel de Bourgogne. Si *Tartufe* n'eût été qu'une satire dirigée contre les Jésuites, la Sorbonne eût été ravie de la reprise de *Tartufe* sur le théâtre Guénégaud : elle inclinait beaucoup au jansénisme ! La salle de spectacle avait été construite sur un jeu de paume pour les premiers essais de l'Opéra, que Lulli avait établi rue de Vaugirard, en 1672, et au Palais-Royal l'année suivante. Une maison à porte cochère, vis-à-vis la rue Guénégaud, étant vendue par Mlle Roux à Jean Rousseau, maître maçon, en 1745, il s'agit évidemment là de l'ancien théâtre, et ladite porte cochère se trouve remplacée en 1823 par l'entrée même du passage du Pont-Neuf.

Au moment de la fermeture de ce spectacle, une des maisons du collége a été habitée par l'abbé Fayolles qui pratiquait la médecine. Une autre propriété, que nous croyons le n° 50, appartenait en ce temps-là à Bourdelin, qui en avait une autre soit à côté, soit par derrière, car elle tenait d'autre part à de Riencourt et à Moralloz. Ce Bourdelin était apothicaire du roi, à l'enseigne de l'Eau-de-Jouvence. On sait que les apothicaires appelaient ainsi l'eau chaude à la graine de lin qu'ils distribuaient à domicile. C'était tout le contraire de l'eau de la Floride, puisque celle-ci vise à la tête, pour rajeunir la chevelure, et qu'elle découle directement de la fontaine de Jouvence.

La translation de la Comédie-Française dans la rue de l'Ancienne-Comédie n'empêchait pas les gens du théâtre d'habiter la rue Mazarine, qui en était restée voisine. Par exemple, Mlle Dubois réside au 52 ou bien au 54, vers la fin de l'année 1762. Fontaine, receveur général des finances, y passe pour le protecteur de cette actrice, mais elle est exigeante, et sans l'ambassadeur d'Espagne qui se laisse lestement soutirer 6,000 livres, elle trouverait Fontaine peu généreux.

Mlle Hus, également des Français, demeure même rue,

n° 18. Des relations diplomatiques avec le duc de Bedford, ministre plénipotentiaire, qui est alors à Fontainebleau avec la cour, n'empêchent pas Mlle Hus de recevoir encore les visites de Bertin, des parties-casuelles. D'ailleurs, en renouant avec elle, ce financier lui-même garde des ménagements, il s'en cache pour son propre compte, à cause d'un mariage projeté avec la charmante Mlle de Jumilhac, fille du gouverneur de la Bastille.

Un peu plus tard Mlle Desnoireterres, qui peignait et qui dessinait, et Demours, oculiste du roi, se sont fixés rue Mazarine. Quatre jeux de paume s'y complaisaient encore, notamment ceux de Masson et de Bergeron, paulmiers du roi ; mais un seul y avait son entrée principale, et ils donnaient tous rue de Seine.

Le célèbre Barbaroux, que Mme Roland considérait à cause de ses avantages extérieurs comme l'Antinoüs des Girondins, est venu à Paris avec les Marseillais, et il y a pris domicile au n° 20 de notre rue. La centralisation et l'unité administratives, aux yeux de Barbaroux, c'était le despotisme ; Robespierre, au contraire, faisait semblant d'y voir la plus sûre des garanties pour la liberté. Le XIXe siècle, à cet égard, finira par être de l'avis de tous les siècles précédents.

Reste au dossier de la rue Mazarine une note, que M. Rousseau n'a pas craint de prendre à notre intention, sur le n° 49, dont les persiennes sont toujours fermées, et qui n'a cependant qu'une croisée par étage. Cette maison, amie du demi-jour, s'appelle depuis un demi-siècle la Botte-de-Paille, parce qu'un grainetier, qui l'habitait précédemment, arborait un échantillon de sa marchandise pour enseigne. La locataire actuelle en fait bien autant, mais le soir.

LIV. 55

LES ANCIENNES MAISONS

Des rues Suger, des Poitevins, Serpente, Hautefeuille et Guénegaud.
et les anciennes maisons du Palais-Royal.

NOTICES FAISANT PARTIE DE L'OUVRAGE INTITULÉ :

LES ANCIENNES MAISONS DE PARIS SOUS NAPOLÉON III

PAR M. LEFEUVE,

Monographies publiées par livraisons séparées, avec la table de concordance à la fin de la publication.

RUE SUGER.

Le cimetière. — Le collège de Boissi. — Chassebras de Cramailles. — La maison du chapitre.

Le célèbre ministre des rois Louis VI et Louis VII eut, ce qu'on dit, une maison sur l'ancienne terre de Laas, vignoble qui s'était étendu entre la porte de Nesle, celle de Saint-Germain, les murs de l'université et la rue de la Huchette; au même endroit il s'ouvrit une rue qui fut dite des Sachettes ou des Sachetiers, à cause d'un couvent supprimé au milieu du xive siècle, et qu'on appela ensuite des Deux-Portes, puis du Cimetière-Saint-André. Vers le n° 13 de cette rue est indiquée sur le plan de Gomboust l'entrée du cimetière de l'église Saint-André-des-Arts. L'inscription municipale en consacra longtemps le souvenir; mais sur la demande des habitants, en l'année 1844, l'estampille se modifia, en évoquant le nom du ministre Suger, abbé de Saint-Denis. On eût mieux fait de rappeler alors, par une autre dénomination, une fondation trop peu connue qui se rattache plus directement à l'origine de plusieurs immeubles de cette rue.

Sous le règne de Jean le Bon, il fut ouvert un testament par lequel Godefroy de Boissi, chanoine de Chartres, ordonnait d'employer en bonnes œuvres le prix de son hôtel, à présent le n° 8 ou 12 de la rue, et de quelques autres maisons, plus un assez grand nombre de petites rentes, au profit des pauvres de Paris et de Boissi-le-Sec, près Étampes, pays natal du donateur. Ses exécuteurs testamentaires étaient Étienne Visé de Boissi, clerc du roi, chanoine de Laon, puis de Saint-Germain-l'Auxerrois, neveu du défunt; Guy Lesueur, Jean Quatre-Deniers et Jacques Vic de Foresta. C'est à la diligence des susnommés que le collége de Boissi est fondé pour sept écoliers, dont un chapelain, avec un domestique pour les servir, dans la dernière habitation de feu Godefroy. Mais le jour même de cette fondation, Étienne Vidé donne par un autre acte, et de son chef, aux mêmes écoliers, son domaine de Nantouillet, ses livres de droit canonique et civil, un lit garni pour chacun des boursiers et puis de nouvelles rentes, ainsi que trois autres maisons : l'une rue Saint-André-des-Arts, qu'il habite et qu'habitait précédemment son oncle, de qui il la tient ; une autre dite le Château-Gaillard, dont l'origine est la même, sise dans la rue qui nous occupe, puis une troisième, attenante à la seconde, bien qu'ayant son entrée principale rue des Poitevins. Seulement ce donateur se réserve la jouissance viagère de tout ou partie desdits biens, et c'est pourquoi le nombre des écoliers ne se trouve que pour l'avenir porté à douze, outre le principal et le chapelain, aux termes des statuts approuvés le 7 mars 1358-59 par les recteur, doyens, procureurs et députés de l'université de Paris. La collation aux bourses est déférée au chancelier de ladite université et au prieur des Chartreux conjointement ; ils y devront nommer, par préférence, des membres de la famille des fondateurs, des sujets de Boissi-le-Sec ou des villages environnants, ou nés sur la paroisse de Saint-André-des-Arts, mais à la condition expresse que les élus soient pauvres et de basse extraction, comme les fondateurs : *Non nobiles, sed de humili plebe et pauperes, sicut nos et predecessores nostri fuimus.* Trois de ces écoliers étudieront en grammaire, trois en philosophie, trois en droit canon et trois en théologie ; les grammairiens devront être en état d'expliquer Donat et Caton ; tout boursier qui ne travaillera pas sera exclu ; le Château-Gaillard est le siége affecté à l'établissement, et la maison occupée jusque-là sera donnée en location. Au bout de peu d'années Étienne Vidé cesse de vivre; mais il a confirmé et complété sa donation en nommant le collége son légataire universel, et en chargeant non-seulement le chapelain de l'établissement, mais encore le curé de Saint-André-des-Arts, moyennant une somme de 20 sols parisis, de dire des messes pour l'oncle et le neveu.

D'autres bienfaiteurs suivent, en divers temps, l'exemple de Godefroy et d'Étienne. Guillaume de Melun, archevêque de Sens, abandonne aux boursiers en 1364 la terre des Lombards, acquise de Colinet de Metz deux ans avant au village de Rubel, et 45 arpents sis à Vinneuf. Jean Boileau, chanoine de Thérouanne, lègue une maison rue des Poitevins, chargée d'un usufruit au profit de la famille Bréban. Jean Guillard, prêtre et ancien principal du collége, est resté débiteur de l'établissement; il acquitte sa dette par l'abandonnement d'une maison rue des Poitevins, et il en donne trois autres sises dans la même rue, en 1471, à charge de messes à dire dans la chapelle. Benoit de Maillac exerce la principalité sous le règne de François Ier, et Charles Dulis, fils d'un avocat-général à la cour des aides, au commencement du règne de Louis XIII, avec Nicolas Martineau, conseiller et aumônier du roi, protonotaire du Saint-Siége, pour chapelain. Un de leurs successeurs, Gervais Lenoir, sieur de Maulone, fonde le 17 mars 1655 un lit aux Incurables, à la nomination du principal et du curé de Saint-André-des-Arts, pour un pauvre du village de Boissi-le-Sec, ou environs, ou bien de la paroisse Saint-André-des-Arts.

Malgré ces apports successifs, la fortune de la communauté pédagogique suit une marche quelque peu décroissante : des rentes se sont perdues, d'autres ont été réduites, et à plusieurs reprises il a fallu sacrifier une partie des propriétés pour subvenir à l'entretien des autres ; c'est pourquoi le nombre des boursiers n'a que rarement atteint le chiffre déterminé par les actes constitutifs. La généalogie des fondateurs est dressée en présence des collateurs, le 19 juillet 1673, et bien qu'on y voie figurer seigneurs, gens de robe et militaires, à côté de marchands, d'artisans et de laboureurs, tous les membres vivants de cette famille à branches divergentes sont dans une condition modeste: *l'un a dételé le matin, l'autre l'après-dîner.* Conformément aux vœux d'Étienne Vidé, on préfère au pauvre un plus pauvre, lorsqu'il y a vacance à remplir. La maison est dotée de nouveaux statuts, fidèles à ce principe, le 16 août 1680 : les bourses sont réduites provisoirement à sept, y compris celle du principal, qui est nommé aux voix, ainsi que celle du chapelain, et ces deux bourses comptent double ; la durée des études est fixée à sept ans, avec faculté de prolongation pour prendre le degré de licence, et puis le bonnet de docteur. La suppression d'une bourse a encore lieu pendant le règne de Louis XIV, par mesure d'économie; heureusement elle se trouve rétablie le 9 février 1717, par le legs d'une rente de 400 livres sur les aides et gabelles, due au prêtre Guillaume Hodey, qui a été 36 ans principal. Il est vrai que le testateur impose de chanter vêpres désormais tous les jours feriés, et que cette condition porte la communauté à refuser d'abord l'allocation; mais une sentence du Châtelet rend la charge moins onéreuse et facilite l'acceptation du legs conditionnel. Par exemple, le collége refuse absolument, trois ans plus tard, 500 livres de rente attachées par la baronne de Milleville à une nouvelle fondation de messes, avec nomination de chapelain reservée à la famille de la donatrice : ladite fondation est transportée à la chapelle Saint-Côme, située près des Cordeliers. Le principal est Chevillard, au milieu du XVIIIe siècle.

Les biens de ville, fermes et rentes du collége rapportent encore 5,000 livres, en 1762, et ses charges, tant en bourses et messes qu'en droits de cens et frais ordinaires d'entretien, ne s'élèvent pas tout à fait à cette somme. Néanmoins les boursiers de Boissi sont deversés à Louis-le-Grand. L'ancien Château-Gaillard, qu'ils occupent depuis cinq siècles, est vendu dès l'année 1764 à Le Juge de Bouzonville par Cochin, conseiller au parlement, Vallette-Leneveu, ancien recteur, et l'abbé Fourneau, ancien recteur également, tous les trois agissant au nom du bureau de Louis-le-Grand. Un horloger nommé Voisin reçoit le prix du même immeuble, en l'an IX de la République, des mains de M. Vivant, père du propriétaire actuel. C'est le n° 3 de la rue Suger. L'ancienne chapelle du collége y sert de magasin à un brocheur.

Outre la bibliothèque du collége de Boissi, on citait dans la même rue, avant la fin du xviie siècle, la bibliothèque de Chassebras de Cramailles. L'hôtel de ce particulier, riche également d'une collection de curiosités d'Italie et du Levant, d'estampes, de monnaies, etc., faut-il le voir dans le n° 16, où depuis 1818 on fait de l'encre; dans le n° 7, qui a porté, dit-on, la dénomination d'hôtel Serpente? Si le petit musée avait été au n° 5, qui a conservé des sculptures et une jolie rampe de fer, ne l'aurait-on pas désigné comme contigu au collége?

Un immeuble de l'ancienne rue du Cimetière porte actuellement le chiffre 11 sur la place Saint-André-des-Arts, et ce fut la maison capitulaire de l'église à laquelle succède cette place. On y remarque les sculptures admirablement conservées de deux mansardes qui donnent sur la cour.

RUE DES POITEVINS.

L'hôtel Panckoucke. — L'ancien bureau du *Moniteur*. — La maison contiguë. — L'ancien hospice de la paroisse Saint-André-des-Arts.

Comme nous dansions chez ce M. Panckoucke, et quels grands yeux nous ouvrions sur le musée qu'on appelait son hôtel ! Il avait su y rassembler des souvenirs de tous les âges et de tous les peuples, en travaillant à la gloire de son temps et de son pays, dont il réunissait aussi l'aristocratie politique, littéraire et artistique, sans oublier celle de la jeunesse. A propos de belles gravures, et de vers encore plus beaux, Voltaire avait écrit à M. Panckoucke père, traducteur de Lucrèce, de l'Arioste et du Tasse, ce que les nombreux hôtes du fils lui répétaient : « Je vous « aime encore mieux que tout cela, car vous êtes fort ai- « mables, vous et madame votre épouse. » Ce fils avait été secrétaire du Sénat, position qu'il avait quittée pour prendre la direction du *Moniteur*, après son père, et pour se livrer à son tour aux grandes entreprises littéraires qui ne l'empêchaient pas d'être peintre, ainsi que plusieurs membres de sa famille. Le *Dictionnaire des Sciences médicales*, les *Victoires et conquêtes des Français*, la *Description de l'Égypte* et la *Bibliothèque latine-française*, à laquelle l'éditeur collabora comme traducteur, ainsi que son fils, M. Ernest Panckoucke, ont soutenu au XIXe siècle la réputation d'une maison qui avait édité au siècle précédent les œuvres de Voltaire et de Buffon, l'*Encyclopédie méthodique;* le souvenir en a été consacré par les illustrations d'un des plafonds de l'hôtel, par des meubles figurant de petits monuments, par une colonne en albâtre sur le fût de laquelle on a gravé les noms des auteurs et des traducteurs de la *Bibliothèque latine*, et enfin par quatre médailles. M. Panckoucke, qui avait voué un culte particulier à Tacite, donnait ce nom à une salle, et publiait en 1839 une *Bibliographie*, comprenant 1055 éditions du prince des historiens. La mémoire d'un amour illustre a été honorée pareillement, dans la *salle gothique*, par un curieux monument, et un fragment de côte d'Héloïse, un fragment du crâne d'Abélard y ont été confiés à un reliquaire de bronze. Parmi les peintures qui décorent les plafonds de diverses pièces, il en est une attribuée à Rubens et à Jordaens, dans la grande salle du rez-de-chaussée, et on y voit représentés un satyre, une nymphe et trois tigres jouant avec des enfants. Une *Pallas* domine la salle voisine, après avoir été un des tableaux de la galerie du cardinal Fesch. D'autres plafonds sont tout à fait modernes; mais les deux du rez-de-chaussée se composent, en général, de peintures du xviiie siècle.

L'ancien secrétaire du Sénat n'a personnellement disposé qu'en 1819 de cette belle propriété, qui appartenait avant lui à M. Agasse, son beau-frère, et qui avait été l'hôtel de Mesgrigny, dans un corps de logis duquel se trouvait déjà installée la librairie Buisson au moment de la Révolution. Sous le règne de Louis XV, on appelait la maison hôtel des États de Blois. Les députés des États de Blois y avaient à Paris leur lieu de réunion. M. Panckoucke, ayant le tort de croire que sa maison avait été construite au milieu dudit règne, a fait la faute d'en convenir dans une brochure publiée en 1841. Mais un escalier magistral à cage carrée et, qui plus est, les balustres de chêne d'un bout d'escalier, au grenier, datent au moins du XVIe siècle, qui assista à une convocation mémorable des États de Blois, et l'hôtel des États fut aussi un hôtel de Thou à cette époque. Il avait même pour origine probable le logis des parrains de la rue Gui-le-Queux, ainsi dite du temps de saint Louis, appelée au siècle suivant la rue Guillard-aux-Poitevins, longtemps distincte de la ruelle du Pet qui la prolonge de nos jours par un crochet jusqu'à la rue Serpente. L'immeuble qui appartient encore à la famille Panckoucke, n'est-ce pas tout à fait la seule maison de la rue qu'ait pu habiter Christophe de Thou, père de l'historien, grand'père du conjuré que le cardinal de Richelieu fit périr avec Cinq-Mars? Ce premier président ne poussait pas l'austérité trop loin; il fut aussi le premier Parisien qui se donna le luxe d'un carrosse.

Nous n'ignorons cependant pas qu'en échange d'une autre maison, assez spacieuse, Christophe de Thou donna au collége de Boissi, qui la tenait d'Étienne Vidé, une rente de 153 livres 13 sols 8 deniers, sur l'Hôtel-de-Ville, le 4 mars 1559; nous savons même que ce magistrat, pour parfaire la constitution de cette rente, avait sacrifié sa vaisselle d'argent en mai 1554. La famille de Thou résidait certainement rue des Poitevins avant la mort de l'historien, qui avait joué un grand rôle dans les événements du règne de Henri IV, et la bibliothèque de Thou y fut fondée; celle-ci fut vendue en 1680 et réunie ensuite à la bibliothèque du roi, de laquelle de Thou avait été nommé grand-maître en 1593. Sylvie de Pierrevive, chancelier de l'église et de l'université de Paris, et frère Adam Ogier, humble prieur des Chartreux de Paris, donnèrent leur autorisation, comme supérieurs-nés du collége de Boissi, à la vente de 16 toises de terrain, prises sur le jardin du collége, le 27 août 1613, pour lesquelles messire de Thou donna 480 livres et une nouvelle rente de 50 livres sur l'Hôtel-de-Ville. Cette rente fut rétrocédée en 1654 à Jacques-Auguste de Thou, comte de Meslay, président au parlement, ambassadeur près des États-généraux, et frère cadet de la victime du cardinal, lequel constitua en échange une rente sur son hôtel, rachetable au principal de 800 livres. Mais cette rente ne reposait en aucune sorte sur l'hôtel des États de Blois, elle était assise sur la propriété que la famille avait acquise du collége de Boissi, et divisée en grand et petit hôtel de Thou, les n°s 6 et 8 d'à présent. Gervais Lenoir, principal de Boissi, exerça des poursuites en 1669; il réclamait des arrérages de rente, il se portait même opposant à la vente dudit hôtel de Thou, par suite d'une contestation relative à un jour de mitoyenneté. Ces deux maisons appartenaient, un siècle après, l'une à Guillaume de Panthon, ancien capitaine au régiment de Piémont, et l'autre au président de Cotte. Dans cette dernière se trouvaient réunis, en 1787, les bureaux de la *Gazette de France*, du *Mercure de France*, du *Journal de Genève* et de l'*Encyclopédie méthodique :* le libraire Panckoucke y était établi. Il y vendait à 50,000, tirage fait en quinze jours et qui semblait alors prodigieux, le fameux compte-rendu de Necker, dit *conte bleu* à cause de sa couverture. Il fut également l'éditeur du *Moniteur*, et la signature du journal est revenue sous Louis-Philippe à son petit-fils, neveu et successeur de Mme Agasse. Les bureaux et l'imprimerie du *Moniteur* ont occupé un demi-siècle cette maison de la rue des Poitevins, vendue il y a six ans par les Panckoucke à M. Capiomont, constructeur de machines typographiques.

Dans la même rue avait été fondé par Desbois de Rochefort, dernier curé de Saint-André-des-Arts, un hospice pour huit malades, desservi par quatre sœurs, avec une salle d'asile pour des petites filles qu'on nourrissait et à qui on apprenait à filer.

RUE SERPENTE.

Hôtel de la Serpent. — Panckoucke. — Le père d'Helvétius. — Les De Bure. — Les Raoux. — Les colléges. — Catelan. — Hôtels d'Henneval et Du Tillet.

Avant d'habiter l'ancien hôtel des États de Blois, rue des Poitevins, feu M. Panckoucke demeurait rue Serpente. De plus, nous croyons que son père, fils lui-même d'un libraire de Lille qui avait écrit l'*Art de désopiler la rate*, y ouvrit le salon dont l'influence marquait à la fin du règne de Louis XVI. Mais on se bornait alors à indiquer le bureau de la *Collection des Mémoires particuliers de l'Histoire de France* dans cette autre maison Panckoucke, dont la grande porte cintrée se retrouve rue Serpente, entre le boulevard Sébastopol et la rue Hautefeuille, et qu'on appelait de longue date hôtel Serpente. La cour en est carrée, et l'escalier principal à balustres. Nous y reconnaissons le séjour, ou plutôt une partie du séjour de l'abbé et des religieux de Fécamp sous Philippe de Valois ; hôtel que l'enseigne d'une Sirène avait déjà fait dire maison de la Serpent. La rue de la Serpent, en ce temps-là, n'allait pas au delà de la rue Hautefeuille ; le reste s'en nommait rue de la Plâtrière, plus tard du Battoir. Le médecin hollandais Helvétius, père du philosophe, y eut sa résidence et y distribua de la poudre émétique pour guérir la dyssenterie et la colique. Louis XIV fit donner à Helvétius une gratification de mille louis pour avoir propagé l'usage de l'ipécacuanha, racine qu'il mettait en poudre, et qui n'avait paru en France qu'en 1672.

Les De Bure, autre race de libraires distingués, occupèrent, sous l'ancien régime, une maison que le boulevard a fait tomber. Les Raoux, qui de père en fils étaient fabricants de cors de chasse, faisaient face à l'hôtel Serpente.

Étienne de Bourgueil, archevêque de Tours, avait fondé au xive siècle le collége de Tours près de la rue de la Harpe, du côté de l'hôtel Serpente. Nicolas Brachet, président aux enquêtes, commissaire député par le parlement de Paris pour la réformation des colléges, s'était entendu en 1540 avec Martin Ruzé, grand-vicaire de Tours, chanoine et chantre de l'église de Paris, conseiller au parlement, pour donner de nouveaux statuts au collége de la rue Serpente, où il y avait provision pour six boursiers, outre le principal. Grammaire, logique, médecine, droit canon et théologie y faisaient l'objet des études; mais un titulaire pouvait quitter l'établissement pour étudier en droit civil et reprendre ensuite sa bourse. Citons Geoffroy Larcher, Hardouin Lemasle, Pierre Leverrier et Belluot parmi les principaux qui s'y sont succédé. Chayet, prêtre du diocèse de Sens, forma en 1750 dans le collége, sous les auspices de la compagnie de Jésus, une congrégation qui bientôt devint nombreuse, et qui ne fut entièrement dissipée, comme dépourvue d'autorisation, qu'au moment de la réunion des petits colléges à Louis-le-Grand. Deux maisons, rue de la Harpe et rue Percée, appartenaient encore à l'institution, mais elles étaient grevées de dettes. La maison du collége et sa chapelle furent données en location à un maître de pension, puis vendues par la nation le 21 août 1793. On ne les a vues disparaître qu'avec la tête de la rue Serpente, où l'ordre numérique n'a pas encore reculé depuis cette décollation.

Le collége de Suède, dont la création remonte à la même époque, avait été fermé beaucoup plus tôt : il était vraisemblablement de l'autre côté de la rue. Le collége Mignon occupait l'angle de la rue Mignon, comme nous l'avons déjà dit dans la notice de cette rue.

Dans la ci-devant rue du Battoir nous retrouvons plusieurs maisons qui ont été de condition; s'il n'y en avait qu'une, nous y replacerions sans hésiter la famille d'un gentilhomme dont le nom est resté au Pré Catelan dans le Bois de Boulogne : Catelan succéda, comme capitaine des chasses, au père de Mlle de Beauvais, que Louis XIV tout jeune avait aimée.

Rien n'empêche que les Catelan aient eu pour habitation soit l'hôtel d'Henneval, immeuble spacieux où la rampe de fer d'un escalier est vénérable, soit l'hôtel Du Tillet, contigu à l'hôtel d'Henneval, et qui avait déjà deux portes au XVIe siècle, les deux dernières de la rue, côté des numéros impairs. Du Tillet de Montarmé, brigadier des armées du roi, avait la plus grosse part de cette propriété, et Maynard de Bellefontaine, son allié, la portion dans laquelle aujourd'hui encore on s'émerveille de l'état de conservation de ce charmant escalier à balustres dont la largeur modeste suffisait au locataire Boinet, qui était auditeur des comptes au beau milieu du règne de Louis XIV, puis à Buisson-Lejeune, un procureur au parlement, acquéreur de la propriété en 1770.

RUE HAUTEFEUILLE.

XIIIe et XIVe siècles. — La rue Hautefeuille, dont on estime que la dénomination provient d'une haute-futaie, fait parler d'elle dès le règne de saint Louis et se prolonge originairement jusqu'à l'enceinte de Philippe-Auguste. Mais les Cordeliers, auxquels on interdit d'abord d'aller prendre leurs récréations sous la *haute-feuillée*, ne tardent pas à gagner du terrain, à entrer en possession de l'emplacement où ils établiront le réfectoire du couvent, présentant la forme d'une église, en face de la rue Hautefeuille. Le bas de la rue s'appelle rue du Chevet-Saint-André, à cause de l'église Saint-André-des-Arts, et cette extrémité, si ce n'est la partie intermédiaire, se dit aussi rue de la Barre, en raison d'un lieu de justice, ou d'une limite de juridiction, ou d'une barrière comme le droit appartient à la haute noblesse d'en avoir à sa porte, ou enfin à cause du logis de Jean de la Barre, avocat. L'ordre des Prémontrés acquiert de Pierre Sarrazin, en 1252, une maison où se fonde le collége des Prémontrés, en regard des Cordeliers. Ledit établissement, dans le principe, est encadré et isolé par quatre rues, celle des Cordeliers, qui deviendra rue de l'École-de-Médecine, celle des Étuves, qui sera supprimée après avoir fait suite à la rue Mignon, celle de l'Archevêque-de-Reims ou du Petit-Paon, dont il subsistera au xixe siècle l'impasse Larrey, et enfin celle Hautefeuille. Il est possible que Pierre Sarrazin demeure propriétaire de la maison située vis-à-vis du collége, et qu'anoblit une tourelle à l'angle de la rue Pierre-Sarrazin. On rapporte pourtant au règne de Philippe de Valois l'existence notoire d'un hôtel de Forez qui peut avoir donné naissance à cette construction, ou l'avoir englobée, bien que ledit hôtel ait été situé entre la rue des Deux-Portes, maintenant boulevard Saint-Germain, et la rue Pierre-Sarrazin. Au même temps l'hôtel de Fécamp occupe tout ce qui sépare la rue Percée de la rue Serpente, avec retour sur ces deux rues. Une tourelle, qui revêtira intérieurement au XVIe siècle une boiserie sculptée d'arabesques et de moulures, et pour ornements extérieurs des fleurs de lys avec une salamandre, emblème affectionné de François Ier, y restera voisine des colonnes d'une ancienne chapelle. On retrouve de nos jours, dans la soupente d'un entresol servant de magasin au libraire Cantel, la corniche d'une de ces colonnes, sur laquelle sont gravés deux mots : *Pax Vitæ*.

XVIIe siècle. — L'empoisonneuse Mme de Brinvilliers a pour complice Sainte-Croix, qui habite l'appartement de l'ancien hôtel de Fécamp dont la jolie tourelle fait partie. Une quinzaine d'années après l'exécution de la Brinvilliers, la bibliothèque de Boucot règne à l'étage supérieur. En ce temps-là Tucheux, avocat, dispose de deux maisons situées plus haut, sur la même ligne, et il a pour tenants d'une part le président Pommereuil, de l'autre l'avocat-général Talon. Sallier, membre du grand-conseil, est propriétaire au coin de la rue des Poitevins. Madeleine Gobelin, veuve de Pierre Frogier, a acheté en 1670 une propriété venant de Claude Frogier, capitaine au régiment de la reine, entre Beaussan et Monthelon. De plus, une espèce d'almanach, publié en l'année 1692, donne rue Hautefeuille les adresses d'un particulier riche et homme de goût nommé Bonart et de M. de Villevaut, maître des requêtes, en ajoutant que ce dernier *donne entrée chez lui toutes les après-dînées aux sçavans de considération, qui tiennent une conférence curieuse sur tous les sujets qui se présentent.* Un ou deux de ces documents regardent très-probablement l'hôtel dont la façade est décorée de trois tourelles peu saillantes, au-dessus de la rue Serpente, et dont la construction attribuée aux Chartreux, paraît remonter à la fin du xv° siècle.

XVIII° siècle. — Joly de Fleury, magistrat, demeure sous Louis XV près de la rue des Deux-Portes, vis-à-vis de Chauchat, échevin un peu plus tard. Les archives de l'administration de la Lorraine sont transportées à Paris, immédiatement après la mort du roi de Pologne Stanislas Leczinski, duc de Lorraine et de Bar; on les confie à la garde d'un dépositaire particulier, l'avocat Cochin, qui habite l'hôtel Fécamp. Ces papiers quittent la rue Hautefeuille pour être réunis au dépôt du Louvre, en vertu d'un décret de l'Assemblée à la date du 7 août 1790 ; ils sont maintenant aux Archives de l'Empire.

*XIX*ᵉ *siècle*. — Tissot, beaucoup avant de donner sa voix comme académicien à Dupaty, le rencontre souvent dans un escalier : ils résident tous deux au commencement de l'Empire sous le même toit que le libraire Testu, successeur d'Houry, éditeur de l'*Almanach impérial*, ex-national et ex-royal, dans la ci-devant habitation de Joly de Fleury. Le célèbre orientaliste Silvestre de Sacy a son appartement dans la maison aux trois tourelles. Dès le commencement de la Révolution Panckoucke s'est rendu acquéreur du collége des Prémontrés, pour y emmagasiner son *Encyclopédie*. La chapelle du ci-devant collége est présentement un café, et le peintre Courbet a son atelier dans le haut de la maison. M. Desmares, oculiste distingué, qui depuis peu d'années a transformé en dispensaire l'ancien hôtel Sallier, y a remis à jour des peintures séculaires que recouvrait le badigeon.

RUE GUÉNÉGAUD.

Henri de Guénégaud, ministre et secrétaire d'État, acheta de la princesse Marie de Gonzague de Clèves, veuve du duc de Nevers, l'hôtel de Nevers, et il s'y établit, après y avoir fait de grandes réparations, en quittant le Marais. Le théâtre particulier de l'hôtel avait servi aux répétitions de *Pomone*, le premier des opéras français ; cet ouvrage fut représenté rue Mazarine, dans une salle qui suivit l'exemple de la rue située vis-à-vis en prenant le nom de Guénégaud. Mais l'hôtel, en passant par voie d'échange entre les mains de la princesse de Conti, changea encore de dénomination, avant de faire place à l'hôtel des Monnaies, dont la première pierre fut posée par l'abbé Terray.

Peu d'années après l'ouverture du collége des Quatre-Nations, l'abbé de la Roque habitait une des maisons appartenant audit collége dans la rue Guénégaud : il y avait tous les jeudis chez cet ecclésiastique une conférence scientifique. Au n° 12 demeurait M. de Blégny, médecin du roi, *préposé à la recherche et vérification des nouvelles découvertes de la médecine, et renommé,* dit un livre du temps, *pour les descentes, les maux vénériens et généralement les maladies extraordinaires*. Ce praticien tenait à Popincourt, dans la rue du même nom, une grande maison de santé. M. de Blégny figurait également sur la liste des *curieux*, c'est-à-dire des amateurs d'objets d'art et de curiosité. Néanmoins un des coins de la rue Guénégaud était encore dépourvu de constructions à l'époque dont nous parlons. Une assez grande place à bâtir y fut adjugée en 1719, moyennant 24,000 livres, à Jacques Tassy, sur décret poursuivi à la requête des créanciers unis de M. de Plancy

Dans un hôtel garni de la même rue, par un beau jour de juin 1762, descendit une Italienne, la dame Paganini, qui venait de chanter à Londres l'opéra. Le mari de cette actrice était de la famille qu'un virtuose a rendue célèbre depuis lors, et il accompagnait sa femme, qui était belle, bien qu'elle eût atteint quarante ans. C'est la seule quarantaine, hélas! que Mme Paganini imposa à l'amour d'un seigneur espagnol, le comte de Cantilane, marquis de Castromonte, ambassadeur de Naples à Paris. Combien de fois n'oublia-t-elle pas l'heure à laquelle son mari l'attendait aux Tuileries, une canne à la main, pour faire un tour de promenade! Les affaires ne souffraient en rien des audiences données à la belle par cet ambassadeur, paresseux chef d'emploi, auquel avait été donné pour doublure un bon secrétaire, qui n'était autre que l'abbé Galiani, l'économiste et le littérateur. L'ambassadeur ne faisait rien sans lui. Le secrétaire, qui plus est, infligea la peine du talion au galant qui trompait M. Paganini. Mais ce dernier n'en eut que plus longtemps à croquer le marmot au jardin des Tuileries!

Plus tard encore Condorcet occupait un logement à l'entresol, hôtel de la Monnaie, et le député Camus, ancien avocat du clergé, archiviste de la République, puis garde des Archives nationales, un autre logement dans la rue, au n° 9 ou 17.

PALAIS-ROYAL.

Précis historique des transformations du jardin, des galeries, des spectacles, des cafés, des restaurants et des maisons de jeu du Palais-Royal.

L'hôtel de Rambouillet, qui avait appartenu au connétable d'Armagnac, et l'hôtel de Mercœur furent démolis pour faire place au palais élevé par le cardinal de Richelieu, qui supprima également les murailles et les fossés de l'enceinte de Charles V traversant diagonalement l'emplacement du jardin du palais. Cet emplacement relevait de trois censives différentes : le fief Popin, pour la plus grande partie ; le fief du chapitre Saint-Honoré, dit les Treize-Arpents, pour la plus petite, et la censive de l'archevêché pour le reste. Une borne y fut plantée, un an avant la mort du cardinal, et en présence de son fondé de pouvoirs, pour marquer le point de contact des censives de Saint-Honoré et de l'archevêché, et là se trouve braqué de nos jours le petit canon sur les bordées duquel se règlent les horloges du Palais-Royal. Toutefois le terrain garda d'abord des inégalités, dans ce jardin où il y avait un mail, et un manége, et deux bassins. Le testament du cardinal fit hommage au roi du palais, qu'Anne d'Autriche habita, puis la reine d'Angleterre, veuve de Charles Ier, et dont Louis XIV constitua la propriété en apanage à son frère, le duc d'Orléans. Le régent fit ensuite du jardin du Palais-Royal la promenade de la bonne compagnie. Le fils du régent ordonna de la retracer entièrement, et alors des statues, des charmilles taillées en portiques, quatre allées d'ormes, des quinconces de tilleuls furent disposés autour des deux bassins et à l'ombre de quelques-uns des grands marronniers dont Richelieu avait planté l'allée.

La promenade n'était pas absolument publique, et pourtant le jardin des Princes, dont le Théâtre-Français occupe en partie la place, était le seul dont la maison princière réservât la jouissance à ses familiers. Les habitants de toutes les maisons qui formaient le pourtour du grand jardin, rue Richelieu, rue Neuve-des-Petits-Champs, rue Neuve-des-Bons-Enfants et rue des Bons-Enfants, avaient le droit de s'y promener jusqu'à une heure du matin ; mais les femmes en manteau de lit ou autre déshabillé, les hommes en veste, robe de chambre ou bonnet, n'avaient la permission de s'y montrer que dans la matinée, et encore sans s'y arrêter. Les domestiques ne pouvaient traverser le jardin que jusqu'à une certaine heure, et s'y promener que le jour de la fête du roi, ainsi que le jour de la fête du prince. Le dimanche, l'affluence était considérable dans les allées de ce quadrilatère deux fois plus étendu que de nos jours, et disposé plus agréablement. Les belles soirées y attiraient surtout une foule élégante, à la sortie de l'Opéra, qui était situé près la cour des Fontaines et fermait à dix heures. Les portiers des propriétés attenantes tiraient parti de leur clef de communication et ne recevaient pas d'autres gages, en général, que cette rétribution. Celui de la maison qui formait encoignure du côté de l'hôtel de Toulouse, maintenant la Banque, ouvrait aux heures indues, moyennant un écu, dans les premières années du règne de Louis XVI, et le portier du petit hôtel Radziwill apostait un commissionnaire, toute la nuit, pour introduire à son profit les couples amis des ténèbres qui se glissaient dans les bosquets. Le lieutenant de police n'avait rien à y voir; de son autorité ne relevait pas l'ancien inspecteur de police, chevalier de Saint-Louis, nommé Buot, chargé par le duc d'Orléans, avec un petit nombre de gardes sous ses ordres, de réprimer beaucoup trop d'infractions pour qu'il ne fermât pas les yeux sur quelques-unes.

En l'année 1780 la propriété du palais et de ses dépendances fut transmise à titre de donation par le duc d'Orléans à son fils Louis-Philippe-Joseph, duc de Chartres, qui avait formé le projet d'y élever, aux dépens du jardin, un entourage de portiques surmontés de bâtiments divisés en appartements. Ce qui devait être une source de revenus en même temps qu'un embellissement. Car il ne faut pas oublier que les constructions environnantes n'étaient plus toutes d'un aspect fort décent, nous en pouvons encore juger. Celles-ci perdaient de leur valeur à être séparées du jardin ; c'est pourquoi les propriétaires contestèrent au prince le droit de faire bâtir, mais le parlement de Paris prononça contrairement à leurs prétentions.

Sur les dessins de l'architecte Louis, auteur du théâtre de Bordeaux, étaient commencés les travaux dont Berthault fils avait l'entreprise générale, lorsque la salle de l'Opéra, déjà incendiée dix-huit années avant, brûla de nouveau le 8 juin 1781, après une représentation d'*Orphée*. Pour cette fois le Palais-Royal perdit tout à fait l'Opéra, qui fut rebâti près la porte Saint-Martin. En revanche, le prince jeta un peu plus tard les fondements d'une autre salle de spectacle, sur partie du jardin des Princes et sur partie de l'ancienne grande galerie qui occupait un emplacement destiné par le cardinal de Richelieu à la construction d'un hôtel pour son petit-neveu. Ce théâtre ne fut ouvert que postérieurement, sous le nom de *Théâtre de la Nation ;* seulement Gaillard et d'Orfeuille, qui en furent les directeurs en vertu d'un bail fait d'avance, s'établissaient tout près de là, dans une salle provisoire en bois, dès le commencement de 1784, à la tête d'une troupe déjà très-connue dans les foires, celle des *Variétés amusantes;* mais ni la comédie à ariettes ni la tragédie n'étaient jouées à ce théâtre des Variétés, créateur des *Jeannots* et des *Pointus*, types comiques.

D'autres établissements ayant en vue l'amusement public, qui se groupèrent au Palais-Royal, après la construction des galeries, mais avant la Révolution, étaient ceux-ci : — Le *Musée des Enfants*, ouvert en octobre 1785, au-dessus d'un café et près des Variétés. Son directeur, qui avait nom Tessier, était probablement le même qui avait dirigé le théâtre des *Élèves de l'Opéra*, boulevard du Temple, de 1779 à 1784. — Le *Spectacle des Pygmées français*, qui dut faire concurrence au Musée des Enfants, et qui avoisinait le passage des Trois Pavillons. — Le *Cabinet de Curtius*, peintre et sculpteur, qui ne dédaignait pas de fabriquer des figures de cire qu'on montrait pour 2 sols, proche le café *Corazza*. — Le *Spectacle des Fantoccini*, où l'Italien Castagna donnait deux représentations par jour. Les spectateurs y payaient 1 livre 16 sols dans les loges. — Les *Ombres chinoises*, tenues par Séraphin. Ce spectacle mécanique, auquel on assistait moyennant 12 ou 24 sols, était recommandé à cause de sa moralité aux enfants, aux demoiselles et aux abbés, par le crieur chargé d'annoncer aux passants chaque représentation, devant les n°s 119, 120 et 121 actuels. — Le *Concert des Amateurs*, salle construite en 1783 presque à l'extrémité de l'aile gauche des galeries. Les séances musicales de cette salle faisaient suite aux brillants concerts qui, pendant douze années, avaient presque rivalisé avec le *Concert spirituel* des Tuileries. — Le *Théâtre Beaujolais*, fondé dans le même temps et au bout de la même galerie. Le duc de Chartres, en confia l'entreprise à Gardeur-Lebrun, après une série de représentations données à un public d'élite, auxquelles succédaient tout bonnement les exercices des petits comédiens ordinaires du comte de Beaujolais, le plus jeune des fils du prince. Ces petits comédiens étaient de grandes marionnettes, auxquelles se substituèrent des acteurs vivants, qui chantaient ; malheureusement l'Opéra s'en émut, le théâtre Beaujolais fut rappelé à l'ordre et ne mit plus en scène que des enfants, marionnettes sans ficelles, pour lesquels on recommença à parler et à chanter dans la coulisse. — Enfin le *Cirque*, construction à demi souterraine dominée par une terrasse et présentant à l'intérieur une arène destinée à des exercices équestres, mais où l'on joua la comédie, où l'on donna des bals et de grands repas : ledit Cirque était pris à bail par Rose de Saint-Pierre, restaurateur.

Un ou deux établissements de bains avaient été créés également par le prince : on y prenait des bains dépilatoires et des douches. Il y avait jusqu'à une hôtellerie dite l'*Hôtel des bains de Son Altesse Sérénissime*, faisant à peu près face à Corazza. Sur plusieurs points des *clubs* s'étaient formés ; on appelait ainsi tous les cercles à cette époque, mais surtout un, dans le Palais-Royal, qui ne portait pas d'autre nom, et dans lequel on ne jouait pas. Le *Salon des Arts* s'était ouvert en novembre 1784 au-dessus du café du *Caveau*, et une *Assemblée militaire*, composée d'officiers supérieurs, près du Salon des Arts. La *Société olympique*, dont tous les membres devaient être affiliés à quelque loge maçonnique, se trouvait encore plus voisine de la *Société des Colons*, exclusivement composée d'Américains possesseurs de biens aux Antilles, et il y avait en outre à l'étage supérieur une loge maçonnique : le tout entre l'hôtel des Bains et les galeries de bois. Le *Salon des Échecs*, installé au-dessus du café de *Foy*, était l'académie des joueurs d'échecs; tout autre jeu était prohibé dans ce cercle; un membre nouveau ne pouvait être admis qu'à l'unanimité des voix.

Le café de Foy avait été fondé par un ancien officier de ce nom en 1749, dans une maison de la rue Richelieu répondant de nos jours au n° 46, et dont l'escalier donnant sur le jardin d'alors existe encore à l'état de passage entre cette rue et la rue Beaujolais. Jousserand fut successeur de Foy; sa femme obtint du duc d'Orléans, vers 1774, l'autorisation de vendre des glaces dans le jardin, sans y dresser de tables; la limonade et les glaces du café étaient servies sur des plateaux, qu'on plaçait seulement sur des chaises. A la formation des galeries, Jousserand se rendit locataire des arcades situées en regard de son ancien café, qui n'eut qu'à traverser la nouvelle rue, et à cette location vint s'ajouter celle de quatre pavillons dans le jardin. A l'étage supérieur se donnaient des concerts qui ne commençaient pas avant minuit, crainte de déranger les parties engagées au salon des Échecs. Aussi bien le Palais-Royal n'était-il pas le lieu du monde où l'on faisait alors le plus de musique? Autant de cercles, autant de salles de concerts. Le baron de Pudinée, résidant à l'entrée de la galerie Montpensier, recevait les chanteurs et chanteuses en vogue, qu'il accompagnait au clavecin. Les gluckistes et les piccinistes se donnaient rendez-vous au café du Caveau, et le soir, après le spectacle, quand on avait mis les volets derrière lesquels ces habitués s'échauffaient dans la querelle d'école contre école, il ne fallait rien moins, pour les mettre un instant d'accord, qu'une romance que leur chantait Garat. Rameau, Boucher, Piron, Collé, Duclos, Fuzelier et Crébillon fils avaient été au nombre des fondateurs de la *Société du Caveau*, qui se réunissait chez Dubuisson, et l'établissement de ce dernier n'avait lui-même qu'à peine changé de place en s'avançant sous les arcades. A Dubuisson succéda Cuisinier, dont la femme, veuve en premières noces d'un médecin, ouvrit fructueusement au café du Caveau une souscription pour les pauvres, à l'occasion de l'hiver rigoureux de 1788. Comme remontant à cette époque citons encore les restaurants *Véry* et des *Frères Provençaux*, le café de Chartres, le café de Valois et l'établissement que Beauvilliers, ancien chef de cuisine du prince de Condé, ouvrit primitivement vers le milieu de la galerie de Valois. L'origine du magasin de comestibles de Corcellet, autre célébrité gastronomique, n'est qu'à peine postérieure à la construction des arcades, et il en est de même pour celui de Chevet, qui s'établit dans les galeries de bois. Ces galeries au nombre de deux avaient été élevées à peu de frais, en attendant la construction projetée d'une quatrième galerie, et garnies d'échoppes en planches, sous-louées principalement à des libraires et à des marchandes de modes par Romain et compagnie, qui en étaient fermiers.

Aussi bien l'exercice de toutes les professions n'était pas toléré sous l'ancien régime au Palais-Royal, et les vidangeurs, par exemple, n'en étaient pas moins exclus que les femmes galantes par état, dites alors *filles du monde*. Un marchand et un artisan dépourvus de maîtrise s'y fussent mis à l'abri de poursuites, qu'aurait rendues impossibles leur séjour dans l'enclos de la résidence d'un prince du sang; le règlement empêchait donc de les admettre à titre de locataires dans le pourtour privilégié. Ce règlement, arrêté par le prince le 15 septembre 1782, confiait la police générale du palais et de ses dépendances à Gardeur-Lebrun le jeune, en portant au nombre de huit les gardes placés sous les ordres du nouvel inspecteur. Que si cette police particulière n'avait pas été bientôt rattachée à la police générale par les rapports hebdomadaires de Ronesse, le successeur ou le collègue de Gardeur-Lebrun, son action n'eût pas été grande. Mais nous trouvons la preuve d'un rapprochement amiable à cet égard dans une lettre écrite le 20 avril 1784 par le lieutenant de police à l'abbé Beaudeau, et que voici :

> Je ne puis que vous remercier, Monsieur, de la nouvelle assurance que vous voulez bien me donner des intentions de Monseigneur le Duc de Chartres. L'ordre du Prince pour maintenir dans les maisons de son palais le même ordre qui s'observe dans presque tout le surplus de la ville retiendra quelques locataires qui voulaient abuser de la faculté du privilége. J'accepte bien volontiers le parti que vous me proposez d'entendre toutes les semaines M. Ronesse. J'en suis convenu avec lui, et vous me trouverez continuellement disposé à concilier tous les égards respectueux dus à Son Altesse Sérénissime avec l'exercice d'une police qui, pour être bien faite, doit suivre les règles de l'unité.
>
> J'ai l'honneur d'être, avec autant d'estime que d'attachement, Monsieur, votre très-humble et très-obéissant serviteur.
>
> LENOIR.

La surveillance de l'inspecteur était facilitée le soir, dans les galeries, par le plus brillant éclairage dont on se fît l'idée en ce temps-là. Hondouin avait soumissionné l'illumination à raison de 50 livres par an pour l'entretien de chaque reverbère allumé six heures par jour, et il y avait autant de réverbères que d'arcades, c'est-à-dire 180.

Si le Palais-Royal était dès lors le réfectoire des gourmets, et un bazar, une foire perpétuelle, une ruche de bureaux d'esprit, réunis au centre de Paris, il ne s'en montra pas aussi promptement le lupanar et le brelan. Les filles du monde y fréquentaient déjà les promenades des galeries de bois et le jardin ; mais leurs repaires ne formaient pas encore le couronnement des pilastres corinthiens séparant les arcades. Plusieurs permissions de jeu accordées antérieurement par M. de Sartines à des femmes qui restaient soumises au contrôle de la police, avaient bien été renouvelées ; mais on maintenait leurs tripots autant que possible dans l'ancien pourtour du jardin. On jouait chez le comte de Thiard, écuyer du duc d'Orléans, et dans une autre partie du palais même ; mais les ambassades étrangères, usant du même privilége que les maisons princières, donnaient pareillement à jouer sans permission.

Le Palais-Royal fut aussi le premier point de repère des agitations révolutionnaires. Camille Desmoulins y mérita, par ses discours, le surnom de premier apôtre de la liberté, et la prise de la Bastille fut décidée d'abord au café de Foy. Plusieurs clubs avaient pris naissance, outre ceux que nous avons cités ; toutes ces sociétés venaient d'être dissoutes par ordonnance en 1789. N'en était-ce pas assez pour jeter les industriels des galeries, en général, dans le parti du mouvement, quand même ? Le prince, que la mort de son père avait fait duc d'Orléans, n'était aucunement dans les rangs du parti de la Résistance ; il allait se faire appeler Égalité, ainsi que son palais, en 1792.

(*La fin de la notice du Palais-Royal paraîtra dans la livraison suivante.*)

Liv. 54

LES ANCIENNES MAISONS

Du Palais-Royal, du boulevard Montmartre et du boulevard des Italiens.

NOTICES FAISANT PARTIE DE L'OUVRAGE INTITULÉ :

LES ANCIENNES MAISONS DE PARIS SOUS NAPOLÉON III

PAR M. LEFEUVE,

Monographies publiées par livraisons séparées, avec table de concordance à la fin de la publication.

PALAIS-ROYAL.

(*Fin de la notice*).

Au Cirque eurent lieu les premières réunions des *Amis de la Constitution*, et la fondation par Bonneville du *Club social*, dont l'orateur principal fut Fauchet. Par malheur les conquêtes de la liberté n'arrêtaient pas celles de la licence, qui installait partout des filles de joie, voire même au Cirque, avec un jeu de passe-dix. Artaud, censeur royal, écrivait contre le pouvoir des libelles sans signature, qu'il dénonçait lui-même une fois lancés : il réunissait pour dîner des beaux-esprits, Chamfort, l'abbé Delille, Rivarol, dans un ancien salon du cercle des Échecs, ou au-dessus, puis il donnait à jouer à de plus riches invités, attirés dans ses réunions.

Le directeur du théâtre Beaujolais, ayant fait de mauvaises affaires, passa avec sa troupe au boulevard du Temple, dans l'ancienne salle de Tessier, qu'il appela le *Théâtre des Variétés amusantes*, et il n'y réussit pas mieux. Mlle Marguerite Briant de Montansier, directrice des spectacles de Versailles, de Saint-Cloud et de Fontainebleau, fit agrandir la salle Beaujolais, et l'ouverture du *Théâtre de la Montansier* eut lieu le 12 avril 1790. On y donna des opéras-comiques, des comédies, des tragédies, et parmi les acteurs qui débutèrent sur cette scène, avant que le théâtre s'appelât le *Péristyle du Jardin-Égalité*, furent Baptiste Cadet, que signala surtout la création du *Désespoir de Jocrisse*, Damas, Mlle Sainval et jusqu'à Mlle Mars. La directrice de ce spectacle avait épousé l'acteur Bourdon-Neuville; elle habitait le second étage au-dessus du café de Chartres, et cet appartement qu'elle conserva jusqu'à la fin de sa longue vie, agitée constamment par les intrigues, les dettes, les procès, les persécutions, communiquait par un couloir avec son théâtre. Le foyer de ce théâtre fut pendant dix ans un des refuges de la

gaieté française et de l'esprit de conversation ; mais le salon particulier de Mlle Montansier acquit de son côté, dès les premières années de la Révolution, une importance historique. M. Girault de Saint-Fargeau en parle comme du véritable *pandémonium* de l'époque. « On y a vu ras-
« semblés, dit-il, dans une même soirée Dugazon et Bar-
« ras, le père Duchêne et le duc de Lauzun, Robespierre
« et Mlle Maillard, Saint-Georges et Danton, Martainville
« et le marquis de Chauvelin, Lays et Marat, Volange et le
« duc d'Orléans. Toutes les combinaisons de l'intrigue ont
« trouvé place dans ce salon, depuis les intrigues amou-
« reuses jusqu'aux intrigues politiques ; on y donnait la
« même importance à une nuit de plaisirs qu'à une journée
« de parti ; on s'y occupait aussi sérieusement des succès
« de la petite Mars que des événements du 31 mai ; la
« belle Mlle Lillier faisait autant d'impression que les dis-
« cours de Vergniaud. Au bout du même canapé de
« damas bleu de ciel, usé, fané et déchiré, sur lequel la
« Montansier arrangeait son spectacle de la semaine avec
« Verteuil, son régisseur, le comédien Grammont organi-
« sait à l'autre bout avec Hébert l'émeute du lendemain
« aux Cordeliers. Dans un coin du salon, Desforges per-
« dait contre Saint-Georges, à l'impériale, l'argent qu'il
« empruntait à la Montansier sur ses droits d'auteur de
« la pièce en répétition. Une bruyante table de *quinze* ras-
« semblait joyeusement après le spectacle les actrices du

« théâtre, qui délassaient par leurs saillies de coulisses
« tous les coryphées de la Convention. »

Mlle Montansier et son mari avaient acheté la salle de spectacle et la maison où ils demeuraient, le 1er octobre 1790. La presque totalité des trois galeries avait été aliénée dès la même année. La plupart des industriels y occupant de grands locaux avaient été poussés à se rendre acquéreurs par la crainte que leurs arcades ne tombassent entre les mains d'un acquéreur peu disposé à consentir un bail aux mêmes conditions qu'avant. Les premiers locataires n'avaient eu à payer par an et par arcade, y compris les étages supérieurs, que 1,200 livres. Nous allons donner un tableau des propriétaires des arcades, en 1791, et rappeler le prix d'acquisition, en suivant le même ordre que les numéros d'à présent.

M. d'Orléans, 2 arcades, louées à Desenne.
Poixmenu, 4 arcades : 181,499 liv. 10 sols.
Corazza, 4 arcades : 186,000 liv.
Gattey, 3 arcades : 112,500 liv.
M. d'Orléans, 5 arcades, avec bail à vie consenti à Beudet, transporté à Boileau.
M. d'Orléans, 3 arcades, louées à Lefèvre des Nouettes.
Lefèvre des Nouettes, 3 arcades : 110,000 liv.
De Baran, 4 arcades : 130,000 liv.
Mme de Ferraris, 3 arcades : 163,500 liv.
Orsel, 5 arcades : 234,320 liv.
M. d'Orléans, 3 arcades, louées à Rivette.
Thiveau, 4 arcades : 200,000 liv.
Ducrest, 7 arcades : 437,500 liv.
Berthellemot, 3 arcades : 127,000 liv.
Jousserand, 7 arcades : 253,760 liv.
Prévost, 5 arcades : 140.000 liv.

Bourdon-Neuville et Mlle Montansier, mis en lieu et place de Gardeur, dépossédé, 11 arcades : 570,000 liv.
Fontaine, 4 arcades : 262,500 liv.
Véry frères, 3 arcades : 196,275 liv.
Cuisinier, 6 arcades : 612,500 liv.
Brondes, 3 arcades : 204,492 liv·
Huré, 3 arcades : 222,500 liv.
Tissot, 4 arcades : 262,500 liv.
Gomand, 7 arcades : 262,500 liv.
Lecomte, 4 arcades.
Février, 5 arcades : 262,500 liv.
Gaudron, cessionnaire de Fauvin, 3 arcades : 187,500 liv.
Payen, 3 arcades : 167,500 liv.
Lainé, 3 arcades : 123,046 liv.
17 sols, 6 deniers.
Pelletier, cessionnaire de Descarrières, 3 arcades : 187,500 liv.
De Courville, 3 arcades.
Lettu, 6 arcades : 375,000 liv.
Beauvilliers, 3 arcades : 157,500 liv.
Guénin, 3 arcades : 167,500 liv.
De Pestre, cessionnaire de Resewski, 9 arcades : 400,000 liv.
Saiffer, ou Scheffer, ou Chauffert, 3 arcades : 147,440 liv.
Moutié ou Monthiers, 4 arcades : 150,000 liv.
Leduc, 8 arcades : 335,000 liv.
Denaix, 4 arcades : 250,000 liv.
Rémy, 4 arcades : 248,000 liv.

Les deux tiers des nouveaux acquéreurs se trouvaient encore redevables, en 1791, d'une portion du prix d'acquisition, et quelques-uns de ces débiteurs étaient même en arrière pour le service des intérêts. A la charge des propriétaires incombaient leur quote-part dans les frais d'illumination et environ 12 francs par arcade de redevance annuelle pour le cens.

Le pape, dans la même année, n'était-il pas brûlé en effigie dans le jardin, comme Lafayette l'année suivante ? Les frères Grammont, tous deux acteurs au théâtre de la Montansier, n'en furent pas quittes pour si peu. Le conventionnel Le Pelletier de Saint-Fargeau, immédiatement après avoir voté la mort du roi, fut tué par Pâris, ci-devant garde du corps, dans l'établissement de Février, fameux restaurateur, galerie de Valois.

Mlle Montansier elle-même, qui avait gouverné peu de temps le théâtre Louvois, et à laquelle en voulaient mortellement les acteurs des théâtres auxquels le sien faisait du tort, resta sous les verrous pendant dix mois à la petite Force et dans l'ancien collége du Plessis. Sa salle du Palais-Royal, qui était alors le *Théâtre de la Montagne*, devint peu de temps après le *Spectacle des Variétés*, dont la troupe passa en 1806 boulevard Montmartre avec Brunet et Tiercelin. Quant au théâtre dirigé par d'Orfeuille et Gaillard, il s'était transformé en 1791, avec le concours de Talma, de Monvel et de Dugazon en *Théâtre français de la rue Richelieu*. Avec beaucoup moins de succès on joua la comédie, sous la Constituante, puis sous la Convention, dans la salle du Cirque, qui devint la proie des flammes pendant la nuit du 25 frimaire an VIII. Une ménagerie s'y trouvait établie, un orang-outang fut brûlé. Le canon du Palais-Royal se tirait, sous la République, du haut de la maison du limonadier Cuisinier, auquel Cambacérès fit obtenir, pendant le Consulat, la permission d'établir une rotonde à la place des tentes sous lesquelles on mettait des tables. Le café du Caveau, fréquenté par David le peintre, par Lalande et d'autres savants, qui souvent venaient s'y asseoir au coup de sept heures du matin, fut dit café de la Rotonde. Mais le sous-sol, avec entrée rue Beaujolais, conserva un établissement, appelé le *Caveau du Sauvage*, qui ne recevait pas aussi bonne compagnie. Or, dans un caveau du même genre, un sauvage de contrebande s'était accouplé publiquement avec une femme de son espèce, spectacle coûtant 24 sols, et des représentants du peuple s'étaient retrouvés en prison avec le principal auteur de ces actes cyniques, qui auraient paru monstrueux à l'époque de la Régence, mais qui causaient un peu moins d'étonnement au temps où la *Justine* du marquis de Sade était vendue ouvertement dans les galeries de bois. Le *Café des Aveugles* occupait et occupe encore un autre sous-sol; les filles du Palais-Royal s'y relayaient toute la soirée, poussant à la consommation, et une douzaine de quinze-vingts, montés sur une estrade, faisaient de la musique, avec une femme qui jouait du cor. Martainville, que ses opinions anti-républicaines n'empêchaient pas de se montrer partout, rencontra une fois, au caveau des Aveugles, des révolutionnaires, des sans-culottes, qui lui offrirent un bol de punch, et qui lui demandèrent après une chanson. Pour ne pas être en reste de politesse, Martainville leur improvisa le petit couplet que voici :

> Embrassons-nous, chers Jacobins ;
> Longtemps je vous crus des mutins
> Et de faux patriotes.

> Oublions tout, et désormais
> Donnons-nous le baiser de paix :
> J'ôterai mes culottes.

Beauvilliers, s'étant vu en butte à des persécutions sous la Terreur, avait cessé d'être restaurateur. Mais l'inaction lui fut à charge, et il se rétablit rue Montpensier, à l'endroit où se voit le passage Potier, dans les premières années de l'Empire. En ce temps-là on ne rencontrait plus Bonaparte et Barras, dînant ensemble aux Frères Provençaux ; mais on voyait entrer au café de Chartres Berchoux, Grimod de la Reynière et Murat ; au café Valois le comte de Lauraguais, le marquis de Chauvron, les notabilités du parti royaliste, et chez Lemblin, au *Café Italien*, Boïeldieu, Brillat-Savarin, Cambronne, de Jouy. Le *Café Corazza*, fréquenté par des Italiens, avait aussi pour habitués Redouté et Talma ; ce dernier s'asseyait souvent devant une table, qu'avait affectionnée Napoléon, son protecteur, et qu'on montre encore près du poêle : Douix, élève de Beauvilliers et ancien maître d'hôtel de Charles X, qu'il a suivi à Holy-Rood, a fait un restaurant de ce café. Barre, directeur du Vaudeville, l'architecte Célerier, Carle et Horace Vernet se réunissaient tous les jours, avec un petit cercle d'amis, au *Café de Foy*, et vers 1806 Horace Vernet, après la fermeture des portes, prit la palette d'un peintre en bâtiment, qui donnait une couche aux boiseries, et, grimpé sur le poêle il peignit au plafond une hirondelle, qu'on y a conservée. Le poëte Lebrun, surnommé le pindarique, mourut l'année suivante, au second étage de la maison du café de Foy. Mme Romain, la belle limonadière, attirait alors beaucoup de monde au *Café des Mille Colonnes* ; elle a fini par se faire religieuse. Le *Café du Mont-Saint-Bernard*, que décoraient des grottes artificielles, dominait le magasin du confiseur Berthellemot, qui avait des poëtes à ses gages. Fitz-James, en se donnant le titre de premier ventriloque de France, exerçait son talent dans un café, et son rival Borel dans un caveau. On dînait déjà pour deux francs au restaurant Billiotte. En revanche, un napoléon n'était pas trop pour dîner honnêtement chez Naudet et chez Robert, ci-devant cuisinier du fermier général Chalandray.

Quant aux maisons de jeu, telles que le Directoire en avait autorisé l'organisation, elles étaient au nombre de quatre, dont trois dans la galerie du *Lycée* ou des *Bons-Enfants*, dénominations passagères de la galerie de Valois à l'époque où la galerie Montpensier s'appelait de *Quiberon* et celle Beaujolais galerie d'*Arcole*. On jouait le biribi, le passe-dix et le trente-et-quarante dans les salons qui n'étaient séparés des galeries de bois que par une dizaine d'arcades, côté de la rue de Valois. Un des onze bureaux de prêt sur gages desservant le Palais-Royal se trouvait au-dessus de cette maison de jeu, qui subsista moins longtemps que les autres. On faisait en 1807 les grandes parties de trente-et-un au n° 154 actuel, où de vieilles marquises ne craignaient pas de se produire, et où se tenaient aussi des bureaux de prêt. Il n'y avait plus tard que des tables de roulette et de trente-et-quarante à l'or, c'est-à-dire à vingt francs pour *minimum* de mise, dans cet établissement, qui s'étendait au-dessus de cinq arcades, et dans lequel tout le monde n'entrait pas : il fallait être connu ou présenté, ou muni d'un laissez-passer demandé à l'avance, et de bonne compagnie, pour y avoir accès. Les boiseries sculptées et dorées d'un des salons du 154 furent transportées, après la suppression de la ferme générale des jeux, dans un des salons qui dépendent du café de Foy, au premier, et elles y servent encore d'ornement. Le 113, au contraire, fut toujours assez populaire : il n'a exclu que la veste, la blouse et la casquette. Huit pièces recevaient les pontes, autour d'une table de passe-dix et de six tables de roulette, où la banque ne dédaignait pas de tenir trente sous, et où se faisait la partie depuis dix heures du matin jusqu'à minuit, dans la région supérieure des arcades 110, 111, 112, 113. Les plus hardies filles de joie y circulaient en toilettes de bal, comme dans les galeries de bois; ces femmes étaient le luxe du 113, tant que se prolongea pour la prostitution la période révolutionnaire qui lui avait livré jusqu'au palais, avant l'installation du Tribunat. Si elles tentaient la fortune, c'était avec un avantage encore plus sûr que celui de la banque, pourvu qu'elles réussissent à se rattraper d'une perte en faisant la conquête d'un joueur plus heureux. L'exploitation du vice sur une plus grande échelle avait lieu galerie Montpensier, nᵒˢ 9, 10, 11 et 12. Deux tapis verts pour le trente-et-quarante, qui ne différait guère du trente-et-un des maisons de jeu, et une table de creps occupaient là trois grandes pièces, près desquelles se trouvaient des salles de trictrac et de billard, ainsi que des buvettes où flambait le punch, pour mettre le vertige à la place de l'hésitation, de l'inquiétude ou du remords des plus timides, et pour désaltérer les plus ardents. On y jouait jusqu'à minuit, et les femmes dont se composait la galerie ne venaient pas uniquement pour le jeu. Puis on dansait à l'étage supérieur jusqu'à six heures du matin, sans que le jeu souffrît d'interruption Au-dessus du bal, qu'on appelait le *Pince-cul*, la progression continuait encore, et la débauche n'avait plus qu'à descendre.

Avant l'achèvement de la galerie d'Orléans, substituée aux galeries de bois, deux des maisons de jeu du Palais-Royal changèrent de place. Celle qui répondait aux plus hauts numéros, dans la galerie de Valois, fut transférée entre le 127 et le 134 même galerie, où elle renonça au biribi et au passe-dix, pour se vouer au trente-et-quarante et à la roulette. L'établissement de la galerie parallèle passa au nᵒ 36, où il se conforma, comme les établissements voisins, à un règlement plus sévère, qui bannissait les femmes de ses salons, qui transformait les breuvages excitants dont on avait trop abusé en bavaroises et en verres de bière servis gratuitement aux joueurs.

Le dernier directeur des jeux fut Bénazet, ancien avoué de Bordeaux, père du directeur actuel des jeux de Bade ; il succédait à Boursault, à Chalabre, à Bernard, à Perrin, prédécesseur des susnommés. Des maisons exploitées en dehors du Palais-Royal dépendirent aussi de la ferme des jeux ; elles étaient soumises intérieurement à d'autres règlements. Les fêtes de Frascati, auxquelles étaient conviés principalement les étrangers, furent officiellement défendues lors de la signature du dernier bail ; mais une tolérance officieuse permit de passer outre à l'amendement, et la grande maison du bout de la rue Richelieu continua à déployer un luxe que le Palais-Royal n'avait lui-même jamais connu. On voit encore errer, comme des âmes en peine, des femmes qui n'ont plus du tout l'air d'avoir contribué, sous les plus riches parures, à faire les honneurs de ce dernier *Eldorado* du vice, et qui toutefois ont été sous les armes dans l'escadron volant des femmes de Frascati.

On a reproché à M. de Rambuteau d'avoir donné, pour la dernière fois, la préférence à M. Bénazet sur un autre soumissionnaire, M. Renault, de Lyon, qui offrait à la Ville 1,200,000 fr. de plus par an ; mais le cahier des charges autorisait, par l'article 24, M. le préfet de la Seine à choisir l'adjudicataire parmi les concurrents, sans rendre compte des motifs déterminant sa décision. Indépendamment des conditions de solvabilité, d'aptitude administrative et d'expérience que tous les candidats ne pouvaient pas remplir au même degré, une autre considération avait encore son importance. La Chambre des députés, malgré M. Guizot et d'autres honorables partisans du *statu quo*, voulait la suppression de cette exploitation, qui profitait avant tout à la Ville ; il fallait jusqu'à l'heure suprême demeurer sur la défensive, il fallait ne quitter la place qu'avec les honneurs de la guerre, autant pour atténuer les récriminations quant au passé que pour garder un espoir de retour. Et qui donc eût été capable de répondre aux besoins de la situation avec autant de dignité relative et d'observation des convenances que M. Bénazet ? Il avait pour premier *refait*, dans cette partie engagée sur le tapis parlementaire, le silence des meilleurs organes de la presse. Est-ce qu'un de ses fils ne collaborait pas activement à la rédaction du *Journal des Débats ?* Un savoir-vivre sans égal mettait le père lui-même fort à sa place parmi les gens d'esprit, et lui conciliait gratuitement plus d'égards que tout autre n'eût réussi à en acheter. On reprochait à la ferme des jeux d'avoir une police spéciale ; mais l'article 37 ne réservait qu'au préfet de la Seine le pouvoir d'organiser un service de ce genre en dehors des attributions de la police proprement dite, qui était la première à exercer une surveillance active sur de tels établissements ; ledit article n'avait sans doute en vue qu'une police administrative, car il parlait aussi de la *pose*, des *ajoutés* et des *relevés* de banque, sur lesquels l'autorité préfectorale gardait son action. La véritable direction passait bien moins entre les mains de l'administration temporaire des jeux qu'elle ne demeurait dans les attributions de l'édilité parisienne. L'Hôtel de Ville restait le siége de l'autorité spirituelle et temporelle quant à ce privilége. Seulement le fermier des jeux avait bon dos. On l'accusait de ne mettre en usage que des moyens de corruption vis-à-vis des représentants de l'intérêt public et de l'opinion; on lui prêtait une influence démesurément dispendieuse, qui ne s'arrêtait pas au seuil de la Chambre des députés; on en faisait un marquis de Carabas, dont toutes les poignées de main cachaient un pot-de-vin. Il n'est donc pas sans intérêt de mettre en regard quelques chiffres rappelant la situation de la ferme-régie des jeux, et de prouver que M. Bénazet n'exerçait pas, aux termes de son bail, une puissance discrétionnaire qui lui permît d'enrayer à prix d'or la circulation de toutes les consciences.

Jetons un coup d'œil, par exemple, sur les clauses en 38 articles arrêtées le 27 avril 1827 par l'administration municipale, en ce qui regarde l'exploitation des jeux pour l'année 1828 et les suivantes : ces clauses réservent à la Ville les trois quarts des bénéfices bruts, en sus du prix déterminé de la ferme. Avant d'être admis à concourir à l'adjudication de la ferme-régie des jeux, par voie de soumissions cachetées, il faut déposer à l'avance des pièces justifitives pour fixer l'édilité sur les garanties qu'il est de son devoir d'exiger des concurrents, puis déposer, à titre de cautionnement, 500,000 francs à la caisse des Consignations. Au jour fixé pour l'adjudication, les soumissions sont reçues à l'Hôtel de Ville en séance publique, et lues à haute voix par le préfet, qui, dépouillement fait, proclame l'adjudicataire séance tenante.

Les bénéfices bruts, d'après les comptes réglés successivement avec la Ville sont :

1828. 1er trimestre.	2,607,398 24		
« 2e do.	2,472,994 08	9,356,694	58
« 3e do.	2,129,215 99		
« 4e do.	2,147,086 27		
1829. 1er trimestre.	2,248,605 60		
« 2e do.	1,921,399 07	8,946,819	50
« 3e do.	2,281,364 03		
« 4e do.	2,494,950 80		
1830. 1re trimestre.	2,379,442 46		
« 2e do.	2,147,303 02	8,040,161	08
« 3e do.	1,667,139 94		
« 4e do.	1,846,275 66		
1831. 1er trimestre.	1,737,247 56		
« 2e do.	1,647,713 86	7,494,547	33
« 3e do.	1,943,0682 5		
« 4e do.	2,166,517 66		

1832. 1ᵉʳ trimestre. . . . . 1,703,774 67 ⎫
« 2ᵉ dº. . . . . 1,499,091 20 ⎬ 6,857,906 60
« 3ᵉ dº. . . . . 1,437,345 91 ⎪
« 4ᵉ dº. . . . . 2,217,694 82 ⎭

1833. 1ᵉʳ trimestre. . . . . 2,170,501 42 ⎫
« 2ᵉ dº. . . . . 1,605,269 34 ⎬ 7,691,272 19
« 3ᵉ dº. . . . . 1,914,948 88 ⎪
« 4ᵉ dº. . . . . 1,987.052 55 ⎭

     Total des produits bruts. 48,387,401 82

Il résulte des conditions du bail que la ville de Paris alloue au fermier, savoir :

1,500,000 fr. par an pour frais d'exploitation, laquelle somme doit être prélevée sur les bénéfices, avec la condition qu'en cas d'insuffisance la différence est supportée par le fermier.

25,000 fr. par an pour les intérêts du cautionnement de 500,000 fr. Laquelle somme doit être également prélevée sur les bénéfices ; mais en cas de perte, la Ville est tenue de la reconnaître au fermier.

C'est d'après ces bases que les liquidations annuelles ont successivement lieu avec la ville de Paris.

Ces liquidations présentent les résultats suivants :

1828.

Produits bruts. . . . . . 9,356,694 58 *Bénéfices.* *Pertes.*
  A déduire :
Prix de ferme. 6,055,100 » ⎫
Frais alloués. . 1,500,000 » ⎬ 7,580,100 » 1,776,594 58
Intérêts. . . . 25,000 » ⎭

1829.

Produits bruts. 8,946,819 50
  A déduire :
Prix de ferme. 6,055,100 » ⎫
Frais alloués. . 1,500,000 » ⎬ 7,580,100 » 1,366,719 50
Intérêts. . . . 25,000 » ⎭

SOUS NAPOLÉON III.

1830.

				Bénéfices.	Pertes.
Produits bruts.		8,040,161 08			
A déduire :					
Prix de ferme.	6,055,100 »				
Frais alloués. .	1,500,000 »	} 7,580,100		460,061 10	
Intérêts. . . .	25,000 »				

1831.

Produits bruts.		7,494,547 33			
A déduire:					
Prix de ferme.	6,055,100 »				
Frais alloués. .	1,500,000 »	} 7,555,100 »			60,552 67
Intérêts p' Mém.					

1832.

Produits bruts.		6,857,906 60			
A déduire :					
Prix de ferme.	6,055,100 »				
Frais alloués. .	1,500,000 »	} 7,555,100 »			697,193 40
Intérêts p' Mém.					

1833.

Produits bruts.		7,691,272 19			
A déduire :					
Prix de ferme.	6,055,100 »				
Frais alloués. .	1,500,000 »	} 7,580,100 »		111,172 19	
Intérêts. . . .	25,000 »				

3,714,547 37.—757,746 07

Il résulte du tableau qui précède que les bénéfices partageables entre la Ville et le fermier s'élèvent dans les années 1828, 1829, 1830 et 1833 à. . . . . 3,714,547 fr. 37 c.

Tandis que les pertes restées à la charge du fermier dans les années 1831 et 1832 montent à. 757,746 fr. 07 c.

Il est reconnu à la ville de Paris pour les 3/4 des bénéfices obtenus dans les 4 années heureuses. . . . . 2,785,910 fr. 52 c.

Le 1/4 des bénéfices revenant au fermier s'élève donc à. . . . . 928,636 fr. 85 c.
Dont :

444,144 fr.	65 c.	pour l'année 1828.
341,679	88	pour l'année 1829.
115,015	28	pour l'année 1830.
27,793	04	pour l'année 1833.
928,636	85	de laquelle somme il convient de déduire les pertes restées à la charge de l'entreprise :
60,552 fr.	67 c.	en l'année 1831.
697,193	40	en l'année 1832.
Total. 757,746	07	

170,890 fr. 78 c. restent en bénéfices, non compris le boni qui est résulté pour l'entreprise sur les frais alloués par la Ville, c'est-à-dire 1,735,814 fr. 99 c. pour l'exercice desdites six années, plus 38,376 fr. 39 c., retenue consentie sur le prix de la ferme pour indemniser le fermier des jours d'interruption en juillet et août 1830, et quelques autres bonifications portant le chiffre des bénéfices à 1,951,558 fr. 21 c. Seulement il faut retrancher dudit actif les frais de première organisation, qui sont indépendants des frais relatifs à l'exploitation journalière de l'entreprise, et un supplément exigé par la Ville en 1833, s'élevant ensemble à 429,454 fr. 74 c. Ainsi se trouve réduit le total des bénéfices du fermage à 1,522,103 fr. 47 c.

Or M. Bénazet, avant de soumissionner, en 1827, a divisé l'entreprise en huit parts. A chacune de ces huit parts est afférent le huitième de la dite somme, pour tout produit pendant les six années, représentant à la fois les intérêts d'un fonds de roulement considérable et le profit.

Les maisons de jeu ont toutes été fermées le dernier jour de l'année 1837. Jusque-là le Palais-Royal ne se ressentait pas défavorablement, au point de vue purement commercial, du bannissement de la prostitution dont il avait été la métropole avant la construction de la galerie d'Orléans. Mais la suppression des roulettes lui porta un coup plus sensible. Depuis lors, plusieurs boulevards rivalisent avec les galeries pour le luxe des magasins, et le centre commercial circonscrit par les galeries s'est agrandi, sans trop se déplacer. C'est encore au Palais-Royal que se donnent rendez-vous les provinciaux, les étrangers, et principalement sous la rotonde construite par Habert, reconstruite par Chabrol, vis-à-vis de la rue Vivienne. Mais il faudrait au moins quatre théâtres, appel à des plaisirs permis, pour encadrer les galeries de ce brillant quadrilatère et lui rendre l'animation qu'il dut à toutes les licences. Au lieu de quatre théâtres, nous n'en voyons que deux.

La *Comédie-Française* perpétue de son mieux les plus hautes traditions de l'art, dans la salle où d'Orfeuille fit débuter Talma, où Mlle Mars fut longtemps jeune, et où Mlle Rachel, plus promptement enlevée, laisse un vide plus grand. Le *Théâtre du Palais-Royal* défraye la gaieté nationale, depuis le 6 juin 1831, dans la salle de la Montansier, convertie en café-chantant vers la fin du premier empire, et puis en spectacle gymnastique, où se montrèrent jusqu'à des chiens savants.

Sur cette scène, que de brillants succès ont été enlevés à la pointe du couplet par Mlle Déjazet ! Cette éminente actrice avait alors pour domicile l'étage le plus élevé du n° 29, et souvent le Louis XV des *Beignets à la cour* y donnait à souper au plus favorisé de ses sujets, sans avoir pris le temps de changer de costume.

Une jolie marchande de cravates brillait en ce temps-là au péristyle Valois, n° 187, et parfois la police intervenait dans les rassemblements que formait la curiosité à la porte de la marchande. Elle avait nom Grammatica. Sa mère vend encore du savon et des pantoufles au même endroit.

Le *Café de Valois*, qui n'en était pas loin, fermait ses portes au public en 1841 : un restaurant vient de reprendre l'enseigne. Le fameux restaurant Véry, où une belle demoiselle de comptoir devenait Mme Véry, n'est tombé en déconfiture que depuis un petit nombre d'années. D'autres établissements du même genre ont traversé plus heureusement les âges ; à presque tous nous avons accordé une mention dans la présente notice, mais quelquefois sous des dénominations qui ont changé. Dans ce dernier cas s'est trouvé le *Café Hollandais*, qui date du Consulat. Le restaurant de *Véfour jeune* est moins ancien d'une vingtaine d'années.

BOULEVARD MONTMARTRE.

Frascati. — Le comte de Mercy. — L'inspecteur de police et sa maîtresse. — La demoiselle Mars du XVIIIe siècle. — Boïeldieu. — Le prince Tuffakine.

Le Cours, où des arbres furent plantés en 1676, se divisa postérieurement en boulevards de divers noms, et le boulevard Poissonnière fut longtemps le boulevard Montmartre. Celui qu'on connaît à présent sous ladite dénomination s'appelait boulevard Richelieu.

Il n'y reste plus trace de l'hôtel Lecoulteux; mais l'enseigne d'un café et celle d'un pâtissier rappellent où furent le jardin et la maison de jeu Frascati, transformation de l'hôtel Lecoulteux à l'époque du Directoire. Garchi, glacier napolitain, avait fait du jardin un lieu public fort à la mode, dont la terrasse et les allées, le soir, alternaient l'ombre et la lumière au moyen de verres de couleur, au moyen de feux d'artifice tirés les jours de grande fête. Perrin loua Frascati de M. Duthillère, grand veneur de l'empereur; il y transféra celle de ses banques de jeu qui s'exploitait dans une maison voisine, rue Richelieu, et puis le grand salon des étrangers, fondé dans cet hôtel d'Augny que nous avons retrouvé rue Drouot. Perrin maria sa fille au neveu de Desaix et mourut insolvable, après avoir eu seize millions. Savary, ministre de la police, lui avait donné pour successeur à la ferme des jeux l'ancien fabricant d'armes nommés Bernard; mais ce dernier n'ayant pu obtenir de son prédécesseur la cession du local de Frascati, on avait porté de nouveau le salon des étrangers à l'hôtel d'Augny; le tapis vert ne refleurit que plus tard à l'angle de la rue de Richelieu.

La notice de la rue Drouot a déjà donné l'historique de la grande propriété située à l'opposite sur le boulevard. La maison qu'occupe l'ancien cercle a été un hôtel Mercy : le comte de Mercy-d'Argenteau, ambassadeur du Saint-Empire, y résida, comme à l'hôtel d'Augny.

Le jardin de l'hôtel Montmorency, bâti en l'an 1704 sur les dessins de Lassurance, bordait le boulevard ; les regards du passant s'y arrêtaient sur un kiosque chinois, que M. de Montmorency-Luxembourg avait fait construire après coup. Le théâtre des Variétés, le passage des Panoramas et le prolongement de la rue Vivienne ouvrent sur les anciennes limites de ce jardin particulier.

Le *Café de la Porte Montmartre* existait déjà sous Louis XV : la maison d'encoignure où il s'est maintenu n'a été depuis, que refaite. Une fille Richard, dite Émilie, y arrêta un logement, deux étages au-dessus du limonadier. Elle avait quitté brusquement, par une nuit de mars 1764, Marais, inspecteur de police, avec lequel elle vivait ; mais Brissault, leur ami commun, les avait remis en présence l'un de l'autre, et le subordonné de M. de Sartines avait subi des conditions nouvelles qui consacraient l'indépendance d'une maîtresse digne d'un tel amant. Aux termes de cet arrangement, la Richard logeait seule et pouvait recevoir qui bon lui semblait, hommes ou femmes. Deux femmes justement, ses pareilles, les nommées Martin et Latour, demeuraient sous le même toit, et la nouvelle venue entrait en tiers dans une affection particulière qu'elles avaient l'une pour l'autre.

Le côté droit du boulevard ne tarda pas à opposer au trio féminin du coin de la rue Montmartre une héroïne à laquelle reviendrait une place plus brillante dans les fastes de la galanterie. Mais le dédain de la postérité n'est-il pas dû à ces sortes de gloire? La femme galante qui eut pour domicile une des maisons restées debout entre l'hôtel Mercy et le faubourg Montmartre, portait un nom que sa fille ou sa nièce a rendu célèbre au théâtre, et il semble que la vie privée des comédiennes relève elle-même des lumières de la rampe. D'historiettes se compose toute leur biographie, et il peut en fleurir jusque sur les rameaux de leur arbre généalogique. La mère de mademoiselle Mars fut actrice en province, et elle parut aussi sur le théâtre de la République; mais on ne la citait que pour sa beauté. Elle ou sa sœur fut la demoiselle Mars, née en Provence, qui se fit quelque temps appeler Salveta. Cette fille avait débarqué en 1768, jeune et jolie comme les Amours, chez la demoiselle Marquise, une grosse Marseillaise dont nous avons déjà parlé ailleurs; Cormier de Chamilly, trésorier des écuries du roi, dont la femme se montrait jalouse, n'avait donné que peu de notoriété à son intrigue avec cette recrue, qui n'était plus une débutante, car elle avait déjà connu, outre Diesbach, officier suisse, un riche Américain, M. de Carcadeux. Ce dernier, en renouant avec elle au printemps, s'allégeait de 30 louis par mois. Mais que faisait-elle au temps chaud? A cette question les échos du boulevard ne répondent plus en chœur et d'un seul trait; la multiplicité des sons, la confusion des voix, les disparates remplacent l'unisson, et au lieu d'une note à la fois, c'est une gamme. Les relations de la belle Provençale sont devenues, à vrai dire, un concert assez tumultueux, où dominent les dissonances, les faux accords, les transactions inharmoniques de la vénalité. Bien des exécutants s'y croient virtuoses, tels que le maître d'hôtel du duc d'Orléans, et M. de la Taste, mousquetaire, et le notaire Dufresnoy : ils ne sont que des instruments ! Est-ce qu'il reste de la chanson d'amour autre chose qu'un refrain sceptique, qui veut être repris en chœur ? Le refrain soupe, il aime la compagnie et ne se contente plus du tête-à-tête : il prédispose ou il console, et son autorité, qui commande la bonne humeur, l'esprit quand même et la philosophie dans le plaisir, interrompt, réduit au silence, laisse mourir au pied du mur, dans les ténèbres de l'isolement, l'écho vieilli des sérénades. Vive le chœur des petits soupers ! Aujourd'hui, toi ; hier, un autre, et j'ai signé un billet au porteur pour demain : le champagne luit pour tout le monde ! Grand souper, par exemple, chez la demoiselle Laforêt, le 22ᵉ soir de juillet, et puis partie de vingt et un jusqu'à deux heures du matin : les demoiselles Rey, Marquise et Mars quittent alors le jeu, mais ne quittent pas les joueurs, et M. de Sainte-Colombe y gagne ce que perd M. de la Taste, qui n'est pas là. L'amant trompé se retire tout à fait, après mille écus de dépense avec la belle, et Marquise la présente à M. de sa Sablière, qui laisse 25 louis le matin sur le marbre de sa cheminée. La volage sait très-bien compter; par malheur, elle perd, au mois d'août, un procès de 19,000 livres contre un ancien amant nommé Nodille. Des gens de qualité lui font, à ce propos, des compliments de condoléances, en la rencontrant aux Tuileries; elle leur dit avec franchise : — Venez chez moi, que je me rattrape!... L'année suivante, le prince de Guémenée donne à Versailles une série de soupers, présidés par mademoiselle Mars, et l'amphytrion ne s'y vante pas de tout ce que sa maîtresse lui a fait partager. Cheld, chambellan de l'électeur de Cologne, la prend à ses gages, la délaisse, puis la reprend au milieu de l'été, son *interim* ayant été rempli par Ladaw, sujet de Catherine II. Milord Binting passe presque inaperçu. Mais il en est différemment d'un jeune mousquetaire gris ayant nom d'Hérouville : il aime, et il le prouve en contractant assez de dettes pour compromettre son avenir; par exception, il est beaucoup aimé. Le père de ce jeune homme, afin de mettre un terme à des relations ruineuses, s'entend avec son commandant, et le jeune mousquetaire est enfermé, par ordre, à l'Abbaye. Le lendemain, dimanche, mademoiselle Mars attend son amant au Wauxhall. Son cœur bat, chaque fois qu'elle croit l'apercevoir; mais ce n'est qu'illusion. Et comment s'y tromper? personne ne ressemble que de bien loin à l'être qu'on chérit, et qui sait rendre encore plus d'amour qu'on ne lui en a prodigué! Cependant l'heure avance; l'inquiétude monte à son comble : la jalousie flaire une trahison. Une rivale? il faut la découvrir, la deviner et la punir, avant même que le jour éclaire cette perfidie. Quelle est la brillante habituée qui ce soir-là manque au Wauxhall? Où demeure-t-elle? Faites avancer un fiacre, qui roulera toute la nuit. Mais un ami apprend à mademoiselle Mars qu'on a mis en prison, pour le séparer d'elle, l'amant qu'elle soupçonne d'une infidélité, et tout de bon elle se trouve mal. Quatre hommes la portent jusqu'à la voiture; elle ne reprend tout à fait connaissance qu'en arrivant au boulevard Momtmartre. Tout lui rappelle, dans son appartement, la tendre affection qui lui est arrachée; elle y paye pour la première fois son tribut de larmes à l'amour. Puis elle change de meubles et de quartier, avant de reprendre le cours des galanteries qui laissent son cœur libre.

L'immortel Boïeldieu, sous la Restauration, habitait le même boulevard, et il y écrivait sa plus belle partition, la *Dame blanche*. Rossini et Carafa, par une coïncidence fortuite, avaient leurs appartements à cette époque dans la maison de Boïeldieu, en d'autres temps ambassade de Turquie et hôtel du prince Tuffakine. Ce prince russe avait pour secrétaire, sous le règne de Louis-Philippe, M. Georges, qui l'accompagnait presque partout et lui faisait vis-à-vis en voiture. A cause d'une infirmité, Tuffakine portait la tête excessivement penchée sur l'épaule droite ; son secrétaire, à force de tendre le cou pour converser avec le prince, et peut-être ausi par flatterie, contracta le même tic dans le sens opposé : son épaule gauche fit coussin pour sa tête. Lorsque tous deux marchaient à pied, et que le bras droit de M. Georges soutenait le bras gauche du prince, il leur était impossible de causer ; s'ils changeaient de côté, les deux têtes se cognaient, et les passants d'en rire. Le passage Jouffroy, formé en 1845, traverse l'ancienne habitation de Tuffakine.

BOULEVARD DES ITALIENS.

Les jeux de boules. — Le Dépôt des gardes-françaises. — La Comédie Italienne. — Les hôtels. — Mme Laruette. — Mme Colombe. — Mme de Saint-Huberti. — Le Grand-Salon. — Cafés et restaurant. — Grétry.

Des boulevards du Nord, formés sous Louis XIV, celui que nous appelons boulevard des Italiens émargeait encore moins de maisons que de jardins à la fin du règne suivant. A chacune des extrémités, du côté des numéros pairs, il y avait eu d'abord un jeu de boules. L'emplacement du premier fut conservé par le duc de Choiseul, après l'aliénation des terrains adjacents, que ce ministre tenait de Crozat, son beau-père. L'autre jeu de boules se trouvait occupé par le Dépôt des gardes-françaises, établi par le colonel duc de Biron en 1764. De là venait une dénomination qui fut portée par ledit boulevard, concurremment avec celles d'Antin, de Gaillon et de la Grande-Pinte, peut-être même de Richelieu, avant qu'il fût question des Italiens dans ces parages.

Le boulevard du Dépôt touchait pour ainsi dire à l'hôtel de Gontaut-Biron, édifié vraisemblablement sur le dessin de l'architecte du Dépôt, rue Louis-le-Grand et boulevard des Capucines. Or les grands bâtiments, aujourd'hui divisés, qui séparent la rue du Helder de la rue de la Chaussée-d'Antin, ont encore l'air d'une jolie caserne; leur architecture identique, les balustres du premier étage, les jours arqués de l'entre-sol, et jusqu'aux têtes de Méduse qui décorent une porte cochère, trahissent le xviiie siècle et une destination originaire d'établissement public. Néanmoins le plan de Jaillot, qui a paru en 1773, indique une solution de continuité dans la façade, dans le quadrilatère de l'édifice, à l'angle de la rue de la Chaussée-d'Antin. Une gravure de 1789 montre sur le même point une grille, que flanque un petit bâtiment tout à fait à l'extrémité du boulevard. Cette estampe consacre la mémoire d'un engagement, qui eut lieu dès le 12 juillet entre le régiment Royal-Allemand et un détachement de gardes-françaises: ceux-ci sauvaient leur colonel, M. Duchâtelet, de l'effervescence populaire, en combattant avec le peuple. L'entrée de la caserne, théâtre de cette lutte, ne garda pas longtemps le même aspect. Louis XVI, pendant son procès, était promené sous bonne escorte en fiacre, du Temple à la Convention par le chemin des boulevards : il remarqua, pendant un de ces trajets, que l'édifice avait été achevé et ne présentait plus que des lignes régulières. Mais ce perfectionnement, il était dû à une initiative antérieure, à un plan conçu, arrêté, presque entièrement exécuté sous l'ancien régime, et l'institution libérale que le colonel du régiment de Biron y avait fondée, méritait d'inspirer un regret.

Le Dépôt était une école pour l'éducation militaire. On y recevait 150 ou 200 fils de soldats, auxquels on apprenait à lire, à écrire, à compter, l'allemand, l'escrime et l'exercice à feu, depuis l'âge de 10 ans jusqu'à celui de 16 ; les élèves, qui coutaient au roi 8 sols par jour comme les gardes, étaient à la nomination du colonel et du major ; un officier du corps et quatre sergents étaient chargés du commandement de l'école ; des caporaux qui avaient qualité pour aspirer au grade de sergent, passaient plusieurs années à gagner leurs galons en initiant au maniement des armes les futurs gardes. Toutefois, à 16 ans, les élèves étaient libres de contracter un engagement, ou de renoncer à l'état militaire en parfaite connaissance de cause, non-seulement sans indemnité, mais encore sans rappel possible.

La musique des gardes-françaises, dont le corps était au Dépôt, faisait également des élèves. Le *Conservatoire* lui-même, fondé aux Menus-Plaisirs comme école de chant en

1784, se fondit tout à fait au commencement de la Révolution avec ladite école de musique militaire, et il n'était connu que sous le nom de *Musique du Dépôt des gardes-françaises* au moment de son érection en *Institut* l'an II. La municipalité de Paris, en mai 1790, avait pris à sa charge le corps de la musique de la garde nationale, que l'officier Larrette avait formée avec celle des gardes-françaises. Ce mélomane fut jeté en prison, parce qu'un de ses élèves avait joué sur le cor : *O Richard, o mon roi !* Mais on le fit sortir de Sainte-Pélagie pour organiser la musique dans la fête de l'Etre-Suprême. L'Institut avait été placé rue Saint-Joseph ; le Conservatoire retourna peu de temps après au faubourg Poissonnière, point de départ des écoles de chant et de déclamation. L'honneur revient au Dépôt des gardes-françaises d'avoir servi de berceau à l'enseignement de la musique instrumentale et d'avoir été un moment le Conservatoire tout entier. La présence de Rossini, locataire d'un appartement, fait que l'ancienne école est maintenant habitée par un des plus grands maîtres de la musique.

Le théâtre Favart, bâti sur l'emplacement de l'hôtel Choiseul, précédemment Crozat, fut ouvert le 28 avril 1783 par la troupe de la Comédie-Italienne, qui jouait l'opéra-comique, la comédie à ariettes, et on appela boulevard de la Comédie-Italienne les allées voisines du théâtre ; mais le nom de boulevard d'Antin resta encore à la seconde moitié du boulevard actuel. Sous l'Empire, l'opéra-buffa commença à être chanté par de véritables Italiens dans cette salle, après la fusion de sa troupe française avec celle de Feydeau. Muis c'est sous la Restauration et au commencement du règne de Louis-Philippe que les Italiens en firent la première scène lyrique du monde. Un incendie, en 1838, les déplaça, et l'Opéra-Comique reprit possession du théâtre restauré.

Nous ne revoyons plus les terrasses des hôtels de Choiseul, de Boisfranc, de Deux-Ponts et d'Antin, dont les jardins faisaient du boulevard un lieu de rafraîchissement pour le promeneur. Mais comment ne pas reconnaître le mignon pavillon du maréchal de Richelieu, édifié après la campagne de Hanovre à l'extrémité du jardin de l'hôtel d'Antin? L'hôtel de Boufflers s'élève depuis la même époque à l'angle de la rue Choiseul, et l'hôtel de Lévis au coin de la rue Gramont, sur des terrains qui s'étaient détachés de plus grandes propriétés. Rue Richelieu et sur le boulevard a demeuré le chevalier Lambert; nous retrouvons la maison d'encoignure où ce banquier forma une galerie de tableaux. Lambert eut pour voisin un autre financier plus célèbre, l'abbé Terray, mais qui serait encore plus décrié en ce temps-ci qu'à la fin de sa vie, car les dettes publiques n'avaient pas d'ennemi plus déclaré que l'abbé Terray : son ministère tenta de les amortir à tout prix.

Derrière l'autres rangée d'arbres, parmi les maisons qui surgissent sur le terrain vendu par la famille Choiseul à

Dumont, à Forget, à Laborde, à Vessu, voici une propriété établie sous Louis XVI pour M. de Bospin, à l'un des angles de la rue Le Peletier. Un joli pavillon s'y rattachait, avec perron sur le boulevard, et la décoration intérieure d'un salon rond y subsistait encore dans son éclat quand M. Lupin père, acquéreur de l'immeuble, consulta Visconti sur l'opportunité de substituer un pan coupé à cette parasite rotondité. L'architecte demanda grâce pour l'encoignure, à cause de son élégance; mais il ne put obtenir qu'un sursis: un autre homme de l'art a détaché le chaton de la bague. M. Salmon a fait bâtir à l'autre angle de la même rue, et à la même époque, une maison qui de nos jours appartient à son petit-fils. L'ancien hôtel d'Aubeterre, qui donne sur le boulevard, mais qui ouvre rue Laffitte, a perdu, lui aussi, un pavillon des plus coquets, lorsque les exigences de la voirie rendirent impossible la conservation du perron donnant accès au rez-de-chaussée. Madame Chevalier, stucatrice du feu roi de Pologne, a inauguré par l'exposition permanente des objets d'art de sa composition, un des salons actuel de Tortoni. L'architecte Bellanger a dessiné l'hôtel Brancas, dont l'appartement le plus riche était destiné au comte de Lauraguais; le testament de lord Seymour a légué récemmemment l'hôtel à l'Assistance publique, qui en tire un beau revenu.

(La fin de la notice du boulevard des Italiens paraîtra dans la livraison suivante.)

LIV. 55
LES ANCIENNES MAISONS

Du boulevard des Italiens et des rues de la Victoire, Saint-Georges, Saint-Lazare, Montmartre, Monsieur-le-Prince, Mouffetard.

NOTICES FAISANT PARTIE DE L'OUVRAGE INTITULÉ :

LES ANCIENNES MAISONS DE PARIS SOUS NAPOLÉON III

PAR M. LEFEUVE,

Monographies publiées par livraisons séparées, avec table de concordance à la fin de la publication.

BOULEVARD DES ITALIENS.

(*Fin de la notice.*)

Le boulevard de Coblentz passa *boulevard de Gand*, grâce aux cent-jours, et ce nouveau surnom tint tête à la révolution de Juillet ; un vers d'Auguste Barbier, dans la *Curée*, le visa sans l'atteindre ; il n'a été laissé pour mort que sur le champ de bataille du 24 Février : les bureaux du *National*, à l'entrée de la rue Le Pelletier, ont chanté son *De profundis,* en proclamant de nouveau la République, excessivement propre à rappeler l'Empire. Le surnom mémorable de boulevard de Gand n'ira cependant pas à la postérité comme un souvenir d'exil ou d'oppression, de protestation ou de défaite, de surprise ou de châtiment ; il rappellera tout uniment la renaissance du boulevard des Italiens, qui n'a jamais été distingué, animé, spirituel, amusant et parisien avec autant de luxe, avec autant de belle humeur, que pendant la Restauration et la quasi-Restauration. Le *café de Paris,* établissement sans rival, qui est tombé comme une institution, pour se faire goûter davantage et regretter, a vécu un peu plus que le boulevard de Gand ; il était né quelques années après, dans cet ancien hôtel Brancas qu'il n'aurait pas quitté pour un empire. Les traditions du café de Paris ont peut-être survécu ailleurs, en ce qui regarde le service ; mais tout le monde n'osait pas monter les quelques marches de son perron ; beaucoup d'appelés craignaient à juste titre d'y paraître déplacés au milieu des élus. Il suffit, au contraire, pour dîner à la *Maison d'Or,* au *café Riche,* au *café Foy,* au *café Anglais,* au *café Cardinal* ou chez *Grossetête,* d'avoir assez d'argent pour en sortir. D'autres cafés un peu moins restaurants se multiplient aux alentours, comme sur tous les boulevards.

Le *café du Helder,* avant de s'établir entre l'emplacement des anciens bains Chinois, dont l'extérieur était plein d'agrément, et la maison du grand bazar incendié sous la Restauration, occupait vis-à-vis de la rue Choiseul le local du *café Montmorency*. Ce dernier tire son nom, il est vrai, d'un hôtel garni, mais d'un hôtel garni qui se plaça entre les deux hôtels que les Montmorency occupèrent boulevard Montmartre et boulevard des Capucines, au coin de la Chaussée-d'Antin. N'assure-t-on pas, dans maints livres sur Paris, que, sous le Consulat, Sophie Arnould a rendu le dernier soupir en face de la rue Choiseul? Nous ne disons ni oui ni non.

L'enseigne d'un autre café nous rappelle le séjour de l'illustre Grétry, boulevard des Italiens, n. 7, vis-à-vis de l'établissement qui s'est placé sous son invocation. L'auteur de *Richard Cœur-de-Lion* mourut dans sa maison de Montmorency, l'ermitage de Jean-Jacques Rousseau : à ses dépouilles mortelles, rapportées à Paris, de pompeuses funérailles ne firent pas défaut. Sa famille et sa ville natale se disputèrent le cœur du grand musicien. Toutes les pièces de son mobilier furent vendues beaucoup plus cher qu'elles ne lui avaient coûté; Nicolo Isouard acheta son clavecin; Boieldieu, sa cartelle; Berton, la canne avec laquelle il marquait la mesure aux répétitions.

Une quinzaine d'années plus tard, Hérold occupait un appartement n. 3, et Panseron, maison du Grand balcon.

D'autres maisons du boulevard servirent d'habitation à des actrices de la Comédie-Italienne. Madame Laruette qui, dans sa jeunesse, avait reçu de brillants hommages, et chez laquelle s'étaient rencontrés le duc de Nivernais, M. de Vaugremont et le marquis de Brancas, trois cordons-bleus, avait eu des relations de plus longue haleine avec le marquis de Flamarens; elle demeurait au coin de la rue Marivaux avant la mort de son mari, acteur qui a laissé son nom à un emploi, et qui était aussi compositeur. Mademoiselle Riggieri, dite Colombe, qui était réellement Italienne de naissance, bien qu'elle jouât l'opéra comique en français, habitait le boulevard d'Antin, du même côté que son théâtre. Mesdames Laruette et Trial avaient réussi plus vite qu'elle à la Comédie-Italienne; le succès ne l'empêcha pas de prendre sa retraite cinq ans après la translation de son théâtre dans la salle Favart. La Révolution la fit pauvre; l'âge et la pauvreté rendirent méconnaissable cette Colombe, que milord Mazarin avait enlevée à ses parents en 1767, et que le marquis de Lignerac avait enlevée pour plusieurs années au théâtre peu de temps après ses débuts. Mademoiselle de Saint-Huberti, de l'Opéra, qui s'appelait réellement Antoinette-Cécile Clavel, était locataire de Salmon. Bien flatteur qui la trouvait belle! Elle était assez grande et blonde, mais assez maigre, et de manières provinciales. Cette grande artiste lyrique passionnait son auditoire à force de s'identifier avec son rôle. Quelqu'un lui faisait compliment du frisson qu'elle avait donné aux spectateurs à la fin du troisième acte de *Didon* : — Cette scène, répondit-elle, m'a encore plus émue que toute la salle; dès la dixième mesure, je me suis sentie morte... Mademoiselle de Saint-Huberti assistait un soir au spectacle de la Comédie-Italienne, et elle venait de réconcilier Gluck avec Piccini : le public s'y montra sensible par des acclamations reconnaissantes et fit descendre l'actrice de sa loge pour la couronner sur la scène.

On en veut encore à Heurtier, l'architecte primitif du théâtre Favart, de n'avoir pas tourné sur le boulevard la façade de l'édifice ; mais les maisons particulières elles-mêmes évitaient autant que possible d'ouvrir leurs portes sur la promenade : précaution qui contribua singulièrement à convertir ce lieu de rendez-vous aussi commode qu'agréable en boulevard par excellence, centre des plaisirs élégants. Un traiteur fit, dès le principe, le service du Grand salon, que remplacèrent successivement *le café Chrétien, le restaurant Nicolle,* puis le *café du Grand balcon*. Chrétien, juré au tribunal révolutionnaire, avait pour clientèle dans son café la compagnie des *Tape-durs,* souteneurs armés d'un gros bâton, qu'ils appelaient par métonymie la *Constitution de l'an* III. Ces janissaires du comité de sûreté générale rôdaient principalement sur le *boulevard de Coblentz,* nom qu'ils avaient eux-mêmes donné au boulevard des Italiens, parce qu'il restait fréquenté, en général, par la bonne compagnie.

Au commencement de l'Empire, Hardy et madame Riche tenaient en face de Nicolle deux grands cafés, qui devenaient déjà des restaurants. Un marchand de vin recevait les cochers à la place du *café Anglais*, dont la réputation fut bientôt faite et se consolida surtout quand Chevreuil eut à y traiter les officiers de l'armée étrangère.

RUE DE LA VICTOIRE.

Desforges. — La salle Chantereine. — Adanson. — Mlle Falcon. — Mme Stolz. — M Cuisinier. — Mme de Saint-Julien. — Mlle Dervieux et ses antécédents. — Le Théâtre-Olympique. — Mesmer. — M. Herz. — Cagliostro. — Les Néothermes. — L'hôtel de la Victoire. — La comtesse Walewska.

Desforges, qui avait débuté aux Italiens comme amoureux en 1769, fut engagé avec sa femme au théâtre de Saint-Pétersbourg. Là il se fit auteur, et de retour en France, il cessa de payer de sa personne au théâtre : parmi ses nombreuses pièces on joue encore de notre temps la *Femme jalouse* et *Joconde*. Mme Desforges, sur la scène Favart, se fit appeler Mme Philippe, tant pour se distinguer d'une homonyme, qu'elle avait dans la même troupe, que par égard pour son mari, avec lequel elle ne vivait plus. Celui-ci habitait une des deux maisons qui répondent présentement aux chiffres 63 et 69 rue de la Victoire.

Le petit théâtre Chantereine, qui a été bâti plus tard par Gromaire, machiniste de l'Opéra, occupait une aile de bâtiment, n° 47 : des amateurs y ont donné des représentations particulières, et un certain nombre d'élèves s'y sont formés pour la scène. La salle n'a été détruite que depuis la révolution de 1848. Dans la maison plusieurs historiographes font mourir, en 1806, le botaniste Michel Adanson, à l'âge de 79 ans. Il avait beaucoup voyagé : raison de plus pour qu'il eût conservé l'habitude du déplacement, en se retirant rue Chantereine; en tout cas, il avait été propriétaire du n° 42, vis-à-vis, et il y avait résidé.

Mlle Falcon, de l'Opéra, habitait le 17, avant que Mme Stolz, du même théâtre, fût au 13. Ce numéro n'a plus rien de néfaste pour qui connaît la belle humeur, le goût inné et cultivé pour tous les arts, et enfin l'état de santé dont jouit encore M. Cuisinier, propriétaire de l'immeuble, après avoir été le condisciple, à Juilly, du prince Jérôme, frère de Napoléon Ier. Cuisinier père avait acquis ladite propriété du comte de Clérambault, et la propriété voisine, avec ouverture rue Chauchat, de la veuve du général Foy. Les deux maisons avaient été bâties par les frères Noël, entrepreneurs.

L'autre côté de la rue Chantereine, que l'on avait connue en 1680 comme ruellette aux Marais-des-Porcherons, en 1734 comme ruelle des Postes, et qui maintenant est rue de la Victoire, vit élever sous Louis XV une petite maison, dont nous croyons reconnaître l'entrée n° 16. Mme de Saint-Julien, femme du receveur général du clergé, y rencontrait le comte de Maillebois. Cette dame, à laquelle Soubise fit la cour, ne dédaignait pas trop les guinguettes des Porcherons ; on répandit le bruit qu'elle y couchait, mais c'était rue Chantereine ; elle y prenait, entre autres libertés, celle de jurer comme un soldat aux gardes.

Sur les dessins de Brongniart, en 1774, fut élevé un véritable hôtel, auquel on refusa cette qualification tant qu'il fut habité par Mlle Dervieux, danseuse à l'Opéra. La signification du mot *hôtel* impliquait résidence d'une personne de condition. D'ailleurs, il y avait eu cotisation pour établir la jolie danseuse rue Chantereine, le prince de Soubise n'ayant contribué que pour une part à l'acquisition du terrain et d'une maison préexistante en décembre 1770. D'autres protecteurs succédaient à celui-là qui, outre l'entrée de jeu en billets de la Caisse d'escompte et en bijoux, avait fait 200 louis par mois à Mlle Dervieux. Mais puisque nous remontons à l'époque où se consolida la fortune de cette femme de théâtre, dont l'esprit l'emportait encore sur le talent, nous la voyons constamment entourée de ce qu'on appelait sa troupe dorée. A l'avant-garde se remarquent : milord Binting, dont les dépenses excessives alarment Lambert, son banquier ; le comte Warkowski, mis à contribution grassement avant milord ; le chevalier de Launay, officier ; le maréchal de Richelieu, mais qui reçoit plus de visites qu'il n'en rend ; Marquet de Peyre qui, pour le jour de l'an, envoie des girandoles ; le duc de Chartres, un collier de diamants ; le marquis de Fitz-James, beaucoup moins généreux, mais encore mieux reçu que son ami le duc de

Chartres, et que fait oublier toutefois un simple maître de ballet nommé Laval, la coqueluche des filles d'Opéra! Est-ce à dire que les deux années d'avant aient laissé Mlle Dervieux dans la solitude et dans l'ombre? D'autres diamants qu'a passés à son cou le prince de Conti, au mois d'août 1769, ne sont venus qu'un an après le contrat d'une rente viagère de 2,000 livres, émanant de la même source et constituée au nom de la jeune personne ainsi que de sa mère. Était-ce là le prix du sacrifice que la vertu ne fait jamais qu'une seule fois? L'âge de la fille, quatorze ans à peine, donnait alors à espérer ce que la mère osait promettre pour la dernière fois, il est vrai, mais pas précisément pour la première. Le prince de Condé s'était levé encore plus matin que le prince de Conti, et le comte de Stainville, dont la montre avançait, n'avait reculé qu'à demi devant la clarté indécise du crépuscule matinal :

> Déjà l'aurore aux doigts de rose
> Ouvrait les portes du soleil.

Aussi bien la petite avait joué, tout au commencement de 1768, le rôle de Colette dans le *Devin du Village*, et avec un succès qui avait mis en vue l'enfant-prodige.

La salle de bain et les boudoirs de Mlle Dervieux furent décorés sous la conduite de l'architecte Bellanger, en 1789. Le ci-devant comte Vilain XIIII, financier belge, prit possession de la propriété avant Louis Bonaparte, qui y laissa sa femme, la reine Hortense. La Légation des États-Unis s'y établit ensuite. Puis Staub, ancien tailleur, devint propriétaire de cet hôtel (n° 44).

Les chanteurs italiens qui vinrent à Paris pendant le Consulat, débutèrent dans la salle du Théâtre-Olympique, précédemment des Victoires nationales et originairement des Troubadours, dont le n° 46 indique encore les proportions, et derrière laquelle se trouvait un jardin qui pendant les entr'actes servait de foyer. Ce théâtre fut fréquenté par les femmes les plus élégantes des généraux et des fournisseurs de l'armée; d'autres troupes l'exploitèrent avec moins de succès que les acteurs de l'opera-buffa; on y donna des concerts et des bals; une loge maçonnique y était installée vers la fin de 1806; l'Université y fit même la distribution des prix du grand concours.

Un autre souvenir encore se rattache à la rue Chantereine, au milieu de laquelle a résidé Mesmer, avant la construction de la salle des Troubadours, mais dans cette région de la rue, dont le prolongement jusqu'à la rue Joubert date seulement de 1847. Des malades ont été traités par le magnétisme animal, rue Chantereine et rue du Coq-Héron; ils arrivaient par chaînes chez le docteur allemand, qui leur prenait 10 louis par mois. Le mesmérisme n'était pas encore à la portée de toutes les bourses. De plus, le marquis de Lafayette, le baron de Breteuil, M. d'Eprémenil et d'autres partisans de la doctrine offrirent à l'initiateur 340,000 livres, par souscription, pour le retenir à Paris.

Immédiatement après le théâtre, venait une propriété connue avant 89 sous le nom d'hôtel Gontaut, et que M. Barbet de Jouy vendit, en 1839, à M. Henri Herz. Cette construction de l'autre siècle sert dignement de vestibule à la belle salle de concert qui a surgi des pelouses du jardin ; elle l'emporte encore sur les hôtels plus récemment édifiés, ou dont on obstrue la façade par des additions de maçonnerie. M. Herz, cet artiste d'une exécution si brillante, ce maître sûr, ce compositeur distingué, il emploie, pour surcroît, plus de cent ouvriers à la fabrication de pianos qui font également partie, pour ainsi dire, de son œuvre, de son talent et de sa classe : ne ressemble-t-il pas très-fort à un écrivain de premier ordre qui imprimerait lui-même ses ouvrages par horreur des fautes d'impression ?

D'autre part, la maison de M. Herz tient à l'hôtel de Mme de Rigny, antérieurement Basouu, plus anciennement encore Saint-Chamant, et dessiné par Rougevin. Là descendit Cagliostro, lors du premier séjour de ce thaumaturge à Paris, où il se présentait sous les auspices du prince de de Rohan, et où la soif des nouveautés, à cette époque, était inextinguible. Cagliostro, à défaut de doctrine, avait un sac rempli de recettes merveilleuses pour la guérison des malades.

Les Néothermes, établissement rival des bains de Tivoli, avaient été fondés sous le patronage d'une princesse ; les journées de Juillet exilèrent la protectrice avant l'achèvement des constructions. Néanmoins, la maison de santé a tenu bon, et les progrès de l'hydrothérapie s'y sont réalisés plus vite et plus sûrement qu'en aucun lieu du monde.

Que reste-t-il au n° 60 de l'hôtel où le général en chef de l'armée d'Italie est devenu premier consul ? La porte, la loge du concierge, l'avenue, quelques arbres du jardin, et les grands souvenirs dont voici les points de repère. Construction sur le plan de Ledoux pour Caritat, marquis de Condorcet, mathématicien, philosophe, membre de l'Académie des sciences et de l'Académie française, député, puis conventionnel. La veuve de Condorcet, sœur du maréchal de Grouchy, vend à Julie Carreau, qui épouse Talma, et le tragédien illustre donne des fêtes, dans l'hôtel, aux Girondins, à Dumouriez. Joséphine de Beauharnais achète, avant d'être Mme Bonaparte. Résidence de Bonaparte en 1796, 1797, 1798 et 1799. Substitution officielle du nom de la rue de la Victoire, déjà porté par la maison du général en chef, à celui de rue Chantereine, le 8 nivôse an VI. Coup d'État du 18 brumaire. Le premier consul donne l'hôtel au général Lefèvre-Desnouettes. Le général Bertrand, locataire, sous Louis-Philippe. M. Gouby acquiert de Mme Lefèvre-Desnouettes, et il fait démolir l'édifice de Ledoux en 1860. Légende à conserver, mais dont nous ignorons l'auteur : *In hâc minimâ jam maximus plus quam maxima concepit.*

Où trouver une meilleure place pour la comtesse Walewska, qui l'avait choisie elle-même, que porte à porte avec l'hôtel de la Victoire. Cette dame polonaise, mère d'un ministre actuel qui a été littérateur, occupait la maison appartenant de nos jours à l'honorable M. Dassier, ancien membre du conseil municipal de Paris. Un des prédécesseurs de M. Dassier fut le comte de la Bouillerie, ancien ministre. Mlle Duthé ou Mlle Guimard, car toutes deux ont habité la rue, pendit la crémaillère dans cet hôtel, avant que la maison éminemment historique de la rue fût sur pied.

RUE SAINT-GEORGE.

En 1788, Bellanger, architecte du comte d'Artois, fit bâtir pour son propre compte, avec fronton, avec cintres sur les fenêtres, le n° 15 de la rue Saint-George. Du même temps et du même architecte sont deux constructions latérales qui se font pendant à elles-mêmes, n° 13 et n° 15 bis ; mais elles furent édifiées aux frais de Mlle Dervieux, dont nous avons revu l'hôtel rue de la Victoire. M. Alphonse de Rothschild, régent de la Banque, occupe deux de ces propriétés ; M. Chaix-d'Est-Ange, procureur général, habite l'autre, où furent les bureaux du *National*, au moment de la suppression de ce journal.

Le n° 38, du dessin de Ledoux, a été établi pour l'Américain Asten, beau-père du comte d'Arjuzon. L'ambassadeur de Bade, le chargé d'affaires du Danemark, la grand'mère de M. Alphonse de Rothschild, le général Montholon et le député Manuel y ont été domiciliés.

Quelque trente ans plus tard, l'entrepreneur Chéronnet a élevé rue Saint-George plusieurs maisons ; 22 et 24 sont du nombre. Ce dernier numéro est contigu à une maison d'asile pour les garçons de caisse, fondée par M. Doüan, banquier, en 1842.

Tourton, Ravel et Cᵉ, avant la fin du règne de Louis XVI, avaient bâti dans la même rue, mais vers le bas, otamment le n° 2, qui appartient encore à M. Oppermann, banquier, dont l'oncle a vendu le 2 bis, vers 1833, au général de Saint-Joseph.

La rue Saint-George, qui existait d'abord comme passage, n'a commencé rue de Provence qu'en 1779, grâce à une trouée pratiquée sur un terrain à la disposition de Joseph de la Borde, secrétaire des finances, et elle n'a fini place Saint-George qu'en 1824, date de son prolongement sur le sol de la compagnie Dosne, Loignon, Censier et Constantin.

RUE SAINT-LAZARE.

Mlle Mars. — Le duc de Valentinois. — Les demoiselles Saint-Germain. — Eimery. — Julie Candeille. — La dame Rondeau. — Le cardinal Fesch. — La demoiselle Desforges. — Les Ruggieri. — L'hôtel des Eaux. — L'hôtel Coq.

Aucune Célimène et pas même une Sylvia, soit au théâtre soit à la ville, ne fera tort au souvenir qui a été gardé de Mlle Mars par ceux-là qui ont vu l'incomparable actrice, et surtout qui l'ont entendue, dans ces deux rôles : le charme inexprimable de son organe ajoutait et à l'enjouement et à la profondeur de la coquetterie qu'elle y déployait savamment. Les perles que roulait sa voix avaient encore plus de prix que les 200,000 francs de diamants qu'on lui vola rue Saint-Lazare. Cette rue lui portait malheur. Châteauneuf, créateur du square d'Orléans, avait fait de Mlle Mars une actionnaire dans cette néfaste entreprise, qui n'a pas refleuri depuis : le square n'a plus sur la rue Saint-Lazare que la porte bâtarde du n° 36. L'illustre comédienne avait acheté du maréchal Gouvion Saint-Cyr et habitait en reine du théâtre, ayant sa cour, ses jours de réception, l'ancien hôtel de Bougainville, maintenant au prince de Wagram, dont l'entrée principale est rue Larochefoucault, avec passage de servitude rue Saint-Lazare, 56. Mlle Mars, que les jeux de la scène n'empêchaient pas alors d'étudier à ses risques les combinaisons du hasard, perdit des sommes importantes à la Bourse.

Le terrain de cette maison et de plusieurs constructions contiguës, élevées pour la plupart il y a cinquante ans par Constantin et Cie sur les rues Saint-Lazare, Larochefoucault et de la Tour-des-Dames, qui fut dite aussi Bougainville; ce terrain, disons-nous, s'est détaché d'une grande propriété, l'hôtel Valentinois, dont le jardin mesurait 5 arpents. Le duc de Valentinois, colonel du Royal-Cravate, en a fait restaurer l'édifice par Ledoux (n° 60). Un cabaret du *Sabot d'or* venait immédiatement après cette aristocratique résidence, dans la rue aux Porcherons, appelée également rue d'Argenteuil par-ci, rue Saint-Lazare par-là, qui prenait de plus loin la direction de la ville d'Argenteuil que celle du clos Saint-Lazare et de la chapelle des Porcherons (Notre-Dame-de-Lorette). Le général de Montholon, le notaire Jalabert et le duc de Bassano ont été propriétaires de l'ancien hôtel Valentinois, avant M. le comte de Châteauvillard.

En regard, voici bien l'hôtel dessiné en 1772 pour la demoiselle Saint-Germain. Cette beauté facile était en vue depuis quelques années; elle avait une sœur pour émule, qui vivait sous le même toit. L'une des deux mourut du chagrin que lui causait l'élévation de constructions qui lui ôtaient, derrière le jardin, des récréations pour la vue, en supprimant d'autres jardins. La propriété passa à M. de

Beaumé, ancien président à Douai; puis au maréchal Ney. Mme la duchesse de Vicence en a fait l'acquisition en 1818.

Le bureau d'Eimery, inspecteur de la librairie du royaume, n'était plus en l'année 1787 aux abords du pays latin, mais bien rue Saint-Lazare, n° 48. Eimery, qui remplissait aussi les fonctions de receveur des pensions militaires, expédiait en province les quartiers de ces rentes, sans frais pour les destinataires : il était chevalier de Saint-Louis. La maison fut habitée plus tard par Julie Candeille, de la Comédie-Française, actrice qui composa des pièces. Cet auteur de la *Belle Fermière* eut encore plus de maris que de professions : le second et avant-dernier fut Jean Simons, chef d'une fabrique de voitures à Bruxelles. Vers 1835, un des appartements fut occupé par une courtisane appelée Rondeau, dont les yeux bleus et la brune chevelure contrastaient agréablement, et dont les draps de lit, qui ne supportaient pas le blanchissage, valaient une robe de bal : ils étaient de satin.

De l'hôtel du cardinal Fesch fit partie le 71, dont la porte servait de sortie aux voitures, lorsqu'il y avait réception chez cet oncle de l'empereur. La chapelle dudit hôtel est convertie en oratoire protestant, au n° 75.

Mlle Desforges, danseuse à la Comédie-Italienne, a quitté son théâtre en 1767, parce qu'elle y eût fait des pas de deux à elle seule, étant grosse à pleine ceinture. Elle se retira, après ses couches, dans une chambre garnie en face de la rue de Clichy, qu'on qualifiait alors une avenue, et elle y vécut en grisette avec un extrait de banquier, petit courtier du change et de l'escompte. Milord Rochard, qui avait distingué et qui aimait en secret, depuis deux ans, Mlle Desforges, était à Londres; à peine eut-il appris que la danseuse n'avait plus qu'un amant de cœur, il s'embarqua, dans l'intention de la remettre à flot. Elle lui accusa 20,000 francs de dettes, dont il exigea un état; elle ne parvint à dresser ce mémoire qu'en s'entendant avec tous ses marchands, qui se fussent contentés à moins. La balance penchait déjà de son côté; trente louis firent bon poids et revinrent tous les mois. A milord succéda M. Duplessis, Américain, puis le banquier Morin. Le greluchon Garnier, danseur à l'Opéra, fallait-il le compter? Lorsque la Comédie-Française eut reçu Mlle Desforges comme première danseuse, elle fit sa rentrée; elle passa ensuite au théâtre Favart.

Que si vous faites venir de l'établissement des bains de Tivoli un panier de bouteilles d'eau de seltz, l'en-tête de la facture vous apprendra que lesdits bains furent créés en 1799 par Jurine et Triayre. On appelait alors hôtel des Eaux cet édifice carré qui forme le bâtiment principal de l'établissement, et qui, même sous l'ancien régime, était déjà voisin du spectacle pyrrhique des frères Ruggieri. Ces artificiers avaient reçu le public en ce temps-là, à raison d'un écu par tête, ou de la moitié d'un écu, suivant les places, précisément au point de la rue Saint-Lazare où fut l'entrée du premier Tivoli, jardin servant de rendez-vous aux Clichiens, les victimes du 13 vendémiaire. La fortune fit même de la maison de bains un des berceaux de l'école Polytechnique, n'étant encore que l'école des Travaux publics. Or, le grand pavillon carré et le spectacle pyrrhique, origine de Tivoli, tout cela avait dépendu primitivement du magnifique jardin Boutin, ayant une autre entrée rue de Clichy. En 1729, Lecoq était propriétaire de presque tout le territoire dépassant le chemin de Clichy; il y avait pour locataires des maraîchers.

Ce Lecoq, maître des requêtes, disposait pareillement du château des Porcherons ou du Coq, tenant alors à l'Hôtel-Dieu d'une part, et de l'autre à Lecoq encore. Les sous-fermiers du tabac occupaient ce château, chef-lieu du fief du Coq; on y disait la messe dans une chapelle, publique les jours de fête. L'étendue actuelle de la rue se rattachait à trois paroisses différentes : celle de Montmartre prenait le côté droit jusqu'à l'avenue de Clichy; tout ce qui faisait face ressortissait à Saint-Eustache; la Madeleine embrassait tout le reste sur les deux rives de la rue, peuplée en général de jardiniers, de plâtriers et de bourreliers.

Quand le conventionnel Lacroix demeurait au château, une inscription sur marbre noir y dominait encore la porte : Hôtel Coq, 1310. A cela près, l'hôtel a conservé, mais uniquement à l'extérieur, son aspect du siècle dernier (n° 99). Tout fait craindre malheureusement une démolition prochaine.

RUE MONTMARTRE.

La première porte de ville qui ouvrit sur la rue Montmartre n'était qu'à la hauteur du n° 15 d'à présent ; elle fut démolie vers 1380, et Paris s'étendit jusqu'à l'impasse Saint Claude. La porte qu'on jeta bas en 1700 était située près de l'emplacement de la galerie qui communique au passage des Panoramas.

A cette dernière date, Philippe de Laporte était propriétaire du n° 15 précité, et il y eut pour successeur Anjorrant, conseiller au parlement. Cette propriété avait fait corps avec l'hôtel Lambesc, ouvrant également rue du Jour et rue Plâtrière, maintenant Jean-Jacques-Rousseau. La famille Anjorrant, un demi-siècle après, avait Mme Lépinot pour voisine au n° 13. Le Pileur de Brévannes vendait à Wittersheim, son créancier, une portion de l'hôtel de Brévannes, dit aussi de Quatremer, sis de l'autre côté de la rue, et dont la principale entrée est encore rue Tiquetonne. Le notaire Momet tenait la maison contiguë de Galpin, trésorier de France ; celui-ci avait succédé à l'avocat Desretz, cessionnaire de Chambon, commissaire au Châtelet, qui avait fait bâtir, après s'être rendu adjudicataire, le 13 août 1533, d'un tronçon de l'ancien mur de ville. La communauté des fripiers, dont les statuts remontaient pareillement au règne de François I*er*, avec confirmation sous Louis XIV, disposait du 68, où elle tenait son bureau ; M. de Valcourt, du 35. Les banquiers Mallet père et fils étaient établis au 45 ou au 47.

Propriété à M. d'Herbecourt, entre la rue des Vieux-Augustins et le cul-de-sac Saint-Claude, lequel, en 1714, avait eu pour vis-à-vis l'hôtel Charost. Un membre de la famille Bethune-Charost, cette branche de Sully, avait légué à Louis XIV 2,500 manuscrits, une bibliothèque et un musée en 1655. Sandrin, Brulé, Casamajor, Bovin, Geoffroi : à ces noms répondaient les maisons sises de la rue des Fossés-Montmartre à celle du Mail.

M. de Saint-Contest, avait habité une autre maison, qui est le 128 ou l'un des numéros suivants ; il y entretenait des relations avec M*lle* de Montansier, plus de quinze ans avant que cette directrice d'une troupe d'acteurs de province ouvrît à Paris le théâtre qui a porté son nom. Un des comédiens de la troupe était fils de l'associé de la Montansier ; comme elle lui voulait du bien, il portait de plus riches habits que M. de Saint-Contest, qui en faisait les frais. Au reste, la directrice a épousé son pensionnaire qui, contrairement aux habitudes reçues, adopta le surnom de s femme, née Brunet, pour ne plus s'appeler Bourdon-Neuville que par-devant notaire. L'appartement occupé au 130 par Strauss, chef d'orchestre des bals de la cour, fut celui de Paesiello, le compositeur italien.

Avant la Révolution, les héritiers Larticle, M. et Mlle Cointry, Richard, Maréchal, Gabold, Nogent, la succession Forget, Salgsalt, Jacquet, Gluchard, l'Hôtel-Dieu, Mouchard, Caponelle, Enguelard, Derbois, Boutron, Jourdain, Dumas, Mme Dunais, Brayant, Baudon d'Anaucourt, le petit Roland et Duval se suivirent comme propriétaires, depuis la rue du Mail jusqu'à la rue Notre-Dame-des-Victoires, et Baudon d'Anaucourt y figurait pour trois propriétés. Dans la maison du jeune Roland se trouvait le secrétariat de Roland, président des requêtes. Les messageries royales avaient déjà pour avenue le cul-de-sac Saint-Pierre.

L'hôtel dont les Montmorency restèrent les parrains plus longtemps que les Duras, n'a entièrement perdu que son jardin, puisqu'on en reconnaît des bâtiments convertis en propriétés de revenu, près du passage des Panoramas. Lassurance en avait dessiné l'édifice en 1704. Au 155, rue Montmartre, Lenoir-Dubreuil laissait voir ses tableaux des écoles flamande et française, dans trois pièces, sur le derrière. Le 158 vit le jour avant le 160 : Sébastien de Prépeaux, ambassadeur du prince de Spire, était propriétaire, sous Louis XV, de la maison bâtie et du terrain de l'autre.

Le bel hôtel D'Uzès, au 172, n'a eu Ledoux que pour restaurateur. Il existait déjà sous le même nom en 1739; il était qualifié hôtel de Lhospital sous Louis XIV. Le marquis de Lhospital, gouverneur de Toul, est mort sans postérité en 1702; sa veuve lui a érigé un monument aux Petits-Pères. Puis, le 17 novembre 1776, les porteurs d'eau de la fontaine voisine, dont la Ville vient de supprimer le robinet, ont fait célébrer, dans la même église, une messe de convalescence, après une maladie du duc d'Uzès : ils n'auraient plus la même attention pour M. le préfet. Les ventes à la criée des biens nationaux ont été faites, pendant la Révolution, dans cette vaste propriété, occupée ultérieurement par la Douane, et, de notre temps, par MM. Delessert, grands industriels et banquiers, au nombre desquels a figuré un préfet de police et figure un littérateur.

Avant le boulevard, deux autres propriétés sont sœurs jumelles ; un bazar se fait jour derrière leur façade. Langlois, intendant des finances, a bâti là, sur un des nombreux lots adjugés par la Ville à Derbais, son beau-père, ce qu'on appelait l'hôtel Genlis vers la fin de l'ancien régime.

RUE MONSIEUR-LE-PRINCE.

Nos 4, 12, 22, 23, 37, 49, 58, 60.

En l'année 1670, Bouvard, conseiller du roi, se rendait acquéreur d'un Jeu de longue-paume dit de Plaisance, longeant la rue des Fossés-Monsieur-le-Prince et comportant une maison, situé le tout à Saint-Germain-des-Prés, dans la censive de cette abbaye. La rue devait la moitié de son nom au fossé de l'enceinte parisienne du XIIe siècle, entre les portes Saint-Germain et Saint-Michel; l'autre moitié à l'hôtel de Condé, sur l'emplacement duquel fut bâti l'Odéon sous le règne de Louis XVI. La propriété de Bouvard se trouvait contiguë au manége du prince, dont l'hôtel avait une sortie rue des Fossés; un passage frayé plus bas conduisait à la rue de Condé.

Le n° 23 dépendait du couvent des Cordeliers; plusieurs autres maisons sur la même ligne n'avaient pas d'autre propriétaire. Le collége d'Harcourt, que remplace le lycée Saint-Louis, avait comme celui-ci passage par le n° 49.

Plus haut la rue s'appelait, à l'origine, rue des Francs-Bourgeois-Saint-Michel. Cette dénomination remontait à l'époque où le Parloir-aux-Bourgeois s'adossait à une tour de l'enceinte de Philippe-Auguste, construction semi-circulaire qui subsiste encore par miracle entre la rue des Grès et le nouveau boulevard. Les deux siècles antérieurs au nôtre ont rarement distingué la rue des Francs-Bourgeois de l'autre, que la République a nommée rue de la Liberté, et le premier empire rue Monsieur-le-Prince; on est revenu ensuite à la division primitive, annulée officiellement le 9 avril 1851.

La maison dont le péristyle forme l'angle de la rue Voltaire, fut construite avant la Révolution pour Vauthier, marchand de tableaux, qui en fit disposer richement l'intérieur pour un musée particulier, avec des pièces recevant d'en haut la lumière favorable aux exhibitions de la peinture. Le célèbre Antoine Dubois, acquéreur de l'immeuble en 1816, a laissé son nom à la rue en escalier qui le menait à l'École-de-Médecine, où il faisait son cours depuis l'an 1790 : cette rue s'appelait auparavant de l'Observance, comme une ci-devant maison religieuse qui s'était rattachée à celle des Cordeliers. M. Paul Dubois, doyen de la Faculté de Médecine, tient aussi la place de son père dans la maison au péristyle.

Un buste de Jean Goujon, flanqué de bas-reliefs où la scultpture et la peinture sont personnifiées, illustre un autre seuil, à l'encoignure de la rue Racine : est-ce à dire que le grand artiste du XVIe siècle ait personnellement franchi cette porte? malheureusement non. Le marbrier nommé Sellier n'a pas édifié cette maison avant 1821 ; mais il y voulait réunir des ateliers d'artistes ; il a pris une enseigne pour en donner avis, et comme pour éloigner à tout jamais ces Philistins de bourgeois, qui feraient d'une pièce tout un appartement. Dernièrement encore nos livraisons y avaient pour lecteur un maître, élève des grands maîtres, Aligny, dont l'atelier vient de se transporter au palais de Saint-Pierre, à Lyon. Depuis longtemps Aligny sait par cœur l'Italie et surtout la Grèce, qu'il retrouvera en Provence, à quelques lieues de la place des Terreaux.

De l'art à la réalité il y plus loin, il y a plus haut. Retombons dans le positif en montrant aux contribuables de notre époque le bureau général des impositions de Paris, vers la fin de l'ancien régime : rue Monsieur-le-Prince, 58 et 60. Le vingtième a passé par là, encaissé par un roturier de receveur, aux appointements de la Ville, qui signait pourtant : Le Seigneur. Pour que des fonctions anoblissent, il fallait qu'elle fussent gratuites en ce temps-là : âge mesquin ! Les titres d'écuyer péniblement acquis dans l'échevinage, avaient-ils la valeur de ces brevets de comte distribués d'un seul coup plus tard à tous les membres du Sénat et du Conseil d'État, en bloc, par-dessus le marché de tous leurs gros traitements ? Étonnez-vous, après cela, qu'on veuille savoir quelque chose de ce qu'un titre de noblesse a coûté, et à qui, dans la crainte bien fondée qu'il y ait lieu d'en rire !

Un des appartements de la maison du receveur était occupé au même temps par le comédien Dazincourt, qui jouait les valets de bonne compagnie, et que la reine avait choisi pour lui donner des leçons de déclamation. Le voisinage du Théâtre-Français, ouvert le 9 avril 1782 dans la salle actuelle de l'Odéon, attirait rue Monsieur-le-Prince bien des acteurs de l'excellente troupe qui donna, après deux années d'installation, le *Mariage de Figaro*. Le marquis de l'*École des Bourgeois*, qui reproduisait dans ce rôle les airs de tête et les inflexions de voix du maréchal de Richelieu, dont il avait reçu les conseils, Fleury, habitait la maison attenante au collège d'Harcourt. Mlle Dugazon, l'actrice du même théâtre, n'en perdait pas de vue la façade à colonnes quand elle se mettait à sa croisée, n° 37. Larochelle, cet autre valet de comédie, demeurait au n° 4 ; son camarade Courville, également.

RUE MOUFFETARD.

Les Églises. — Le Pont-aux-Tripes. — Les Boucheries. — L'Hôtel des Patriarches. — Les Dames de la Miséricorde. — La veuve de Scarron. — L'Enlèvement d'une novice. — Les Gardes-françaises. — Le cours de la Bièvre. — Les Gobelins.

Qui devinerait que le mot *Mouffetard* dérive de *Mons Ce-*

tarius? De traduction en corruption, le mont Cétard a fait appeler Mouffetard un chemin qui le traversait en dehors de l'enceinte de Philippe-Auguste, et où s'élevait l'église Saint-Marcel.

Cette église, bâtie au xie siècle sur les ruines d'une chapelle attenante au cimetière de l'évêché de Paris, avait été le lieu de sépulture de l'évêque saint Marcel, mort en 436, dont la châsse, à l'époque des incursions normandes, avait été portée à l'église métropolitaine. L'évêque de Paris était le seigneur temporel du bourg de Saint-Marcel, comme aussi de bien d'autres fiefs et d'une bonne portion de la Cité ; il avait sous sa dépendance directe les églises collégiales de Saint-Marcel, de Sainte-Opportune et de Saint-Honoré, qui étaient dites les *Filles de l'Evêque*, tandis que les églises Saint-Merri, du Saint-Sépulcre, Saint-Benoît et Saint-Etienne-des-Grès, comme relevant du chapitre métropolitain, étaient *Filles de Notre-Dame*. Aussi bien la juridiction des chanoines de Saint-Marcel s'est étendue non-seulement sur le bourg, mais encore sur une partie du faubourg Saint-Jacques et même sur la montagne Saint-Hilaire, dont l'église vit sa cure à la nomination dudit chapitre. La justice capitulaire fut rattachée à celle du Châtelet en 1674 ; mais Colonne Dulac obtint en 1725 que le chapitre conservât haute justice dans toute l'étendue du cloître, où avaient séjourné plusieurs évêques de Paris, et moyenne justice dans toute la seigneurie. Le bailliage, dont les audiences ne se tenaient pas à jour fixe, était près de la collégiale, et par conséquent dans le cloître, duquel dépendaient et l'église Saint-Martin, sise place de la Collégiale, et le Marché aux chevaux. Le séminaire Saint-Marcel, établi par Sanciergues, diacre, avec la permission de M. de Harlay, archevêque de Paris, confirmée par M. de Noailles, recevait des jeunes gens se destinant à la prêtrise mais sortant des colléges et qui payaient pension. L'église, supprimée par la Révolution, et convertie en maison particulière au commencement de l'Empire, faisait face rue Mouffetard à la rue Pierre-Assis : on en revoit des tronçons de colonnes exposés dans la cour du palais des Beaux-Arts. Le nom de cette église est gardé par une rue, parallèle à une autre rue qui rappelle Pierre Lombard, le *maître des sentences*, enterré au milieu du chœur en l'année 1164.

La rue Saint-Hippolyte, qui donne rue Pierre-Assis, mais qui jadis faisait coude rue Mouffetard, consacre pareillement le souvenir d'une église, qui dépendit du chapitre seigneurial de la localité, et dont les bâtiments furent aliénés en 1793.

Quant au bourg Saint-Médard, il faisait trait d'union entre le bourg Saint-Marcel et la ville. Le territoire de ces deux anciens bourgs était encore distinct sous le règne de Louis XV, puisque la rue Mouffetard prenait la dénomination de rue du Faubourg-Saint-Marcel au Pont-aux-Tripes. On appelait Pont-aux-Tripes et Pont-aux-Biches l'emplacement compris entre les rues Censier et du Fer-à-Moulin, ainsi qu'une ruelle y débouchant. Ce nom provenait évidemment d'un petit pont à cheval sur la Bièvre. Le plan de 1714 marquait précisément une boucherie en cet endroit ; toutefois six autres étaux avaient été placés, un demi-siècle auparavant, moins près de la rue d'Orléans que de la rue de l'Epée-de-Bois.

De beaux hôtels et jusqu'à des palais firent longtemps contraste avec les maisons pauvres de l'un et de l'autre bourgs. Le séjour de Blanche de Castille, que l'on a confondue avec la reine Blanche, mère de saint Louis ; un logis d'Orléans, l'hôtel Scipion et l'hôtel de Clamart ont laissé des souvenirs et des traces de splendeur au quartier le plus misérable, dernier refuge de la cour des Miracles. Le cardinal Bertrand de Chanac, patriarche de Jérusalem, puis Guillaume de Chanac, eurent dans la rue Mouffetard un hôtel et d'autres maisons; partie de cette propriété, notamment une maison dite du Patriarche, passa au collége de Chanac, fondation due à cette famille. Les écoliers bénéficiaires n'habitèrent pourtant pas la rue. Simon Cramault, archevêque de Reims et patriarche d'Alexandrie, occupa en effet l'ancien hôtel Chanac. Un corps de bâtiment, au commencement des guerres de religion, était utilisé par les religionnaires comme écurie de la *vache à Colas*. Un ministre calviniste y prêchait, en l'année 1561, et le prêche fut interrompu par un carillon si bruyant que la voix de Stentor en eût été couverte : cette contre-protestation, qui soudain imposait silence aux disciples de Calvin, descendait avec un fracas inusité du clocher de l'église voisine. Aucun sonneur n'avait encore lancé à de pareilles volées les cloches de Saint Médard. Les réformés de croire que le curé et bon nombre de paroissiens prêtaient main-forte à ce carillonneur. Mais ils se ruèrent dans l'église presque vide, et une résistance trop faible ne s'opposa qu'en pure perte aux dévastations sacriléges dont ils se rendirent coupables. Avant peu justice en fut faite par des représailles rigoureuses : quelques-uns des violateurs furent pendus vis-à-vis de l'église, et leurs biens employés à la réparation du dommage matériel. De plus, le connétable fit raser le corps de logis où le prêche s'était tenu, et une procession à Saint-Médard fut ordonnée trois mois après, cérémonie expiatoire. Le maréchal de Biron, sous Louis XVI, était propriétaire de cette cour du Patriarche, où il y avait marché les mercredis et vendredis, et qui est demeurée marché des Patriarches, avec deux ouvertures sur la rue Mouffetard, du côté des chiffres impairs. En regard d'une de ces deux portes est le passage des Postes, où se prolonge ledit marché. Mais l'hôtel du patriarcat, en dernier lieu, était le n° 81, avec des dépendances réduites.

Plus bas, les Filles de la Miséricorde de Jésus desservaient un hospice destiné à leur sexe : leur communauté, instituée à Gentilly en 1652, avait été transférée à Paris l'année suivante. À la mort du poëte Scarron, sa veuve se retira pour quelque temps dans cet établissement religieux et hospitalier, en qualité de pensionnaire. Quand M. d'Argenson, lieutenant de police, procéda à l'agrandissement des bâtiments de la Miséricorde, n'était-ce pas afin de faire sa cour à madame de Maintenon, dont le règne commençait avant la fin du règne de Louis XIV? On dit pourtant que cette attention voulait racheter une faute auprès de la supérieure, voulait payer à Dieu la rançon d'une jolie novice, transfuge de fraîche date, qui remplaçait madame de Tencin dans les affections de M. d'Argenson. De telles transactions ne révoltent pas moins les fanatiques de la liberté individuelle que les puristes du sentiment religieux ; mais elles n'avaient lieu çà et là qu'à l'époque où la vie des femmes était un combat incessant entre l'amour de Dieu et l'autre amour, une alternative continuelle d'aspirations contraires, mais inégales, car Dieu l'emportait tôt ou tard. Arrivait-il que le devoir se sacrifiât à la passion, et qu'une jeune fille, destinée au mariage ou à la profession religieuse, quittât furtivement la supérieure pour un amant? on disait que la ruse triomphait de l'innocence, et la force de la faiblesse. Mais les enlèvements au couvent étaient plus difficiles à opérer qu'au sein de la famille, à moins que la victime et son exécrable ravisseur ne fussent de complicité. Que de fois la novice ou la jeune pensionnaire, qui avait hésité, qui avait eu grand'peine à s'affranchir de toutes les entraves, en s'échappant des grilles d'une communauté, se sépara plus tard du monde avec beaucoup moins de regrets, en ne prenant conseil que d'elle-même, pour enfermer des remords, des chagrins éternels sous les verrous d'un cloître plus austère ! Presque toutes les femmes marquantes du grand siècle, après avoir pu comparer les désillusions précoces de l'amour aux déceptions mûries du mariage, renoncèrent au monde, elles aussi, elles surtout, beaucoup avant l'heure suprême : plus de la moitié de leurs vies, en moyenne, se passa au couvent. De nos jours, le bal du *Vieux-Chêne* réunit la jeunesse dansante d'alentour au n° 69, lequel appartenait aux dames de la Miséricorde. Leur territoire, dans sa plus grande partie, a été englobé par la caserne bâtie sous la Restauration.

Un corps de garde de gardes françaises était placé en 1714 entre la rue Copeau et celle d'Ablon, présentement Neuve-Saint-Médard. Une compagnie de fusiliers, même régiment, se trouvait casernée ensuite du côté opposé à l'église Saint-Marcel, et quelque peu au delà ; cette compagnie occupa, soit avant, soit après, le n° 36, dont un collège fut propriétaire. Un corps de garde de pompiers, peu distant de l'impasse Andrelas, était sous le même toit qu'une manufacture de bonneterie, au moment de la Révolution.

D'autres fabriques s'échelonnaient sur le parcours de cette rue ouvrière. Moinery, manufacturier en drap et teinturier, prédécesseur de Vérité, avait été établi par arrêt du conseil en date du 12 septembre 1775, dans une ci-devant prison. Cette geôle était un des restes du logis de la reine Blanche, supprimé comme hôtel après un incendie éclatant au milieu d'une fête, à laquelle assistait le jeune Charles VI : la raison de ce prince ne survécut pas au sinistre, qui coûta la vie à plus d'un seigneur de la cour. Plusieurs industries du quartier avaient été forcées de changer de place pour suivre les modifications apportées au cours de la Bièvre, dont la rue de Bièvre marque l'ancienne embouchure. Un moulin indiqué auprès du Pont-aux-Tripes, au commencement du XVIIIe siècle, n'était-ce pas un moulin à eau?

Jean Gobelin doit avoir fondé la célèbre manufacture qui florissait déjà en 1450, dans une maison que deux gros lions décorent, n° 186, et où se fabriquèrent postérieurement des mouchoirs de couleur. La famille Gobelin avait sa sépulture à l'église Saint-Hippolyte. On sait que l'érection de l'établissement en manufacture royale date de Colbert, qui en confia la direction à l'illustre peintre Lebrun. Lefeuvre, qui fut chef des ateliers de haute-lisse, contribua pour une forte part au perfectionnement du travail; son exemple fut suivi par Jean Liansen, natif de Bruges, et par Laurent, qui le secondèrent. Pierre était directeur des Gobelins, sous Louis XVI; Lenfant et Juliard, peintres du roi, y travaillaient à demeure. Le pourtour de l'établissement, à cette époque, était encore lieu de franchise pour les ouvriers sans maîtrise. La rue du Faubourg-Saint-Marcel, dont la seconde moitié avait aussi porté la dénomination de rue des Gobelins, commençait à s'appeler Mouffetard tout de son long. Ce qui n'empêchait pas la rue Gautier-Renaud, qui faisait suite, en commençant au coin de la rue Croulebarbe, de conserver encore sa désignation primitive.

803. — Paris. Imprimerie de Ch. Bonnet et Comp., 42, rue Vavin.

Liv. 56
LES ANCIENNES MAISONS

Des rues de Tournon, Garancière, Servandoni, Palatine, de Vaugirard, et de Sèvres.

NOTICES FAISANT PARTIE DE L'OUVRAGE INTITULÉ :

LES ANCIENNES MAISONS DE PARIS SOUS NAPOLÉON III

PAR M. LEFEUVE,

Monographies publiées par livraisons séparées, avec table de concordance à la fin de la publication.

RUE DE TOURNON.

Clément Marot. — Le Petit-Bourbon. — Le maréchal d'Ancre. — Les ambassadeurs extraordinaires. — Le duc de Nivernais. — Laplace. — Terrat. — Saint-Aignan. — Théroigne de Méricourt. — Jules Janin! — Mlle Lenormand. — Mme d'Houdetot. — Le marquis d'Entraigues. — Mallet du Pan. — Joseph II.

Il s'élevait peu de maisons auprès de celle dont François Ier fit présent à Clément Marot; elle avait pour enseigne le Cheval-d'Airain, et en effet le roi y avait fait couler un cheval en bronze. Est-ce là que le poëte, en donnant à dîner à Diane de Poitiers, manqua aux lois de la sobriété un jour maigre ? Clément Marot n'avait plus à commettre que cette faute, jugée impardonnable par Diane de Poitiers, pour que d'autres griefs se formulassent et le fissent enfermer. L'*Enfer*, description du Châtelet, satire contre les gens de justice, mit les rieurs du coté du poëte ; mais, rendu à la liberté, il arracha lui-même un autre prisonnier des mains de la force armée, et de nouveau il entra violemment dans le parti des novateurs en matière de religion. Plusieurs fois arrêté, plusieurs fois mis en fuite, il abjura pourtant entre les mains du cardinal de Tournon. Ce prélat, cet abbé de Saint-Germain des Prés donnait au même temps son nom à la rue de Tournon, jusque-là ruelle de Saint-Sulpice, dite aussi du Champ-de-la-Foire à cause de la foire Saint-Germain. Le Cheval-d'Airain s'y trouvait, à la place que tient le n° 27.

Louis de Bourbon, duc de Montpensier, fit construire un hôtel auquel une partie de la rue Saint-Sulpice actuelle dut d'être appelée rue du Petit-Bourbon ; sa veuve y reçut la nouvelle de l'assassinat du duc de Guise, dont elle était la sœur, et des rumeurs promettant la vengeance à cette princesse indignée se firent écho sourdement, dans les conciliabules de la Ligue. N°s 2 et 4, rue de Tournon, il ne subsiste rien de l'ancien Petit-Bourbon à l'extérieur ; mais une écurie souterraine, qui s'est rattachée à une autre, paraît d'une construction antérieure aux façades, qui ne remontent qu'au xviiie siècle. Là sous Louis XV il existait un hôtel Montmorency. Faut-il y voir également un hôtel Palaiseau, lequel appartenait à François de Béthune, duc d'Orval, pair de France, au commencement du règne de Louis XIV, puis à Jean de Donon, seigneur de Palaiseau, qui vendit au comte François de Bartolin ou Bartolet, seigneur de Puizolle, amateur connu d'objets d'art? M. de Palaiseau y était mitoyen avec un Châtillon. A l'expiration du même règne il y avait aussi, même rue, une propriété à la disposition de Moneins, comte de Troisvilles, sans que nous puissions dire ce qu'il en reste.

En revanche, pas la plus petite incertitude quant à l'endroit où résida Concino Concini, maréchal d'Ancre. Voltaire dit de ce fils d'un notaire de Florence, qu'il fut premier ministre sans connaître les lois du royaume, maréchal sans avoir tiré l'épée. N'avait-il pas commencé sa fortune en épousant la fille de la nourrice de Marie de Médicis? La disgrâce et la mort violente de Concini firent mettre à deux reprises son hôtel au pillage, opulente maison s'il en fut. Point de pitié pour le maréchal d'Ancre, qu'on arrêtait ne demandant qu'à fuir : il restait à flétrir d'une condamnation régulière la mémoire de l'un, en dressant un bûcher pour l'autre! L'hôtel fut confisqué, et Louis XIII lui-même l'habita quelque temps, à son retour de la Savoie ; la reine-mère demeurait alors au Luxembourg. M. de Luynes succédait pourtant à Concini, comme propriétaire rue de Tournon, et la maison bientôt fut destinée au logement des ambassadeurs extraordinaires. Chaque arrivée d'un nouvel hôte fut signalée par un jour de gala, mettant en jeu tous les ressorts d'une étiquette pleine de magnificence, et la ville entière prenait part au spectacle d'une cérémonie, représentation majestueuse, qu'on avait annoncée d'avance en indiquant l'itinéraire du cortége de bienvenue. On garda surtout la mémoire des entrées solennelles que firent à Paris, sous le règne de Louis XIV, le duc de Schrewsbury, ambassadeur extraordinaire et grand-chambellan de la reine de la Grande-Bretagne, et M. de la Vieuville, bailli, grand-croix, ambassadeur extraordinaire de l'ordre de Malte, ainsi que les ambassadeurs du czar de Moscovie et du roi de Siam. Le service des cérémonies amenait le représentant du monarque étranger à l'hôtel des Ambassadeurs, où il était complimenté de la part du roi par le premier gentilhomme de la chambre ; puis un autre jour était pris pour la présentation au souverain. Mehemed-Effendi, ambassadeur de la Porte, occupa sous la Régence la belle maison de la rue de Tournon. Mancini Mazarini, duc de Nivernais, donna ensuite l'hôtel Pontchartrain en échange de cet hôtel, que Peyre l'aîné restaura. Poëte au milieu des camps, le duc faisait des fables ; il occupa le fauteuil académique de Massillon, et il devint ministre. Sa seconde femme, née de Brancas, veuve du comte de Rochefort, cultivait elle-même les lettres ; elle mourut vingt-six jours après son second mariage. Le comte de Gisors, gendre du duc, avait été tué à Crevelt, et il avait laissé une très-jolie veuve, ainsi que l'atteste un portrait dont elle a gratifié son médecin, Bordeu. Par exception, il a été donné à M. de Nivernais la satisfaction de mourir dans son hôtel, à 82 ans, le 25 février 1798. Le conseiller d'État chargé du contentieux des domaines nationaux occupait sous l'Empire cette superbe demeure, qui devint en 1814 l'habitation de la duchesse douairière d'Orléans, et qui depuis 1830 sert de caserne à la garde municipale.

La maison occupée par le docteur Ricord et par la librairie Renouard est aussi de grande apparence. Les libraires Bossange et Masson étaient propriétaires de l'immeuble à l'époque où M. Renouard quitta la rue Saint-André-des-Arts pour la rue de Tournon. Le géomètre Laplace y demeurait, étant sénateur. Les relations d'amitié qu'avait antérieurement contractées ce savant avec Bonaparte, son collègue à l'Institut, l'avaient fait un moment ministre de l'intérieur, après le 18 brumaire ; il n'en fut pas moins pair de France, et de comte titré marquis sous la Restauration. Le *Dictionnaire* de Latynna nous représente la maison dont s'agit comme ancien hôtel Montmorency-Laval, plus anciennement Brancas. Le règne de Louis XVI, en effet, y trouva le duc de Brancas ; mais Bugnet, intendant de M. de Creil, conseiller d'État, et de la duchesse de Beauvilliers, avait acquis en 1752 ladite propriété, tenant à l'hôtel Montmorency et à la maison Saint-Aignan ; un des vendeurs de Bugnet avait été Lanfernat, comte de Villars ; Chauvel, grand-bailli d'Orléans, et d'autres Chauvel avaient été propriétaires avant, ainsi que J. B. Geoffroy Petit de Saint-Lienne, acquéreur en 1719 au prix de 391,863 livres. Le créateur avait été J. B. Terrat, marquis de Chantosme, chancelier du duc d'Orléans, le régent. Les Terrat, adjudicataires du terrain en 1656, avaient eu pour prédécesseur Nicolas Renouard de Chanteclair, et le chancelier avait pris Bullet pour architecte. Seulement l'hôtel Terrat, avant de passer Brancas, avait été assez longtemps une académie royale, école pour l'éducation des gentilshommes dirigée par Lamartinière.

Entre l'académie et l'hôtel des Ambassadeurs, Guy Chartraire de Saint-Aignan, conseiller au parlement de Dijon, fit construire une maison moins importante sur l'emplacement de l'hôtel Ventadour, qui lui avait été donné en l'année 1716 par sa sœur, épouse de David, lieutenant particulier au bailliage de Semur, tenant de Nicolas de Jassaud, président à la chambre des comptes. Ce dernier avait pris la place du prince de Rohan-Soubise et de sa femme, une Ventadour. La propriété était louée à Langlois, fermier-général, quand M. de Saint-Aignan légua ses biens à Chartraire, marquis de Ragny, après lequel vinrent le bourgeois Garnier, Mlle d'Orsan, fille majeure, et Jean Dulau-d'Allemans, curé de Saint-Sulpice. L'héroïne révolutionnaire Théroigne de Méricourt, locataire dans cette maison au moment où les titres de *Sire* et de *Majesté* étaient enlevés au roi par un décret de l'Assemblée, formait chez elle une sorte de club où brillèrent Danton, Camille Desmoulins et Fabre d'Eglantine. Aussi bien la section Mucius Scœvola, qui était celle du Luxembourg, se distingua particulièrement dans les soupers fraternels qui eurent lieu les 11, 12 et 13 mai 1793, et la rue de Tournon l'emporta entre toutes, par la largeur des tables y dressées, par le fumet du pot-au-feu civique, par l'égalité d'appétit qui supprimait une distinction de plus. La principale, dirait Jules Janin. Mais ce disciple de Brillat-Savarin est encore plus gourmand d'esprit, plat qu'il excelle à apprêter lui-même, que d'agapes à bouche que veux-tu. Il habitait sous Louis-Philippe l'ancien logement de l'héroïne, ou l'appartement contigu. La folle Jeanne d'Arc de la Révolution avait fini à la Salpêtrière.

Une autre femme, au contraire, fit fortune, après avoir vécu avec Hébert, démagogue fameux, dit le *Père Duchesne;* mais elle était devenue cartomancienne. Mlle Lenormand ne se contentait pas de jouer le rôle de pythonisse au n° 5 de la rue; elle publiait incessamment des livres pour se faire valoir elle-même et augmenter sa clientèle.

La famille d'Houdetot reste propriétaire du n° 12, le

dernier domicile de la comtesse d'Houdetot, que l'amour a rendue célèbre un demi-siècle avant sa mort. Cette maison, reconstruite par l'architecte Neveu, qui demeurait là sous Louis XVI, était au xviie siècle le grand hôtel d'Entraigues. Le petit du même nom répond au chiffre 14. Balzac d'Isliers, marquis d'Entraigues, les transmit à son fils et à son petit-fils, qui épousa Anne de Rieux. Les créanciers de Rousseau, qui avait acheté en 1699, transportaient quarante ans après la propriété tout entière à Bergoignon, simple traiteur.

Dans la maison qui suit fut à demeure le publiciste Mallet du Pan; il rédigeait alors la partie politique du *Mercure de France*, addition faite à cette publication par Panckouke, lequel assurait 8,000 francs par an à l'écrivain. Mallet ne s'est montré l'ennemi déclaré des innovations qu'au moment où elles ont franchi outrageusement et cruellement les limites du droit, du bon sens, du respect humain. Une visite domiciliaire, lorsque s'est répandue la nouvelle de la fuite du roi, a été faite chez le journaliste, qui a repris la plume avec vigueur après deux mois de silence obligé, pour ne la plus quitter, même en exil.

D'où vient le nom de l'empereur Joseph II, servant d'enseigne à un hôtel garni, de l'autre côté de la rue? Il n'y a pas grande probabilité, mais il n'est pas tout-à-fait impossible que le frère de Marie-Antoinette soit descendu incognito rue de Tournon, comme on le dit. C'était un souverain philosophe, qui ne se gêna pas pour rendre visite à J.-J. Rousseau, copiant de la musique, à Buffon en robe de chambre. L'hôtellerie a pris sa dénomination peu après le mariage de la sœur de l'empereur. A cette époque un autre hôtel garni, situé moins haut, s'appelait de Valois ; le cabinet d'estampes de M. d'Héricourt y attirait les curieux.

RUES GARANCIÈRE, SERVANDONI ET PALATINE.

La famille de Rieux, alliée aux d'Entraigues, était bretonne et marqua dans la Ligue. Réné de Rieux, évêque et comte de Léon, fit dessiner par Bobelini l'hôtel occupé en partie par l'imprimerie Plon, rue Garancière. De Rieux, seigneur de Sourdéac, y remplaça l'évêque, son oncle, depuis 1651 jusqu'à ce que ses propres créanciers, auxquels il fit abandon de ses biens, vendissent à Pierre de Pâris, conseiller au parlement, et à sa sœur, la présidente Dugué. La branche de Sourdéac remontait à Réné de Rieux, lieutenant-général au gouvernement de Bretagne, en faveur duquel Henri IV, qui se plaisait à l'appeler mon cousin, érigea l'île d'Ouessant en marquisat; Elisabeth Nivelle épousa l'arrière-petit-fils, Réné-Louis, dit le comte de Rieux, mais elle ne l'empêcha pas d'être le dernier Sourdéac. L'hôtel fut appelé successivement Léon, Rieux, Sourdéac, de la Sordière, Montagu, Lubersac et mairie du XIe arrondissement. Au même endroit avait surgi l'hôtel Garance ou Garancière, qui florissait au siècle XV.

Dulau-d'Allemans, gouverneur de Doullens, brigadier des armées du roi, prenait la maison au-dessus, en 1751, des mains de Boivin, procureur du roi au bureau des finances. La propriété au-dessus avait été vendue l'année d'avant par Elisabeth de Beauvau, veuve du duc de Rochechouart, premier gentilhomme de la chambre, à l'Aubespine, marquis de Verderonne, seigneur de Villeflix, lieutenant des gendarmes écossais, ainsi que trois autres maisons. L'une de celles-ci est le n° 5 de la rue Palatine, construite pour la princesse Anne-Charlotte, palatine de Bavière, qui survécut à son mari, Henri-Jules de Bourbon-Condé, et qui fût fixée au Petit-Luxembourg. L'archevêque de Sens habita longtemps la maison, puis M. de Bonald, l'écrivain et le philosophe. On retrouve rue Servandoni les deux autres maisons qui firent partie de l'acquisition dont s'agit. Les Filles de la Très-Sainte-Vierge, communauté dite de Mme Saujon, avaient été propriétaires, un siècle presque auparavant, de la totalité de ce terrain et des constructions qui s'y élevaient déjà. Dame Anne Saujon, supérieure de cette communauté créée en 1663, s'était mieux installée à trois aunées de là ; l'avocat Bénard avait cédé moyennant échange à Mme Saujon, assistée qu'elle était dans l'acte par Thérèse d'Auvray, Anne-Marie Lechevalier et Marie-Madeleine Divrot, filles de la communauté, *représentant la plus grande et saine partie desdites filles*, 75 toises « à prendre « dans les héritages du coin de la rue Neuve-Saint-Sulpice « (Palatine) et des Fossoyeurs (Servandoni), où deux mai- « sons sont bâties, » plus une grande maison tenant par-devant à la rue Garancière, par derrière auxdits héritages, en aile à la rue Neuve-Saint-Sulpice. Extension ambitieuse pour un communauté qui n'a duré que quatorze ans !

Les Dulau-d'Allemans occupèrent un hôtel de l'autre côté de la rue ; c'était probablement la seconde face de la maison qui leur appartenait rue de Tournon. Près de là, n° 1, Poncelin de la Roche-Tilhac avait ouvert un bureau de souscription à l'un de ses ouvrages : *Chefs-d'œuvre de l'antiquité sur les beaux-arts ; Monuments précieux de la religion des Grecs et des Romains, de leurs sciences, etc.* (2 vol. in-folio 1784). Beaucoup d'autres compilations sont dues à cet auteur d'une *Description historique de Paris*. D'éditeur il se mit imprimeur et libraire, pour publier des journaux et brochures patriotiques de sa composition, au commencement d'une révolution dont il épousa tout d'abord les idées avec enthousiasme. Il avait jeté le froc aux orties pour se faire homme de lettres et homme du monde ; il fut l'un des premiers à ne pas craindre d'y jeter aussi le célibat. Mais les événements du 10 août le ramenèrent, comme journaliste, à mettre de l'eau dans son vin ; un peu plus tard, il figurait au nombre des publicistes purement réactionnaires. Il attaqua Barras avec une violence qui lui valut les représailles d'un guet-à-pens. Poncelin fut enlevé par la police du Directoire, traîné au Luxembourg dans une pièce reculée, et fouetté jusqu'au sang. Est-ce que le Consulat ne vengea pas lui-même le Directoire, d'une manière plus complète, en rendant impossible l'indépendance d'une feuille politique ?

La princesse palatine a donné une fontaine à la rue Garancière, année 1715, et a laissé son titre à la rue Palatine, primitivement cimetière. La dénomination de l'autre rue fut due au fossoyeur de Saint-Sulpice qui habita, dit-on, le n° 1. Comme cette voie empiétait en formant coude sur le terrain de la place Saint-Sulpice, on l'appelait aussi rue du Pied-de-Biche, rue du Fer-à-Cheval. L'architecte Servandoni n'existait plus quand on s'est rappelé qu'il avait demeuré en face du fossoyeur, et l'auteur du portail de l'église Saint-Sulpice a été le parrain posthume de cette rue, en vertu d'un nouveau baptême. Un bas-relief d'une grande finesse, représentant la Charité, décore la porte qu'on regarde comme celle de Servandoni. Nous croyons, au surplus, que la communauté de Mme Picart, fondée en 1692 par la grande-duchesse de Toscane, le fut dans cette maisonnette et dans la maison attenante.

Les orphelins de la paroisse, dits Enfants de la mère de Dieu, eurent pour asile le n° 10, dont l'entrée est rue Canivet. Sous Louis XIV également, une communauté de filles occupa la seconde encoignure.

Est-ce à dire que tous les souvenirs se rattachent, rue Servandoni, à de pieuses fondations? Mlle Dangeville, qui a joué les soubrettes, les grandes coquettes et les travestis pendant un tiers de siècle, était propriétaire entre le comte de Breteuil et la famille Godonèche, qui avait l'angle de la rue de Vaugirard. Bourdelin, docteur en médecine, ayant pour locataire Dupin, seigneur de Montinéa, avait vendu en 1740 à la famille Botot. Mlle veuve Dangeville, rachetait douze ans plus tard la part des héritiers de son mari, avec lequel elle avait été commune en biens, et dans cette circonstance Marie-Anne Botot Dangeville, comédienne du roi, demeurant rue du Petit-Bourbon (aujourd'hui Saint-Sulpice) passait un nouveau contrat avec D^{lle} Marie-Hortense Racot de Grandval, veuve de Charles-Claude Botot-Dangeville, pensionnaire du roi, sieur Antoine-François Botot-Dangeville, maître de danse, membre de l'Académie royale de danse et pensionnaire du roi, dame Anne-Catherine Desmares, épouse du susnommé, François-Etienne Botot-Dangeville de Montfleury, Etienne Botot-Dangeville de Champmeslé, tous les deux comédiens pensionnaires de S. A. S. Électorale Palatine, et Nicolas Botot-Dangeville, bourgeois de Paris. Il y avait des troupes dramatiques moins bien composées que cette famille.

Du côté opposé, le procureur Jacob avait acquis des créanciers du duc de Bouteville les n°s 18 et 20, sur lesquels avaient eu des droits les Châtillon, par suite d'une alliance avec la famille de Meslay, introducteur des ambassadeurs, et postérieurement à l'adjudication de 1717 au profit de la comtesse Rouillé de Meslay, née Commans d'Astry. Cette propriété avait appartenu plus anciennement à M. de la Boissellerie, tenant d'une part au commissaire Chevalier, de l'autre à Mme Dubois. L'un de ces deux voisins se trouvait remplacé du temps de Jacob, par la veuve de l'avocat Mercadé, dont la maison touchait une plus grande maison à Girouard.

RUE DE VAUGIRARD.

L'Opéra. — L'Académie. — Le mariage du critique. — La princesse palatine. — Le geolier Marino. — Les Dames du Calvaire. — Les Filles du Précieux-Sang. — Les Carmes. — Les Filles de Sainte-Thècle. — Les religieuses de Notre-Dame des Prés. — Les Hôtels. — Les petites maisons. — La pension de Madame. — Les maisons de santé.

La maison où est mort Lekain et l'hôtel de Bussy ont disparu de fond en comble ; le procès n'a pas été long que leur a fait le saint-office de l'alignement à tout prix. Mais une propriété voisine répond encore au chiffre 9, rue de Vaugirard, après avoir été connue comme hôtel de Larochefoucauld-Bayers; la poussière des nouveaux décombres y gêne les travaux d'un imprimeur, encore moins aguerri que le juste dont Horace a dit :

Impavidum ferient ruinæ.

Quant à la salle de spectacle construite en cet endroit pour l'Opéra, sur le jeu de paume du Bel-Air, et qui ouvrit le 15 novembre 1672, par la représentation des *Fêtes de l'Amour et de Bacchus*, pastorale de Quinault, ce n'était qu'une salle provisoire. Lulli obtint, l'année suivante, l'autorisation d'établir l'Académie royale de musique, dont il avait alors le privilége, dans le théâtre que la mort de Molière avait rendu vacant au Palais-Royal. L'Opéra de la rue de Vaugirard se convertit en une académie d'équitation, dont l'imprimerie occupe justement le corps de logis principal. M. de la Guérinière et un écuyer du roi avaient la direction de cette institution royale, à l'usage des fils de famille, dont les principaux maîtres en 1720 étaient : pour les mathématiques, M. de Grimarets; pour les armes, M. Pilliard; pour la danse, M. Lecointre; pour l'exercice militaire, M. Poitiers, sergent d'affaires de la compagnie du chevalier d'Orsay, capitaine aux gardes-françaises. Il y avait alors deux autres académies du même genre, sous la protection du roi et sous les ordres du prince Charles, grand écuyer de France.

Les théâtres et les palais n'étant pas de notre ressort, jetons les yeux tout bonnement sur une maison venant après l'Odéon et vis-à-vis du Luxembourg. Elle avait pour hôte Jules Janin, à l'époque de son mariage, dont il a inséré la lettre de faire part en feuilleton dans les *Débats*, et ce jour-là ce fut une maison de verre, l'habitation du sage, autrement que ne l'avait été la résidence du célèbre critique dans la rue de Tournon.

Entre cette rue et la rue Garancière, une propriété fut acquise en 1705 par Cheuvy, capitaine de la garde ordinaire du duc d'Orléans. Possible que ce fût le 34, hôtel de Beaufort sous Louis XVI.

L'hôtel subséquent fut édifié sur le plan de Boisfranc pour la princesse palatine, veuve d'un Condé, alors qu'elle résidait au Petit-Luxembourg. Anne de Bavière y logea les officiers de sa maison. Outre de belles écuries, il s'y trouvait une cuisine comme on n'en avait pas encore vu, avec cheminée au milieu, et le service de la table était fait par une galerie souterraine qui reliait l'office au palais. Mlle de Clermont, princesse de Bourbon-Condé, Marie-Anne de Savoie et le comte de Mercy-d'Argenteau, ambassadeur de Joseph II, qui succédèrent à la princesse palatine, disposèrent pareillement de l'annexe du Petit-Luxembourg. Ce fut en 1793 le repaire de Marino, directeur de l'immense prison du Luxembourg, ancien peintre sur porcelaine, membre de la commune, qui fit aussi la police des spectacles. Ce geolier n'eut-il pas jusqu'à 3,000 prisonniers, dans ce qu'il appelait lui-même son magasin à guillotine? Quatre des membres du Directoire, puis le premier consul, puis Joseph Bonaparte séjournèrent à leur tour, en face; mais l'encoignure de la rue Garancière, donnée en location à des particuliers, n'a été rattachée que depuis peu, comme dépendance, au Grand ou au Petit-Luxembourg, maintenant palais du Sénat et de la présidence du Sénat.

L'un et l'autre de ces châteaux avaient été donnés par Louis XVI à Monsieur, comte de Provence, qui résida dans le plus grand, et qui aliéna le terrain où fut percée la rue de Madame. Jusque-là, le jardin du Luxembourg se prolongeait beaucoup plus loin, mais derrière des maisons que l'on a démolies successivement. L'une d'elles était le monastère des Dames du Calvaire, Bénédictines établies à Poitiers en 1617 par le père Joseph, confesseur du cardinal de Richelieu, par Mme Antoinette d'Orléans-Longueville et par Marie de Médicis; peu d'années après, elles furent installées dans l'enceinte du Luxembourg. La chapelle de ces religieuses subsiste seule, attenante à la Présidence.

Achat, en 1736, d'une maison au coin de la rue Férou par Jean-Noël Limojon de Saint-Didier : les Archives nous donnent ce renseignement. Plusieurs livres rapportent que les galanteries princières de Lauzun eurent les mêmes parages pour théâtre, et que le maréchal de Richelieu, y donnant rendez-vous à Mlle Maupin, la combla de présents. Toujours est-il qu'il y eut une arcade reliant les deux côtés de la rue Férou à son extrémité, indice d'une origine commune, bien que des souvenirs différents se rattachent à cette partie de la rue de Vaugirard. Un des enfants de Mme de Montespan, légitimés de France par Louis XIV, y fut mis en nourrice et surveillé par Mme Scarron ; il y en avait pourtant un rue du Regard. Entre la rue Férou et la rue du Pot-de-Fer, aujourd'hui Bonaparte, est marqué sur le plan de 1714 l'hôtel d'Elbeuf, qui avait été Kerveneau ou Kervessan, vendu en 1750 par Emmanuel-Maurice de Lorraine, duc d'Elbeuf, moyennant 86,000 livres comptant et 7,500 de rente, à Robillard, trésorier des troupes de la généralité de Rouen, lequel céda deux ans plus tard à Pierre-Charles de Villette, trésorier général de l'extraordinaire des guerres. Ce dernier, fixé rue de Beaune, a été céans remplacé par la famille de Rastignac ; il a laissé une grande fortune à son fils, le marquis de Villette, poëte léger, qui fut grand ami de Voltaire, et dernièrement un arrêt a cassé le testament du petit-fils, dont l'hôtel à Paris, rue de Vaugirard, 56, vient d'être acquis par le séminaire Saint-Sulpice. Toutefois le n° 50, au second angle de la rue Férou, comptait comme hôtel la Trémoille au xviiie siècle; la Ville en a fait récemment l'acquisition, pour y placer le presbytère de Saint-Sulpice, qui quitte la rue Servandoni.

Boulay de la Meurthe, vice-président de la République en 1849, habitait le 58, ancien hôtel Guistel.

Plusieurs maisons font suite qui ont appartenu aux Bernardines, Filles du Précieux-Sang, établies primitivement rue du Pot-de-Fer, au coin de la rue Mézières, sous l'invocation de sainte Cécile. Pour désintéresser des créanciers, elles avaient abandonné leur couvent ; puis, après deux ans de fermeture, elles s'étaient réunies à loyer rue du Bac ; enfin les libéralités des architectes Gabriel et Hardouin-Mansart, des marquis de Laval et de Montault, de Pierre Sauger, de Mme de Bidière et la duchesse d'Aiguillon, à laquelle son oncle, le cardinal de Richelieu, avait fait don du Petit-Luxembourg, permirent auxdites religieuses d'acheter, rue de Vaugirard, les trois maisons des frères Bonigalle, en 1658, et de les faire restaurer. Leur ci-devant domaine est divisé par une rue percée en 1824.

L'église des Carmes dépendait du couvent fondé par la reine-mère en 1631. De sanglantes traces de la Révolution, qui en avait fait une prison, furent effacées par la comtesse de Soyecourt, y ramenant des Carmélites, auxquelles succèdent des Dominicains. D'autre part, l'ancien territoire conventuel, qui s'étendait jusqu'à la rue du Regard, a vu créer près de la rue d'Assas une école déjà célèbre, qui forme des élèves pour l'Ecole polytechnique, Saint-Cyr et l'Ecole forestière, sous la direction d'ecclésiastiques. Le supérieur et fondateur de l'école des Carmes vient d'être nommé évêque de Marseille.

Les filles de Sainte-Thècle, qui se contentèrent d'abord d'une maison appartenant aux Carmes, dans notre rue, succédèrent, vers l'an 1700, à des Filles de la Mort, établies par Mony, prêtre de Saint-Sulpice, au second coin de la rue Notre-Dame des Champs. Ces dames donnaient asile aux femmes de chambre sans place. Elles vendirent, au bout de vingt ans, leurs deux corps de logis et leur jardin à Languet de Gergy, curé de Saint-Sulpice, pour l'orphelinat de sa paroisse. A très-peu de distance de cet établissement, le marquis de Gouvernet avait un beau jardin, prétentant la réunion de toutes les variétés de fleurs, qu'on allait voir comme une merveille en 1742. Un peu plus haut encore, pension de Madame, en d'autres termes maison d'éducation pour les demoiselles sous le patronage de Madame, comtesse de Provence. Des Carmélites y ont été placées à une époque moins éloignée, avant de passer avenue de Saxe, et Mme de Soyecourt, Carmélite elle-même, y a rétabli une chapelle. Aujourd'hui une société de patronage recueille dans cette maison, dirigée par des sœurs, les jeunes filles détenues, au moment de leur libération.

Du côté des numéros pairs, l'hôtel de Bauffremont ne venait pas beaucoup avant l'hôtel de Clermont-Périgny. Le fermier-général Bouret avait eu celui-ci pour petite maison, comme il s'en rencontrait plus d'une dans les faubourgs. La légation américaine y siégeait en 1816 ; ce fut ensuite la pension Vincent, dont les élèves suivaient les cours du collége Saint-Louis, puis l'hôtel d'une autre ambassade, présentement pension de demoiselles. A M. de Clermont-Périgny faisait face M. de Jaucourt ou de Soyecourt, dont l'hôtel n'est pas moins facile à reconnaître.

Au premier angle de la rue de Bagneux on avait vu des religieuses de Notre-Dame des Prés, maison supprimée en 1744, après un demi-siècle d'existence. Un des cimetières de Saint-Sulpice occupait la seconde encoignure, et la ferme de l'hospice des Incurables en était séparée alors par la barrière. La rue de Vaugirard y prenait le nom de Grande rue de Vaugirard.

On y désignait comme hospice de santé, quelques années avant la Révolution, le 150, présentement habité par des Franciscains. Là, Colombier, médecin, dont la spécialité est rappelée de nos jours par celle de Ricord, recevait les femmes atteintes de la lèpre des temps modernes, et les traitait, fussent-elles enceintes, ainsi que les enfants, fussent-ils nouveau-nés, qu'affligeait héréditairement le même mal. Une autre maison, dite hôtel de santé, était située plus près d'un hôtel Dubois de Lamotte, lequel se rapprochait encore davantage de l'hôtel Périgny.

RUE DE SÈVRES.

Tableau des principales maisons de la rue de Sèvres, en 1787, avec rappel de l'ordre numérique suivi à cette époque.

De l'ancienne barrière à la Croix-Rouge : — N° 29, hôtel Du Chayla ; 41, les Incurables ; au coin de la rue de la Chaise, les Petites-Maisons ; 85, l'Abbaye-aux-Bois : *Madame de Mézières de Béthisy, abbesse.*

De la Croix-Rouge à l'ancienne barrière : — N° 119, hôtel Camille de Rohan ; 120, hôtel de Ravel ; 129, les Filles de Saint-Thomas-de-Villeneuve ; 135, hôtel de l'Aubespine ; 145, hôtel de Saint-Exupéri ; 157, hôtel d'Estrehan ; 166, hôtel de Crussol ; 171, hôtel de Bourdeille ; 174, hôtel de Lorges.

Entre la barrière et le boulevard : — Maisons des Orphelins militaires, *tenues par le chevalier Paulet.*

Entre le boulevard et le nouveau mur d'enceinte : — N° 1, hospice de l'Enfant-Jésus ; 2, hospice Necker ; 7, institution de l'abbé Morel ; 24, institution de l'abbé Rollin.

La rue de Sèvres fut d'abord appelée de la Maladrerie, puis des Petites-Maisons, à cause d'un hôpital affecté aux lépreux, supprimé sous François Ier, et à la place duquel on construisit les Petites-Maisons. Des mendiants, des gens de mauvaises mœurs et des fous y furent enfermés; néanmoins l'établissement se divisa et fut surtout un hôpital, comme nous l'avons rapporté dans la notice de la rue de la Chaise. C'est l'asile des Petits-Ménages depuis l'année 1801.

L'hospice des Incurables a eu pour fondateur le cardinal de Larochefoucauld, en 1634. On y recevait les deux sexes, bien que les infirmités de l'un aient toujours différé des infirmités de l'autre. N'est-ce pas qu'on eût trouvé cruel de les séparer tout à fait et pour jamais? L'incurabilité, inexorable clause également imposée, condition à remplir avant toute admission, autorisait sans doute une consolation et une distraction prévues, dans ce rapprochement suprême, d'humanité mieux entendue qu'une séparation absolue. Tous les lits de l'hospice de la rue de Sèvres sont absorbés aujourd'hui par les femmes; les hommes sont relégués rue Popincourt, après l'avoir été aux Récollets.

Entre cet établissement et la barrière, en regard de la rue Saint-Placide, fut un cimetière de Saint-Sulpice.

L'Abbaye-aux-Bois, fondée en 1207 dans le diocèse de Noyon, s'établit à Paris sous les auspices de Charlotte de Bavière, veuve du duc d'Orléans et mère du régent. Cette abbaye royale, de l'ordre de Cîteaux, avait porté le titre des Dix-Vertus, au xviie siècle; les pensionnaires y payaient vers la fin 600 livres. Des veuves et des demoiselles d'un âge rassurant y prennent leurs invalides, en notre siècle, chez des chanoinesses de Saint-Augustin, congrégation de Notre-Dame, qui tiennent aussi un pensionnat nombreux et une classe gratuite d'externes. Madame Récamier y a passé dans une retraite peu rigoureuse la dernière partie de sa vie ; son salon y a joui d'une longue influence sur les élections académiques, sur la hausse et la baisse des réputations, voire même sur les affaires. D'autres femmes quittent le monde sans qu'il coure après elles ; mais l'attrait de l'esprit d'une femme et le charme de sa société n'ont jamais d'âge. L'appartement de madame Récamier resta ouvert, à l'Abbaye-aux-Bois, depuis midi jusqu'à minuit; elle y ressaisit plus d'empire que l'éclat de la jeunesse, de la beauté et d'un grand train de maison ne lui avaient valu d'hommages à l'époque du Directoire.

La principale entrée du couvent des Prémontrés réformés, dits du Saint-Sacrement, ne donnait pas rue de Sèvres, sous Louis XIV, mais bien rue du Cherche-Midi. On reconnaît toutefois l'ancien édifice conventuel dans l'aile droite du n° 11 actuel. Ces religieux ne durent pas tout aux libéralités d'Anne d'Autriche ; ils s'agrandirent successivement au moyen d'acquisitions, et des maisons voisines qu'ils avaient fait bâtir sur les deux rues étaient données en location. Mallet, tailleur d'habits, vendit le 2 juillet 1748 auxdits chanoines réguliers de l'ordre des Prémontrés, de la maison du Saint-Sacrement sise rue de Sèvres, une maison et un petit jardin contigus dans ladite rue à leur couvent, et que la femme de Mallet tenait de la Violette, marchand de cidre, son père.

La suppression générale de 1790 atteignit les hospitalières de Saint-Thomas-de-Villeneuve, comme toutes les congrégations ; on assure néanmoins que pendant la Révolution, des malades furent soignés encore par ces sœurs, qui n'avaient perdu que l'habit et les revenus de leur maison. Toujours est-il que nous les retrouvons dans la propriété qu'elles ont acquise en 1700 de Mlle Jeanne de Sauvaget, dame de Villeneuve. Le père Proust les avait réunies en Bretagne et introduites dans la grande ville ; à sa mort elles ont élu pour supérieur le curé de Saint-Sulpice. La métropole de l'institut des sœurs de Saint-Thomas-de-Villeneuve a toujours été rue de Sèvres ; elles y pansaient tous les jours à dix heures du matin les plaies des indigents, et elles y donnaient à dîner à ceux qu'elles avaient saignés. OEuvre de charité poursuivie depuis lors avec un zèle toujours nouveau !

Quant aux hôtels désignés comme voisins de cette maison religieuse par le tableau de 1787, ils portent tous un siècle et des étages de plus, qui ne les défigurent pas trop. En face des Petites-Maisons, une propriété peu importante avait été achetée en 1675 par Leroy, chirurgien du roi et chirurgien-major de ses armées, qui habitait déjà une maison attenante; une autre à trois corps de logis, avec jardin, avec chantier, avait été vendue par Chauveau, avocat, à Christophe André, secrétaire du roi, en 1692. La Compagnie de Jésus occupe depuis 1823 l'hôtel de l'Aubespine.

A l'année 1666 on a fait remonter l'arrivée rue Saint-Maur, des Dames de Saint-Maur, qui forment des élèves et des institutrices. C'est, en effet, pour s'agrandir qu'elles ont acquis, de notre temps, rue Saint-Maur l'hôtel Jumilhac, et rue de Sèvres, 83, un hôtel de Prunelay, qui a dû porter d'autres noms. Cependant Vallin de l'Orberie, fils et héritier de Vallin, secrétaire du roi, a vendu, le 22 juin 1747, à Mlle Catherine de Bosredon, *pour la fondation faite par elle des écoles charitables sous le titre d'Hospice ou Noviciat des jeunes filles qui se destinent à l'instruction des jeunes filles pauvres et au soulagement des malades*, la maison à l'enseigne de la Fleur-de-Lys-d'Or, située rue de Sèvres, tenant au sieur Dutron et à ladite demoiselle de Bosredon. Ces dames, au surplus, avaient été établies à Saint-Maur avant de former la maison dont la rue a reçu le nom par ricochet.

Au n° 95, ancien hôtel du duc de Lorges, une pension a été remplacée en 1816 par la Congrégation des Prêtres de la Mission, dits Lazaristes, qui avait été supprimée par la Révolution au seminaire de Saint-Firmin, rue Saint-Victor. Une procession à laquelle assistaient dix-sept évêques, tout le clergé de Paris et pour ainsi dire du diocèse, les Frères des écoles chrétiennes, les Sœurs de la Charité et les Enfants-trouvés, eut lieu le 29 avril 1830, pour la translation des reliques de saint Vincent-de-Paul dans la chapelle des Lazaristes. C'est la plus belle solennité religieuse dont Paris ait été le théâtre depuis les grandes processions de la châsse de sainte Geneviève.

Sur ce informons-nous d'un hôtel de Choiseul, qui existait réellement sous Louis XV, dans la rue dont nous vous parlons, mais qui n'y était déjà plus sous le règne suivant. D'après une tradition, Mme de Gramont, sœur du duc de Choiseul, en aurait été gratifiée par le roi dont son frère a été le plus grand ministre. Seulement un voisinage tant soit peu inquiétant y donnait à craindre une disgrâce plus rigoureuse que l'exil de Chanteloup. Féron, salpétrier du roi, se rendit adjudicataire en 1752 d'une maison déjà occupée par Laval, autre salpétrier, et sise rue de Sèvres, près de l'hôtel Choiseul. A une telle proximité d'un magasin à poudre tout le monde a peur de sauter, et surtout un premier ministre ! Ne nous étonnons plus que les Choiseul aient pris en grippe cette habitation, et qu'on ait condamné la porte qui ouvrait sur la rue de Sèvres. Mesure de précaution qui a tourné au profit de la rue Saint-Romain, laquelle y gagne une maison répondant au n° 4 ! Aussi bien quelque Saint-Simon y résida du vivant de M. de Choiseul, puis Mme de Kérouanne, à la fin de l'ancien régime, puis Mme Adamson, veuve du naturaliste, à l'époque du retour des Bourbons.

Le bureau, dit de Sèvres, pour la perception des droits d'entrée, etc., figure sur la carte de Paris en 1714, un peu avant la rue de la Barouillière. On lit après cette rue, sur le plan de 1739 : *Combat des animaux*. Ce spectacle donnait les jours où les théâtres ordinaires faisaient relâche, notamment pendant la semaine sainte. Des affiches annonçaient d'avance que des animaux domestiques et sauvages se battraient les uns contre les autres ou contre des dogues. On tuait dans l'arène, les jours de grande fête, non-seulement des taureaux, mais encore des lions, des tigres, des loups, des ours. Le spectacle finissait par le divertissement du *Peccata*, mettant les chiens aux prises avec un âne, et par un hourvari, apothéose canine, quelquefois couronnée par un feu d'artifice. Le cirque de la rue de Sèvres fut transporté vers 1778 à la barrière du Combat, près de l'hôpital Saint-Louis.

L'orphelinat militaire qui entretenait aux frais du chevalier Paulet 150 enfants, et qui leur donnait un état, avait pour siége l'angle de la rue Mayet, ou bien le couvent des Oiseaux. Une volière en vue sur le boulevard a fait surnommer des Oiseaux une maison dans laquelle furent placés des blessés, français et de toutes les nations, en 1814 ou 15, et où se sont fixées, trois ou quatre ans plus tard, des Chanoinesses de la congrégation de Notre-Dame. Tout le secret de la réputation du pensionnat à la tête duquel sont ces dames, consiste à inspirer d'avance à chaque élève l'idée de leur confier sa fille. Entre la chemin de Sèvres et le chemin de Vaugirard, avait été le clos Galland, mesurant dix arpens et comportant une maison à deux ouvertures ; cette propriété avait appartenu à Auguste de Galland, membre des conseils d'État et privé, puis à sa veuve, Marie Delorme ; Simon Hénot s'en était rendu adjudicataire en 1657 ; ensuite étaient venus les Thomas, puis l'avocat Lejeune de Franqueville. Le boulevard du Midi avait été tracé sur ledit clos.

Portion du même terrain fut occupée d'abord par la communauté des Gentilshommes, maison d'éducation pour les filles de la noblesse pauvre. On y donnait aussi du travail et des vivres aux femmes indigentes de la classe ouvrière. Cette institution fit place en 1735, à l'établissement hospitalier des Filles de l'Enfant-Jésus, créé par le curé de Saint-Sulpice et tenu par les dames de Saint-Thomas-de-Villeneuve. C'était à la fois un asile et un hospice ; on n'y reçoit plus que des enfants malades depuis 1802.

Mme Brissonnet, veuve de Letonnelier, membre du grand conseil, avait doté une communauté naissante de trois arpens et demi de territoire au lieu dit Jardin Olivet, qui pouvait bien avoir été le premier nom du clos Galland. La supérieure de cette maison pauvre céda aux Bénédictines de Notre-Dame-de-Liesse, antérieurement rue du Vieux-Colombier. Louis XVI, Mme de Necker et le curé de Saint-Sulpice substituèrent à ce couvent l'hospice des paroisses Saint-Sulpice et du Gros-Caillou, desservi par des religieuses. L'une d'elle, femme très-entendue, administrait au nom de la femme du ministre, qui avait pris les lieux à bail : le roi payait une rente de 42,000 francs, pour 120 lits. La République fit de cet établissement l'hospice de l'Ouest; mais elle ne retira pas à la première sœur la confiance qu'elle méritait. Un prêtre constitutionnel venait dire une messe, à laquelle n'assistait plus la religieuse, qui continuait seulement à faire remplir les burettes de l'autel. Un jour que le citoyen prêtre avait éprouvé un malaise, après avoir vidé le calice destiné à la consécration du vin, on le soupçonna un peu vite de n'avoir pas officié à jeun; il s'en vengea en accusant la sœur d'avoir voulu l'empoisonner. Le comité du Bonnet-Rouge, section de la ci-devant Croix-Rouge, fit arrêter immédiatement l'hospitalière et saisir les burettes. Le reste du contenu, soumis à l'analyse de Boudet père, pharmacien, fut reconnu de l'absinthe pure. On ne faisait encore usage qu'en médecine de ce qu'on appelait le vin d'absinthe. Boudet déclara hautement que ce breuvage, bien loin d'être un poison, purifiait la masse du sang, tout en dégageant l'estomac; il en fit la réputation, comme liqueur apéritive, et la sœur reprit son service.

La rue Masseran, qui débouche vis-à-vis l'hospice des Enfants, est de création moderne et porte le nom d'une famille sarde. Le prince Masseran y est mort dans un hôtel édifié sous l'Empire, et que des Rohan ont aussi habité. Comment y verrions-nous, pour accorder un souvenir historique avec les on-dit du quartier, la maison de campagne du duc de Cellamare, chef d'une conjuration contre le régent? Il est vrai qu'une maison, 90, rue de Sèvres, a du se rattacher à tout le territoire de l'hôtel et de la rue Masseran, et qu'on a pu en démolir une autre. L'abbé Rollin, maître de pension, n'est certainement venu qu'après l'ambassadeur d'Espagne. Les Dames de la Visitation, maintenant rue de Vaugirard, ont occupé l'ancienne pension Rollin, avant les sœurs de la Croix-de-Saint-André.

Liv. 57

LES ANCIENNES MAISONS

Des rues des Martyrs, Pigalle, Lorochefoucauld, de la Tour-des-Dames, du Rocher, de la Pépinière, du Four, Princesse, du Vieux-Colombier et du Jardinet.

NOTICES FAISANT PARTIE DE L'OUVRAGE INTITULÉ :

LES ANCIENNES MAISONS DE PARIS SOUS NAPOLÉON III

PAR M. LEFEUVE,

Monographies publiées par livraisons séparées, avec table de concordance à la fin de la publication.

RUE DES MARTYRS.

Les guinguettes. — La brasserie. — Les petites maisons. — La maîtresse du duc d'Orléans. — M. de Malesherbes.

La rue des Martyrs n'a pas toujours été distinguée de la rue du Faubourg-Montmartre, qu'on a été jusqu'à confondre elle-même avec la rue Montmartre. Néanmoins le chemin des Martyrs, dénomination plus ancienne, commençait près la rue du Jour à la fin du XIIe siècle ; il n'a reculé que par étapes, et il n'a battu en retraite qu'en laissant son nom à une rue, située comme on disait alors aux Porcherons. Des guinguettes s'étaient groupées autour de la chapelle des Porcherons, remplacée en 1646 par une église Notre-Dame-de-Lorette, voisine de l'église actuelle : le lieu s'appelait des Porcherons. Mais le souvenir des supplices dont les buttes Montmartre avaient été le théâtre à l'époque des persécutions du christianisme, ce souvenir fut toujours consacré par le nom du chemin ou de la rue des Martyrs. On y revint en 1806, après l'infructueux essai d'une désignation exclusivement sépulcrale. Les inscriptions de 1793 avaient porté : rue et barrière du Champ-du-Repos.

Parais, ombre de Ramponneau, et restitue leur enseigne aux guinguettes ! Il y en avait pour tout le monde. Les charmilles du Bœuf-Rouge sont rappelées par un jardin, derrière le n° 12, construction moderne qui remplace une maisonnette : M. Hittorf, le savant architecte, chez lequel on arrive par la rue Lamartine, ici et là succède à son beau-père, M. Lepère, également architecte, l'un des auteurs de la colonne Vendôme. Le Lion-d'Argent était au n° 16. Riccoli a versé à boire et fait danser dans les salles rapetissées d'un restaurant, dit du Faisan-Doré depuis 1843. Autant d'établissements pareils s'échelonnaient aux Porcherons, où la bonne fortune souriait lestement au plus mince commis ; autant les crémeries se suivent de nos jours, dans les mêmes parages, et on y fait directement crédit aux danseuses qui brillent dans d'autres bals publics. Les gaietés de

Paris ne se contentaient pas d'un lieu de rendez-vous ; elles fondaient un nouveau quartier, en restant associées au mouvement des affaires. La foire Saint-Germain, la foire Saint-Laurent, la Courtille, le Vauxhall du boulevard du Temple, les cabarets de la Rapée et le Jardin du Colisée, ne firent-ils pas concurrence aux guinguettes des Porcherons? Nulle part les plaisirs n'étaient plus populaires, au xviiie siècle, bien que les grands seigneurs se gardassent d'y demeurer tout à fait étrangers. Notre brasserie de la rue des Martyrs, que fréquentent surtout des peintres et des gens de lettres, passe pour un refuge agréable, pour un abri contre le décorum, pour le cercle de la bohême, moins soucieux que tous les autres cercles, et l'esprit satirique y dgaube, enénéral, l'ancien régime ; mais cet eldorado de la jeunesse en belle humeur, en verve et en déshabillé, il eût paru infiniment moins gai quand florissaient les Porcherons : tel devait être le point de réunion du guet, lorsqu'on venait de le rosser. La bière elle-même en ce temps-la moussait, et envoyait des bouchons au plafond, une excitation au cerveau ; maintenant c'est une eau dormante, plus ou moins jaune, une potion dont on se gorge, un lavement dont on abuse, et qui n'aspire qu'à descendre.

Il y avait aussi rue des Martyrs ce qu'on appelait alors des petites maisons. Nous en reconnaissons deux toutes petites au n° 38, mais dans le fond, et au n° 77. Plusieurs autres formaient groupe entre les n°s 21 et 29, vaste propriété divisée par madame Hélène vers 1830. Une de ces maisons pourvues de jardins a été habitée par le poëte Béranger et son ami, le député Manuel, puis par M. de Lawœstine, avant que M. Gaillard, juge au tribunal de commerce, y substituât les remises de son hôtel.

Dans cette rue précisément le duc de la Trémoille, sous le règne de Louis XV, avait un pied-à-terre pour ses galanteries; le 28 décembre 1762 il y donnait à souper à MM. de Froulay, d'Étampes, de Vieuville et de Valençay, ainsi qu'aux demoiselles Lozanges, Saint-Martin, Ledoux et Buart, figurantes à l'Opéra.

Dans le corps de ballet du même théâtre était la demoiselle Marquise, à demeure rue des Martyrs deux ans avant. Elle avait déjà des relations avec le duc d'Orléans, père de Philippe-Égalité, et elle mit au monde un garçon, qu'il fut question de légitimer. Les avis du conseil que le prince assembla à deux reprises, pour en délibérer, furent partagés : l'abbé de Breteuil, chancelier de sa maison, était favorable au projet; mais le prince de Conti parlait contre avec énergie. Aussi bien le duc d'Orléans n'était pas sûr que l'enfant ne ressemblât pas au jeune marquis de Villeroi. Mais au commencement du mois de mars suivant, il annonça à toute sa cour la seconde grossesse de sa maîtresse. Marquise fut surprise à Bagnolet, pendant l'été, par les douleurs de l'enfantement; elle accoucha de deux enfants, différents par le sexe, mais tous deux assez délicats pour qu'on jugeât prudent de les baptiser sur-le-champ, en l'absence du prince. M. le curé de Bagnolet demanda quel était le père au parrain et à la marraine, qui n'osèrent pas le nommer, et le baptême fut retardé. Au surplus, les enfants vécurent.

L'auréole d'un souvenir tout différent couronne la notice qui va finir. Recherchons où a résidé Guillaume de Lamoignon-Malesherbes, ministre d'État, qui avait réuni auprès de lui un curieux cabinet d'histoire naturelle. Ce courageux défenseur de Louis XVI a subi le même sort que le roi peu de temps après. De son hôtel il reste une cité, qui en porte l'illustre nom, et une maison venant après, qui dépendait de la propriété.

RUES PIGALLE, LAROCHEFOUCAULD ET DE LA TOUR-DES-DAMES.

La poste aux chevaux. — Les Amis-Réunis. — Mademoiselle Raucourt. — La demoiselle Adeline. — Bellanger. — Madame Boursault. — Madame Scribe. — Pigalle. — Picot. — Volney. — Laporte. — Fortia-d'Urban. — Baudin. — M. de Sancy. — M. Lestapis. — Mademoiselle Mars. — Mademoiselle Duchesnois. — La demoiselle Ozi. — Horace Vernet. — Paul Delaroche. — Talma. — Grisier.

Clic-clac! Voici la poste aux chevaux. Mais cette institution du roi Louis XI a perdu toute son importance depuis la création des chemins de fer. La poste aux chevaux fait des déménagements; ses postillons se cachent sous des blouses de roulier. Pourtant des chevaux de poste s'attellent encore à des voitures découvertes, les jours de course aux environs de Paris, ou de grandes eaux à Versailles, quelquefois même les jours de carnaval, et alors reparaît le costume traditionnel : chapeau de cuir, veste à parements rouges, plaque en cuivre sur la poitrine, boutons blancs non moins astiqués, culotte verte ou jaune en peau, bottes énormes, et petit fouet à manche pomponné. Clic-clac, clic-clac! Piétons, garde à vous : cet équipage a mené loin, plus loin que n'ira jamais la vapeur; il a franchi encore plus de montagnes que la mine n'en fera sauter, et quand il a versé des voyageurs, il est resté près d'eux jusqu'à la guérison des contusions et des blessures, au lieu de fuir comme une locomotive qui ne s'arrête pas pour si peu. Clic-clac! Au dos des postillons est restée plus longtemps la poudre que dans les cheveux de l'aristocratie, qui se rajeunit autrement, en ayant recours à l'eau de la Floride. Clic-clac!

La poste aux chevaux était rue Contrescarpe-Dauphine, avant la Révolution; un bureau pour la délivrance des passeports y demeurait ouvert même la nuit; Lanchère de la Grandière, bisaïeul maternel de MM. Dailly frères, était déjà maître de poste, en vertu d'un brevet signé le 16 août 1786. Or depuis le même temps le bureau de la direction générale des postes aux chevaux du royaume était rue Neuve-des-Mathurins; on y prenait également des passeports, mais seulement pendant la journée; le duc de Polignac avait la charge de directeur-général, avec survivance promise au marquis de Polignac. Le fils et successeur de Lanchère ne resta pas longtemps rue Contrescarpe; il était place Saint-Germain-des-Prés lorsqu'il donna sa fille et son établissement en 1814 à M. Dailly, père des maîtres de poste actuels. C'est en août 1830 que M. Dailly s'installa rue Pigalle, dans un hôtel auquel il venait d'ajouter des constructions aux dépens d'un jardin. M. Schikler, vendeur, n'avait pas habité cette propriété, dans laquelle des bureaux déjà avaient été placés sous la Restauration, et d'autres bureaux sous Louis XVI. Hersant-Destouches, intendant-général de la maison et finances de la comtesse d'Artois, avait quitté la rue Saint-Marc, en 1787, pour établir en cet endroit son administration, sa résidence et son cabinet de tableaux.

A cette époque la loge maçonnique des Amis-Réunis se trouvait au 34. De plus, une maison dont nous croyons revoir et le jardin et d'autres restes, à l'angle de la rue de Laval, servait d'habitation à mademoiselle Raucourt. Cinq ans avant on avait joué *Henriette*, comédie en trois actes, écrite par la belle et imposante tragédienne, à laquelle Dorat s'adressait en ces termes :

Toi, la plus belle des Didons!

Adeline Riggieri, née à Venise, comme sa sœur aînée, Colombe, et attachée comme elle à la Comédie-Italienne, pendit la crémaillère en 1788 dans un petit hôtel, élevé pour elle sur les dessins de Bellanger : on y remarquait un boudoir en stuc. Figurante et danseuse à l'Opéra dès l'âge le plus tendre, Adeline avait été mise dans ses premiers meubles par M. de Selle, conseiller honoraire au parlement; elle y avait vécu avec ce protecteur d'un âge respectable. La demoiselle Bouscarel aînée avait été pourtant son chaperon, et l'avait présentée au duc de Chartres, avec la protection de M. de Fitzjames; puis toutes deux avaient suivi la cour en novembre à Fontainebleau, où la meilleure conquête d'Adeline lui avait attaché pour un mois le comte de Roze, avant qu'elle se retournât du côté de l'ancien magistrat. Des succès de ce genre avaient sans doute ralenti au point de vue du talent ses progrès, car elle n'avait cessé d'être considérée comme débutante, à son théâtre, qu'en 1779. Adeline est morte à Versailles en 1841.

Une autre maison avait été bâtie au même temps par Bellanger, qui l'habita. Il était premier architecte du comte d'Artois; la Révolution ne le priva que de sa liberté pendant un certain temps. Peu de jours avant la mort de Louis XVII, un commissaire de la commune dessinait le portrait du jeune martyr, dans la prison du Temple, et ce commissaire n'était autre que Bellanger. Il prit l'initiative en 1814 du rétablissement par souscription de la statue de Henri IV sur le Pont-Neuf. Le comte d'Artois avait refait Bellanger intendant de ses bâtiments.

Henri, confrère de Bellanger, édifia pour M. Vassal en 1790 une maison de plus grande importance, qui nous a tout l'air de répondre aux n°s 19, 21 et 23. Mais, outre les immeubles qui nous rappellent mademoiselle Raucourt, les Amis-Réunis, le chevalier Destouches, il en est au moins cinq dont la création remonte a peu près à la même époque: deux seulement ont appartenu à Bellanger et à Adeline. Le 27 a été laissé par madame Boursault, veuve de l'ancien fermier des jeux, à sa fille, madame de Rubempré. Le 10 n'a que peu d'importance ; madame veuve Scribe en dispose, ainsi que de l'hôtel moderne qui vient après, et dans lequel dernièrement le célèbre auteur dramatique a rendu le dernier soupir.

Le 17 passe pour la plus ancienne des maisons encore debout qui aient été bâties dans le temps ou la rue s'appelait rue Royale, c'est-à-dire depuis l'an 1772 jusqu'à la République. Mais un chemin avait passé par là avant la rue. Si le sculpteur Pigalle y a demeuré, comme on le dit dans quelques livres, c'est probablement au 17. Le nom de rue du Champ-d'Asile fut substitué à celui de rue Royale ; puis l'an XI on dit rue Pigalle. D'aucuns rapportent qu'elle était habitée à cette époque par mesdemoiselles Pigalle, parentes de l'artiste mort sous l'ancien régime. Seulement le sculpteur illustre avait épousé à un âge avancé sa propre nièce, et aucun enfant n'était né de ce mariage.

Nous croyons que la rue Larochefoucauld a dû également sa dénomination en 1790 à un hommage posthume rendu à la mémoire de l'auteur des *Maximes*. Toutefois le bas de cette rue s'appelait déjà ruelle de la Tour-des-Dames, dans les premières années du même siècle. Picot, l'éminent peintre, y habite une maison, décorée de bas-reliefs, qu'il a fait édifier lui-même, bien qu'elle date au moins de trente ans. A cette construction fait pendant le n° 25, dont la façade est ornée d'une statue et de deux bustes. A l'intérieur de cet autre édifice, dont les proportions ne sont pas plus ambitieuses, on lit :

L'an 1802, le voyageur Volney, devenu sénateur, peu confiant en la fortune, a bâti cette petite maison, plus grande que ses désirs.

Chassebœuf de Volney, constituant, avait dédié à l'Assemblée son ouvrage, *les Ruines*, sans qu'il y eût intention ironique de sa part; il n'eût pourtant quitté, sans le 9 thermidor, la prison que pour l'échafaud. Sa participation au succès du 18 brumaire l'a fait ensuite sénateur et comte de l'empire. Mais il n'est pas exact qu'il se soit toujours contenté de son habitation de la rue Larochefoucauld : il a donné plus tard la préférence à un grand hôtel de la rue de Vaugirard. Mort pair de France en 1820, il avait épousé dix ans plus tôt sa cousine, mademoiselle de Chassebœuf.

Arnaud de Laporte, intendant-général de la marine, avait été ministre; il demeurait dans cette rue avant de passer en Espagne. Louis XVI l'a rappelé, pour le faire intendant de la liste civile en 1790, et deux années après l'éprouvé confident payait de la vie son dévouement à une cause perdue. La résidence de M. de Laporte n'est plus reconnaissable au n° 23, hôtel neuf remplaçant un hôtel délabré; pas beaucoup plus au n° 19, bien que l'ancien ministre ait dû en jouir.

Aussi bien un hôtel de la rue Larochefoucauld se trouve placé rue d'Aumale, depuis le percement de cette dernière rue; il appartient à M. le comte François Clary, cousin de l'empereur. Le marquis de Fortia d'Urban, membre de l'Institut, y a cessé de vivre dans sa quatre-vingt-huitième année, le 4 août 1843. Parmi les écrits innombrables de cet auteur figure une brochure, que nous avons vainement cherché à consulter, et dont voici le titre : *Recueil des titres de propriété d'une maison et terrain situés au faubourg Montmartre.* (In-12, avec plan, 1809.)

Un autre littérateur, le marquis de Custine, se rendait acquéreur en 1834 du n° 12, où la maréchale Ney avait passé quelques années, et qu'avait fait construire la famille de Nicolas Baudin, marin et botaniste, mort en 1803. Certaine avenue Baudin a relié la rue à une avenue Saint-Georges, donnant rue Saint-Lazare. Le n° 6 fut acheté sous la Restauration par la mère de M. de Sancy, propriétaire actuel.

Vis-à-vis est l'hôtel du prince de Wagram, précédemment à mademoiselle Mars, et duquel nous avons parlé dans la notice de la rue Saint-Lazare. Il nous faut répéter aussi que cette propriété, qui ouvre sur trois rues, avait appartenu à Bougainville. De là vient que la rue servant de trait d'union aux rues Pigalle et Larochefoucauld, a été la rue Bougainville; mais à cette désignation momentanée a succédé celle de la Tour-des-Dames. Dès le xve siècle on connaissait un moulin dit la Tour-des-Dames, qui n'a été détruit qu'en 1822, et dans ses murs épais on a trouvé une petite provision de vin, mis en bouteilles du temps de Henri IV : trop de vieillesse l'avait décomposé. Les dames de l'abbaye de Montmartre étaient en possession de ce moulin, autour duquel un chemin faisait cercle. Territoire englobé par un hôtel primitivement destiné au prince Paul de Wurtemberg, mais achevé pour M. Baillot, pair de France, et maintenant à M. Lestapis.

Ne s'étonne-t-on pas qu'une rue aussi courte et aussi peu passante regorge déjà de souvenirs? Nous les trouvons, quant à nous, trop modernes, comme s'ils vieillissaient plus lentement que nous : qu'ils n'aillent pourtant pas se perdre! Si le n° 1 n'a pas su bien garder les diamants de mademoiselle Mars, c'est que les rues tranquilles attirent les voleurs; mais à quelque chose il est bon que la police y soit mal faite, puisque mademoiselle Duchesnois a caché au n° 3, pendant et après les Cent-Jours, des victimes désignées tour à tour aux vengeances de l'un et de l'autre parti. Cette rivale de mademoiselle Georges a retiré chez elle la mère de Lavalette; elle a tenté de sauver Labédoyère. Le même toit, trente ans après, abritait la demoiselle Ozi, femme de théâtre.

Immédiatement après viennent deux maisons habitées par Horace Vernet, puis par son gendre, Paul Delaroche, lequel y a fermé les yeux. Un autre grand artiste s'est éteint au n° 9 en 1826 : Talma. Enfin celui de tous les maîtres d'armes dont on aura le plus parlé, Grisier, demeurait au n° 12 sous Louis-Philippe.

RUE DU ROCHER.

Le duc de Chartres, qui prit plus tard le nom de Philippe-Egalité, avait sa petite maison rue du Rocher, ou rue des Errancis, dans le faubourg dit de la Petite-Pologne comme l'ancienne barrière placée au bas de la rue. Le prince transféra rue de Valois-du-Roule l'hôtellerie de ses plaisirs, pendant que le crayon de Carmontel faisait surgir, comme par enchantement, toutes les merveilles des Folies de Chartres, dont le parc de Monceaux, quoique beaucoup réduit, donne encore une idée. A cette époque la rue du Rocher allait seulement jusqu'à la rue de la Bienfaisance, et le reste s'appelait des Errancis, des *Estropiés* en français plus moderne. Les deux rues en effet ne répondirent pas au même nom avant 1807. Au commencement du règne de Louis XV, ce n'était encore qu'un chemin, serpentant entre trois moulins, les moulins Boute-à-Feu, des Prunes et de la Marmite.

Sous le règne suivant, trois fermiers-généraux avaient à leur disposition autant de maisons de plaisance qu'il y avait eu de moulins, et l'une des trois était probablement celle dont le prince avait joui. Voici leurs numéros actuels : 26, 30, 64. Le premier de ces petits hôtels appartint certainement aux héritiers du fermier général Varanchan de Saint-Geniès, lequel avait eu pour allié M. de Chalut, son confrère. De la seconde propriété, avec entrée nouvelle par la rue de Vienne, M. Riant est propriétaire, et les tranchées du chemin de fer ont fait de sa maison, vue par derrière, un belvéder très-élevé. La troisième fut la résidence de Joseph Bonaparte et, à un autre moment, celle de sa mère, Mme Lætitia. Joseph, bien qu'il eût pour lui-même peu d'ambition, fut deux fois roi, et ne fallut-il pas aussi que Napoléon imposât à Madame-mère la tyrannie d'une représentation auguste? Jusque-là Lætitia n'avait changé que d'appartement; tous les honneurs que l'empereur lui fit rendre ne l'empêchèrent pas de raisonner en mère prévoyante et de rester amie de la simplicité : — Qui donc sait, disait-elle, si je ne serai pas obligée de procurer du pain aux rois mes fils?... Le maréchal Gouvion-Saint-Cyr, qui habita plus tard ledit hôtel, se rappelait lui-même, étant ministre, l'époque de ses obscurs débuts, comme comédien-amateur, dans la salle que Beaumarchais avait fait construire au Marais. Une pension du lycée Bonaparte occupe maintenant le local.

Fontaine de Tréville tenait une autre pension, dès 1787, dans cette rue des Errancis, où s'élevaient peu de maisons. La rue du Rocher, plus peuplée, avait déjà vu édifier le n° 28, où une pension encore est installée, depuis la Restauration. Ce fut l'hôtel de Lucien Bonaparte, que Mme Lætitia parut souvent préférer à ses frères, et avec lequel, à différentes reprises, elle mena une vie commune. Lucien a demeuré toutefois Grande-rue-Verte, avant de prêter les mains avec tant d'opportunité, comme président du conseil des Cinq-Cents, au coup d'État qui anéantissait la représentation nationale. D'autres vues que celles de Napoléon lui ont fait dire de ce temps-là : — La liberté est née dans le jeu de paume de Versailles ; elle vient de se consolider dans l'orangerie de Saint-Cloud.

La liberté, la liberté ! Eh ! n'avait-elle pas entassé assez de corps décapités, dans un clos converti en voirie révolutionnaire, au bout de la rue dont nous parlons ? Philippe-Égalité y avait été inhumé, à l'extrémité du cimetière qui se trouvait improvisé entre sa petite maison et la Folie de Chartres. A l'entrée, au contraire, du côté de la rue, étaient enfouis les restes de Maximilien Robespierre, et la mort séparait rarement les suppliciés qui avaient fait partie de la même fournée ; on avait donc creusé deux ou trois fosses pour y jeter, près du fameux tribun : Robespierre le jeune, Couthon, Saint-Just, conventionnels ; Dumas, président du tribunal révolutionnaire,

Gombeau, substitut de l'accusateur public; Payan, agent de la commune; Vivier, président des Jacobins; Henriot, chef de la force armée de Paris, Lavalette, général; Lescot-Fleuriot, maire de Paris; Simon, cordonnier, geôlier du Temple, membre de la commune, et dix autres membres de ladite commune de Paris, mis hors la loi. Un an auparavant, le cimetière avait reçu les dépouilles sanglantes de Charlotte Corday; mais le bourreau, avant de les céder au fossoyeur, avait publiquement soufflété le visage encore tout chaud de l'héroïque victime, qui en avait rougi pour la dernière fois. Le terrain planté d'arbres qui a ainsi servi de déversoir à la guillotine de la place de la Concorde, appartient à M. Anspach et à M. de Cipierre, après avoir été la propriété du marquis d'Aligre. La plus grande partie en est occupée, depuis longtemps déjà, par une guinguette où l'on danse tout l'été. Seulement l'entrée de ce jardin public n'est plus rue du Rocher: des constructions nouvelles ont supprimé une porte; il en reste une autre rue de Valois, n° 81.

RUE DE LA PÉPINIÈRE.

La pépinière aux dépens de laquelle fut élargi en 1782 le chemin du Roule aux Porcherons, avait mesuré 18 arpents. L'ancien chemin fut d'abord appelé rue des Pép nières, parce qu'il y avait division. La rue de Courcelles passait au travers du jardin dans lequel on élevait des arbres et plantes exotiques, et d'où venaient les jeunes tiges d'arbres, les arbustes et les fleurs du jardin des Tuileries, du parc de Versailles et des autres châteaux royaux. Le cabinet d'histoire naturelle de l'abbé Nolin, directeur de la pépinière, était facilement accessible, et placé au second étage dans le bâtiment qui donnait rue du Faubourg-Saint-Honoré.

Le bout de rue qui sépare le faubourg de la rue de Courcelles, s'appelait encore rue Neuve-Saint-Charles. Les maisons y formant pâté, à l'ombre de la nouvelle église Saint-Philippe, étaient baillées à rente par la fabrique.

La rue des Pépinières comptait 19 maisons du côté de la rue de Courcelles, depuis cette rue jusqu'à celle du Rocher, et on y remarquait les hôtels Puységur, d'Armaillé, Montmorin : noms sur lesquels se sont greffés depuis longtemps, dans les titres de propriété, les noms des comtes de Ségur et des marquis de Bouillé. La famille de Montmorin donnait à cette époque un gouverneur de Fontainebleau et un ministre des affaires étrangères, en dernier lieu de l'intérieur ; parmi les Puységur, étaient en vue un officier de marine et un ministre de la guerre. Sur la même ligne que leurs hôtels, dans une caserne construite par Goupil, deux compagnies de gardes-françaises veillaient sur le magasin d'armes de leur régiment.

De l'autre côté de la rue, Charles de Wailly, architecte du roi, et qui a bâti l'Odéon, avait dessiné trois hôtels qui se suivaient immédiatement; celui du milieu pour M. Pajou, le n° 87. Ce sculpteur, auquel Louis XVI avait commandé les statues de Descartes, de Pascal, de Turenne, de Bossuet et de Buffon, qui mirent le sceau à sa réputation, fut un des 48 premiers membres de l'Institut, nommés d'office pour procéder ensuite à l'élection des autres membres. Il mourut en 1809. M. Anatole Démidoff occupait la jolie maison de Pajou vers 1830; M. Morgon et M. Hainguerlot, depuis lors, s'y sont succédé. L'une des deux autres maisons qui se faisaient pendant, à droite et à gauche de la précitée, manque à l'appel; mais la troisième répond au nombre 89. Elle fut d'abord habitée par Wailly; celui-ci la quitta pour prendre possession d'un logement au Louvre qui était mis à sa disposition. Un contrat de don mutuel était passé le 19 germinal an IV, entre le citoyen Wailly et sa femme, née Belleville, laquelle fut bientôt appelée au bénéfice de la survie, son mari ne laissant pas d'héritiers à réserve. Avant d'épouser en secondes noces le célèbre Fourcroy, Mme de Wailly acquit de Foubert, qui demeurait au palais des Sciences et des Arts, une maison et un jardin touchant à sa propriété, et qu'une restauration y annexa plus étroitement, après que la comtesse de Fourcroy, veuve pour la seconde fois, eut vendu la totalité au comte de Nicolaï. Adjugé au marquis d'Aligre en 1835, l'hôtel fut acheté ensuite par M. de Saulty, prédécesseur de M. d'Alfonso.

Il existait dès le même temps, en regard de la rue de Courcelles, une maison construite par Liégeon pour la famille de Balincourt. On y entrait par trois entre-colonnements fermés de grilles, conduisant à un péristyle circulaire, sous lequel les carosses étaient à couvert; trois Grâces sortaient d'un bassin, au milieu du péristyle. M. de la Palu vendait ladite propriété le 1ᵉʳ juin 1807, en l'étude de Mᵉ Louveau, à M. Labbé, maître de pension. L'institution Labbé fut longtemps un des meilleurs établissements de Paris; elle englobait le 99 et l'emplacement du 97, outre le ci-devant hôtel encore debout.

On démolit, à l'heure qu'il est, une maison qui tenait peu de place, mais dont la grille d'entrée était scellée dans deux piles de rochers qui en rendaient l'aspect original. Olivier, architecte, avait bâti pour lui cette maison en 1799. On dit qu'Eugène Sue y a demeuré; mais il est plus constant que ce romancier, trop tôt enlevé à ses nombreux lecteurs, a occupé le fond du 71 et le 96. Sur le plan de Chaussard, une maison Epinnée s'était élevée, cinq ans avant celle d'Olivier. Callet, autre architecte, s'est établi lui-même au 64; il a eu pour élève et successeur son fils, qui a décoré la maison de moulures prises sur les bas-reliefs de l'Arc-de-Triomphe. Ceux de ces ornements qu'on voyait du dehors, à travers une grille, affectaient une prétention monumentale en miniature, qui a déplu aux révolutionnaires de 1848, et le mécontentement de ces gens-là ayant laissé pour traces force dégradations, il a fallu murer la grille. Une des propriétés voisines a été habitée, sous la Restauration, par Mlle Volnaïs, actrice fort goûtée du Théâtre-Français. M. le marquis de Jaucourt père a laissé à son fils le n° 29, en 1852; et comme il avait vécu 95 ans, il avait très-bien pu voir jeter les fondements de toutes les maisons que nous venons de passer en revue.

RUES DU FOUR.

Entre les rues Saint-Honoré et Coquillière. — Entre la place Sainte-Marguerite et le carrefour de la Croix-Rouge. — Entre les rues des Sept-Voies et d'Écosse.

La rue du Four-Saint-Honoré rappelle l'existence d'un four épiscopal adossé à l'hôtel du grand-panetier de France. Il y eut en effet longtemps des fours banaux, prélevant un droit pour la cuisson du pain; seulement Philippe-Auguste avait porté le premier coup à la boulangerie féodale, en supprimant pour les habitants de Paris l'obligation d'apporter leur farine pétrie dans lesdits fours, qui constituaient un revenu au seigneur, soit ecclésiastique, soit laïque, et depuis lors les boulangers obtenaient, à des conditions plus lucratives pour le roi, la permission de cuire dans leurs propres maisons. Louis XIV fit fermer 28 *fours* d'un tout autre genre, dans lesquels diverses compagnies de racoleurs et d'entrepreneurs de colonisation lointaine, enfermaient les nouvelles recrues destinées à l'émigration ou au service militaire, lorsque ces enrôlés cherchaient à se soustraire aux conséquences d'un engagement signé dans un accès de chagrin ou d'ivresse.

Sous Louis XVI, le bureau de la corporation des faïenciers, vitriers et potiers de terre, était dans ladite rue du Four, et vers le n° 37 de notre temps. Entre cette maison et la rue de Vannes, tout a été bâti en même temps que la Halle-au-blé. Du 4 était propriétaire ainsi que du 12 ou du 14, M. Héricart de Thury, appartenant à une famille de robe ; il avait donné le jour, en 1776, à l'enfant appelé à devenir un ingénieur et un agronome distingué. L'entretreprise Dory, dont le siége est au 10, se charge de la distribution à domicile des journaux et des prospectus, depuis 1823. Nous réservions pour la bonne bouche un renseignement d'une curiosité plus savoureuse : Napoléon, n'étant encore que lieutenant d'artillerie, a occupé la chambre n° 9, située au 3me étage, hôtel de Cherbourg.

Rue du Four-Saint-Germain, à l'angle de la rue Neuve-Guillemin, avait été le four banal de l'abbé de Saint-Germain-des-Prés. Le commencement du xviie siècle avait vu florir dans cette rue l'hôtel de Roussillon, appartenant à Louis, bâtard de Bourbon, comte de Roussillon en Dauphiné; ce n'etait qu'un démembrement du séjour de Navarre, construit au siècle xiii, puis remplacé par la foire Saint-Germain. En 1620, nouveau morcellement. Tous les historiographes de dire, depuis lors, qu'il n'existe plus rien des deux propriétés aliénées. Néanmoins l'hôtel de la Guette aurait pu être légitimé en quelque sorte, comme enfant naturel de l'hôtel habité par le comte de Roussillon.

Un seigneur de la Guette s'établit donc à Saint-Germain-des-Prés, avant qu'en un quartier de Paris ait été convertie la ville de ce nom. En 1754, le marquis de Brulart, seigneur de Beaubourg, vend l'hôtel de la Guette à Boudet, maître-maçon, qui l'arrange à son gré. De là date ce que nous appelons dans la rue le n° 15. Boudet a acheté, en même temps que la maison, un passage contigu qui conduit au préau de la foire Saint-Germain, et qui sert de troisième entrée à ce marché; du même coup, en outre, Boudet a acheté une échoppe adossée au gros mur de l'hôtel et donnant en foire. Le marquis a vendu précédemment une maison à Doré et deux autres au menuisier Chardin, qui tient le coin de la rue Princesse. Un des appartements du ci-devant hôtel est occupé par Marinier, médecin, en 1793.

A cette époque la foire Saint-Germain, établie par Louis XI, qui l'a donnée à l'abbaye, n'est pas encore fermée. On continue à y vendre de tout, jusqu'à des livres et des tableaux. Des apprentis comédiens jouent dans les deux théâtres forains des Variétés et de la Liberté: seulement on a compté antérieurement jusqu'à quatre salles de spectacles qui s'appelaient des loges, et on y a donné les premiers opéras-comiques, avec un succès prodigieux, bien qu'il en soit resté pour les parades de Nicollet et d'Audinot. Un incendie a consumé, dans la nuit du 16 mars 1762, les deux halles dont on admirait les heureuses dispositions, et qui, reliées par une même enceinte, laissaient pénétrer l'air dans toutes les galeries, où marchands et acheteurs demeuraient à couvert; c'est dans la même année qu'on a tout reconstruit, sur un pied moins grandiose : comédiens et bateleurs ont retrouvé leurs places, pour se faire concurrence, au lieu de se confondre, et les cafés se sont multipliés au détriment des cabarets, sans compter que deux loges ont été réservées au Vauxhall de la foire pour le prince de Conti et pour le duc de Chartres. On s'était montré plus guisard, à cette même place, dans le temps de la Ligue, qu'on ne s'y montre sans-culotte sous la Terreur; mais aussi, on y a perdu des libertés et des franchises qui dataient de loin ! Tant et si bien que cette foire annuelle, qui sous l'ancien régime se tenait depuis le lendemain de la Chandeleur jusqu'à la semaine de la Passion, se soutient comme elle peut, et ne tombe tout-à-fait que vers la fin du Consulat. Le marché Saint-Germain et d'autres constructions remplissent plus tard la place vacante, et le passage que nous avons trouvé près l'hôtel de la Guette devient rue Mabillon. De ce dernier immeuble, en 1850, M. Ledru-Rollin est le vendeur.

En face la rue Princesse, maison adjugée vers 1691 à Lefébure, conseiller au Châtelet, après avoir été saisie sur Catherine Bonenfant, veuve de Régnier; vendue en 1747 à Plé, qui y est établi mercier, par Lalouette, autre mercier. N° 12 : bureau de confiance de M. Rapin, pour le placement des intendants et domestiques, sous Louis XVI. N° 26 : hôtel impérial, même époque. N° 25 : hôtel du président Molé de Champlatreux, précédemment au sire de Montbrison, acquis en 1793 par le citoyen Vaquez, plus tard trésorier de la Cour de cassation, et grand-père du médecin, propriétaire actuel. N° 32 : Tardif, potier d'étain, adjudicataire en 1752. N° 34 : les héritiers Champiat, même date. N° 33 : a été occupé par une communauté religieuse. N° 39 : propriété vendue en 1733 par Hugo, marchand, et sa femme, née de Hansy, au séminaire anglais ; elle est restée en ce temps-ci à la disposition des administrateurs des fondations catholiques anglaises et écossaises en France. N° 41 : même origine, confirmée par une *h* figurant sur un écusson. N° 70 ou peu s'en faut : Chevillard, épicier, acquéreur en 1668, tenant d'une part à Philippe, d'autre part à Lemausne, et par derrière à une maison appartenant aux Incurables et à l'enseigne de la Chasse. N° 72 ou 74 : Guillotin, sellier, rue de Sèvres, achète en 1749. N° 73 approximativement : les Moral vendent à Bonneau en 1723.

En ce temps-là les images du Soleil-d'Or, des Trois-Rois, de la Nativité, du Pavé-Rompu et du Roi-François pendent encore à d'autres portes de la rue du Four. Le n° 43 dépend alors du couvent des Filles de la Miséricorde, où les remplaceront plus tard des francs-maçons en loge. Par-là, dans le principe, fut la Courtille de l'abbaye.

Le 63 a conservé pour ornement extérieur un bas-relief en pierre, qui représentait autrefois plus clairement la Chaste-Suzanne. Une tradition locale fait de l'immeuble un des anciens logis de la reine Blanche ; mais on parlait, au commencement du siècle, de Gabrielle d'Estrées comme y ayant demeuré. C'était, dans tous les cas, au milieu du XVII° siècle, l'académie du sieur Del Capo, avec des bâtiments et une porte sur la rue du Vieux-Colombier, et je ne serais pas étonné qu'on y eût caserné de véritables mousquetaires, comme Alexandre Dumas, dans un roman, en a placé rue du Vieux-Colombier, c'est-à-dire tout-à-fait derrière.

Un pharmacien, professeur excellent, a laissé le nom de Boudet, enseigne recommandable, à l'établissement dans lequel il avait succédé à son père. Mais la rue du Four-Saint-Germain, d'où vient qu'elle est fertile depuis longtemps en notabilités pharmaceutiques? Bayen, apothicaire-major des camps et armées nationales, y demeurait sous la Constituante et sous la Convention. Habert, syndic en charge des apothicaires des maisons royales, y faisait des cours de chimie dans son laboratoire, sous Louis XIV.

La petite rue du Four-Saint-Jacques ou Saint-Hilaire, dite aussi rue du Petit-Four et rue Guillard, devait sa qualification au four du curé de l'église Saint-Hilaire. La plupart des maisons qui la composent appartinrent au collége de Reims et au collége Sainte-Barbe, avant de faire retour à l'État ; l'institution Sainte-Barbe en a repris la moitié en location depuis.

RUE PRINCESSE.

Elle fut tracée, ainsi que la rue Guisarde, sur le territoire de l'hôtel de Roussillon, à l'époque où Mlle de Montpensier réunissait au Petit-Bourbon les partisans de la Ligue, dits les Guisards : de cette coïncidence vient le nom de rue Princesse, auquel a été substitué celui de rue de la Justice, depuis 1793 jusqu'en 1807. Il doit pourtant rester dans cette rue quelque chose des dépendances de l'hôtel de Roussillon, peut-être même de l'hôtel de Navarre, duquel il s'était détaché. Une jolie mansarde, diadème prétentieux pour une maison haute, mais étroite, le n° 10, accuse une origine aussi ancienne pour le moins que la rue, quand bien même ce serait une pièce rapportée. Des balustres en chêne dans un escalier modeste, n° 3, sont d'une date encore antérieure. Cette dernière propriété appartenait conjointement au marquis de Richereau et à l'hospice des Incurables au milieu du xviiie siècle; la communauté de Mlle Cossart, fondée à Reims en 1679, par De la Salle, chanoine, pour donner quelque éducation aux filles pauvres, s'était établie provisoirement à Paris dans ladite maison, avant de passer rue Notre-Dame-des-Champs. Quel était, où était l'hôtel du Grand-Moïse, connu rue Princesse au même siècle? nous n'en savons pas davantage. Claude Pajot, bourgeois de Paris, cédait en 1699 aux fils mineurs de Damaillan de Lesparre, marquis de Lassay, et de Françoise Pajot, femme dudit marquis, une maison de la même rue, avec porte cochère et petit jardin tenant par derrière à la foire Saint-Germain, le tout occupé par M. de Massigny. De Belloy, l'un des quarante, auteur de la tragédie *le Siége de Calais*, demeurait rue Princesse; il y fut attaqué d'une maladie de langueur, à laquelle n'était pas étrangère la misère, après la chute de *Pierre-le-Cruel*. Les comédiens donnèrent une représentation à son bénéfice; le roi lui envoya 50 louis. Néanmoins, De Belloy mourut dans la même année que Louis XV, auquel on avait appliqué un des vers de ce poëte :

<blockquote>Il sait être héros jusque dans ses plaisirs.</blockquote>

RUE DU VIEUX-COLOMBIER.

La reine Blanche, Gabrielle d'Estrées, les mousquetaires, l'académie d'équitation dirigée par Del Capo n'ont pas été plus étrangers à l'histoire du n° 24, rue du Vieux-Colombier, qu'à celle du 63 de la rue du Four-Saint-Germain. Mais il y a eu division, sans doute, dans la seconde moitié du grand siècle. Le grand hôtel garni, dit de Luynes, sous Louis XIV, s'est contenté probablement du vieux bâtiment seigneurial de la rue du Vieux-Colombier. Les voyageurs cessèrent d'y descendre quand ce fut l'hôtel Balincourt. L'ère républicaine y vit s'installer un pensionnat suivant les cours de l'école centrale des Quatre-Nations, et ayant pour chefs les citoyens Crenot et d'Autun. Le siége d'une société archéologique, mais il n'en existe qu'en province, serait on ne peut mieux placé dans cet immeuble, où se trouve seulement le bureau de la Société géologique.

La loge du Grand-Orient, ci-devant rue du Pot-de-Fer, s'installa également pendant la République dans le ci-devant couvent des Augustines de la Miséricorde, aliéné par la Nation en l'an IV, le 8 thermidor, entre la rue du Four et la rue du Vieux-Colombier, où les numéros 6 et 8 ne sont pas tout ce qui subsiste de cet ancien établissement religieux.

Les Filles de Notre-Dame-de-la-Miséricorde étaient environ au nombre de vingt, toutes vêtues de noir, avec un scapulaire blanc et un christ en sautoir. Dans leur monastère, la dot était de 3,000 livres; la prise d'habit revenait à 1,000, et le noviciat à 300 pour les 18 mois de sa durée ou par année. Ces religieuses recevaient aussi gratuitement des filles se destinant à la profession religieuse, et elles donnaient asile aux demoiselles de condition peu fortunées. Madeleine Martin, fille d'un soldat, et Yvan, Père de l'Oratoire, avaient fondé leur institut à Aix-en-Provence; Anne d'Autriche avait attiré à Paris des religieuses de cet ordre, et avait posé la première pierre de leur chapelle; néanmoins elles avaient été réduites par les désordres de la Fronde à accepter l'hospitalité de Mme de Boutteville dans son hôtel, et la munificence de cette dame, de la duchesse d'Aiguillon et de M. de Mortemart, avaient surtout permis à la supérieure, mère Madeleine, d'installer sa maison de fondation royale dans la rue du Vieux-Colombier.

Une caserne occupe l'ancien établissement des Orphelines-de-la-Mère-de-Dieu créé en 1650, par des paroissiens et le curé de Saint-Sulpice. On y recevait dès le berceau des enfants légitimes du sexe féminin, nées sur le territoire de la paroisse, lesquelles étaient élevées, moyennant la somme de 100 livres une fois donnée.

Presque toutes les autres maisons de la rue du Vieux-Colombier étaient des hôtelleries au moment de la Révolution. L'hôtel de Montgommery, meublé, touchait presque à la Croix-Rouge, du côté de l'hôtel Balincourt. De l'autre côté, entre la rue du Pot-de-Fer, présentement Bonaparte, et le carrefour, nous retrouvons tous les lieux occupés par les hôtels de Saxe, de Londres, du roi George, de Bruxelles et de Notre-Dame. Cette dernière enseigne se rapportait au n° 29, habité sous Louis XV par M. Peyrenc de Moras, et mairie du XI° arrondissement au siècle suivant.

La rue doit sa dénomination à un colombier que l'abbaye de Saint-Germain fit élever au XV° siècle. On a dit aussi rue Cassel, en raison de l'hôtel Cassel, qui depuis a laissé son nom à une autre rue, par corruption Cassette.

RUE DU JARDINET.

Le 2 et le 4, dans cette rue, ont appartenu au collége Mignon. L'acquéreur du n° 1, en 1690, était Réné de Maupeou, président au parlement, qui avait pour vendeur Leboutz, maître des requêtes : la famille Leboutz l'avait acheté de la famille Gobelin vingt ans avant. Gibert avait le 3 à sa disposition. Le 9 et le 11 étaient à la marquise d'Houartigny, bien qu'alors on y exploitât le grand hôtel garni de Tours.

Les co-propriétaires du 13 étaient la marquise de Brosse et la marquise de Garennes, née Lefebvre de Caumartin : Ces dames convinrent de la mettre aux enchères, en tête-à-tête, pour simplifier la licitation, et Mme de Brosse n'eut pas le dernier mot, elle se tut la première, pour la première fois peut-être de sa vie. Mme de Garennes garda et habita l'hôtel ; elle y eut néanmoins des locataires, notamment l'abbé d'Artagnan et la marquise de Mouchy. Comme sa propriété avait appartenu avant 1584 à l'archevêché de Rouen, la marquise paya l'impôt dont se trouvaient frappés, en 1704 et 1705, tous les biens aliénés des communautés laïques ou ecclésiastiques ; elle paya aussi un droit de cens à l'abbaye de Saint-Germain, mais non sans avoir essayé judiciairement d'affranchir sa maison de cette redevance seigneuriale. Les créanciers du baron Dupille de Saint-Séverin, postérieurement propriétaire, exercèrent accidentellement un autre droit en faisant saisir cet hôtel qu'il donnait en location. Par suite, Mlle Billard-Deveaux fut adjudicataire en 1786, et son neveu vendit, l'an XIII, au géographe Delamarche, parmi les locataires duquel figura Dupré de Saint-Maur. Marves, banquier, et Méquignon, libraire, ont également précédé M. Chamerot, l'éditeur de Michelet, dans cet immeuble qui est encore pourvu d'un jardinet très-agréable.

Un autre jardinet pourtant, qui dépendait du collége de Vendôme, est rappelé par l'estampille dénominative de la rue. Ledit collége était déjà fermé sous le règne de Charles VII. C'est sur les dépendances de cet ancien établissement, et non sur ses débris, que la rue a été formée. Elle se prolongeait primitivement jusqu'à la rue Hautefeuille ; mais elle s'appelait rue des Petits-Champs à partir de la rue Mignon.

1058. — Paris. Imprimerie de Ch. Bonnet et Comp., 42, rue Vavin.

LES ANCIENNES MAISONS

Des rues Honoré-Chevalier, Notre-Dame-des-Champs, Rousselet, Monsieur, Royale, Joubert, Grange-Batelière, Popincourt et Saint-Louis.

NOTICES FAISANT PARTIE DE L'OUVRAGE INTITULÉ :

LES ANCIENNES MAISONS DE PARIS SOUS NAPOLÉON III

PAR M. LEFEUVE,

Monographies publiées par livraisons séparées, avec table de concordance à la fin de la publication.

RUE HONORÉ-CHEVALIER.

Sous Henri IV elle fut ouverte, et on l'appela rue du Chevalier-Honoré, puis rue Honoré-Chevalier, parce qu'elle traversait le terrain d'un propriétaire de ce nom. Honoré avait trois maisons et trois jardins qui se touchaient : il est donc impossible que la petite rue n'ait fait qu'une bouchée de sa propriété. Il en reste au moins deux maisons, qui ont dû n'en former qu'une seule, au coin de la rue Bonaparte ; le fait est qu'elles datent l'une et l'autre de la fin du xvie siècle, mais qu'elles ont été rhabillées vers la fin du siècle suivant. De ces deux immeubles jumeaux, un seul ouvre sur la rue Honoré-Chevalier, qui n'a jamais eu d'autre maison qu'on pût se permettre d'appeler un hôtel. Voici donc bien l'hôtel de Bargemont, indiqué dans cette rue sous le règne de Louis XVI, et que des Polignac avaient habité antérieurement.

Aussi bien le 8 et le 10 sont-ils plus jeunes que la rue? Deux petites portes, attenantes à deux puits, y mènent à deux escaliers qui se ressemblent également, bien que l'un soit garni de petits piliers en chêne au second étage, et l'autre d'une vieille ferrure plus élégante, dès ses premières marches.

Vis-à-vis, mais de l'autre côté de la rue de Madame, est une maison qui appartenait à Clément Selva, maître des requêtes, avant d'être adjugée, en 1752, à Adrien de Monicault, procureur au parlement; elle tenait alors aux religieuses du Précieux-Sang, établies rue de Vaugirard. Cette propriété relevait censuellement de l'abbaye de Saint-Germain des Prés, ainsi que le rappelle la *Carte planimétrique des terrains situés dans la censive de Saint-Germain, levée sous la direction du baron de Molina, colonel, ingénieur*, en 1752 et 1753.

RUE NOTRE-DAME-DES-CHAMPS.

L'apôtre saint Denis avait rassemblé des fidèles et les avait rendus dévots à la sainte Vierge, dans un lieu hors de la ville où s'élevait déjà l'église de Notre-Dame-des-Champs, sous les derniers Mérovingiens. Elle était desservie par des moines de Marmoutiers, sous le règne de Hugues Capet, et avant peu elle devint le chef-lieu d'un prieuré. La communauté de Bénédictins que le prieur de Notre-Dame-des-Champs avait sous sa conduite céda le monastère, en 1604, aux Carmélites, qu'on y retrouve encore de nos jours rue d'Enfer. Quand Mlle de la Vallière y entra pour s'appeler sœur Louise, le chemin reprit au contraire le nom de l'ancien prieuré, après avoir été connu pendant deux siècles comme chemin Herbu, puis du Barc. D'un bout à l'autre il côtoyait l'enclos des Chartreux de la rue d'Enfer, et cet enclos avait plus d'étendue que le jardin du palais d'Orléans-Luxembourg.

La rue Notre-Dame-des-Champs eut de la peine à cesser d'être un chemin ; les maraîchers n'y ont pas encore perdu entièrement l'habitude de cultiver la terre. Il est vrai que Paris ne s'annexa d'abord que la moitié du parcours de cette voie, laquelle, cependant, entra tout à fait dans la ville, avant que la nation confisquât le clos des Chartreux, déjà bordé d'importantes constructions.

A l'entrée de la rue, les Filles de la Mort s'établirent les premières, avec une chapelle, sous l'invocation de sainte Thècle. A cette congrégation succéda la communauté de Mlle Cossart, ci-devant rue Princesse, et qui fut dite du Saint-Esprit. La fondatrice de cette institution avait prévu le cas de suppression ; conformément à ses intentions, l'Hôpital général devint propriétaire, en

1707, des bâtiments de sa communauté. Les Frères des écoles chrétiennes s'en rendirent acquéreurs ; leur noviciat, maison de l'Enfant-Jésus, y fut surpris par la Révolution, ainsi que la chapelle du Saint-Esprit, où la messe était encore dite par un chapelain à la nomination de l'Hôpital général. Des bâtiments, plus rien qui reste depuis le percement de la rue de Rennes.

Le plus ancien hôtel de la rue fut construit originairement pour Chenard d'Honcourt, qui eut pour successeur son frère, seigneur de Bugny ; le fils de celui-ci vendit à M. de Villers, premier mari de la comtesse Duchatelet, née de Mailly ; laquelle dame eut pour cessionnaire en 1753 le marquis de Mailly, comte de Rubempré, brigadier des armées du roi. Cette propriété, qui avait englobé l'hôtel du président Ogier, se trouvait divisée vers la fin de l'ancien régime, en grand et petit hôtel de Pons.

En ce même temps, on remarquait plus haut l'hôtel de Fleury, bâti et magnifiquement meublé pour l'abbé Terray, ministre de Louis XV. Le collége Stanislas, fondé par l'abbé Liautard comme pension en 1804, constitué en 1821 collége particulier de plein exercice, a occupé d'abord ledit hôtel et des propriétés attenantes ; dans le premier local de cet établissement on retrouve maintenant deux pensions, l'une au coin de la rue Stanislas, l'autre quelques portes plus loin. Le nom reçu par ce collége de la prédilection de Louis XVIII était le prénom de ce roi. Avant la fin du règne de Louis-Philippe, professeurs et élèves se sont transportés dans l'ancien hôtel de Mailly, naguère transformé en brasserie.

Plus haut encore que l'hôtel de Fleury, il y avait l'hôtel de Rohan-Guémenée ; mais plus bas que l'hôtel Dulau, de l'autre côté de la rue, était l'hôtel de Montmorency-Laval, postérieurement raffinerie Santerre, qu'on retrouve près la rue de Fleurus.

L'architecte Vavin a fait construire en 1790 des maisons rue Notre-Dame-des-Champs. L'une d'elles, dans laquelle Mlle Rosa Bonheur a eu son atelier de peinture, est maintenant occupée par les sœurs de Notre-Dame-de-Sion. Un passage qui appartenait à la famille Vavin a été érigé en rue du même nom, au commencement du règne de Louis-Philippe.

RUE ROUSSELET.

Rousselet, propriétaire, est devenu, sous la Régence, le parrain d'une rue, qu'on appelait auparavant Chemin des Vachers. Des masures y sont plus anciennes que les maisons bourgeoises, dont quelques-unes ont été des hôtels. L'ordre numérique y commençait rue de Sèvres ; maintenant, c'est rue Oudinot. Que la noblesse de robe ait pris sa retraite, comme aujourd'hui la bourgeoisie modeste, dans cette rue honnête et tranquille, il n'y a pas de quoi s'en étonner. Mais on y a aussi porté l'épée avec honneur. Les hôtels Béon, Lastic et Saisseval étaient occupés rue Rousselet, avant la grande révolution, par le marquis de Béon-Caseaux, chef de brigade des armes du roi, par le comte de Lastic, colonel d'infanterie, fils d'un lieutenant général, et par le marquis ou le comte de Saisseval-Feuquières, ces deux frères étant en même temps capitaines de cavalerie. Enfin, le n° 29 a été restauré et habité par Valérius, l'ancien bandagiste de la rue du Coq, que ses opinions légitimistes avaient tant compromis au commencement du règne de Louis-Philippe, et qui a cessé de vivre en 1855.

RUE DE MONSIEUR.

Louis XVI régnait depuis quatre ans, lorsqu'il autorisa l'ouverture de cette rue, sur un terrain que son frère, Monsieur, comte de Provence, venait d'acheter, afin d'y établir ses écuries. Brongniart avait dessiné le plan de ces écuries, lesquelles occupaient l'emplacement et une partie des constructions qui, de nos jours, répondent aux chiffres impairs, à partir du n° 7. L'écuyer ordinaire de Monsieur était le marquis de Bièvres, que remplaça en 1784 M. Hazon de Saint-Firmin. Le marquis de Montesquiou-Fezensac, premier écuyer du prince, avait été le menin des enfants de France sous le règne précédent; la survivance de ses fonctions était acquise au baron de Montesquiou.

L'hôtel Montesquiou avait été élevé par le même architecte, en face des écuries, avec jardin sur le boulevard. Membre de l'Académie française et puis des États généraux, M. de Montesquiou fut un des premiers députés de la noblesse à faire cause commune avec le tiers-état. Comme lieutenant général, il fut chargé, sous la République, du commandement de l'armée du Midi et de l'occupation de la Savoie; mais, bientôt accusé, il émigra en Suisse. Les Bénédictines du Saint Sacrement habitent aujourd'hui l'ancien hôtel du premier écuyer de Monsieur.

Brongniart fut encore l'auteur, en 1786, du pavillon des archives de l'ordre de Saint-Lazare, qui devint ensuite une pension, puis un hôtel, puis une des maisons conventuelles du Sacré-Cœur, et enfin le collége arménien de Samuel Morat.

Du même temps et toujours du même auteur est l'hôtel contigu, inauguré par Mlle de Bourbon-Condé, abbesse de Remiremont, et occupé sous Louis-Philippe par M. le comte de Beaumont et Mme la comtesse, fille de Dupuytren.

Un an plus tôt, Legrand a fait bâtir, à côté de la maison de Mlle de Condé, un autre hôtel pour le comte de Jarnac. Le comté de ce nom avait passé dans la famille de Rohan-Chabot en 1713, par suite du mariage de M. de Rohan-Chabot, colonel d'infanterie, avec la veuve de M. de

Larochefoucauld-Montendre, née de Jarnac. Maintenant à l'hôtel Jarnac résident les Barnabites, pères Italiens, dont la chapelle donne rue de Babylone.

Il est plus facile de reconnaître dans le n° 3 l'hôtel de Saint-Simon, qu'une inscription désigne et où demeure le général duc de Saint-Simon, sénateur, ancien pair de France.

La rue de Monsieur a porté la dénomination de rue de Fréjus, pendant le Consulat et le premier Empire, en mémoire du débarquement du général en chef de l'armée d'Égypte à Fréjus, le 9 octobre 1799.

RUE ROYALE-SAINT-HONORÉ.

Le percé de la rue Royale date de 1757, comme l'établissement de la place Louis XV; le plan d'ensemble, ouvrage de Gabriel, approuvé par le roi, détermine pour les maisons de la rue une construction identique. L'inauguration de la place et de la statue de Louis XV a lieu le 20 juin 1763. Mais il reste, vingt ans après, des vides à remplir dans la rue monumentale, avenue de la place. André Aubert se fait donc concéder par le bureau de la Ville 1,304 toises de terrain afin de les revendre en 6 lots, et on peut lire sur les affiches qu'il fait placarder dans Paris :

> Lesdits terrains sont exemps de droits seigneuriaux et autres.
> On pourra vendre à vie les faces bâties.
> S'adresser à Aubert fils, architecte, rue de la Magdeleine.

Pour se lancer dans cette opération, Aubert a été cautionné par M. Rouillé de l'Estang, qui est déjà propriétaire, place Louis XV, d'un hôtel dont héritera Mme de Pastoret, sa nièce, et qui est grevé d'une rente foncière de 2,462 livres, 10 sols, au profit du prieuré de Sainte-Catherine-du-Val des-Écoliers. En qualité de trésorier de la Police, Rouillé de l'Estang a sous ses ordres des commis; il transfère bientôt ses bureaux rue Royale, au n° 13.

Cette maison, qui a été élevée comme les n°s 5, 7, 9, 11 et 15, sur le terrain adjugé à Aubert, est habitée postérieurement par Suard, lequel y meurt à 86 ans, le 20 juillet 1817. Avant la Révolution, cet homme de lettres a rédigé la *Gazette de France* avec l'abbé Arnaud ; il s'est fait de bonne heure une réputation qui attirait chez lui les étrangers de marque, et il a été élu membre de l'Académie française dès 1772. Comme censeur royal, il a refusé son approbation au *Mariage de Figaro*, et pourtant la famille royale a assisté à la première représentation de cet ouvrage de Beaumarchais. Poursuivi et proscrit pendant la République, Suard a vu supprimer, en 1810, le *Publiciste*, feuille qui lui appartenait.

Le n° 3, tout d'abord, est occupé par M. de Montaut, locataire de l'architecte Boullée, et ensuite c'est l'hôtel

Fronsac. Le petit-fils du maréchal de Richelieu y réside cinq ou six ans avant d'émigrer. Ce duc, en servant la Russie, sera nommé gouverneur d'Odessa ; il reviendra en France pour être ministre et membre de l'illustre compagnie fondée par le cardinal de Richelieu.

Le n° 1, sous Louis XVI, fait partie de l'hôtel Fronsac, ou de l'hôtel Coislin, qui donne sur la place, et où la marquise de Coislin reçoit son monde et inspire tant de craintes par les vivacités de son esprit.

La trésorerie de la Police fait au même temps vis-à-vis à l'hôtel de Gouvernet. Un peu plus bas que cet hôtel, Lebas de Courmont, payeur de rentes, a ses bureaux ; un peu plus bas encore se trouve l'hôtel de Chastenet, contigu au Garde-Meuble, en d'autres termes, à la maison du roi. M. Randon de la Tour est à cette époque trésorier général de la maison du roi, et il a pour voisin M. Thierry de la Ville-d'Avray, commissaire sous ses ordres, dont la porte ouvre sur la place Louis XV. Il y a enfin, dès ce temps-là, près de M. Thierry de la Ville-d'Avray, sur la place et sur la rue Saint-Florentin, le bureau de M. Chabert, inspecteur général des côtes maritimes, berceau du ministère de la Marine, qui englobera le Garde-Meuble.

Au 6, sous la première Restauration, un salon acquiert l'importance d'un cabinet diplomatique, le salon de Mme de Staël. De nouveau cette femme célèbre quitte la France, pendant les cent-jours, et d'Italie elle revient malade, pour rendre le dernier soupir quatre jours avant Suard, son voisin. La lecture d'un testament fait connaître que M. de Rocca a été le second mari de Mme de Staël, dont *Delphine* donne le portrait et *Corinne* l'idéal.

La rue Royale, dite en 1792 de la Révolution, et trois ans plus tard de la Concorde, reprend ensuite son véritable nom. Elle se prolonge, sans uniformité de construction, aux dépens du cours ou boulevard, qui venait primitivement jusqu'à la porte Saint-Honoré, démolie en 1733.

RUE JOUBERT.

Il semble que les maisons d'un certain âge se plaignent, chaque fois qu'une façade s'élève sur un alignement nouveau, comme une menace à leur adresse. Aussi, les récriminations ne font-elles pas grâce d'une crevasse à des maisons qui passent pour radoter, parce qu'elles se sont prononcées pour le maintien du *statu quo*. Une immense génération de maîtres-maçons les déteste et a juré de les exterminer. Sont-ce des hôtels? on les trouve insolents. Des bicoques? elles répugnent à une grande ville. Si la vie qu'on y mène paraît irréprochable, la jeunesse de pareilles maisons a-t-elle été aussi peu orageuse que leur âge mûr ou caduc? Parfois on évoque des souvenirs dont elles rougissent sous leur badigeon, en présence d'un square ou d'un boulevard moderne, mais dont elles riraient entre vieilles connaissances. Toute maison qui a vécu est indulgente ; elle sourit au premier, console dans la mansarde ; les espérances qui ont séché ses plâtres ne l'abandonnent qu'au dernier coup de pioche. C'est pourquoi vous voyez errer inévitablement aux alentours, quand elle a disparu, ceux de ses anciens habitants qui lui survivent : on la cherche, on voudrait la revoir, on la regrette comme un ami discret !

Une vingtaine de maisons, parmi celles de la rue Joubert, ont vu le jour avant 89 ; mais, malgré l'indulgence que donne l'expérience de la fin du xviiie siècle, elles ont été des premières à se plaindre d'une des maisons neuves qui sont nées sur l'ancien jardin de la princesse de Wagram. Cette maison, qui a jeté de bonne heure son bonnet par-dessus les moulins, ne paraissait pas à sa place dans une rue de bonne compagnie. Le voisinage, à l'unanimité, d'en demander la fermeture et de dire : On y vient toute la nuit en voiture, pourquoi n'irait-on pas plus loin ? Mais la maison Farcy, c'était alors son nom, comptait sur des protections, qui l'ont emporté, en effet, sur les scrupules des autres maisons de la rue. Les établissements de ce genre devaient se contenter autrefois de locaux beaucoup moins en vue, que la spéculation ne disposait pas exprès pour la spécialité. Ayant cédé son fonds, la Farcy est devenue commanditaire d'un agent de change, dont les affaires ont moins bien tourné.

Un hôtel au n° 3 est tenu par Mme Compagnon, ancienne mercière, qui a passé 50 années de sa vie, sur 73, dans la rue dont nous vous parlons. Elle y a connu des personnages marquants du Consulat et de l'Empire : Caulincourt, duc de Vicence, au n° 39 ; Lefebvre, duc de Dantzick, au n° 29 ; le général Digeon, au n° 17 ; le général Vatrin, au n° 35.

Nous ne passons jamais devant le n° 15 sans nous rappeler de charmants mercredis. Les salons de Mme Ancelot étaient ouverts, dans ce petit hôtel, à la littérature et à la diplomatie, sous le règne de Louis-Philippe. Tout ce qu'on y a eu d'esprit ne tiendrait pas en un gros livre. Ancelot, l'académien, fut par malheur directeur du Vaudeville et y écorna sa fortune ; mais les procès qu'entraînent de telles affaires l'ayant mis en rapport avec Me Lachaud, cet avocat déjà célèbre épousa Mlle Ancelot.

Le prince d'Arenberg a fait construire le 25 et le 27 ; de la même origine paraît être le 23. Mme Pellaprat demeurait au 35, pendant le Consulat, et le duc de Choiseul, dans la maison suivante, vers 1830 ; il y avait alors au fond de ces deux hôtels, comme au fond de l'hôtel Caulincourt, de petits jardins suspendus au-dessus des remises.

Le général Joubert, gouverneur de Paris sous le Directoire, a sans doute habité la rue. Toutefois, *le Moniteur* du 27 brumaire an VIII se borne à dire : « La rue Neuve-
« des-Capucins, où demeurent la veuve et la famille du

« général Joubert, a pris ce nom. » Le général était mort à Novi, dans sa trentième année. Sa veuve, née Mlle de Montholon, demeurait en haut de la rue, du côté des chiffres impairs, au dire de madame Compagnon.

L'ouverture de la rue Neuve-des-Capucins avait été ordonnée par le roi, le 8 juin 1780, sur les terrains de M. de Sainte-Croix et de l'Hôtel-Dieu, en face du couvent des Capucins de la Chaussée-d'Antin, actuellement lycée Bonaparte. Les maisons à bâtir avaient été exemptées de diverses charges, telles que le logement des gardes-françaises et suisses, jusqu'à la première vente. Rouillé d'Orfeuil, intendant de Châlons, n'avait pas tardé à établir ses bureaux dans la nouvelle rue. L'architecte Bellanger y avait bâti en même temps les n°s 20, 22 et 24. Cette propriété, qu'habita Bellanger, servit aussi de pied-à-terre galant au comte d'Artois, et même au financier M. de Saint-James. On en fit une prison sous la Terreur, principalement pour des Anglais que Robespierre y envoya. Il paraîtrait que M. de Choiseul y fut aussi incarcéré. Un peu plus tôt ou un peu plus tard, le citoyen Fauchard résidait là.

RUE DE LA GRANGE-BATELIÈRE.

État de la propriété en 1729 dans cette rue, qui commençait alors au boulevard et qui aboutissait à la rue du Faubourg-Montmartre.

GAUCHE. — Mlle de Villefranche, *y demeurant :* Ponroy, bourgeois; Deslaunay, id.; de Crozat, *y demeurant, avec une entrée par le cul-de-sac devenu ensuite la rue Pinon, puis la rue Rossini;* un maraîcher, *au fond dudit cul-de-sac;* Pinon de Quincy, conseiller au parlement, seigneur du fief de la Grange-Batelière, *y demeurant;* Rameau, secrétaire du roi, *place à bâtir;* Chenizot, *id.;* Levasseur, conseiller au parlement, *avec un menuisier pour locataire;* l'abbé Darcy, *place à bâtir;* Raymond, secrétaire du roi, *y demeurant;* un maréchal-ferrant; Vallée, paveur, 3 *maisons.*

DROITE. — Levasseur, déjà nommé, 6 *maisons, dont une à son usage;* Plessy, menuisier; Duval, *avec un menuisier pour locataire;* un paveur; un maçon; Dolville, procureur, *y demeurant;* Vallée, déjà nommé.

Depuis 1847, la rue Grange-Batelière commence où elle finissait depuis un siècle et demi, c'est-à-dire au faubourg Montmartre ; les numéros de ses maisons semblent avoir joué aux quatre coins. D'autre part, au lieu de faire crochet sur le boulevard, la rue se prolonge en droite ligne, de façon que plusieurs hôtels ont changé de rue sans changer de place. Mais au nombre de ces déserteurs involontaires ne figure pas l'hôtel de Nolivos. La maison de Raymond, déjà citée, a été refaite, avant l'avènement de Louis XVI, pour M. de Nolivos, capitaine aux gardes-françaises, ami de M. de Valençay. En ce temps-là un avocat nommé de Ligny demeurait vis-à-vis, avec sa femme :

c'est sans doute au n° 11, ancien 22. Mme de Ligny se retira aux Anglaises, dans un âge où les jolies femmes ne renoncent pas aisément au monde; mais elle reçut au parloir du couvent quelques visites du comte de Nolivos, qui ne lui était pas indifférent. M. de Beaumont, archevêque de Paris, réprimanda la supérieure de n'avoir pas deviné une intrigue dans l'objet de ces entrevues, où les liens de parenté et les rapports d'affaires n'étaient pour rien, et on mura temporairement, par punition, la grille du parloir. L'exilé, mis au pied du mur, l'escalada un soir; il put revoir la pensionnaire qu'on ne surveillait pas de près, puisqu'elle était logée à part; mais il fallut se quitter avant le jour, et le temps avait passé vite! Aussi la femme de l'avocat donna-t-elle plusieurs fois audience, à ce qu'on dit, au comte de Nolivos, qui reprit les mêmes précautions. Le mari, alors en voyage, n'avait pas appris sans plaisir que M. de Beaumont supprimait le parloir!

Nous doutons fort que le même prélat ait exigé que, pour donner des leçons aux demoiselles élevées dans les couvents, les maîtres à danser portassent la tonsure et le petit collet. Il y eut pourtant rue Grange-Batelière, probablement n° 7, un abbé Quinion, maître de danse. N'existe-t-il pas, il est vrai, des danses graves, et surtout le menuet? En s'appuyant sur cet excuse jusqu'à quel point le prêtre dont nous parlons a-t-il couru le cachet, avec la pochette en sautoir? Est-il bien sûr que ce maître à danser ait continué à dire la messe avant de se rendre chez ses élèves? Pour ne nous laisser aucun doute, un almanach des *Arts et Métiers*, imprimé en l'année 1769, constate que l'abbé Quinion était maître de danse juré, en même temps que prêtre habitué à Saint-Roch.

Quelques années plus tard, la compagnie colonelle des gardes-suisses se trouvait casernée aux nos 13 et 15 actuels.

Duportail, secrétaire d'État au département de la Guerre, habitait la rue en 1791. Naguère compagnon d'armes de Lafayette en Amérique, ce ministre révolutionna et désorganisa l'armée, en autorisant les soldats à fréquenter les clubs. Les ordonnances y relatives ont-elles été signées par Duportail dans la ci-devant caserne, dans une des deux maisons d'en face, ou bien dans l'un des grands hôtels qu'a perdus la rue Grange-Batelière depuis que la rue Drouot la croise? Jusque-là, aucun ministre de la guerre n'avait eu la même résidence que son prédécesseur; mais alors que les mutations se succédèrent avec une rapiditétout à fait imprévue, le portefeuille, ce meuble si portatif, devint immeuble par destination. Celui de la guerre changea de mains dix ou douze fois en deux années. Le ministre Pache, en novembre 1792, prit pour secrétaire général Xavier Ardouin, vicaire de Saint-Eustache, et mit des orateurs de club à la place d'employés dont les opinions ne lui paraissaient plus à la hauteur des circonstances. Pache avait vu le jour en Suisse; son père avait été le suisse de l'hôtel de Castries : il ne lui manquait plus que d'occuper l'ancien quartier des gardes-suisses.

RUE POPINCOURT.

Les Annonciades.—Nicolas de Blégny. — Fronsac.—La Comédie-Bourgeoise. — Le marquis de Pange. — Le comte de Fodoas.

Jean de Popincourt, président au parlement sous Charles VI, avait une maison de campagne près Paris; elle devint à l'époque des guerres religieuses un temple calviniste, que le connétable Anne de Montmorency prit d'assaut le 31 décembre 1561 et ne ménagea guère. La même propriété était vendue plus tard par Angrand, secrétaire du roi, à des religieuses de l'Annonciade du Saint-Esprit. Celles-ci avaient formé depuis peu d'années à Saint-Mandé un établissement, sur le modèle de leur maison de Melun; elles se transférèrent à Popincourt le 12 août 1636, et puis elles y remplacèrent l'ancienne chapelle de Sainte-Marthe ou du Saint-Esprit par une chapelle nouvelle. Une médaille d'argent, retenue par un cordon bleu sur l'habit que portaient les sœurs, représentait l'ange Gabriel en message près de la sainte Vierge, et rappelait l'ordre auquel elles appartenaient. Leur communauté devint nombreuse; mais de cet accroissement ne résulta pas la prospérité de leurs affaires, et force fut, pour y mettre ordre, d'aliéner une portion du domaine conventuel dès 1760. D'autres sacrifices du même genre furent provoqués par d'autres nécessités, et le reste fut vendu, en 1781, à Perrot de Chezelles, de Blosseville et Valentin, par les Annonciades, dites les dames de Popincourt. La caserne construite sur leur territoire servait de quartier originairement à deux compagnies de fusiliers et à une de grenadiers, en tout 310 hommes des gardes-françaises. Cette caserne, depuis un an ou deux, est l'hospice des Incurables (hommes). L'église des religieuses, vendue comme bien national le 2 prairial an V, fut érigée pendant le Consulat en seconde succursale de la paroisse Sainte-Marguerite, rachetée par la Ville en 1811 et restaurée en 1818. Cette église, dédiée à saint Ambroise, touche le presbytère, qui ouvre actuellement sur le boulevard du Prince-Eugène; c'est une vieille maison où Chéradame, entrepreneur du pavé de Paris, a remplacé les religieuses dans la seconde moitié du règne de Louis XVI.

Le village de Pincourt, ainsi dit par abréviation, a eu beau entrer à demi, et puis tout à fait, dans la ville, les Parisiens n'ont cessé de s'y croire à la campagne que plus d'un siècle après l'annexion. Les maraîchers, les nourrisseurs n'habitaient pourtant pas exclusivement la rue du même nom. Une maison de santé y a été fondée, sous Louis XIV, par Nicolas de Blégny, ainsi que le jardin médicinal de Pincourt. Le chef de l'établissement pratiquait principalement la chirurgie; il s'était fait connaître comme bandagiste, avant d'ouvrir un cours d'anatomie et divers autres, voire même un cours sur les perruques. M. de Blégny s'était mis à la tête d'une société académique, et elle publiait des mémoires, dont l'impression en France n'a été interdite, en 1682, que par égard pour tous les médecins qui se plaignaient d'y être maltraités. Au reste, notre chirurgien s'affichait de tous les côtés comme préposé à la recherche et à la vérification des nouvelles découvertes de la médecine, et il confiait au public des *Secrets concernant la beauté et la santé*; donc ses écrits étaien td'un charlatan, exploitant l'ignorance et la crédulité dont le grand siècle n'était pas exempt. Il frappait d'une contribution à son profit, avec peu de savoir, avec beaucoup d'intrigue, la coquetterie et les infirmités, tous les vices, tous les accidents, en se donnant pour habile à guérir *les descentes, les maux vénériens et généralement les maladies extraordinaires :* spécialité des plus larges! Son cabinet en ville était rue Guénégaud, tout près du théâtre de Molière, qui faisait rire tout le monde des médecins, sans diminuer la clientèle du praticien en vogue, son voisin. Mlle de Blégny, directrice honoraire et perpétuelle de la communauté des jurées sages-femmes de Paris, pratiquait également sur les personnes de qualité et demeurait chez son fils, apothicaire du roi, rue Guénégaud. L'officine regorgeait de remèdes secrets, il est vrai, mais suffisamment garantis par cette annonce exceptionnelle : *Une personne solvable qui en connaît la vertu s'oblige, quand on le veut, d'en payer la valeur en l'acquit des malades en cas qu'ils ne guérissent pas, pourvu qu'ils conviennent de les payer au double pour une parfaite guérison.* Or, la personne solvable, l'endosseur invisible, le compère anonyme, n'était-ce pas Nicolas de Blégny lui-même ? Tout le dénonce. Homme d'esprit pour se mettre en vue, et de génie pour en tirer parti, il ne visait pas qu'à l'argent ; il devait de fort belles places à la réputation qu'il s'était faite lui-même, car il avait été nommé chirurgien de la reine en 1678, ordinaire du duc d'Orléans en 1683, et médecin du roi quatre ans après. De sa vaste et belle maison de santé, où il n'y avait pas qu'une seule porte, il subsiste plusieurs corps de bâtiments, rue Popincourt, entre l'hospice et les dernières maisons de la rue actuelle. Les malades et les convalescents y étaient traités à des prix différents, depuis 20 sols jusqu'à 6 livres : ils ne vivaient donc pas ensemble. Un pavillon entièrement séparé recevait les femmes qui venaient faire leurs couches. On reléguait enfin les vénériens d'un côté, et les fous de l'autre. Une bibliothèque dépendait de l'établissement ; elle était publique pour les médecins, les apothicaires et leurs élèves, ainsi que le jardin médicinal. En allant jusqu'au labyrinthe qui surgissait à l'extrémité, les promeneurs avaient en vue d'autres jardins et des maisons de plaisance, situées à peu de distance du couvent et de la maison de santé ; seulement il n'y avait encore que des marais bien cultivés entre la rue Popincourt et le boulevard, vis-à-vis la propriété. Celle-ci n'est pas demeurée au delà de l'année 1693 à la disposition de Blégny, qui tout à coup tombait de haut. Des escroqueries avérées l'ayant fait dépouiller de ses charges, il est resté huit ans en prison au château d'Angers, et septuagénaire il est mort en 1722 à Avignon.

En face ou presque en face de la rue Saint-Sébastien, une petite maison fut taillée pour le fils du maréchal de Richelieu dans l'ancien hôtel de santé. La niche de saint qu'on remarque au même endroit est d'une origine antérieure. Puisque les roués du XVIIIe siècle ne redoutaient pas trop l'indiscrétion à l'endroit de leurs galanteries, n'en citerons-nous pas une ou quelques-unes dont Pincourt ait été le théâtre? Fronsac y fit une partie carrée, le 7 janvier 1763, avec le marquis de Conflans et deux filles de chez la Hecquet. Il donnait à souper, le 14 du même mois, au duc de Coigny, à son frère et à deux autres seigneurs, près desquels figuraient trois filles, pensionnaires de la Deslongrais. Néanmoins, à la même époque, la liaison de Fronsac avec Sophie Arnould durait encore, et il aimait déjà la jeune Dubois, de la Comédie-Française, qui lui avait sacrifié ce qu'on ne saurait donner plus d'une fois. Au mois d'octobre de la même année, la porte de la petite maison s'ouvrait plusieurs fois par semaine pour la présidente de Boulainvilliers.

Le père de Fronsac, six ou sept ans plus tard, avait pour sous-secrétaire Joseph-Jean-Baptiste Albouy, fils d'un négociant de Marseille. Ce jeune homme avait fait chez les Oratoriens de bonnes études, qui ne lui avaient pas donné le goût du commerce, et le maréchal l'employait à mettre en ordre les documents destinés à la rédaction de ses mémoires. Albouy ne vivait pas du produit de son travail ; il recevait une pension de sa famille, et de plus il faisait des dettes ; mais les bontés de Richelieu lui permirent de s'ouvrir une carrière dans laquelle, entraîné par la vocation, il espérait mettre ordre à ses affaires. Ayant fréquenté le théâtre et appris des rôles à loisir, il joua d'abord en société et reçut des encouragements. La maison de plaisance de Fronsac était devenue, à cette époque, une petite salle de spectacle, appelée *Comédie-Bourgeoise de Popincourt*, et ce théâtre avait pour sociétaires des fils de famille ; la meilleure compagnie venait y applaudir les comtes de Sabran, de Gouffier et de Loménie, la jeune marquise de Folleville et sa sœur, qui faisaient partie de la troupe. Là débuta, dans le rôle de Crispin, des *Folies amoureuses*, Albouy, qui illustra ensuite sur la scène française le pseudonyme de Dazincourt. A égale distance de la salle de spectacle et de la rue Ménilmontant, il y avait une sparterie, manufacture dont le siége est maintenant une fabrique de bronzes d'art.

Reconnaissons pareillement, au coin de la rue Saint-Sébastien, partie d'une propriété dont les trois corps de logis et le jardin ne mesuraient pas moins de trois arpents. Ledit bien fut vendu à l'abbé de Lanne par le marquis de Pange, qui en avait acquis un tiers de Caumont, médecin ordinaire du roi, en 1757, un tiers de Malderie, seigneur de Catreville, et le reste de Bézodis, marchand bonnetier.

Une autre maison de la rue Popincourt, et ne l'apercevons-nous pas à l'angle de la rue du Chemin-Vert? fut louée au comte de Fodoas, ancien capitaine de cavalerie, qui peut-être y fit des folies, mais aux dépens de quelque riche douairière. La vieille princesse de Nassau, de laquelle il était aimé, dépensa 30,000 livres assez lestement avec lui. Létorière, son prédécesseur, n'en avait coûté que 6,000. Néanmoins, Fodoas, médiocrement content de la princesse, chercha à mener plus loin la comtesse de Schlinfelt, décorée de l'ordre de Marie-Thérèse, et qui n'avait guère moins d'un demi-siècle. M. Fontaine était propriétaire de la maison dont nous parlons, et les Carmélites en avaient quatre qui faisaient suite.

RUE SAINT-LOUIS-AU-MARAIS.

Contingent de noms et dates mémorables fournis à l'histoire de Paris, pour le compte de cette rue, par des documents inédits et des livres.

Pendant l'occupation anglaise, le duc de Bedfort obligea le prieur de Sainte-Catherine-du-Val-des-Écoliers à renoncer, moyennant 16 sols parisis de chef-cens, à la propriété de 8 arpents et 1/2, détachés de la culture Sainte-Catherine, et qui, depuis la fondation du prieuré, au commencement du XIIIe siècle, étaient dans son domaine direct. Mais le contrat de renonciation passé devant Legras et Pâris, notaires au Châtelet, le 17 juin 1425, fut cassé par lettres-patentes de Charles VII, le 3 décembre 1437. Après être rentrés en possession de leur terrain, théâtre de maints désordres, les pères jugèrent bon de le faire entourer d'un mur ; le prévôt et les échevins les autorisèrent, qui plus est, en 1487, à enclore avec la culture l'égout dont elle était bordée, à la condition de laisser une porte pour la visite et le curage. On forma en 1560 sur cet égout, jusque-là découvert, la rue dite des Nouveaux-Égouts, puis Saint-Louis, sous le règne de Louis XIII.

Des jardins, des chantiers y furent remplacés successivement par des constructions, et quant aux 8 arpents et 1/2 de la culture Sainte-Catherine, ils se trouvèrent aliénés en divers lots, au moyen de *baux à vente* consentis par les religieux à des particuliers, par exemple, à Mathieu Mavert, orfèvre, le dernier jour de novembre 1545, et à Gildart Millet, praticien au palais, le 18 mai 1547. Une place audit terrain, derrière les maison et jardin de Jean Lair, procureur au Châtelet, était baillée à rente perpétuelle, le 28 février 1560, à Méderic de Donon, contrôleur du domaine, et une autre place à Jacques Saulger, par l'évêque de Toul, prieur de Sainte-Catherine-du-Val des-Ecoliers, Marin Maupillé, sous-prieur, Jean Hamelin, François Fouet, François Cottard, Jean Choquet, Jean de Sussy et Jean Chaillou, tous religieux profès dudit prieuré et couvent.

Un petit lot, vingt ans après, était cédé à Marc Miron, seigneur de l'Ermitage, conseiller et premier médecin du roi, par François de Berne, prieur, Jean Chaillou, sousprieur, docteur en théologie, Jean Choquet, procureur et syndic, Godefroy Hardy, Simon Hamelin, François Béranger et Jean Jacob, prêtres ; Charles Tallery, diacre, et Jean Dugué, tous religieux profès. Il s'agissait d'un morceau de terre qui longeait les égouts de la ville, derrière le jardin de madame de Carnevenoy, en tenant au jardin de Jean Lestelle, médecin. Déjà Miron, sept ans auparavant, avait acheté de Françoise de la Marche, femme de Villequier, gouverneur d'Anjou, deux maisons contiguës à celle de son confrère Lestelle. Le père de ce dernier avait été marchand et avait succédé, dans sa propriété, à Périne de Pisseleu. De plus, Jeanne Barbedor, belle-mère de

Miron avait été propriétaire par là, avant son gendre. Digne membre d'une famille de médecins célèbres, Miron avait suivi le duc d'Anjou en Pologne, et avait contribué au retour en France de ce prince, devenu Henri III ; à deux reprises il avait siégé aux Etats de Blois, comme député de la Faculté de Paris, et on lui reconnaissait le titre de *comes archiatrorum :*

Dicitur archiater qui princeps est medicorum.

Charles Miron, évêque d'Angers à 18 ans, siégeant l'année suivante aux Etats de Blois, était fils de Marc ; il s'arrangea d'une place attenante à celle que son père avait eue de même origine, rue des Egouts. L'hôtel Miron touchait à la maison de Laroche-Bonneuil et au petit hôtel d'Argouges, lorsque l'évêque hérita du médecin, c'est-à-dire en 1608. Charles Miron prononça l'éloge funèbre de Henri IV, après avoir été chaudement son partisan. Des querelles avec son chapitre le portèrent à accepter l'abbaye de Saint-Lomer de Blois, en échange de son évêché, qu'il reprit pour peu de temps en 1622, et puis vint sa nomination à l'archevêché de Lyon, qui fut déclarée par Talon attentatoire aux libertés de l'Eglise gallicane.

Le mariage de Marie Miron avec Louis Lefèvre de Caumartin, garde des sceaux sous le règne de Louis XIII, fit changer le nom de l'hôtel, qui passa à Anne de Caumartin, évêque d'Amiens, et à Caumartin de Saint-Port, conseiller d'Etat, puis intendant des finances, pour qui la terre de Cailly fut érigée en marquisat. Celui-ci, premier homme de robe qui ait porté du velours, laissa ses biens à des créanciers. Pierre Delpech de Cailly, président en la cour des aides, disposa de la propriété de la rue Saint-Louis, après son beau-père, Pajot de Villers, et il y ajouta deux maisons, acquises de la famille Arnaud de Pomponne, dont une fontaine marque encore la place. Le président maria sa fille au marquis de Joyeuse, colonel, qui vendit à Choux de Bussy, secrétaire du roi, en 1761.

Le plan de Paris en 1652 place contre l'hôtel Caumartin un hôtel Villedo : quel était-il ? Un terrain clos de 166 toises, au coin de la rue Neuve-Sainte-Catherine et de la rue Saint-Louis, avait été cédé en 1634 par Lefèvre de Caumartin à Villedo, maître-maçon, en échange de 265 toises prises plus haut, dans la rue Saint-Louis, sur un terrain aliéné par les religieuses de Saint-Gervais, lesdites 265 toises tenant à l'architecte Leroy ainsi qu'au président Lejay. La famille Villedo de Clichy disposait un peu plus tard de quatre maisons au moins qui se suivaient, à l'entrée de la rue, et notamment de l'hôtel occupé par un de ses membres devenu conseiller du roi et général des bâtiments, ponts et chaussées de France. Une des autres maisons appartenait à Marguerite Villedo, épouse de Etienne Papot, maître des bâtimens du roi, et plus tard à Madeleine Villedo, femme Rostau. Une autre maison aussi avait été apportée par Catherine Villedo à son mari, Michel Noblet, architecte du roi et garde des fontaines, qui en fit hériter son neveu, l'architecte Bruant. Une autre encore, contiguë à l'hôtel proprement dit, fut vendue par Villedo jeune, maître des comptes des bâtiments du roi, à Marguerite Foucault, fille majeure, en 1658. Enfin dix ans après, un partage de famille attribuait à une D^{lle} Villedo, femme de Michel Delavigne, docteur-régent, l'hôtel loué à l'abbé Colbert, puis acheté par Meynaud de Latour, secrétaire des finances, et ensuite hôtel Lowendal. M. de Lowendal, qui demeura rue Saint-Louis, était un fils du maréchal de France; il avait alors Beaumarchais pour ami.

Une masure, en face de la rue des Minimes, paraît tout ce que la rue Saint-Louis a conservé de l'hôtel Caumartin; mais on revoit la plus grande partie des constructions dont les Villedo ont posé la première pierre.

Que sont devenues les Tournelles, de l'autre côté de la rue? Sur l'emplacement du palais nous retrouvons deux maisons modestes, pourvues encore d'escaliers à balustres, qui y ont surgi des premières, n° 8, n° 20. Quelles y sont les propriétés plus importantes qui attirent notre attention? Pendant tout le règne de Louis XIV on n'appelait le n° 16, où l'illustre Catinat a résidé, que l'hôtel de Vitry. Si les Minimes, établis par derrière depuis 1611, l'ont englobé, c'est sous le règne suivant. Thévenin de Tanlay, premier président de la cour des monnaies, n'avait-il pas ses bureaux sous Louis XVI au 30 et au 32, que la famille de Gourgues a habités ? En cas d'erreur, ce serait au 44. Après la rue des Douze-Portes, Claude Guénégaud, trésorier de l'épargne, avait fait élever un hôtel, qui est devenue la proie des flammes ; madame de Sévigné raconte qu'elle a été témoin de l'incendie : elle habitait alors l'hôtel Carnavalet. On a réparé le désastre pour un nouveau propriétaire, le chancelier Boucherat, dont la bibliothèque était citée et dont le jardin allait jusqu'au boulevard. De la propriété du chancelier, ce qui restait de mieux au xviii° siècle, par suite de réductions, était l'hôtel d'Ecquevilly, occupé de nos jours par le couvent de Sainte-Elisabeth. Le marquis d'Ecquevilly, capitaine général des chasses du roi, après son père et son grand-oncle, épousait, en 1741, la fille d'un de ses voisins, le marquis de Joyeuse. Vers cette époque, Lesage était logé à l'angle de la rue des Douze-Portes : des positions avaient été refusées par l'auteur de *Gil Blas* et de *Turcaret*, qui préférait vivre de sa plume en faisant jouer des pièces à la foire. Enfin au vénérable hôtel, que les n°⁵ 46 et 48 nous représentent sans ses dépendances, diverses traditions rattachent les plus grands noms : Turenne, Vauban, la Bruyère, Mlle de la Vallière. On dit aussi que ce fut l'hôtel de Crosne, et le plan de Gomboust y marque l'habitation de M. le Vasseur. La Tour-d'Auvergne, duc de Bouillon, y avait résidé avant Turenne, son fils. Celui-ci y recevait des frondeurs, lorsqu'il subissait l'influence de la duchesse de Longueville, et il entretenait chez lui des assemblées protestantes périodiques, avant que Bossuet l'eût converti. Vauban, lui-même, n'a-t-il pas commencé par servir dans les rangs de la Fronde, sous le grand Condé? Quant à l'auteur des *Caractères*, Bossuet l'a présenté pour enseigner l'histoire au fils de Condé ; jusque-là, il était trésorier de France à Caen. Outre le grand hôtel Turenne, aujourd'hui encore divisé, il y en a un petit, qui parfois s'en est détaché : ainsi s'explique l'abondance des souvenirs, par la simultanéité. La duchesse d'Aiguillon a donné au cardinal de Bouillon la terre et châtellenie de Pontoise, en échange de l'hôtel Turenne, afin d'y établir les Bénédictines de l'Adoration perpétuelle du Saint Sacrement. Leur entrée a eu lieu le 16 septembre 1684, et la Révolution a supprimé leur établissement. L'hôtel laissé à la nation par les ci-devant religieuses a fait donner le nom de Turenne à la rue Saint-Louis depuis l'an IX jusqu'à la Restauration. Une congrégation de Franciscaines a fait rebâtir, depuis, l'église du couvent, livrée au culte en 1835.

Le 56 et le 60 ont été occupés par le chancelier Voysin, dont Mme de Maintenon avait fait la fortune. La famille de Jumilhac en a disposé, avant ou après le comte d'Erlach, colonel de gardes-suisses ; le marquis de Jumilhac, commandait en 1791 la garde constitutionneile de Louis XVI. Mais ce n'est plus la culture Sainte-Catherine, ni l'ancien parc royal que nous foulons aux pieds; nous voici donc en pleins marais du Temple. Du territoire désigné sous ce nom dépendait le terrain vendu par les dames de Saint-Gervais à Barthélemy de Bissi, et n'avons-nous pas vu Villedo en transporter 265 toises à Lefèvre de Caumartin? Les propriétaires qui s'y suivaient entre les rues du Parc-Royal et Sainte-Anastase, vers l'an 1780, étaient : Dubreuil, Hocquart, Brunet d'Evry, Dassy de Beaudreville, Gesly, le comte de Voisenon et Richard. Il y avait alors près d'un siècle que la rue Boucherat servait de prolongement à la rue Saint-Louis, sur les marais du Temple, entre les rues Vieille-du-Temple et Charlot. Jean Beausire, architecte du roi, maître général, contrôleur et inspecteur des bâtiments de la Ville, avait dirigé les travaux pour l'établissement d'un nouvel égout; il avait aussi spéculé sur les terrains mis en valeur par l'ouverture de la rue Boucherat, et Michel Richer, entrepreneur de bâtiments, avait fait de même. Nous croyons qu'il y reste quelque chose du premier hôtel Boucherat, au n° 94. Les deux rues ont été réunies en 1851.

Liv. 59
LES ANCIENNES MAISONS

Des rues de Lourcine, des Trois-Couronnes, Saint-Hippolyte, des Marmouzets-Saint-Marcel, des Gobelins, de La Harpe, Mauconseil, du Petit-Lion-Saint-Sauveur, Saint-Anastase et de Montreuil.

NOTICES FAISANT PARTIE DE L'OUVRAGE INTITULÉ :

LES ANCIENNES MAISONS DE PARIS SOUS NAPOLÉON III

PAR M. LEFEUVE,

Monographies publiées par livraisons séparées, avec table de concordance à la fin de la publication.

RUE DE LOURCINE.

L'hôtel Zône. — Les Cordelières. — L'hôpital de Lourcine. — Sainte-Valère. — Le jardin des Apothicaires. — Les propriétaires en 1715. — La garnison. — La trompette du jugement dernier.

Une ordonnance royale, en 1843, a déclaré d'utilité publique le prolongement de la rue des Bourguignons, au delà de la rue de Lourcine, et ce prolongement porte la dénomination de rue Cochin. Le sieur Vaillant avait offert à la Ville de subvenir à tous les frais d'établissement de cette petite voie de communication moyennant 40,000 fr. d'indemnité, et il avait acquis, à cet effet, du côté de la rue Pascal, quelques parties de terrain qui lui manquaient ; à cela près, la rue Cochin s'ouvrait à travers un immeuble qui lui appartenait. L'ordre de Malte avait été propriétaire de cette maison, qui comportait, cent ans avant, un grand jardin, deux cours et plusieurs corps de bâtiment à la disposition de divers locataires. Qui plus est, le fief de Lourcine avait dépendu de la commanderie de Saint-Jean-de-Latran, au temps des croisades, et les Hospitaliers de Saint-Jean-de-Jérusalem, dits de Saint Jean-de-Latran, qui avaient pour mission d'héberger les pèlerins et de faciliter leurs voyages, étaient devenus chevaliers de Rhodes et ensuite chevaliers de Malte, en demeurant seigneurs justiciers du fief jusqu'à la grande révolution. Terre *de Laorcinis*, dans le principe, puis presque une ville, puis une rue tout simplement, Lourcine avait eu, comme fief, l'hôtel Zône ou Jaune pour chef-lieu. La rue de Lourcine s'était appelée Franchise : jamais un artisan n'y a été soumis aux obligations de la maîtrise. On l'avait dite aussi rue du Clos de Ganay, en raison d'une maison de plaisance au chancelier Ganay, et rue des Cordelières, à cause d'un couvent dont nous allons préciser l'historique.

Une abbaye de Cordelières, Sœurs de Sainte-Claire et de Saint-François, avait été fondée à Troyes par Thibaud VII, comte de Champagne. Des religieuses de ce pays furent bientôt attirées à Paris par Marguerite de Provence, qui les reçut dans un manoir où saint Louis, dont elle était veuve, avait séjourné. Près de là étaient trois maisons, sous la censive de Saint-Jean-de-Latran, que Gallien de Pois, chanoine de Saint-Omer, leur légua. A l'exemple de la reine

Marguerite, sa mère, Blanche de Castille prit les Cordelières en affection ; elle entra en religion dans leur couvent, après avoir perdu son mari, Ferdinand, fils aîné d'Alphonse X, roi de Castille. Cette princesse fit bâtir le cloître. Sa chambre, son lit, la salle de ses gardes et d'autres souvenirs de sa famille, furent conservés pieusement dans la maison, comme la mémoire de ses bienfaits, jusqu'à la suppression de tous les monastères. Lors des troubles occasionnés par la captivité du roi Jean, les *Cordelières de l'esglise Saincte-Claire-de-Lourcine-lez-Sainct-Marcel-prez-Paris* se virent obligées de se réfugier en ville, et il en fut de même lors du siége de Paris par Henri IV, dont les soldats campèrent à l'abbaye. Il n'y eut plus d'abbesse dans cette maison à partir de l'année 1674 ; mais une prieure, succédant à l'abbesse, fut pareillement élue tous les trois ans. Les Petites-Cordelières de la rue de Grenelle se réunirent, en 1749, à leurs Sœurs de la rue de Lourcine. Le prix de la pension des demoiselles, dont elles faisaient l'éducation, était de 3 à 400 livres l'année. Des manufactures créées par des Anglais, et puis une tannerie, remplacèrent l'établissement religieux sous la République et sous l'Empire. Mais une des clauses de la vente domaniale obligeait un des acquéreurs à faire ouvrir, sur le territoire monastique, une rue, et il y en eut trois, les rues Julienne, des Cordelières et Pascal. La tannerie devint une maison de refuge en 1825, puis un asile pour les orphelins du choléra, en 1832, et, quatre années après, l'hôpital de Lourcine pour les maladies vénériennes (femmes).

Un autre hôpital de Lourcine, consacré au traitement des mêmes affections, avait été inauguré en 1559, sous l'invocation de saint Martial et de sainte Valère, à l'entrée de la rue, côté gauche. On y transférait, à vingt ans de là, l'établissement des Enfants-Rouges, qui prit le nom de la Charité-Chrétienne : les enfants y apprenaient à soigner les malades. Le fondateur de cette institution, Nicolas Houel, apothicaire-droguiste, fit reconstruire la chapelle Sainte-Valère et acheta, vis-à-vis, un terrain dont il fit le Jardin des Apothicaires par la culture des plantes médicinales : telle est l'origine de l'École de pharmacie, qui ouvre depuis rue de l'Arbalète. Des religieuses desservaient, au xviiie siècle, la maladrerie de Sainte-Valère, qui dépendait alors de l'Hôtel-Dieu, après avoir appartenu au bourgeois Prévost; elle ne se rattachait donc plus au Collége de pharmacie.

Une boucherie de trois étaux occupait, à la fin du règne de Louis XIV, le premier angle de la rue des Bourguignons. Les propriétaires se suivaient un peu plus haut dans l'ordre que voici :

La D[lle] Nancelet, avec un blanchisseur pour locataire. Lemoine, avec un brasseur, *idem*. Huré, avec un charron. Sauvegrain, boulanger. Santinier, avec un boulanger pour locataire. Lutar, avec un marchand de vin, *id*. De Saint-Léger, avec un marchand de vin. Veuve Coutelier, avec un brasseur. Subito, en face de la rue des Anglaises, dite aussi Neuve-Saint-Jean-de-Latran. De Natal. L'Hôtel-Dieu, avec un traiteur pour locataire.

Delafolie, avec un marchand de bestiaux, *id.* l'Hôtel-Dieu, avec un fermier, au coin de la rue de la Santé. *De l'autre côté de la rue, après Sainte-Valère :* — Bouillereau, tanneur. Godelard, *id.* Juniez. De Martin, avec un tanneur pour locataire. L'ordre de Malte, avec ses locataires. Frémont, jardinier. Les Cordelières. Delafolie, bourgeois. Pierret, avec un distillateur pour locataire.

Deux corps de garde étaient établis rue de Lourcine : l'un auprès du couvent, et l'autre près de l'hôtel Zône. Celui-ci est devenu une grande caserne pour trois compagnies de gardes-françaises, dont une de grenadiers et deux de fusiliers : aujourd'hui encore c'est un quartier d'infanterie. Celui-là, qui n'a jamais logé qu'une compagnie de fusiliers de la même garde, était aux n°s 103 et 105.

La grande maison qu'on remarque vis-à-vis ne nous paraît-elle pas l'ancienne propriété de M. de Saint-Léger? Elle portait le surnom du Petit-Palais-Royal avant que, sous le Directoire, M. de Chaalas s'en rendît acquéreur, et le terrain sur lequel elle s'élève s'appelait primitivement Pré-Lavocat. Mais n'entend-il pas, cet hôtel, la trompette du jugement dernier? La Ville vient de lui crier : Place! place au boulevard de la Santé et à la rue de la Glacière prolongée!

RUES DES TROIS-COURONNES, SAINT-HIPPOLYTE, DES MARMOUZETS-SAINT-MARCEL ET DES GOBELINS.

La bande noire a carte blanche ; elle démolit, démolit, démolit. La faute n'en est-elle pas pour quelque chose aux historiographes parisiens? N'ont-ils pas à se reprocher de n'avoir pas assez signalé les souvenirs qui se rattachent à une ville que les rois de toutes les époques ont laissé se faire à sa guise? Il est vrai que, jusqu'à nos jours, la pioche y regardait à deux fois avant de s'attaquer aux constructions solides : une base séculaire était souvent laissée aux maisons neuves, et une encoignure d'un autre âge à des rues que faisait ouvrir à ses dépens un propriétaire quelconque, avec l'approbation royale qui suivait l'avis favorable de l'édilité parisienne. L'aliénation révolutionnaire a elle-même rarement détruit, dans son entier, ce que le morcellement et le changement de destination font regarder comme effacé de la carte de Paris. Il subsiste au n° 5 de la rue Saint-Hippolyte une portion assez notable de la petite église de ce nom, chapelle dès 1178, érigée en paroisse au commencement du siècle XIII, et vendue nationalement le 3 août 1793.

Les Cordelières avaient été propriétaires de toute cette rue, du côté de l'église, à partir d'une maison faisant face au portail et l'angle de la rue des Marmouzets-Saint-Marcel. Cette encoignure, dite *couvent de la reine Blanche*, avait été certainement la retraite de Blanche de Castille, fille de Louis IX, qui avait pris le voile aux Cordelières. Nous croyons que M. Vérité, teinturier en drap, avait des ateliers dans cette résidence historique, avant et pendant la Révolution ; en tout cas, M. Lavocat y était employé chez un grand teinturier à l'époque de sa jeunesse. La fille de M. Gillet, autre manufacturier, qui demeurait au n° 14, ne se montra pas insensible aux attentions de son voisin, qui était bien de sa personne, et le roman de leurs amours eut pour dénoûment un mariage. Lavocat, compromis dans la conspiration bonapartiste du général Berton, en 1822, fut recherché par la police, à la suite de l'insurrection promptement étouffée à Saumur ; il se cacha dans un obscur recoin de la maison de son beau-père, où sa retraite fut pourtant soupçonnée, et une visite domiciliaire nocturne lui eût fait partager le sort du général, s'il n'avait pas eu le temps de traverser la rue et de franchir la petite porte du couvent de la reine Blanche. Sa condamnation à mort par contumace devint un titre en 1830 ; il fut donc colonel dans la garde nationale, député de Vouziers, directeur des Gobelins. On démolissait alors la vieille maison du coin de la rue des Marmouzets ; l'ancien conspirateur se montra reconnaissant en achetant les sculptures de la porte qui lui avait sauvé la vie, et il les fit appliquer à une porte intérieure du n° 14, qu'il tenait de M. Gillet. Fieschi était le domestique du directeur des Gobelins, au moment de l'attentat du boulevard du Temple, et il ne consentit à faire l'aveu de son crime que sur les instances de son maître, qui facilita l'instruction du procès de ce régicide.

La maison de M. Lavocat avait dépendu, sous Louis XVI, de la manufacture royale de cuirs et peaux, dirigée par M. Rubigny de Berteval. Un demi-siècle auparavant tout ce côté de la rue Saint-Hippolyte ou des Trois-Couronnes, car ces deux noms de rue n'en faisaient qu'une ; tout ce côté appartenait : à M. de Laporte, près la rue Mouffetard ; à Mlle Le Prieur, en face de la rue des Marmouzets ; à Germain, amidonnier, ensuite ; à Frémont, jardinier, jusqu'à la rue de Lourcine. Le bourgeois Clisson avait alors à sa disposition, rue des Marmouzets, la grande maison qui avance.

Ce n'est décidément ni rue Mouffetard, ni rue Saint-Hippolyte, ni rue des Marmouzets ; mais c'est tout près de là que la manufacture de M. Vérité eut son siége principal. L'ancienne geôle, dans laquelle Moinery, son prédécesseur, fut installé en vertu d'un arrêt du conseil du 12 septembre 1775, la voici aux n°s 17 et 19 de la rue des Gobelins. Un autre membre de la même famille exerça en même temps l'industrie de brasseur, dans une maison de la même origine, mais qui a été remplacée par une construction moderne, le 21, sous le règne de Louis-Philippe. Quant à Verité, l'apprêteur de draps, il a vendu la propriété qu'il occupait à Mme la marquise de Nadaillac, de qui M. Durant l'a prise. Elle est encore d'une grande importance comme terrain et comme architecture, cette bastille du moyen âge, dans laquelle nous retrouvons aussi une courtille royale de la fin du xive siècle, connue encore à cette époque comme hôtel de la Reine-Blanche. La maison de campagne de cette reine, avec laquelle la tradition locale a confondu plus tard Blanche de Castille, servit aussi de résidence à Marguerite de Provence, et quelque peu de séjour à Louis IX. Mère, femme et fille dudit roi, les trois princesses que nous venons de citer habitèrent surtout ce manoir hors Paris à l'époque de leur veuvage, et les reines de ce temps-là portaient le deuil de leur mari en blanc. Charles VI, étant jeune, assista à un bal masqué, dans l'hôtel de la Reine-Blanche; il s'y était rendu déguisé en sauvage, ainsi que quatre jeunes seigneurs, qu'il tenait enchaînés : leurs costumes étaient faits d'une toile enduite de résine, sur laquelle on avait collé des étoupes. Pour mieux voir cette mascarade, au milieu du bal, le duc d'Orléans eut l'imprudence d'approcher un flambeau si près, que le feu prit à l'habit d'un sauvage et se communiqua promptement aux quatre autres, qu'une chaîne rendait inséparables. La duchesse de Berri eut la présence d'esprit de saisir la queue de sa robe, et d'en envelopper le roi qui fut sauvé tout seul.

Le jeune comte de Joigny mourut, sur le théâtre même de la fête, n'ayant pu dépouiller sa robe de Nessus; le bâtard de Foix, Aymard de Poitiers et Hugues de Guissay ne résistèrent que trois jours à cet autre mal des ardents, plus rapidement contagieux qu'une peste. En 1393, pour effacer le souvenir d'un accident qui avait contribué a égarer la raison de Charles VI, on détruisit la salle de bal; mais non pas le palais entier. Nous en retrouvons, maintenant encore, des escaliers à vis dans leurs tourelles, et d'autres restes jusqu'ici respectés, dont une partie remonte, qui plus est, à l'époque de la reine Blanche.

La Bièvre coule au bout de la rue des Gobelins, qui a été une rue de Bièvre, et croise la rue Saint-Hippolyte, dont l'extrémité a été une rue des Teinturiers. Les ouvriers, dans ces parages, pouvaient travailler pour leur compte, sans être astreints à la maîtrise; aussi bien le cours d'eau y attira de bonne heure les industries qui ne s'en sont pas séparées. La folie-Gobelin avait été fondée dans un établissement qui florissait déjà en 1450, rue Mouffetard, plus bas que la rue des Gobelins. L'hôtel qui porte le n° 3 dans cette dernière rue fut aussi le berceau de la manufacture royale, dont Colbert confia la direction à Lebrun en 1667. Achetée séparément dix-neuf ans plus tard par le hollandais Jean Gluck, inventeur d'un procédé de teinture, ladite maison avait appartenu au marquis de Mascarani, financier, et précédemment à la famille de Laplanche, depuis Nicolas Gobelin, qui la

Liv. 59
LES ANCIENNES MAISONS

Des rues de Lourcine, des Trois-Couronnes, Saint-Hippolyte, des Marmouzets-Saint-Marcel, des Gobelins, de La Harpe, Mauconseil, du Petit-Lion-Saint-Sauveur, Saint-Anastase et de Montreuil.

NOTICES FAISANT PARTIE DE L'OUVRAGE INTITULÉ :

LES ANCIENNES MAISONS DE PARIS SOUS NAPOLÉON III

PAR M. LEFEUVE,

Monographies publiées par livraisons séparées, avec table de concordance à la fin de la publication.

RUE DE LOURCINE.

L'hôtel Zône. — Les Cordelières. — L'hôpital de Lourcine. — Sainte-Valère. — Le jardin des Apothicaires. — Les propriétaires en 1715. — La garnison. — La trompette du jugement dernier.

Une ordonnance royale, en 1843, a déclaré d'utilité publique le prolongement de la rue des Bourguignons, au delà de la rue de Lourcine, et ce prolongement porte la dénomination de rue Cochin. Le sieur Vaillant avait offert à la Ville de subvenir à tous les frais d'établissement de cette petite voie de communication moyennant 40,000 fr. d'indemnité, et il avait acquis, à cet effet, du côté de la rue Pascal, quelques parties de terrain qui lui manquaient; à cela près, la rue Cochin s'ouvrait à travers un immeuble qui lui appartenait. L'ordre de Malte avait été propriétaire de cette maison, qui comportait, cent ans avant, un grand jardin, deux cours et plusieurs corps de bâtiment à la disposition de divers locataires. Qui plus est, le fief de Lourcine avait dépendu de la commanderie de Saint-Jean-de-Latran, au temps des croisades, et les Hospitaliers de Saint-Jean-de-Jérusalem, dits de Saint Jean-de-Latran, qui avaient pour mission d'héberger les pèlerins et de faciliter leurs voyages, étaient devenus chevaliers de Rhodes et ensuite chevaliers de Malte, en demeurant seigneurs justiciers du fief jusqu'à la grande révolution. Terre de *Laorcinis*, dans le principe, puis presque une ville, puis une rue tout simplement, Lourcine avait eu, comme fief, l'hôtel Zône ou Jaune pour chef-lieu. La rue de Lourcine s'était appelée Franchise : jamais un artisan n'y a été soumis aux obligations de la maîtrise. On l'avait dite aussi rue du Clos de Ganay, en raison d'une maison de plaisance au chancelier Ganay, et rue des Cordelières, à cause d'un couvent dont nous allons préciser l'historique.

Une abbaye de Cordelières, Sœurs de Sainte-Claire et de Saint-François, avait été fondée à Troyes par Thibaud VII, comte de Champagne. Des religieuses de ce pays furent bientôt attirées à Paris par Marguerite de Provence, qui les reçut dans un manoir où saint Louis, dont elle était veuve, avait séjourné. Près de là étaient trois maisons, sous la censive de Saint-Jean-de-Latran, que Gallien de Pois, chanoine de Saint-Omer, leur légua. A l'exemple de la reine

Marguerite, sa mère, Blanche de Castille prit les Cordelières en affection ; elle entra en religion dans leur couvent, après avoir perdu son mari, Ferdinand, fils aîné d'Alphonse X, roi de Castille. Cette princesse fit bâtir le cloître. Sa chambre, son lit, la salle de ses gardes et d'autres souvenirs de sa famille, furent conservés pieusement dans la maison, comme la mémoire de ses bienfaits, jusqu'à la suppression de tous les monastères. Lors des troubles occasionnés par la captivité du roi Jean, les *Cordelières de l'esglise Saincte-Claire-de-Lourcine-lez-Sainct-Marcel-prez-Paris* se virent obligées de se réfugier en ville, et il en fut de même lors du siége de Paris par Henri IV, dont les soldats campèrent à l'abbaye. Il n'y eut plus d'abbesse dans cette maison à partir de l'année 1674 ; mais une prieure, succédant à l'abbesse, fut pareillement élue tous les trois ans. Les Petites-Cordelières de la rue de Grenelle se réunirent, en 1749, à leurs Sœurs de la rue de Lourcine. Le prix de la pension des demoiselles, dont elles faisaient l'éducation, était de 3 à 400 livres l'année. Des manufactures créées par des Anglais, et puis une tannerie, remplacèrent l'établissement religieux sous la République et sous l'Empire. Mais une des clauses de la vente domaniale obligeait un des acquéreurs à faire ouvrir, sur le territoire monastique, une rue, et il y en eut trois, les rues Julienne, des Cordelières et Pascal. La tannerie devint une maison de refuge en 1825, puis un asile pour les orphelins du choléra, en 1832, et, quatre années après, l'hôpital de Lourcine pour les maladies vénériennes (femmes).

Un autre hôpital de Lourcine, consacré au traitement des mêmes affections, avait été inauguré en 1559, sous l'invocation de saint Martial et de sainte Valère, à l'entrée de la rue, côté gauche. On y transférait, à vingt ans de là, l'établissement des Enfants-Rouges, qui prit le nom de la Charité-Chrétienne : les enfants y apprenaient à soigner les malades. Le fondateur de cette institution, Nicolas Houel, apothicaire-droguiste, fit reconstruire la chapelle Sainte-Valère et acheta, vis-à-vis, un terrain dont il fit le Jardin des Apothicaires par la culture des plantes médicinales : telle est l'origine de l'École de pharmacie, qui ouvre depuis rue de l'Arbalète. Des religieuses desservaient, au XVIIIe siècle, la maladrerie de Sainte-Valère, qui dépendait alors de l'Hôtel-Dieu, après avoir appartenu au bourgeois Prévost ; elle ne se rattachait donc plus au Collége de pharmacie.

Une boucherie de trois étaux occupait, à la fin du règne de Louis XIV, le premier angle de la rue des Bourguignons. Les propriétaires se suivaient un peu plus haut dans l'ordre que voici :

La D[lle] Nancelet, avec un blanchisseur pour locataire. Lemoine, avec un brasseur, *idem*. Huré, avec un charron. Sauvegrain, boulanger. Santinier, avec un boulanger pour locataire. Lutar, avec un marchand de vin, *id*. De Saint-Léger, avec un marchand de vin. Veuve Coutelier, avec un brasseur. Subito, en face de la rue des Anglaises, dite aussi Neuve-Saint-Jean-de-Latran. De Natal. L'Hôtel-Dieu, avec un traiteur pour locataire.

Delafolie, avec un marchand de bestiaux, *id*. l 'Hôtel-Dieu, avec un fermier, au coin de la rue de la Santé. *De l'autre côté de la rue, après Sainte-Valère :* — Bouillereau, tanneur. Godelard, *id*. Juniez. De Martin, avec un tanneur pour locataire. L'ordre de Malte, avec ses locataires. Frémont, jardinier. Les Cordelières. Delafolie, bourgeois. Pierret, avec un distillateur pour locataire.

Deux corps de garde étaient établis rue de Lourcine : l'un auprès du couvent, et l'autre près de l'hôtel Zône. Celui-ci est devenu une grande caserne pour trois compagnies de gardes-françaises, dont une de grenadiers et deux de fusiliers : aujourd'hui encore c'est un quartier d'infanterie. Celui-là, qui n'a jamais logé qu'une compagnie de fusiliers de la même garde, était aux n°s 103 et 105.

La grande maison qu'on remarque vis-à-vis ne nous paraît-elle pas l'ancienne propriété de M. de Saint-Léger? Elle portait le surnom du Petit-Palais-Royal avant que, sous le Directoire, M. de Chaalas s'en rendît acquéreur, et le terrain sur lequel elle s'élève s'appelait primitivement Pré-Lavocat. Mais n'entend-il pas, cet hôtel, la trompette du jugement dernier? La Ville vient de lui crier : Place ! place au boulevard de la Santé et à la rue de la Glacière prolongée !

RUES DES TROIS-COURONNES, SAINT-HIPPOLYTE, DES MARMOUZETS-SAINT-MARCEL ET DES GOBELINS.

La bande noire a carte blanche ; elle démolit, démolit, démolit. La faute n'en est-elle pas pour quelque chose aux historiographes parisiens? N'ont-ils pas à se reprocher de n'avoir pas assez signalé les souvenirs qui se rattachent à une ville que les rois de toutes les époques ont laissé se faire à sa guise? Il est vrai que, jusqu'à nos jours, la pioche y regardait à deux fois avant de s'attaquer aux constructions solides : une base séculaire était souvent laissée aux maisons neuves, et une encoignure d'un autre âge à des rues que faisait ouvrir à ses dépens un propriétaire quelconque, avec l'approbation royale qui suivait l'avis favorable de l'édilité parisienne. L'aliénation révolutionnaire a elle-même rarement détruit, dans son entier, ce que le morcellement et le changement de destination font regarder comme effacé de la carte de Paris. Il subsiste au n° 5 de la rue Saint-Hippolyte une portion assez notable de la petite église de ce nom, chapelle dès 1178, érigée en paroisse au commencement du siècle XIII, et vendue nationalement le 3 août 1793.

Les Cordelières avaient été propriétaires de toute cette rue, du côté de l'église, à partir d'une maison faisant face au portail et l'angle de la rue des Marmouzets-Saint-Marcel. Cette encoignure, dite *couvent de la reine Blanche*, avait été certainement la retraite de Blanche de Castille, fille de Louis IX, qui avait pris le voile aux Cordelières. Nous croyons que M. Vérité, teinturier en drap, avait des ateliers dans cette résidence historique, avant et pendant la Révolution ; en tout cas, M. Lavocat y était employé chez un grand teinturier à l'époque de sa jeunesse. La fille de M. Gillet, autre manufacturier, qui demeurait au n° 14, ne se montra pas insensible aux attentions de son voisin, qui était bien de sa personne, et le roman de leurs amours eut pour dénoûment un mariage. Lavocat, compromis dans la conspiration bonapartiste du général Berton, en 1822, fut recherché par la police, à la suite de l'insurrection promptement étouffée à Saumur ; il se cacha dans un obscur recoin de la maison de son beau-père, où sa retraite fut pourtant soupçonnée, et une visite domiciliaire nocturne lui eût fait partager le sort du général, s'il n'avait pas eu le temps de traverser la rue et de franchir la petite porte du couvent de la reine Blanche. Sa condamnation à mort par contumace devint un titre en 1830 ; il fut donc colonel dans la garde nationale, député de Vouziers, directeur des Gobelins. On démolissait alors la vieille maison du coin de la rue des Marmouzets ; l'ancien conspirateur se montra reconnaissant en achetant les sculptures de la porte qui lui avait sauvé la vie, et il les fit appliquer à une porte intérieure du n° 14, qu'il tenait de M. Gillet. Fieschi était le domestique du directeur des Gobelins, au moment de l'attentat du boulevard du Temple, et il ne consentit à faire l'aveu de son crime que sur les instances de son maître, qui facilita l'instruction du procès de ce régicide.

La maison de M. Lavocat avait dépendu, sous Louis XVI, de la manufacture royale de cuirs et peaux, dirigée par M. Rubigny de Berteval. Un demi-siècle auparavant tout ce côté de la rue Saint-Hippolyte ou des Trois-Couronnes, car ces deux noms de rue n'en faisaient qu'une ; tout ce côté appartenait : à M. de Laporte, près la rue Mouffetard ; à Mlle Le Prieur, en face de la rue des Marmouzets ; à Germain, amidonnier, ensuite ; à Frémont, jardinier, jusqu'à la rue de Lourcine. Le bourgeois Clisson avait alors à sa disposition, rue des Marmouzets, la grande maison qui avance.

Ce n'est décidément ni rue Mouffetard, ni rue Saint-Hippolyte, ni rue des Marmouzets ; mais c'est tout près de là que la manufacture de M. Vérité eut son siége principal. L'ancienne geôle, dans laquelle Moinery, son prédécesseur, fut installé en vertu d'un arrêt du conseil du 12 septembre 1775, la voici aux n°s 17 et 19 de la rue des Gobelins. Un autre membre de la même famille exerça en même temps l'industrie de brasseur, dans une maison de la même origine, mais qui a été remplacée par une construction moderne, le 21, sous le règne de Louis-Philippe. Quant à Verité, l'apprêteur de draps, il a vendu la propriété qu'il occupait à Mme la marquise de Nadaillac, de qui M. Durant l'a prise. Elle est encore d'une grande importance comme terrain et comme architecture, cette bastille du moyen âge, dans laquelle nous retrouvons aussi une courtille royale de la fin du xive siècle, connue encore à cette époque comme hôtel de la Reine-Blanche. La maison de campagne de cette reine, avec laquelle la tradition locale a confondu plus tard Blanche de Castille, servit aussi de résidence à Marguerite de Provence, et quelque peu de séjour à Louis IX. Mère, femme et fille dudit roi, les trois princesses que nous venons de citer habitèrent surtout ce manoir hors Paris à l'époque de leur veuvage, et les reines de ce temps-là portaient le deuil de leur mari en blanc. Charles VI, étant jeune, assista à un bal masqué, dans l'hôtel de la Reine-Blanche; il s'y était rendu déguisé en sauvage, ainsi que quatre jeunes seigneurs, qu'il tenait enchaînés : leurs costumes étaient faits d'une toile enduite de résine, sur laquelle on avait collé des étoupes. Pour mieux voir cette mascarade, au milieu du bal, le duc d'Orléans eut l'imprudence d'approcher un flambeau si près, que le feu prit à l'habit d'un sauvage et se communiqua promptement aux quatre autres, qu'une chaîne rendait inséparables. La duchesse de Berri eut la présence d'esprit de saisir la queue de sa robe, et d'en envelopper le roi qui fut sauvé tout seul.

Le jeune comte de Joigny mourut, sur le théâtre même de la fête, n'ayant pu dépouiller sa robe de Nessus; le bâtard de Foix, Aymard de Poitiers et Hugues de Guissay ne résistèrent que trois jours à cet autre mal des ardents, plus rapidement contagieux qu'une peste. En 1393, pour effacer le souvenir d'un accident qui avait contribué a égarer la raison de Charles VI, on détruisit la salle de bal; mais non pas le palais entier. Nous en retrouvons, maintenant encore, des escaliers à vis dans leurs tourelles, et d'autres restes jusqu'ici respectés, dont une partie remonte, qui plus est, à l'époque de la reine Blanche.

La Bièvre coule au bout de la rue des Gobelins, qui a été une rue de Bièvre, et croise la rue Saint-Hippolyte, dont l'extrémité a été une rue des Teinturiers. Les ouvriers, dans ces parages, pouvaient travailler pour leur compte, sans être astreints à la maîtrise; aussi bien le cours d'eau y attira de bonne heure les industries qui ne s'en sont pas séparées. La folie-Gobelin avait été fondée dans un établissement qui florissait déjà en 1450, rue Mouffetard, plus bas que la rue des Gobelins. L'hôtel qui porte le n° 3 dans cette dernière rue fut aussi le berceau de la manufacture royale, dont Colbert confia la direction à Lebrun en 1667. Achetée séparément dix-neuf ans plus tard par le hollandais Jean Gluck, inventeur d'un procédé de teinture, ladite maison avait appartenu au marquis de Mascarani, financier, et précédemment à la famille de Laplanche, depuis Nicolas Gobelin, qui la tenait de ses ancêtres. Gluck avait épousé la sœur de François Julienne, qui possédait un secret pour la teinture en écarlate et en bleu de roi. Jean Julienne, neveu de Gluck et de François Julienne, était né en 1686 ; il épousa, en 1720, Marie-Louise de Brécy et réunit rue des Gobelins les établissements de ses deux oncles, situés rue de la Reine-Blanche et rue Mouffetard. Ce manufacturier, homme pieux et bienfaisant, ami de tous les grands artistes de son temps, forma une galerie célèbre, dont on retrouve derrière son hôtel les deux étages superposés. Louis XV lui conféra des lettres de noblesse et le cordon de Saint-Michel, et on l'élut à l'unanimité honoraire de l'Académie de peinture, en 1739. Mort à 80 ans, il fut enterré à Saint-Hippolyte dont il avait renouvelé l'ornementation. Son neveu, qui avait continué ses affaires avec Ogé et Cie, continua à vendre les draps Julienne, particulièrement estimés et revêtus par privilège d'un plomb doré comme marque de fabrique.

RUE DE LA HARPE.

Les Thermes. — Cluny. — Le collége de Justice. — La seigneurie de Marcil. — Le collége d'Harcourt. — Etc.

La construction du palais des Thermes remonte vraisemblablement à Constance-Chlore, qui passa quinze ans dans les Gaules. Julien, fils de Constantin et petit-fils de

Constance-Chlore, y fut proclamé empereur romain, en l'an 360. Le palais fut ensuite habité par d'autres empereurs, par plusieurs rois francs de la première et de la seconde race. Les dépendances de l'auguste résidence s'étendaient vraisemblablement jusqu'à la rivière, jusqu'à l'emplacement de la Sorbonne et jusqu'à celui de Saint-Germain-des-Prés. Pierre de Chaslus, abbé de Cluny sous Philippe VI, acheta l'ancien palais, dont une partie fit place à l'hôtel de Cluny, et cet admirable édifice gothique est actuellement relié, comme musée, à ce qu'il reste du monument romain. M. Du Sommerard, magistrat, a été pendant trente années un des locataires de l'hôtel, que la Révolution avait vendu comme bien national, et la collection d'objets d'art réunie par cet antiquaire est devenue pour ce qui l'entourait un gage de conservation, par l'acquisition de l'État, sous le règne de Louis-Philippe. Le musée succède, il est vrai, à divers établissements industriels, créés depuis 89 ; mais sous l'ancien régime il y en avait eu d'autres. Une salle de spectacle avait été bâtie à Cluny, pour des comédiens de province, et si cette troupe n'y avait pas donné un plus grand nombre de représentations c'est que les confrères de la Passion, jaloux de conserver les avantages du monopole, avaient obtenu un arrêt du parlement pour couper court à cette concurrence. Un loueur de carrosses, au milieu du XVIIIe siècle, utilisait les ruines de la résidence impériale, comme écuries et comme remises, à l'enseigne de la *Croix-de-Fer*. On y prenait des bains à une époque différente.

Maintenant on en prend un peu plus haut, du côté opposé, dans une des maisons qui appartenaient au collége de Justice. L'immeuble contigu est de la même provenance. Au-dessus de la maison des bains, l'ancien collége lui-même a disparu, mais depuis peu, et des documents qui, pour la plupart, sont inédits, vont nous permettre d'en esquisser l'histoire.

Jean de Justice, du diocèse de Rouen, était chantre de Bayeux et chanoine de l'église de Paris; il fonda par testament, en 1349, un collége pour huit écoliers du diocèse de Rouen et pour quatre du diocèse de Bayeux, dans son hôtel, acquis antérieurement de Bernard Jourdain, sieur de Lisle, et tenant à la maison de l'évêque de Clermont. Le chanoine léguait également à ses boursiers, outre une provision en argent, trois maisons situées au-dessous de l'hôtel et tenant au jardin des Cordeliers. Les exécuteurs testamentaires étaient Guillaume Racine, médecin du roi, Denis de Ducler, chanoine de Paris, et Robert de la Mothe. Les écoliers du collége de Justice étudiaient les arts, la philosophie, la médecine; ils menèrent d'abord vie commune, tout en suivant des cours différents au dehors, et puis chacun des bénéficiaires que le même toit abritait se nourrit à sa guise, en recevant sa quote-part du revenu de la communauté. Un proviseur, élu par quatre boursiers de Rouen et deux de Bayeux, était autorisé à remplir les bourses vacantes, et il pouvait nommer le principal et le chapelain, s'il ne préférait pas que l'élection conférât leur mandat à ces deux officiers ; mais on ne pouvait être principal ou procureur de la maison que pendant une année, à moins que le mandat ne fût renouvelé. Deux bourses furent ajoutées à celles de Jean de Justice, en 1509, par Etienne Haro, chanoine et pénitencier de l'église de Rouen ; cinq autres, par Pierre Lizet, premier président du parlement, en 1554. Deux ans plus tard, Julien Resnel, chapelain, fondait une messe au collége de Justice, et d'autres charges spirituelles, qui profitaient modestement au temporel, étaient prises à perpétuité pour les âmes de Jacques de la Vaze, procureur de la maison, en 1561 ; de Jacques Gervais, chapelain et procureur, en 1582 ; de Jean Tourneroche, principal, en 1588, et de David Martin, proviseur, en 1672. Mais les rentes de la communauté avaient souffert, par suite de retranchements et de remboursements forcés ; l'état de ses maisons avait nécessité des réparations onéreuses ; des procès, qui plus est, avaient obéré l'institution pédagogique, et la réduction provisoire du nombre des bourses n'avait qu'imparfaitement paré au déficit ; c'est pourquoi l'université et le parlement de Paris avaient annexé, sous Louis XIII, le petit collége de Justice à son voisin, le collége d'Harcourt, qui était de plein exercice et le principal collége de la nation de Normandie. Pourtant David Martin, en devenant proviseur, avait restitué son autonomie à la fondation de Jean de Justice. L'évêque d'Avranches, sous le règne de Louis XV, présidait, en la même qualité, aux destinées du petit collége; de son temps, il fallut suspendre seize bourses sur dix-huit, afin de faire réparer une maison, rue de la Mortellerie, qui provenait de la fondation Lizet. Il y en avait quatre de remplies, peu de temps après; mais l'un des quatre titulaires était en même temps principal, procureur et chapelain. Il restait donc dans l'établissement assez de place pour tout le parchemin dont on faisait usage à Paris : le timbre du recteur s'y apposait officiellement moyennant la redevance acquise à l'université de cette ville.

Messieurs du collége de Justice, bien que souvent leurs finances laissassent à désirer, furent longtemps salués de ce titre *Nos Seigneurs* entre Marly et Saint-Germain-en-Laye. La terre de Mareil, sur laquelle il leur était dû 15 livres de rente, avait été vendue faute de paiement, à la requête desdits créanciers, qui s'en étaient rendus adjudicataires, le 9 mars 1447. Le décret, à vrai dire, n'avait pas spécifié les droits seigneuriaux qui se rattachaient à la terre, en la qualifiant seigneurie. Aussi le seigneur de Poissy, les religieuses de Poissy et le seigneur de Marly réclamèrent-ils postérieurement ce fief comme faisant partie du leur. Mais le collége plaida, et notamment en 1646 contre Nicolas Besson, qui prenait le titre de seigneur de Mareil :

le procureur du roi conclut alors en faveur des écoliers, et ils obtinrent gain de cause. De plus, le 9 septembre 1720, Pierre de Chaumont, principal, revendiqua comme seigneur le droit de présentation du pain bénit, que lui refusait le curé de Mareil : l'église et le château de ce village étaient rarement d'accord. Le fief et ses terres avaient consisté sous Charles VII en un manoir, avec jardin, cour et dépendances ; en 15 arpents formés par 13 pièces ; en une masure avec jardin ; en 25 livres de revenu, produites par un sur-cens qui pesait sur 34 parties de terrain, et en une censive sur le territoire de Mareil. On nommait clos de Justice le territoire féodal qui s'était arrondi par les annexions suivantes : 17 perches environ, vendues en trois lots par André Cellier, de 1639 à 1643, au lieu dit Baudouin ; 1 perche 1/2, vendue par Charles Dupuis, en 1645, au lieu dit Justice ; 10 perches de vignes, vendues par Thomas Beauvais, en 1651, au lieu dit la Violette ; 4 perches de vignes, vendues par Jean Habloup, même année, au lieu dit Pinchet ; 4 perches de vignes, au même endroit, vendues par Denise Dufour, fille majeure, en 1653 ; 6 perches de terre, au clos de Monval, vendues par Laurent Chapel, en 1658. Ces petites acquisitions avaient été faites successivement dans le but d'établir sans solution de continuité la clôture du clos de Justice, et le curé de Mareil fut condamné en 1680 à boucher une porte qui donnait par là. Trente années ne se passèrent pas sans que des représailles fussent exercées sur le château par le clocher, qui fit judiciairement soumettre à la dîme la terre de Mareil, jusque là exempte de cette charge. Mais le collége n'avait-il pas acheté encore moins qu'il n'avait vendu, autour de sa maison des champs? Dès l'année 1512 il avait aliéné, au lieu dit les Violettes, 3 quartiers de terre, au profit de Jean et Simon Marie. Pierre Foret s'était arrangé plus tard d'un arpent de vignes au terroir de Mareil, et Benoist, en 1679, de 5 quartiers de pré, pour les enfermer dans l'enclos de sa terre de Grandchamp, en échange de 6 quartiers de vignes. Enfin, 1 arpent 1/2 de châtaigniers était donné en 1714, pour 296 livres, au roi, et le parc de Marly les englobait. Aussi bien les mauvais jours étaient venus pour les boursiers, qui ne jouissaient plus personnellement de leur domaine à la campagne, et leurs droits de censive étaient impossibles à transmettre, avec la terre, à un fermier, parce qu'on avait négligé de tenir le terrier en règle dès le milieu du xvie siècle. D'autres baux s'étaient succédé avant celui du 2 septembre 1761, consenti à Charles Bellavoine, et ce fermier prenait pour 300 livres par an la maison, le jardin, ainsi que les 11 arpens dont se composait alors la terre; seulement une clause élevait de 50 livres ledit loyer pour l'époque où la paix serait signée, et le traité de Paris, en mettant fin à la guerre de Sept ans, remplit la condition prévue. Que si le cens ne fut payé ni à Bellavoine, ni aux fermiers qui l'avaient précédé, il n'en était pas de même pour le sur-cens, dont la tradition se maintint jusqu'à l'abolition légale de tous les droits seigneuriaux.

La moitié de l'ancien hôtel de Jean de Justice était louée 1,500 livres, en 1762; le collége se réservait l'autre moitié. La propriété attenante était occupée par Dupont, traiteur, qui payait 1,000 livres de loyer : c'est la maison des bains actuelle. Le serrurier Auger, contigu au traiteur : 850 livres. Huberland, perruquier, au-dessous du serrurier : 250. Il y avait, en outre, une maison, tenant d'autre part au collége, et occupée par un bonnetier, qui rapportait 650 livres. Celle de la rue de la Mortellerie : 1,100. Une autre, dans la rue aux Fers, et de la même origine : 900. Les rentes constituées ailleurs ne s'élevaient plus qu'à 629 livres. La réunion des petits colléges à Louis le Grand permit, l'année suivante, de prendre un locataire de plus, qui fut un maître de pension, et pour défrayer les boursiers du collége de Justice, au chef-lieu de l'université de Paris, il y eut bientôt un revenu de 10,000 livres, ou peu s'en faut. Est-ce que cette rente alors n'eût pas suffi à l'institution pédagogique, prématurément frappée d'interdiction? Déjà le parlement de Paris sacrifiait, par curiosité, à une idole inconnue, l'unité, sans deviner qu'avant trente ans on encenserait la même idole sur les ruines d'universités et de parlements dont les priviléges, les franchises, les traditions et les usages garantissaient tant de libertés publiques !

Les chiffres 88 et 90, gardés par l'établissement de bains et par la maison contiguë, se rapportent encore à l'ordre numérique de la rue de la Harpe, bien que plus bas, plus haut et vis-à-vis, celle-ci ait perdu son nom pour s'appeler boulevard Sébastopol. Les colléges de Séez, de Narbonne et de Bayeux avaient laissé, de l'autre côté de la rue, de vénérables bâtiments, supprimés par le même boulevard.

Quant au collége d'Harcourt, créé en 1280 par la famille de ce nom, pour des étudiants pauvres des diocèses de Paris, de Rouen, de Coutances et de Bayeux, il n'a été fermé que par la Révolution. Son emplacement est occupé, depuis 1820, par le collége Saint-Louis, qui s'est substitué également à l'ancien hôtel de l'évêque de Clermont et aux principaux corps de logis du collége de Justice.

La rue de la Harpe, déjà bâtie au xiiie siècle, s'était appelée rue aux Hoirs d'Harcourt, à cause du collége, et rue Saint-Côme, à cause de la chapelle Saint-Côme, depuis ladite chapelle, sise au coin de la rue des Cordeliers, maintenant de l'École-de-Médecine, jusqu'à la place Saint-Michel. Plus bas c'était la rue des Juifs. Plus bas encore de l'Abreuvoir-Mâcon, de la Boucherie, et surtout de la Vieille-Bouclerie. La rue de la Vieille-Bouclerie n'a été ajoutée que depuis peu d'années à la rue de la Harpe, ainsi dite en raison d'une enseigne.

La lanterne du commissaire Gouin pendait, sous le règne de Louis XVI, à la porte du n° 20, dont la Ville est présentement propriétaire. Le 39 était un hôtel de magistrat parlementaire. Les panonceaux de Brechot, notaire, décoraient le 49. Dans la troisième maison qui suit, était le bureau de la *Gazette des Tribunaux* : directeur, Mars ; prix, 15 livres par an.

RUE MAUCONSEIL.

Les comtes d'Artois et les ducs de Bourgogne. — Le théâtre et la Halle aux cuirs. — Le sire de Mendosse. — Saint-Jacques-de-l'Hôpital. — Propriétaires et habitants des XVIIe et XVIIIe siècles.

Robert de France, comte d'Artois, frère de saint Louis, habita un hôtel auquel la moitié de la rue Montorgueil dut le nom de Comtesse-d'Artois, ainsi qu'une porte de Paris, ouverte entre les rues Pavée et Mauconseil, dans l'enceinte de Philippe-Auguste. Robert d'Artois, descendant de Robert de France, ayant pris parti pour Édouard III contre Philippe VI, ses biens furent confisqués. Le séjour d'Artois passa ensuite dans la maison de Bourgogne, du chef de Philippe le Hardi, prince du sang, duc de Bourgogne. Jean sans Peur augmenta les constructions de l'hôtel, et il y assembla, en novembre 1407, un conseil secret qui décida la mort du duc d'Orléans. Dix jours après, de grand matin, ce prince fut assassiné à côté de la porte Barbette, en sortant du petit séjour de la reine Isabeau. Ce meurtre du duc d'Orléans fit appeler Mauconseil la rue dans laquelle il avait été prémédité; mais elle avait alors moins d'étendue, bien que d'autres maisons y eussent été construites en même temps que le séjour d'Artois. A la mort de Charles le Téméraire, l'hôtel des ducs de Bourgogne fut encore réuni à la Couronne. Des logements y furent accordés à des particuliers; des prélats mêmes y résidèrent, bien que la rue et deux rues voisines fussent affectées aux femmes de mauvaise vie, et que le voisinage de la cour des Miracles attirât dans les parties abandonnées de l'hôtel, bien des rôdeurs de nuit en quête d'un refuge. François I*er*, pour y mettre ordre, résolut d'aliéner tout ce qui lui restait des séjours d'Artois et de Bourgogne. Ce prince, d'ailleurs, avait besoin d'argent; il signa donc à Fontainebleau, le 20 septembre 1543, l'autorisation de vendre en même temps diverses propriétés improductives de son domaine, outre celle dont nous parlons, savoir : les hôtels de Flandre, d'Étampes, de Tancarville, l'hôtel de la reine près Saint-Paul, le Petit-Bourbon, une place vague sur le quai, au-dessous des Célestins, d'autres places aux Halles, et d'autres maisons, des masures, des échoppes; le tout en très-mauvais état, et aliéné à la charge de bâtir ou rebâtir.

Les confrères de la Passion, qui donnaient à l'hôtel de Flandre les représentations de leurs mystères avec les Enfants-sans-Souci, achetèrent un des lots de l'hôtel de Bourgogne, et ils en firent cette salle de spectacle dans laquelle furent joués plus tard les chefs-d'œuvre de Corneille et de Racine pour la première fois. La rue *Françoise* avait été percée, et la rue Mauconseil prolongée à l'époque de la construction dudit théâtre de l'hôtel de Bourgogne. Là fut donné en 1660, à l'occasion de la paix des Pyrénées, le premier spectacle gratis. La salle fut quelque temps exploitée sous Louis XIV, et continuellement sous Louis XV, par la Comédie-Italienne, ainsi dite, bien que Marivaux, Sedaine, Favart et tous les autres auteurs y parlassent en français. Mais l'Opéra-Comique, réuni en 1762 à la Comédie-Italienne, entraînait celle-ci salle Favart, une vingtaine d'années plus tard. Le théâtre de l'hôtel de Bourgogne fut alors transformé en une halle aux cuirs, sans que l'architecte Dumas en fît jeter bas les gros murs : il avait servi de salle pour tirer les loteries pendant dix-neuf ans de fermeture au commencement du même siècle. Bien que la représentation des mystères y eût été de bonne heure interdite par le parlement, les confrères de la Passion étaient demeurés propriétaires, jusqu'en 1676, du théâtre, où deux loges leur étaient réservées; puis les revenus en avaient été appliqués à l'hospice des Enfants-Trouvés.

François Ier avait donné une maison dépendant de l'hôtel de Bourgogne au sire de Mendosse, qui n'était autre sans doute que Mendoza, comte de Cluny, ambassadeur espagnol en Angleterre et en France, historien, géographe et poëte. Lorsque François de Saint-André, président au parlement, Robert Daumait, seigneur de Rieux, et Nicolas de Chantreux, président en la chambre des comptes, commissionnés par Antoine du Prat, garde de la prévôté de Paris, eurent fait *vente et bail à cens et rente perpétuelle au profit du roi* des terrains et bâtiments voisins, le seigneur de Mendosse s'opposa à la démolition du gros mur de l'ancienne enceinte urbaine et d'une tour qui subsiste encore dans un immeuble de la rue du Petit-Lion. Catherine de la Feumas, veuve de Germain Courtin, sieur de Tauqueux, secrétaire du roi, chevalier d'honneur au présidial de Meaux, et Melchior de Jordick, seigneur de Cabanack et de Grandchamp, écuyer ordinaire du roi, commandant sa petite écurie, étaient propriétaires de l'hôtel Mendosse, au milieu du règne de Louis XIV; ils tenaient par en haut à Bachelier, marchand, et du côté des moindres numéros à Dujardin, secrétaire du conseil d'Etat. Ce dernier était mitoyen avec Prévost, conseiller du roi, grainetier au grenier à sel, propriétaire de deux maisons. Le conseiller au parlement, Lerebours, habitait le n° 14. Talvatz, sieur d'Orsonville, avait le 8 à sa disposition; 4, 6, 9 et d'autres maisons aujourd'hui disparues appartenaient à Saint-Jacques-de-l'Hôpital. L'église de ce nom avait été fondée par Charlemagne, entre les rues Saint-Denis et du Cloître-Saint-Jacques; des bourgeois de Paris y avaient annexé un hôpital pour les pèlerins, qui reçut aussi tous les pauvres passants. Les revenus de l'hôpital furent affectés à l'hôtel des Invalides, lors de la création de cet établissement royal; mais l'église ne fut fermée qu'en 1790.

Du franc-fief de Joigny dépendaient par le cens la moitié des maisons du côté gauche de la rue, et du fief Bezé ou Pezay celles qui avoisinaient le théâtre, notamment le 12, qui appartint à l'amiral de Tourville, et le 30, à Mme de Villeneuve, même époque, puis à la présidente du Portail.

La D^{lle} Caroline, de la Comédie-Italienne, demeurait au 17 ou au 25, vers 1760; Létorière était alors l'amant de cœur de cette sultane favorite du comte de la Marche. La Hervieux tenait, dans la même rue, tout un sérail richement achalandé. Les pachas qui s'y succédaient eussent reculé probablement devant la porte étroite du 38, où la même spécialité ne paraît plus une industrie de luxe. Si quelque fille y engraissait, pourrait-elle en sortir autrement que par la fenêtre?

La grande révolution trouva, rue Mauconseil, des banquiers, des marchands de cuir et des couteliers en assez grand nombre; elle adopta le nom de Bonconseil pour la rue et pour la section. Ce travestissement n'eut qu'un temps.

RUE DU PETIT-LION-SAINT-SAUVEUR.

Quand le roi Philippe de Valois confisqua l'hôtel de son cousin Robert d'Artois, cet hôtel touchait par derrière à la rue du *Lion-d'Or-outre-la-Porte-Saint-Denis*, qui fut dite aussi de l'Arbalète, puis du Grand et du Petit-Lion. Le jardin des Arbalétriers, aux XVe et XVIe siècles, séparait cette rue de la rue Mauconseil. La compagnie des Arbalétriers, dont Louis IX s'était fait membre en la créant, avait pu camper dès le principe près du séjour de Robert de France, comte d'Artois, frère de ce roi. D'ailleurs une tradition désigne le n° 13 de la rue qui nous occupe comme l'un des anciens séjours de la reine Blanche. Lors de l'aliénation définitive de l'hôtel de Bourgogne, ci-devant d'Artois, Henri Guyot et Guillaume Lelièvre se rendirent adjudicataires d'un lot tenant d'une part à l'hôtel de Mlle de la Thumerie et au jardin des Arbalétriers; d'autre, à une petite maison que l'hôpital du Saint-Esprit possédait et à un jeu de paume, occupant tous les deux le territoire de l'ancien hôtel; par derrière au donjon de la même provenance et aux anciens murs de la ville. Le 15, qui fut une des maisons édifiées sur ledit terrain, appartenait, en 1673, à François Rauvard, bourgeois, héritier de Chaulotte, son beau-père. La maison La Thumerie, portant l'enseigne du Cheval-Noir, était à Dujardin comme à Prévost la maison contiguë, avec le Nom-de-Jésus pour signe particulier: l'une et l'autre de ces grandes propriétés ouvraient aussi rue Mauconseil, où nous les avons déjà revues.

Un Lion-d'Or pendait encore, sous Louis XIII, à la porte du 10, ou d'une maison voisine, dont le propriétaire était Leclerc, et fut ensuite Lestrade, gendre de ce marchand. Parmi les autres enseignes qui décoraient la rue au même temps, citons: la Fleur-de-Lys, près du Lion-d'Or; le Coq-et-la-Pie, plus bas; le Vert-Galant, au coin de la rue Saint-Denis; les Trois-Maillets, substitués à une image de Notre-

Dame, au-dessus du Lion-d'Or; Henri-Quatre, au 11; l'Escarmouche au-dessous, le Marteau-d'Or, *idem*.

Le 21, sous le règne suivant, appartenait à Cadet, secrétaire du roi. On y trouvait en 1787 le bureau de souscription de la *Galerie universelle des grands hommes*, par le comte de la Platière. L'auteur de ce recueil n'était-il pas Roland de la Platière, qui joua un grand rôle quelques années après? On dit pourtant que Mme Roland avait sollicité pour son mari des lettres de noblesse, qui avaient été refusées à cet inspecteur des manufactures, auteur de relations de voyage, de mémoires sur l'éducation des troupeaux et sur les arts mécaniques, du *Dictionnaire des manufactures et arts*, etc. Près du bureau du comte de la Platière était celui de Salac et Cie, dit *Mont-de-piété pour les effets royaux*. Ce comptoir, également ouvert près du perron, au Palais-Royal, prêtait en lettres de change à 90 jours 4/5 de la valeur des effets publics, tels que billets d'emprunt et actions de la Caisse d'escompte.

Mais nous voici reporté au 23, qui devrait être classé comme monument. La vieille tour de l'hôtel de Bourgogne s'y cache derrière d'autres bâtiments, qu'elle ne réussit pas à rajeunir. Ce beau donjon ne fit-il pas partie de l'enceinte de Philippe-Auguste? On le regarde, tout au moins, comme élevé au xivme siècle. Jean sans Peur ordonna d'y disposer une chambre formée de murs en pierres de taille, dont l'accès était difficile, et il y couchait d'ordinaire, pour se trouver à l'abri d'un coup de main.

RUE SAINT-ANASTASE.

Le chansonnier Laujon, secrétaire des commandements du jeune duc de Bourbon, avait la direction des fêtes de Chantilly. Malgré la Révolution, il resta au Palais-Bourbon, tant qu'on ne l'en renvoya pas. Il brilla beaucoup plus longtemps comme membre du Caveau qu'à l'Institut, où il n'entra qu'à l'âge d'en sortir. Sa demeure était alors au n° 3 de la rue Saint-Anastase. Le salon de M. le baron Le Prieur de Blainvilliers, dans cette maison, est la pièce où Laujon, à 84 ans, le 13 juillet 1811, ferma les yeux en criant : — *Bis!*

Le 9 fut un hôtel Turgot. Mais le célèbre économiste n'a pu y demeurer qu'avant d'être ministre : en rentrant dans la vie privée, il résidait rue de l'Université. Son frère, le chevalier Turgot, habita notoirement les rues de Berri et d'Orléans, réunies à la rue Charlot de notre temps. Le père de tous deux, Turgot, marquis de Sousmont, prévôt des marchands onze années, ne s'est sans doute fixé rue Portefoin qu'en laissant rue Saint-Anastase son autre fils, Turgot, marquis de Saint-Clair, installé postérieurement à l'hôtel de Sully, rue Saint-Antoine. Mme de Maillé, sous Louis XIV, menait dans cette rue un train de maison que l'hôtel Turgot seul a pu y comporter. Du temps de cette dame, il y avait déjà 16 maisons et 3 lanternes, rue Saint-Anastase.

Deux de ces maisons appartenaient à la dame Girardin de Vouvré; elles tenaient la place du n° 7, que la famille Lelong a fait bâtir en 1764. Sainte-Luce, payeur de rentes, y demeurait vingt ans après.

La rue dont nous parlons s'est ouverte en 1620 : époque où des constructions commençaient à s'élever sur la culture Saint-Gervais. Les religieuses connues sous ce nom s'étaient appelées primitivement Sœurs de Saint-Anastase; elles avaient pris place au parvis de l'église Saint-Gervais, avec une chapelle dédiée à saint Anastase, avant d'être rue Vieille-du-Temple. Parmi les terrains qui, leur ayant appartenu, étaient restés sous leur cencive, il y en avait rue Saint-Louis, près de la rue Saint-Anastase.

RUE DE MONTREUIL.

A l'entrée de la rue, côté gauche, se trouve la brasserie de Mme veuve Lœillet, en 1720. De l'autre côté, se suivent : un charpentier, un ancien contrôleur des rentes de la Ville, nommé de la Fleuterie, le comte de Mornay, le bourgeois Chauvin, deux jardiniers, des locataires des Filles de Sainte Marguerite, la famille Titon, d'autres jardiniers et des maîtres de pension, puis encore des jardiniers. Peu de ces habitants peuvent être soupçonnés d'avoir là leur petite maison. Mais sous le règne suivant il en sera autrement.

La folie-Titon a été créée par Maximilien Titon, secrétaire du roi, mort en janvier 1711 ; l'ornementation en est due aux artistes Colignon, Lafosse, Rousseau, Jouvenet, Fontenay, Poerson, Boulongne aîné et Colombel ; une galerie de tableaux des grands maîtres et une salle de spectacle en dépendent. Titonville a trois portes sur la rue de Montreuil et deux sur la rue des Boulets : on y mesure 8,359 toises. Les merveilles qu'on y admire ont fait sortir de son obscurité un chemin encore désert sous Henri IV, bien qu'il menât à un village déjà connu au siècle XII. Mais Évrard Titon du Tillet, maître d'hôtel de la Dauphine, ne dispose pas lui-même entièrement de la propriété qui a rivalisé avec la folie-Rambouillet. Gon, vicomte d'Argenlieu, capitaine de gardes-françaises, propriétaire de la partie de la folie-Titon qui touche aux Filles de Sainte-Marguerite et qui a été adjugée en 1735 par sentence de licitation à sa mère, née Angélique-Élisabeth Titon, vend ce lot en 1751 audit Évrard, déjà propriétaire du lot contigu. Mais le reste de la propriété est acquis à Sanson, receveur des consignations, puis maître de la chambre aux deniers. Titon d'Ozery, maître des comptes, et Titon de Neuville, tous deux héritiers d'Évrard, ont pour acheteur en 1763 François de Saint-Jean, greffier des dépôts du parlement. Sanson vend, quatre années plus tard, à Réveillon, mercier rue de l'Arbre-Sec, déjà locataire pour partie. Pendant qu'un des corps de logis de Titonville passe hôtel Dalmas, un autre devient la fabrique de papier tontisse et peint de Réveillon, déclarée manufacture royale en 1784. On y établit la première montgolfière, pour le marquis d'Arlandes et Pilâtre du Rosier. La Révolution prend pour théâtre, dès le 27 avril 1789, la fabrique de Réveillon. Le fils du successeur de ce manufacturier est aujourd'hui propriétaire de la plus grande partie de la folie-Titon, chef-lieu de la section de Montreuil pendant la République.

LES ANCIENNES MAISONS

Des rues Picpus, de Reuilly, Sainte-Barbe, Saint-Etienne, Marie-Stuard, Saint-Joseph et Saint-Marc.

NOTICES COMPOSANT LA DERNIÈRE LIVRAISON DU RECUEIL, INTITULÉ :

LES ANCIENNES MAISONS DE PARIS SOUS NAPOLÉON III.

PAR M. LEFEUVE,

Des tables de concordance et alphabétique pour tout l'ouvrage font partie de cette livraison.

RUE PICPUS.

Couvents. — Pensions. — Maisons de plaisance. — Maisons de santé.

Jeanne de Saulx, veuve de René de Rochechouart, comte de Mortemart, donna au commencement du xviie siècle le terrain et les bâtiments où s'établirent les pénitents réformés du tiers-ordre de Saint-François, venant de Franconville près Beaumont. Une épidémie, au milieu du siècle précédent, avait couvert les bras des femmes et des enfants d'enflures pareilles à celles que causent les puces, et un religieux avait donné la recette d'une liqueur parfumée pour faire disparaître tache et démangeaison; de là le nom de Picpus, que le couvent porta ainsi que le territoire environnant. Louis XIII, en posant la première pierre d'une chapelle, remplaçant une chapelle plus petite, fit la maison de fondation royale : ce fut d'ailleurs la métropole des 60 couvents de la congrégation. Le cardinal Duperron y fut enterré, et le père Héliot y prit l'habit, après avoir été chanoine du Sépulcre : tous deux léguèrent aux Picpus des livres qui leur complétèrent une bibliothèque considérable. Des leurs était aussi frère Blaise, le sculpteur, et il orna d'une Notre-Dame-de-Grâce une des grottes de leur grand jardin, qui était ouvert au public. Le 14 mai 1717, Regnier, bourrelier au faubourg Saint-Antoine, faisait donation d'une maison aux Picpus, pour en jouir après sa mort et après celle de son père ; voici les signatures des religieux-profès qui acceptaient la donation : Louis Mirleau, *ministre provincial*, Jerôme, *deffiniteur*, Macaire, *ex-provincial*, Murcian, *gardien*, Eustache, *vicaire ;* Emmanuel, Samuel, Grégoire, Charles, Constance, *discrets*, et Bonnot, *aussi discret et procureur*. Le n° 52, hôtel situé vis-à-vis du couvent, qui en était propriétaire, servait de point de départ aux ambassadeurs des puissances catholiques, le jour de leur entrée solennelle à Paris, qui avait lieu ordinairement le dimanche. Les religieux ont eu pour successeurs : au 57, un maître de pension, puis la congrégation de la Mère de Dieu, fondée par Mme de Lezeau ; au 42, le jardinier du couvent de Sainte-Clotilde ; aux 41, 39 et 37, les dames des Sacrés-Cœurs de Jésus et de Marie, dont l'église au 35 est neuve.

On y consacre tous les ans un service funèbre aux victimes immolées pendant la Terreur sur la place du Trône renversé et qui ont été enterrées dans le ci-devant cimetière des chanoinesses, voisines des religieux de Picpus. Les parents de ces victimes ont été autorisés en 1804 à se faire inhumer près d'elles. Le général Lafayette y repose près de sa femme, fille du duc d'Ayen, et il n'y a pas longtemps que le marquis de Rosambo a pris sa place au même cimetière.

Tubeuf, intendant des finances d'Anne d'Autriche, avait fait venir de Reims et installé au village de Picpus, avec le concours de M. de Gondi, l'archevêque, les chanoinesses de Notre-Dame-de-la-Victoire de Lépante : la première supérieure qu'elles y avaient élue, en 1652, était Suzanne Tubeuf, sœur de leur bienfaiteur. Ces religieuses célébraient, le 7 octobre de chaque année, la victoire remportée en 1572, dans le golfe de Lépante, par don Juan d'Autriche sur les Turcs. Elles suivaient la règle de saint Augustin et portaient un habit de serge blanche, avec surpli de toile fine, un voile noir sur la tête, une aumusse sur le bras. Environ 40 chanoinesses et 10 converses composaient leur maison, en 1778 : des jeunes pensionnaires y étaient reçues moyennant la rétribution annuelle de 400 livres, élevée à 500 dans les derniers temps. Le séminaire de Picpus, qui a succédé en 1830 à une fondation religieuse irlandaise, occupe une partie de l'ancienne maison des religieuses.

Il y avait, avant la Révolution, plus de pensions de garçons que de couvents dans cette rue Picpus, et presque toutes du côté droit. La Mésangère, maître-ès-arts, homme de lettres, qui avait reçu la tonsure, y fut le chef d'un établissement, où le prix de la pension était de 500 livres jusqu'à 10 ans, de 600 au-dessus de cet âge, *plus de livres pour papier, plumes, encre, poudre et pommade*, et où, comme dans les pensions voisines, on donnait 24 *livres de bienvenue pour les maîtres et les domestiques*. Ayant quitté l'enseignement, la Mésangère fut rédacteur du *Journal des Dames et des Modes* de 1799 à 1831. Outre MM. Watrin, Lottin et Coutier, qui étaient établis plus haut, M. Collin tenait une pension, la plus ancienne de la rue au n° 92, lequel avait appartenu à M. de la Beaume, maître des comptes. Le sénateur Viltard en fit sa maison de campagne, et depuis c'est une maison de santé pour les affections mentales. On y lit encore sur le mur l'inscription que voici :

1726. *De par le roi, défenses expresses sont faites de bâtir dans cette rue hors la présente borne et limite aux peines portées par les déclarations de S. M. de 1724 et 1726.*

Mlle Clairon, sous les auspices d'un financier, habita le 82, précédemment à M. de Nérac. Ce dernier avait eu pour voisin le musicien Marais, dont le jardin allait jusqu'à la rue de Reuilly. Un ouvroir pour les jeunes filles est sous la direction du Sacré-Cœur, au 64, antérieurement maison adjacentes. Par-là a demeuré la comtesse d'Esparda, Eugénie de la Bouchardie, que Marie-Joseph Chenier a chantée.

Ninon de Lenclos avait eu pour maison de campagne la propriété occupé par la Mésangère, transformée en filature de lacets sous la République, et dans laquelle a été transféré en 1828 l'hospice d'Enghien, fondé neuf ans auparavant par la duchesse de Bourbon. Dans la maison d'éducation de Mme Blacque, qui date d'un demi-siècle, avaient été les écuries de Ninon.

Le 10 avait servi de rendez-vous de chasse à Henri IV. Mme Saint-Marcel y créa, sous Louis XV, un établissement particulier pour des aliénés, et l'immeuble appartient encore à la même famille, sans avoir changé de destination. L'acteur Lassagne y est au nombre des pensionnaires.

Le 4, ce pavillon carré dans lequel un pensionnat de demoiselles succède à un pensionnat de garçons, fut originairement une petite maison. Léonard Bounaud de Tranchecerf, écuyer, comte du Saint-Empire, membre de l'Académie de chirurgie, demeurant rue de Montreuil, acquit cette propriété, en 1786, de la succession Gallé.

LES ANCIENNES MAISONS DE PARIS

RUES DE REUILLY.

Le Haut et le Bas-Reuilly sous les règnes de Dagobert Ier, de Jean le Bon, de Louis XIV, de Louis XVI, de Napoléon Ier et de Napoléon III.

En 1862 il y a encore une rue de Reuilly, une petite rue de Reuilly et une impasse de Reuilly ; mais l'impasse, désignée sur le plan de Verniquet comme cul-de-sac Siguéri, est devenue une rue en débouchant sur le boulevard Mazas, et changera de nom inévitablement.

Les rois mérovingiens ont eu pour résidence d'été le château de Reuilly, où Dagobert Ier a amené Gomatrude, sa première femme, puis Nanthilde, après avoir répudié Gomatrude en l'année 629. Le roi Jean, au XIVe siècle, promettait à Humbert, patriarche d'Alexandrie, de lui donner son manoir de Reuilly. De ce château, reconstruit au moyen âge, les ruines ont été longtemps une cour des miracles, repaire de la bohême. Rivière Dufresny, patronné par Colbert, y a créé, en 1634, la manufacture royale des glaces, qu'on retrouve transformée en quartier d'infanterie. Il restait néanmoins, derrière la manufacture, une maison dite de Reuilly, dans la petite rue de Reuilly, entre le susdit cul-de-sac et la rue de Charenton. Le lieutenant-criminel Lecomte avait pour locataire un jardinier, en 1720, dans l'impasse. De Meufve, banquier, y avait également sa petite maison, et deux autres propriétés y appartenaient à

Mme de Vorce, qui en occupait une. De l'autre côté de la petite rue, à l'angle de la rue de Charenton, un voiturier était propriétaire; puis venait le comte de Nocé, puis le couvent de la Trinité, donnant aussi rue de Reuilly. Plusieurs corps de bâtiment datent, en cet endroit, des siècles précédents.

Suzanne Sarabat, protestante convertie, et Mme Voysin, femme du chancelier de France, établirent, en 1703, près du cloître Saint-Marcel les Mathurines, Filles de la Trinité, transférées près de l'Observatoire peu de temps après, puis, en 1707, rue du Faubourg-Saint-Antoine, et cinq années plus tard dans une maison de la petite rue de Reuilly, que leur cédait Mlle Fréard de Chanteloup. Ces religieuses, qui n'étaient point cloîtrées et que des vœux simples engageaint, portaient un triangle d'argent en sautoir sur un ruban bleu. Elles enseignaient gratuitement des filles pauvres et prenaient des pensionnaires moyennant 3 ou 400 livres. La Trinité devint, sous la République, une filature; on y retrouve une manufacture de papiers peints.

On a appelé Bas-Reuilly l'impasse et la petite rue, ainsi que la rive droite de la rue de Reuilly. La rue Montgallet elle-même a été dite du Bas-Reuilly. Le Haut-Reuilly a gardé le château, dont ce qui reste est beaucoup plus ancien que la manufacture royale, substituée au château d'une autre époque. La marquise de Brinvilliers en a fait sa maison de campagne, et notre siècle une fabrique de chandelles, rue de Reuilly, 37-39-41. Nous sommes tenté de croire que cette propriété fut la maison à huit corps de logis et à jardin de trois arpens, sise rue de Reuilly, vendue en 1775 à Louis Joron, conseiller du roi, *commissaire-enquesteur et examinateur au Châtelet*, par Laffitte, procureur au Châtelet, dont la mère, née Lefebvre, avait acquis, en 1714, de Maignard, marquis de Bernières.

Le 2 mai 1775, Philippe-Louis Poquelin, demeurant rue Geoffroy-Langevin, Jean-François Selon, Joseph Canclaux, Antoine Saladin et Pierre Combault, tant pour eux que pour les autres associés et intéressés en la manufacturre royale de glaces, achetaient le 14 actuel. Leur vendeur se nommait Louis Mortier. Un de ses prédécesseurs avait été Sébastien Bourdon, peintre du roi, recteur de l'Académie royale de peinture et de sculpture. Ce peintre, mort en 1671, avait passé les dix dernières années de sa vie dans la rue de Reuilly, que sa veuve et une de ses filles n'avaient quittée que quarante et un ans après.

Ladite maison et beaucoup d'autres, étant sous la censive de l'abbaye Saint-Antoine, figuraient comme telles sur le terrier dressé l'an 1691, *en conséquence des lettres obtenues du roi et de la sentence rendue par N. N. S. S., des requêtes du palais, des publications faites*, etc., *à la diligence de noble et vertueuse dame Marie Madeleine de Mornay de Montchevreuil, abbesse, dames Elisabeth Burin, prieure, Marie de la Proustière, Elisabeth Scarron, Madeleine de Chevité,*

Marguerite Binot, Anne Lévis, Chrétienne Bailly, Anne Bouthillier, Jeanne Royer, Catherine de la Proustière, Marguerite Fouquet, Françoise Le Camus, Madeleine de la Salle, Anne de Rouvroy, Madeleine Leclerc, Louise de Taunave, Suzanne Doradour, Marguerite Chevré, Marguerite Goussault, Jeanne Amelot, Antoinette de Rouvroy, Anne Bonnet, Marie Molé, Elisabeth Chevré, Elisabeth de Sainte-Foigne, Antoinette de Maintenant, Madeleine Chevré, Madeleine d'Angest, Marie-Anne Duhamel et Françoise Macé, religieuses professes de cette Abbaye Royale. La maison faisant suite à la manufacture de glaces appartenait en toute propriété à ces religieuses et était louée à une boulangère. Beaucoup de boulangers habitaient alors ces parages.

Lecarurier de Saint-Germain, gendarme de la garde ordinaire de Louis XV, gentilhomme des enfants de France, avait eu Dufix, tailleur d'habits, pour prédécesseur dans une maison et un jardin situés en haut de la rue ; Guillaume Barreau, bourgeois, lui succéda.

La petite maison du marquis de Duras n'est-elle pas devenue, elle aussi, une manufacture sous le premier empire ? Le marquis y recevait Mlle Ledoux, qui lui vola un jour une boîte d'or ; la duchesse de Mazarin en avait fait cadeau, comme souvenir, à M. de Duras, lors de son mariage. Ce qui vient par la flûte s'en retourne par le tambour !

Royer, maître de pension, et un de ses confrères avaient été établis rue de Reuilly avant la fin du règne de Louis XIV ;

les sieurs de Longpré et Le François y tenaient une *école des sciences mathématiques et historiques* sous Louis XVI. M. Saint-Amand-Cimetière y fut ensuite chef d'institution. Des écoles et des pensionnats pour les jeunes filles catholiques et protestantes rivalisent, à notre époque, dans la même rue, que n'ont pas entièrement envahie les fabriques. Les diaconesses, sœurs de charité protestantes, ont le chef-lieu de leur institution au n° 95 : un hospice, un pensionnat, une maison de refuge et une maison de correction y sont réunies sans se confondre. Un peu plus haut, les dames de Sainte-Clotilde, dont la communauté est enseignante, occupent, depuis 1821, l'ancienne propriété dans laquelle les carrosses du roi allaient prendre les ambassadeurs catholiques par la porte qui donne rue Picpus.

RUE SAINTE-BARBE.

Propriétaires en 1720 :

Côté des numéros impairs.

Godin.
Cudel.
Le Pas.
Dedieu, *coin de la rue de la Lune.*
Les frères de Lenoncourt, maîtres-cordonniers, *autre coin.*
Idem.
Les Filles de l'Union-Chrétienne.

Côté des numéros pairs.

Dame Ledoux, *à l'Écu de France.*
Labarque, tailleur.
Frémont.
Denis, *au Monarque.*
Navet, *aux Trois-Cornets.*
Subtil, *à Sainte-Anne.*
Marchand, architecte, *coin de la rue de la Lune.*
Heron, *autre coin.*
Les Filles-Dieu.
Mme Lataux.

RUE SAINT-ÉTIENNE.

Propriétaires en 1720 :

Côté des numéros impairs.	Côté des numéros pairs.
Demoiselle Mercier.	Questier.
Chambon.	Noury, avocat.
Leprince, marbrier.	Ferré, tailleur.
Idem.	Tirard, *à la Fleur-de-lis.*
Levicomte.	Veuve Polsac, *à Saint-Louis.*
Idem.	Courin, *coin de la rue de la Lune.*
Cheuvry.	X, *autre coin.*
Idem.	Huart, capitaine du quartier.
Veuve Titon, *à la Figure-du-roi.*	Turpin.
Baudoin, *coin de la rue de la Lune.*	
Dame Lemaître, *autre coin.*	
Dame Brion.	
Rattelier.	

RUE MARIE-STUARD.

Une anecdote rapportée par Saint-Foix inspira à Fouché, en 1809, l'heureuse idée de donner le nom d'une reine à la rue Tire-Boudin, laquelle avait porté pendant deux siècles une dénomination encore plus deshonnête que Tire-Boudin, en raison de son affectation à la prostitution. Marie Stuard, en passant dans cette rue, avait demandé comment elle s'appelait; on avait corrigé une première fois le nom en répondant : « C'est la rue Tire-Boudin », synonyme correctif qui avait prévalu pendant deux autres siècles.

Cinq paysans, chargés de provisions pour les halles, furent gelés dans la nuit du 20 janvier 1608, à l'entrée de la rue Tire-Boudin. Le froid avait eu, cette nuit-là, une intensité rigoureuse dont Henri IV lui-même s'était ressenti au Louvre. Le roi raconta, en effet, à Pierre Mathieu, assistant à son petit lever, qu'il s'était réveillé la barbe toute gelée dans le lit que partageait la reine.

Le n° 24 de cette rue, à l'enseigne de Saint-Sauveur, appartint simultanément à trois frères : Henri de Valois, écrivain critique, avocat, historiographe de Louis XIV; Charles de Valois, et Adrien de Valois, seigneur de la Mare, poëte latin, qui fut aussi historiographe du roi.

Sous le règne suivant, une maison plus voisine de la rue des Deux-Portes que de la rue Montorgueil fut habitée par Carlin Bertinazzi. Cet arlequin célèbre de la Comédie-Italienne improvisait mieux qu'il ne récitait. C'est malgré lui, probablement, que sa femme avait des amants, car la probité de Carlin était connue dans le quartier, tout aussi bien que sa gaîté. Quand on jouait des tours à l'arlequin, alors qu'il n'était plus en scène, il s'en consolait par ces mots : — Décidément je crois qu'il n'y a que moi de parfaitement honnête homme.

RUE SAINT-JOSEPH.

Prudhomme, auteur du *Miroir de Paris*, fait mourir Mme de Montespan dans la rue Saint-Joseph; mais cette maîtresse de Louis XIV a passé les dernières années de sa vie tantôt au couvent de Saint-Joseph, situé rue Saint-Dominique, chez les Filles de la Providence, dont elle était la bienfaitrice; tantôt à Bourbon-l'Archambault, où elle a rendu le dernier soupir.

Lorsque Mme de Montespan avait encore ses appartements à Versailles, Le Pas, architecte des bâtiments du roi, occupait déjà un hôtel dont le n° 11, rue Saint-Joseph, a pris la place dans notre siècle. La veuve de Leroquier, couvreur, était propriétaire n°° 7 et 9, et Guigné, valet de chambre du roi, n° 2.

Des scènes dramatiques d'un roman d'Alexandre Dumas,

le *Chevalier d'Harmental*, se passent au n° 5; on y rencontrait tout bonnement Vincent père et fils, banquiers, dans la seconde moitié du dernier siècle. Au même temps, un payeur de rentes nommé Maupetit occupait le n° 4, postérieurement hôtel d'Hautpoul, qui appartient encore à Mme la comtesse de Palarain, fille de la marquise d'Hautpoul.

Le Conservatoire de musique, dont les traditions furent sauvegardées pendant la Terreur par le corps de musique des ci-devant gardes-françaises, se réfugia, à cette époque, rue Saint-Joseph; mais il y resta peu de temps. Était-ce dans l'un des hôtels précités? N'était-ce pas dans la chapelle qui avait valu le nom de rue Saint-Joseph à l'ancienne rue du Temps Perdu? Ladite chapelle, en tout cas, avait été convertie en chef-lieu de la section de Brutus, précédemment section de Molière et Lafontaine, dite plus tôt encore de la Fontaine-Montmorency, et tout d'abord district de Saint-Joseph. Molière et Lafontaine avaient reçu la sépulture dans le cimetière contigu; leurs corps furent relevés officiellement, et l'aliénation permit de métamorphoser, trois ans plus tard, en un marché le cimetière et la chapelle. Le n° 28 servait de presbytère à celle-ci, que sa transformation ne rend méconnaissable qu'à l'extérieur. Le marché est moins bien construit sur l'emplacement du cimetière, c'est-à-dire du côté de la rue du Croissant. Aux frais du chancelier Séguier avait été bâtie, en 1640, la petite église, donnée avec le cimetière aux marguilliers de Saint-Eustache, en échange d'un autre cimetière situé rue du Bouloi, et que s'annexait l'hôtel Séguier.

RUE SAINT-MARC.

Le Journal érotique. — Les hôtels. — Les cabinets d'objets d'art. — Le pavillon du duc de Montmorency. — Ernest Legouvé.

L'explorateur qui prend des notes en ville pour servir à la rédaction de nos notices croit que la maison qui fait angle rue Feydeau et rue Saint-Marc a toujours eu cette destination qui oblige à tenir nuit et jour jalousies abaissées ou persiennes fermées. Il paraît qu'on y retrouve jusqu'à de fausses portes d'une construction séculaire. Les précautions qu'elles servaient probablement à prendre n'étaient pas inutiles : la fameuse Brissault, établie rue Feydeau, recevait jusqu'à des femmes mariées, réduites aux expédients par un moment de gêne et qui craignaient de rencontrer leurs maris en veine d'infidélité. Brissault, tailleur d'habits, s'était mis à la tête de la maison, avec sa femme, déjà connue comme *fille du monde*, et la Hecquet, la Gourdan, la Hervieux, souffraient d'une telle concurrence. Ne sont-ce pas les mêmes filles du monde qui, sous un autre nom, se perpétuent sous le même toit? Les cheveux blancs y reprennent-ils toujours, grâce à l'eau de la Floride, leur couleur primitive? Pas tout à fait, d'après les traditions que nous rapporte M. Rousseau. Une femme que la nuance de ses cheveux avait fait surnommer la Rouge exploitait encore le vice, mais autrement que la Brissault, pendant la République et sous le premier empire : à plein verre elle versait à boire aux chalands du rez-de-chaussée, qui ne grimpaient plus aussi vite dans l'escalier des étages supérieurs. La Vincent restitua ensuite à la maison des habitudes moins soldatesques, afin de rivaliser avec la Mayancourt et la Saint-Aubin, établies rue Neuve-Saint-Marc et rue Saint-Marc.

Le journal érotique, rédigé pour Louis XV sur les rapports de la police, traitait presque les femmes de qualité et les bourgeoises, dans leurs écarts, comme les filles du monde. Une belle blonde frisant la quarantaine, Mme Magon de la Balue, dont la demeure était rue Saint-Marc, chez son mari, le fermier général, n'avait-elle pas un ami de ce dernier pour amant? Jusque là rien de surprenant. Mais la chronique scandaleuse *ad usum regis* ajoutait que Mme de la Balue, pour tromper un sexagénaire, avait eu raison de préférer à un galant de la première jeunesse ce complice, bel homme et garçon, intéressé dans les manufactures de drap de Van Robais, et qui avait 55 ans, âge compatible avec une saine vigueur. L'anecdote, ainsi présentée, flattait Louis XV, car il avait passé la quarantaine. Le fermier général quitta bientôt, pour la rue Grange-Batelière, puis pour la place Vendôme, la rue Saint-Marc, où son ancien hôtel porte aujourd'hui soit le chiffre 24, soit les chiffres 16 et 18, qui nous désignent également un ancien hôtel Dubarry.

Un terrain loué à Duval, jardinier, fut acheté en l'an 1700 par Bodre, maître-maçon, qui y construisit le 17. Cette maison appartenait, lors de l'avénement de Louis XVI, à Pierre Martinaut de Préneuf, secrétaire du roi, lieutenant général au bailliage de Cusset, et à la femme de Noïlas, seigneur de Montluisant, auxquels propriétaires le procureur Aillaux réclamait vingt-cinq années d'arrérages de cens au profit du fief de la Grange-Batelière, dont MM. Law étaient tenanciers.

Les galeries particulières d'objets d'art affluaient rue Saint-Marc au XVIIIe siècle. On y vantait d'abord le cabinet d'histoire naturelle de Mme de Boisjourdain, puis celui du peintre Desmoulins, dont la spécialité était la même; la galerie des tableaux de Mme veuve Sorin, et enfin le cabinet d'ornithologie du duc de Montmorency, établi dans un pavillon dont Lecarpentier fut l'architecte, pavillon décoré de sculptures par Pineau, et d'un plafond représentant les *Quatre-Saisons*, par Hallé.

Un chartrier et une salle de bain faisaient également partie du pavillon, dont fut locataire le duc d'Orléans, sous le règne de Louis-Philippe, et qu'occupe le café de l'Europe, rue Vivienne. L'hôtel de Montmorency-Luxembourg avait été édifié en 1704, sur le dessin de Lassurance, pour Thomas Rivié, secrétaire du roi, prédécesseur en cet endroit du contrôleur des finances Desmarets. N'en subsiste-t-il pas d'autres bâtiments moins importants, de l'autre côté du passage des Panoramas? Le roi avait autorisé le duc., en 1782, à ouvrir la rue Neuve-Montmorency à ses dépens, en face de l'hôtel. Les autres maisons principales de la rue étaient habitées en ce temps-là par Mme Sorin, par la famille d'Esparbès, par Leroy de Camilly, payeur de rentes, par Chaumont de la Millière, intendant au département des ponts et chaussées, et par Desmoulins.

Le 14 appartenait-il déjà à la famille Legouvé? En tout cas, Ernest Legouvé, notre cher maître, membre de l'Académie française, occupe au 14, de nos jours, la chambre à coucher dans laquelle il est né. Son père, l'auteur du *Mérite des Femmes*, fit décorer l'appartement sur le plan de Percier-Delatour.

La rue Saint-Marc a vu le jour au milieu du XVIIe siècle ; elle a épousé, en 1847, la rue Neuve-Saint-Marc, née en 1780 sur le terrain du duc et de la duchesse de Choiseul-d'Amboise.

FIN DES ANCIENNES MAISONS DE PARIS SOUS NAPOLÉON III.

TABLE DE CONCORDANCE

POUR TOUT L'OUVRAGE

Avec indication des numéros que donne, aux 60 Livraisons, l'ordre dans lequel elles ont paru.

N° 1 : — Rue de l'Abbaye : palais abbatial de Saint-Germain-des-Prés.—Rue d'Aguesseau : n. 11, 15, 18, 20, 22. — Cour d'Aligre : hôtel Schomberg-d'Aligre. — Rue des Amandiers-Popincourt : Parmentier, Mme de Genlis. — Rue des Amandiers-Saint-Jacques : collége des Grassins. — Impasse d'Amboise : n. 4 et 6. — Rue d'Amboise : la chaste Suzanne, deux harems, Schwartz et Blain. — Rue Amelot : n. 10. — Rue de l'Ancienne-Comédie : n. 4, 5, 12, 13, 14, 18 et 21.

N° 2 : — Rue d'Angoulême-Saint-Honoré : Mlle Contat, Mme de Luçay, un Anglais. — Place et rue d'Angoulême-du-Temple : le chevalier de Crussol, Chapard, le vin du ministre de la guerre. — Rue d'Anjou-Dauphine : n. 2, 3, 8, 13. — Rue d'Anjou-au-Marais : n. 6, 8, 17. — Rue d'Anjou-Saint-Honoré : les Polignac, le marquis de Louvois, les d'Esclignac, la doyenne des femmes de qualité, Monville et Philippe-Égalité, le dernier d'Aligre, Mme de Nicolaï, la princesse de Bauffremont, Helvetius, Mme de Lavoisier, Lowenhielm. — Quai d'Anjou : hôtels Lambert, Marigny, Lausun, etc.— Rue d'Antin : n. 1, 3, 5, 7, 9, 10.

N° 3 : — Avenue d'Antin : le Petit-moulin-rouge.—Rue de l'Arbalète : n. 11 28, 29, 30, 32, 33, 35, 39, 59 bis et 44.—Rue de l'Arbre-Sec : maisons Techener Harel, Mahé, Marié, Carcel, Béry, des Mousquetaires, du Cheval-Blanc, etc. — Rue de l'Arcade : hôtels Tournon et Soubise. — Rue d'Argenteuil : le citoyen Mutius, l'agrafe avalée, Perlet, la prison, la prévôté, les deux Corneille, etc. — Rue d'Arras : collége d'Arras. — Rue d'Astorg : le colonel du Royal-Comtois, le marquis de Carabas.

N° 4 : — Rue Aubry-le-Boucher : n. 2, 10.— Rue Aumaire : l'abbaye, le presbytère; maisons Paulmier, Vittoz, Le Tellier, Dercheu, Labarthe, etc. — Rue Babille. — Rue de Babylone : mariage ducal, les ducs de Châtillon et de Damas, Notre-Dame-de-la-Paix, Caffarelli, Garnerin, Cossé-Brissac, l'abbé Michon. — Rue du Bac : café d'Orsay, Mme de Mailly, petit hôtel du Bac, les Mousquetaires-gris, M. Habert, le Petit-Saint-Thomas, le comte d'Antraigues, Fouché, Mme de Boulogne et Piron, M. Véron, les Dillon, le prince de Salm, les Lafeuillade, Chapsal, le marquis de Giac, Quinette, M. Dupin, les Clermont-Tonnerre, l'Immaculée-

Conception, l'hospice des Convalescents, les Missions-Etrangères, les sœurs de Saint-Vincent-de-Paul. — Rue de Bagneux : Mme Talma, la *Mort de César*, le peintre Uzanne, le pigeonnier, le cimetière. — Rue Baillét : le trésorier du dauphin, les Chartreux, le comte d'Artois, l'auberge.

N° 5 : —Rue Bailleul : la reine Blanche, Bailleul, hôtelleries, la St-Barthélemy, maison à deux visages, le boulanger, le restaurant Duru. — Rue Baillif. — Rue de la Banque. — Rue du Banquier. — Rue Barbette : Étienne Barbette, Isabeau de Bavière, le duc d'Orléans, Diane de Poitiers, d'Estrées, la Légion d'honneur, Mlle des Tournelles, Molé, Le Mayrat, Turgot, etc. — Rue de la Barillerie : Jules-César, saint Éloi, les Barnabites, l'architecte Lenoir, théâtre de la Cité, le Prado, le café d'Aguesseau, les anciens magasins, le reposoir. — Rue de la Barouillière : n. 3, 8, 14, 16. — Rue des Barres-Saint-Gervais. — Rue des Barrés-Saint-Paul. — Passage Basfour.

N° 6 : — Rue Basfroid. — Rue Basse-du-Rempart : Gustave Planche, le comte de Sommariva, Mlle Raucourt, hôtel d'Osmond, n. 12, 16, 18, Mme d'Abrantès, Mme Récamier, Maurice Meyer, les Odiot, Mlle Georges, les Bapst, le 46, la Duthé. — Rue Basse-Saint-Pierre : Mlle Dumesnil, Perrin, M. Lorin, le docteur Duval, M. Delamarre, le docteur Bouvier. — Rue Basse-des-Ursins : chartes des rois carlovingiens, Juvénal des Ursins, chapelle Saint-Agnan, feux d'artifice sous l'Empire, tourelle du temps de Dagobert, Racine, le chanoine Dumarais. — Place de la Bastille.

N° 7 : — Rue des Batailles : Mlle de Lavallière, les d'Orléans, Gabrielle d'Estrées, le député Dangès, Balzac et Jules Sandeau, hôtel de Chabannes, etc. — Rue du Battoir. — Rue Beaubourg : ses auberges en 1760, le beau bourg, hôtels de la magistrature, la tour de Babel, la fruitière, le marchand de vin, les oubliettes, les Carmélites, le théâtre Doyen, l'affaire de la rue Transnonain, les impasses, le bourgeois séducteur. — Rues Beaujolais. — Boulevard Beaumarchais : Caron de Beaumarchais, les contre-allées, Ninon de Lenclos, Jules Hardouin Mansart, la rue des Tournelles.

N° 8 : — Rue de Beaune : ce que peut coûter une satire, maison Laporte, les Carnot, les Mousquetaires, les hôtelleries, Voltaire, M. et Mme de Villette, la baronne de Champi, le cercle Agricole, M. Victor Considérant, les Mailly et les Nesles. — Rue Beauregard : prix d'un terrain en 1622, surtaxe de ce terrain en 1702, n. 46, 33, 14 ou 12, l'hôtel de Launay. — Rue Beaurepaire. — Rue Beautreillis : Gerard Beauquet, hôtel Beautreillis, les Maupertuis, les loyers payés au drapeau, hôtel Charny, n. 20, 18, 17, 16, 14, 12, hôtel Renty, le prince de Monaco, Zamet et Gabrielle d'Estrées, M. Siméon Chaumier. — Place Beauvau.

N° 9 : — Rue de Beauvau. — Rue Bellechasse : M. de Rubelles, les la Trémoille, le couvent ; hôtels Broglie, Molé, Soyecourt, Guerchy, etc. ; le comte de La Bourdonnaye, le duc de Saint-Simon et ses successeurs, Mlle Bourgoin, Berthollet, M. de Crouzas, Bernardin de Saint-Pierre. — Rue Bellefond. — Rues de Bercy. — Rue de Berri : le vicomte de Jailly, la pension Lemoine, Mme de Genlis, Mme de Langeac.

N° 10 : — Rue des Bernardins : le petit hôtel de Nesmond, les Frondeurs, le conseiller de Charles IX, Chamillard et les *Chamillardes*, les deux peintres du roi, le cloître, le presbytère, les Braque, le prévôt de Passy. — Rue Bertin-Poirée.—Quai de Béthune : hôtel Bretonvilliers, le maréchal de Richelieu, M. Viel, hôtel d'Ambrun, le nonce du pape, les magistrats, les marchands de vins, hôtel Perrault. — Rue de Bièvre : hôtel Brinvilliers, collège de Chanac, le cardinal Dubois.

N° 11 : — Rue Beurrière. — Rue de la Bienfaisance. — Rue des Billettes : le sacrilége, les Carmes-Billettes, les chanoines de Sainte-Croix-de-la-Bretonnerie, les crieurs-jurés des inhumations, adjudication de biens nationaux en 1793, arbre généalogique d'un bec de gaz, histoire d'une borne. — Quai de Billy : histoire du bord de l'eau, la Conférence, Périer frères, Georges, Cadoudal, Mme de Pompadour, Sophie Arnould, la Savonnerie. — Rue Blanche : Chaptal, Tivoli, Richelieu, Mme Hamelin, Boursault, Santarem, M. Ernest de Girardin, le Marois, la caserne, Joubert, la princesse de Vaudemont.

N° 12 : Rue des Blancs-Manteaux : M. de Novion, les parcheminiers, le couvent, les Séguier, les hôtels, le marquis de Favras, le marquis d'O. — Rue Bleue : procès de la distillerie, procès Bony, M. Gisquet, Mme Saint-Aubin, la comtesse de Buffon, le bourreau, Barras, la comtesse des Roys, Catherin, Mme la comtesse de Pritelly. — Rue Bonaparte : Vicq-d'Azyr, le vicomte de Beauharnais, Mlle Clairon, Monge, les Petits-Augustins, rue des Beaux-Arts, le duc d'Enghien, Vendôme, les Savalette, les Laplagne-Barris, les Jésuites, le cardinal de Polignac. — Passage du Bois-de-Boulogne.

N° 13 : — Rue de Bondy : hôtel Portalis, les théâtres, le 66, M. de Lariboisière, Rosambo et d'Aligre, Truchot, Mlle Laguerre, l'hôtel en loterie.— Boulevard Bonne-Nouvelle. — Rue des Bon-Enfants. — Rue du Bon-Puits. — Rue Boucher.

N° 14 : — Rue Boudreau.— Rue des Boulangers.— Rue des Boulets. — Rue du Bouloi : le Tabac, le chancelier Séguier, la Ferme générale, le *Courrier français*, les Lussan, les hôtelleries, le jeu de paume, le duc du Lude, Dreux d'Aubray, la Reynie, les Carmélites, Véro, passage Véro-Dodat. — Rue Bourbon-le-Château. — Rue Bourbon-Villeneuve.

N° 15 : — Quai Bourbon : Marie, Lagrange et les syndics de l'île Saint-Louis, M. de Charron, les Jassaud, histoire d'une dot au XVIIe siècle, François Levau, le maître-d'hôtel du roi, le procureur qui se poursuit, un devis en 1640, Choppin de Gouzangré, maisons diverses. — Rue des Bourdonnais : rue Lenoir, le café, la Fosse-aux-Chiens, l'historiographe, Mazarin, le fief de la Trémoille, les drapiers, les Bellièvre, les Villeroi, l'hôtel d'Onzembray, la Croix-d'Or, rue Thibautodé, le père André, maisons diverses, la Monnaie, le 13, Saint-Pavin, M. de Saint-Geniès, l'Arche-Marion.

N° 16 : — Rue Bourg-l'Abbé. — Rue de Bourgogne : le duc de Bourgogne, Adrienne Lecouvreur, Sainte-Valère, le 40, Oudinot, Mme de Fitzjames, la caserne, Molière, Joly.— Rue des Bourguignons.— Rue Bourtibourg : n. 1, 6, 9, 10, 12, 14, 15, 16, 17, 18, 19, 20, 21, 22. — Rue Boutebrie. — Rue de Braque.

N° 17 :—Rue de Bretagne.—Rue de Breteuil.— Rue Bretonvilliers: la belle-mère de Fronsac, les Bretonvilliers.—Rue Brisemiche.—Rue de la Bucherie :

enseignes au moyen âge, accensements, propriétaires au XIV° siècle et après, contentieux du domaine utile de Sainte-Geneviève, rue des Rats, l'Ecole de médecine. — Rue de Buci, les engagistes, le Théâtre Illustre, la maison conventuelle, le cabaret, l'amphithéâtre patriotique. — Rue de Buffault. — Rue de Buffon : ce qu'il y avait avant la rue, Buffon père et fils, le serrurier, Esquirol, M. Métivié, Loizerolles père et fils, Dubief, dom Théodore.

N° 18 : — Rue de Buffon, *fin de la notice.* — Rue du Buisson-Saint-Louis. — Rue Cadet : n. 5, 7, 9, 13, 15, 16, 19, 21, 22, 23, 24, 26, 28, 30. — Rue, place et passage du Caire. — Rue de la Calandre : — Maisons au prieuré de Saint-Éloi, Pepin-le-Bref. Flicoteaux, enseignes, hôtel de Bourgueil, le coupegorge, Dagobert, juin 1848, les artisans. — Rue des Canettes. — Rue Canivet. — Rue Cardinale. — Rue des Carmes : colléges de Laon, de Presles et des Lombards.

N° 19 : — Rue des Carmes, *fin de la notice.* — Rue Caron. — Rue Carpentier. — Rue Cassette : MM. Gaume, M. Barthe, M. Frœlicher, Mme Guyon, un couvent en 1709, les peintres, les libraires, M. Arachequesne, Brissac, M. de Salvandy, le 3ᵉ consul, les dH'innisdal. — Rue Cassini. — Rue Caumartin : n. 1, 2, 7, 24, 32, 34, 36, 48, 49, 52, 55, 66, 67, 68. — Rue de la Cerisaie : Zamet, la chatte de l'hôtel Lesdiguières, Pierre-le-Grand, Mme de Vaudeuil, le gouverneur de la Bastille, Titon du Tillet, Philibert Delorme, les souterrains, Cardillac, les Visitandines.

N° 20 : — Quai des Celestins : hôtels Fieubet et Nicolaï. — Rue du Cendrier. — Rue Censier : n. 6, 13, 15, 17, 19, 21, 23, 29, 34. — Rue Chabanais : le marquis de Chabanais, M. Delécluze, le général Digeon, Chénier, Ladvocat, Pichegru. — Rue de Chaillot : l'ancien Chaillot, la Croix-Boissière, les pensions, Théaulon, les nourrisseurs, la cure, Petit, chirurgien; M. et Mme Cochin, M. et Mme de Viersac, de Bure, le général Rapp et le comte de Villoutreys, l'évêque et le mercier, Sainte-Périne, Barras, le général Guilleminot, Mme Molé, Mme de Marbeuf, le comte de Choiseul-Gouffier, M. Émile de Girardin, le 113. — Rue de la Chaise : Mme de Courtavenne, le baron de Chenilly, la comtesse de Béthune, le comte de Vaudeuil, les Petites-Maisons, les 400 Pauvres, pension Michelot, le 29 juillet 1830.

N° 21 : — Rue de la Chaise, *fin de la notice.* — Rue du Champ-de-l'Alouette. — Avenue des Champs-Elysées. — Rue des Champs-Elysées : Grimod de la Reynière, Mlle Lorphelin, Pelet de la Lozère, Lagrenée, Junot. — Rue des Charbonniers. — Rue de Charenton : Mousquetaires-noirs, cour de Bourgogne, filles Anglaises, Folie-Rambouillet, Vallée de Fécamp, Marengo. Rue Charlemagne. — Rue Charlot : Charlot, les Cambis et les Sourdis, les Capucins, MM. de Brévannes et Charnacé, M. de Belleyme, les Polignac et les Colbert, Van Robais, Bayard, l'oculiste, le collier de la reine, hôtel Mascarani.

N° 22 : — Rue Charlot, *fin de la notice.* — Rue Chanoinesse. — Rue des Chantres. — Rue Chapon : le demi-monde sous Louis XV, les Carmélites, le cimetière. — Rue Chartière. — Rue de Charonne : le vin des funérailles, la Madeleine du Trainel, les filles de la Croix, Notre-Dame-de-Bon-Secours, la vocation de la particule, l'hôtel de Mortagne, Vaucanson. — Rues Château-

Landon et Chaudron. — Rue Chauchat : M. de Vitrolles, la présidente Pinon, maisons Cuisinier et Davillier, la ferme, Mlle Chameroy.

N° 23 : — Rue du Chaume : la Merci, le théâtre, hôtel Sourdis-Rostaing, Lebebvre d'Ormesson ; le gentilhomme trois fois mort ; la porte de l'hôtel de Guise. — Rue de la Chaussée-d'Antin : Bouffé au café Foy ; MMmes d'Epinay, Necker, de Staël, Récamier et Le Hon ; le général Marceau, la Guimard, hôtels de Padoue et Mallet, le sculpteur Clodion, Mirabeau, le général Foy, le comte Roy, le cardinal Fesch.—Rue de la Chaussée-des-Minimes.—Rue du Cherche-Midi : n. 4, 5, 9, 11, 13, 14, 15, 17, 18, 19, 21, 23, 30, 31, 34, 36, 37, 40, 41, 42, 44, 71, 73, 87, 89, 91, 97.

N° 24 : — Rue du Cherche-Midi, *fin de la notice*. — Rue du Chemin-Vert : Mlle Desjardins ; Levé, échevin.—Rue Childebert. — Rue et passage Choiseul : les Ferriol et le comte de Choiseul-Gouffier, l'hôtel des Domaines, l'amirale Bruéys, maison Delisle, Lafarge, M. de Sartines, Oberkampf, MM. Mallet, Mme de Boufflers. — Rue Christine. — Rue de la Cité : les premières armes de la Guimard ; la Pomme-de-Pin, la Bouteille-d'or, le vaudevilliste Fontan, le Marché-Pallu. — Rue des Ciseaux. — Rue de la Clef : la maison de correction et les pensions bourgeoises, Henriot, la dynastie Savouré, l'hôtel Danès.

N° 25 : —Rue de Cléry : les censives, les Coehery, hôtel Poquelin, Mme Lebrun, Ducis, le carrefour, André Chénier. — Rue de Clichy : la robe en gage, M. Boutin, Tivoli, Mlle Coupé.— Rue Cloche-Perce. — Rue du Cloître-Saint-Merry : les épiciers en gros, l'héritière des Gouffier, ducs de Roanne, la rue Taille-pain, hôtel Dabos, Esprit Viennet, les juges-consuls. — Rue Clopin. — Rue du Clos-Bruneau. — Rue du Clos-Georgeau. — Rue Clovis. — Rue de Cluny : la maison aux grands hommes, le collége.— Rue Cocatrix.

N° 26 : — Rue du Cloître Notre-Dame. — Galerie Colbert : l'hôtel Colbert, Mlle Labsolu. — Rue Colbert : n. 8 et 12.— Place du Collége-Louis-le-Grand. — Place de la Collégiale : la mère Prieur, l'hymne à l'Être-Suprême, vente de biens nationaux. — Rue de la Colombe. — Rue des Colonnes. — Rue du Colisée : le Colisée et les danseurs, M. de la Ferté, le duc d'Uzès. — Cour du Commerce.

N° 27 : — Rue de la Comète. — Place de la Concorde : ce qu'était la place Louis XV ; le Garde-Meuble, Mme de Coislin, M. de Pastoret, M. Péan de Saint-Gilles, le duc de Crillon. — Rue de Condé : hôtel Condé, les entrepreneurs, les gens de robe, Orfila, M. de Gramont-Caderousse, Beaumarchais, les *Liaisons dangereuses*, Gustave Planche, Cadoudal, Picard. — Quai Conti : le café Anglais, l'orfévrerie, l'officier d'artillerie, l'acteur Caillot, hôtels Conti et Sillery, Maire-Nyon, M. de Cussé, le peintre Regnault. — Rue Coq-Héron. — Rue Coquillière : hôtel de Soissons, *Mme Proudhon*, les Crisenoy, le serment du jeu de paume, Mme Talma, Fleury.

N° 28 : — Rue Coquillière, *fin de la notice*. — Rues Contrescarpe.— Rue de Courcelles : les Folies de Chartres, les morts de l'hôpital, la princesse Borghèse, vers inédits, Delorme, la princesse Mathilde. — Rue des Coutures-Saint-Gervais. — Rue du Croissant : les falots de l'Opéra, le gouverneur de l'Ile-de-France, les Colbert, l'hôtel de Mars, maison Badin, ce qu'était la rue avant 1759, M. de Manneville, le chancelier Séguier, Molière et La Fontaine. — Rue Croix-des-Petits-Champs : comment se rajeunissent les maisons, le bureau de l'*Union*, hôtels et hôtelleries, le duc de Gesvres, Mme d'Etioles, la Vaudry, les luthiers, Guerbois, les *Petites-Affiches*.

N° 29 : — Rue de la Croix-du-Roule : Scribe et Mlle Pauline. — Rue Culture-Sainte-Catherine : le théâtre du Marais, ses acteurs, la loge de la rue Beaubourg, les Carnavalet, Mme de Sévigné, les pensions, le 52, les filles Bleues, Mme de Montmorency, le connétable de Clisson. — Rue Cuvier. — Place Dauphine : 1607, 1667, 1700, 1859. — Rue Dauphine : les Augustins, les Jeunes-Elèves. Gabrielle d'Estrées, hôtel de Genlis, hôtel Dauphine, le mur de Philippe-Auguste, les premiers propriétaires de la rue, la porte Dauphine.

N° 30 ; — Rue Descartes. — Rue des Déchargeurs : n. 3, 4, 6, 9, 10 et 11. — Rue des Deux-Boules : la rue aux doubles portes, l'escalier dérobé, une lorette d'il y a cent ans. — Rue des Deux-Ecus : ce qu'on appelait femme du monde au xviii° siècle, comment la fille Satin se mit dans ses meubles, la succession Rouillé, l'enfant de la Terreur, lettre de Catherine de Médicis, le marchand de fromages, l'hôtel de Rennes, le 33. — Rue des Deux-Ermites. — Rue des Deux-Ponts. — Rue des Douze-Portes : les familles Le Jay, de Harlay, Duperron, de Meslay, Feydeau, de Mesmes, Frémin, Lequesne ; Crébillon le tragique. — Rue du Dragon : le Petit-Sépulcre, l'école d'équitation, la cour du Dragon, divers hôtels, le carossier Raveneau, la famille Laplagne, Bernard de Palissy.

N° 31 : — Rues des Deux-Portes. — Rue Drouot : la Grange-Batelière, les Pinon, la maison du Jockey-Club, la duchesse de Gramont, l'administration de l'Opéra, M. Aguado, le Salon des Etrangers. — Rue Dupuytren. — Rues de l'Echaudé. — Rue de l'Echiquier : la maison du fleuriste, le pavillon de l'Echiquier, l'inventeur de la fantasmagorie, la rue d'Enghien, M. et Mme de Nervo, le caissier du duc d'Orléans, l'ancien fossé de la ville, le baron Louis. — Place et quai de l'Ecole : Mme de Rieulx, le n. 6, le dentiste de Louis XVI, Ledru-Rollin, Mme Danton, la mère Moreau, le bon vieux temps, les joueurs aux dames.

N° 32 : — Rue de l'Ecole-de-Médecine, le collège d'Ainville, l'Ecole de chirurgie, l'Ecole de dessin, le collège de Bourgogne, les Prémontrés, le couvent et le club des Cordeliers, Marat, Charlotte Corday, histoire d'une tourelle, les étaux de bouchers, le conventionnel Legendre, le passage de la Treille, le café des Comédiens. — Rue d'Ecosse. — Rue d'Enfer : Mme de Maintenon, les princes de Vendôme, Mme de Navailles, Mme de Graffigny, Le Feuvre de la Falluère, le duc de Chaulnes, les Carmélites, Port-Royal, l'Oratoire, l'infirmerie de Marie-Thérèse, l'archer de la Ville, les Chartreux, les Feuillans, l'hôtel Marillac, le séminaire, Royer-Collard. — Rue de l'Eperon.

N° 33 : — Rue des Enfants-Rouges : Mlle Riquet, M. de Pressigny, Tallard. — Rue du Faubourg-Poissonnière : n. 2, 9, 11, 13, 15, 30, 32, 58, 60, 101, 103, 106, 123, 129, 131, 161. — Rue du faubourg Saint-Antoine : ce qu'elle était en 1726, les hospices d'enfants, les révolutions, l'abbaye, les brasseries, Santerre, les dames Blanches, la petite maison, la maison de santé, le général Malet, Mlle de la Vallière, Titon, la forge royale. — Rue du Faubourg Saint-Honoré : la porte Saint-Honoré, le joueur, les coches, hôtel Montbazon, hôtel Suchet, MM. de Rotschild et Péreire, hôtel Charost, hôtel Duras, le voisinage de l'Elysée, la porte d'Argencourt, hôtel Castellane, n. 116, 118 et 120, Lagrange, le voisinage de Saint-Philippe, le Roule, hôtel Saint-Priest.

N° 34 : — Rue du Faubourg-Montmartre : ce qu'elle était en 1726, M. Ollivier, la Boule-Rouge, les deux coins, Vachette, le souper des actrices. — Rue du Faubourg-Saint-Denis : le logis du roi, les poëtes à Saint-Lazare, Mme de Montmorency, la propriété, l'industrie, M. d'Espinchal, les sœurs Grises, les voitures. — Rue du Faubourg-Saint-Jacques. — Rue du Faubourg-Saint-Martin : Deffieux, le 59, M. Delore, la foire Saint-Laurent, le Nom-de-Jésus, les Récollets, le régent, Chaudron, M. de Haynin. — Rue du Faubourg-du-Temple.

N° 35 : — Rues du Faubourg-du-Temple, *fin de la notice*. — Rue Favart. — Rues du Fauconnier, du Figuier et des Jardins-Saint-Paul. — Rue de la Ferronnerie et rue aux Fers : la belle Féronnière, Henri IV, les enseignes, Ninon de Nenclos, leçon donnée à des jeunes filles, Vadé. — Rue Feydeau. — Boulevard et rue des Filles-du-Calvaire. — Rue des Filles-Saint-Thomas. — Rue Fontaine-Molière. — Rues des Fossés.

N° 36 : — Rue des Fossés, *fin de la notice*. — Rue Férou : Lavoisier, Mlle Luzy, Mmes de Labourdonnais. — Rue des Fontaines. — Rue du Fouarre. — Rue des Fourreurs. — Rue Française. — Rues des Francs-Bourgeois : la féodalité bourgeoise, les bourgeois *in partibus*, la Courtille-Barbette ; hôtels Livry, Voisin, Roquelaure, de Courchant, d'Albret, de Creil, Le Tellier, Charolais. — Rue du Grand-Chantier : les hôtels de Savoie, de Beauvilliers, de Montaran, Denis, de Vougny, Le Juge, Sallier, de Vallières, Thiroux, Machault, Lacurne.

N° 37 : — Rue des Orfévres. — Rue de Gramont. — Rue du Mail. — Rue Neuve-des-Mathurins : Lagrange, Tristan l'Ermite, le marquis de Beauharnais, la princesse de Bauffremont, Brune, Mme Dumanoir, M. de Noé, le prince de la Paix. — Rue des Moulins : la butte, l'abbé de l'Epée, l'avocat de Louis XVI, le baron d'Holbach, l'inventeur des chapeaux de soie. — Rue de Luxembourg : n. 9, 19, 21, 23, 25, 26, 27, 28, 29, 31, 36, 37, 38, 41, 43, 49. — Rue de la Michodière : le prévôt des marchands, la particule nobiliaire, le prince de Deux-Ponts, Mme de Lannoy, l'hôtel d'Armenonville. — Rue de la Ville-l'Evêque.

N° 38 : — Rue des sept-Voies. — Rue du Jour. — Rue Laffitte : le café Hardy, Cérutti, le marquis d'Hertford, Laromiguière, le Dîner de l'Exposition, la fausse Malibran, MM. de Rothschild, la reine Hortense, hôtels Laffitte et Thélusson. — Rue Taitbout : Thénard, Bougainville, Talleyrand, Parny, de Jouy, Bouret, de Fleurieu, Ouvrard, Aguado, Dantan jeune, Lablache, Mlle Déjazet, Mlle Flore, Tortoni, lord Seymour. — Rue et quai des Grands-Augustins, rues Gît-le-Cœur et de l'Hirondelle : les Augustins ; hôtels d'Hercule, Feydeau, Montholon, de François Ier, de la Salamandre, d'O, de Luynes, de Saint-Louis, du collége d'Autun, des Charités-Saint-Denis, de Savoie, Couflans, Bussy. — Rue de Grenelle-Saint Germain : revue d'hôtels et de couvents.

N° 39 : —Rue de Grenelle-Saint-Germain, *fin de la notice.*—Quai de la Mégisserie. — Place des Victoires. — Rues Notre-Dame-des-Victoires et Saint-Pierre-Montmartre. — Rue Louis-le-Grand. — Rue des Petites-Ecuries. — Rue du Sentier. — Rue de Varenne-Saint-Germain : documents recueillis aux Archives de l'Empire, et mis d'accord, autant que possible, avec les assertions contenues dans les ouvrages sur Paris.

N° 40 : — Rue de Varenne-Saint-Germain, *fin de la notice.* — Rue Richelieu : maison Babin, le rendez-vous de chasse, les maisons galantes, les Coislin, la marquise de Louvois, le duc de Villeroi, le président Ménars, M. Pierre Crozat, l'abbé Terray, Regnard, Frascati, les traiteurs, hôtel Talaru, la Muse limonadière, passage Potier, Molière. — Quais Malaquais et Voltaire. — Rue Saint-Antoine : *lettre à M. Le Roy, directeur de la Caisse des travaux de Paris, à l'Hôtel de Ville..* — Rue Geoffroy-Lasnier.

N° 41 : — Rue du Regard. —Place Vendôme : circonvolution locale et historique. — Rues Neuve-des-Petits-Champs et Neuve-des-Capucines : inventaire de ce qui y date d'un siècle et demi. — Rue Neuve-Saint-Augustin : l'ancien Panorama, Girodet, les hôtels garnis, le marchand de vin et le plombier, l'architecte Gabriel, la place Gaillon, le maréchal d'Uxelles, le président Robert, le duc de Gramont, le président Ménars, M. de Pomponne. — Rue Vivienne. — Rue Saint-Martin : origines de la rue, ses affluents, le passage Jabach, la maison gothique, assassinat d'un agioteur, Saint-Julien-des-Ménétriers, le théâtre Molière, l'hôtel de Vic, le vin médecin, l'horloge de la maison Detouche et celle du Conservatoire des Arts et Métiers.

N° 42 : — Rue Saint-Antoine : *lettre de M. Le Roy, directeur de la Caisse des travaux de Paris, à l'Hôtel de Ville.* — Rues Jacob et de l'Université : *lettre à M. Merruau, secrétaire général de la Préfecture de la Seine.* — Boulevard Saint-Martin et rue Meslay : Rouillé de Meslay, les chevaliers du guet, Foliot, Mme Vignon, Fixon, Danse, Allegrain, Le Lorrain, Jacob, Moreaux, la *Presse des Ecoles*, Mme de Vaubecourt. — Rue du Temple : le bureau des Gabelles, n. 22, maison de la tourelle, les Rotrou et les Rambuteau, les filles de Sainte-Avoie; hôtels Saint-Aignan, de Mesmes, Sainte-Avoie; les descendants du valet de cœur, impasse de l'Echiquier, n. 114, Fouquet, les Carmélites, les vinaigrettes, Mme du Barry, hôtel des Bains, Jean Beausire, hôtel de l'Hospital.

N° 43 : — Rue Vieille-du-Temple : rencontre de Henri IV avec trois procureurs, les dames de Saint-Gervais, la tourelle, les Comédiens du Marais, hôtel d'Epernon, les généalogistes, le pâtissier de l'Imprimerie impériale; hotels La-Tour-du-Pin, de Rieux, d'Effiat, d'Argenson.—Rue de Vendôme et boulevard du Temple : hôtels de l'intendant de Paris, de Boissy, de Saint-Priest ; les Filles-du-Sauveur, le jeu de Paume ; le boulevard du Temple en 1652, en 1739, en 1785, en 1803, en 1810 et en 1860. — Rue Portefoin. — Rue Pastourel. — Rue Saint-Dominique : voyage en zig-zag à travers la rue et l'histoire.

N° 44 : — Boulevard Poissonnière : le bonnetier, MM. Chevreux-Aubertot et Honoré, Mme Cavaignac, Balleroy, l'abbé Saint-Phar, Montholon, d'Ailly, Augeard, MM. Besson et Odier, le cul-de-sac perdu et retrouvé, le 2 décembre 1851. — Les deux rues de Paradis. — Rue des Trois-Pavillons. — Rue du Roi-de-Sicile. — Rues des Quatre-Fils et des Vieilles-Haudriettes. — Rues Taranne et Saint-Benoît : la prévôté de l'Hôtel-du-Roi, hôtel de Bernis, l'eau de Mélisse, le baron d'Holbach, Xavier de Maistre, les Taranne, Diderot, hôtel Bourbon, maisons diverses. — Rue de Provence : le grand égout, Mme de la Moskowa, MM. Périer, hôtel Montesson, l'ambassade d'Autriche, les écuries d'Orléans, Mme d'Archambal, hôtel Thélusson, les Arts-Unis, Hoffmann, Garnier-Pagès.

N° 45 : — Rue de Seine : *lettre à M. Léon Gozlan*. — Rue du Plâtre : collége de Cornouailles. — Rue des Saints-Pères. — Rue Sainte-Anne : la chronique scandaleuse, les hôtelleries, les hôtels, les Nouvelles-Catholiques. — Rue Saint-Roch. — Rue Gaillon : les variantes de l'écriteau, l'intendant de Mme de Maintenon, une passion de fille de l'Opéra, anciens habitants de la rue. — Rue des Saussayes. — Rues des Rosiers, des Juifs et des Ecouffes : Mme d'Estat, Chabenat de Bonneuil, Coquerel, Lefèvre de Léseau, Maillée, Philippe de Champagne, Buache.

N° 46 : — Rue Saint-Guillaume. — Rue Jean-de-Beauvais. — Rues des Marais : la petite Genève, des Yveteaux, Racine, Mlle Clairon, Mme de Pierrecourt, Creuzé-Latouche, Prudhomme, les maraîchers, le Vauxhall, le bourreau. — Rue de Saintonge. — Rue du Perche. — Rue de Limoges. — Rue du Forez. — Rue Neuve-des-Bons-Enfants : hôtelleries, maisons, hôtels, les Radziwill, passage de Radzivill, Mme de Villemomble. — Rue Jean-Jacques-Rousseau. — Rue des Vieux-Augustins. — Rue des Jeûneurs.

N° 47 : — Rue de Lille et quai d'Orsay : satisfaction donnée à un besoin prévu dès 1787. — Rue de Verneuil. — Rue Saint-André-des-Arts. — Rues Pavée-Saint-André et Pavée-au-Marais. — Rue du Parc-Royal : Mme des Fusées, la Dlle David. — Place Royale : les Tournelles, les maréchaux de France de Louis XIII, Victor Hugo, les pavillons du roi et de la reine, Mlle Rachel, hôtel Breteuil, M. Portalis, Sully.

N° 48 : — Rue Saint-Denis : le tombeau de Saint-Denis, enseignes ; Santeul, Rapin et comp.; le Saint-Sépulcre, Saint-Magloire, Saint-Leu, passage Saucède, la cour des Bleus, Wenzel, les dames de Saint-Chaumond, les coffretiers et les brodeurs, les Filles-Dieu, cul-de-sac de l'Empereur, passage du Grand-Cerf, rue des Prêcheurs. — Rue Saint-Honoré : enseignes, le balcon du coin de la rue des Prouvaires, Molière, le bonnetier de l'Opéra, Mme de Rhodes, hôtel d'Aligre, le Lycée, le traiteur du XVIIe siècle, les Jacobins, les clubs, recensement de propriétaires, Mme Geoffrin, Robespierre, la Conception, l'Assomption, les Capucins, les Feuillans, frère Cosme, hôtel de Noailles, Lafontaine, les cafés, l'hôtel des Américains, la cour d'Aligre, le premier restaurant à la carte, les ramoneurs au XVIIIe siècle, Henri IV. — Rue du Dauphin. — Rue Saint-Florentin. — Rue de la Madeleine : Mlle de Sarpe et sa famille, n. 14, 18, 22, 29, 61.

N° 49 : — Rue de Miroménil. — Rue Saint-Fiacre : les fiacres, le chanteur

Dumesnil, les soupers de filles, la Hecquet. — Rue Poissonnière. — Rue de la Lune. — Rue du Petit-Carreau : la boucherie, les marchands de vin , les joueurs de violon, l'hôtel Thévenot, la cour des Miracles, le tripot de Dubarry, le père Duchesne. — Rue Thévenot. — Rue Saint-Sauveur : l'église, les agents de change, le jeu de boules, les Colletet, Julie Berville, le Bout-du-monde et le Cadran, le médecin Chambon. — Rues de Viarme, Mercier, de Sartines, de Vannes, Devarenne et Oblin. — Rue de la Jussienne. — Rue de la Verrerie : Suger, les verriers, le père de Bossuet, l'hôpital du Saint-Esprit, les Juges-Consuls, les prédécesseurs des droguistes, la maîtrise des couturières, Valmont de Bomare.

N° 50 : — Rue Mignon : collége Mignon. — Rues d'Orléans : le petit séjour d'Orléans, les pensionnats, les jansénistes, le cimetière Saint-Médard, Dupont-Dutertre, la maison au bas-relief, les filles de la Croix, l'ancien palais d'Orléans, l'hôtel d'Aligre. — Rue du Louvre. — Rue des Prouvaires. — Rue de Grenelle-Saint-Honoré : Camus et comp., le latin de cuisine, les hôtels garnis, les Huit-Veuves, les jeux de paume, Vestris, la Dlle de Saint-Lô, l'hôtel des Fermes , le théâtre Comte. — Rue Neuve-Saint-Eustache : le comte d'Hertford, Mlle de Breteuil, la Dlle Dumirey, Mme de Brie, les Procope, Tourville, autres propriétaires et habitants de la rue. — Rue Tiquetoune. — Rue Montorgueil : grandeur et décadence des huîtres, le Rocher-de Cancale Béranger, la rue Comteese-d'Artois, la Gourdan, la Dlle Marquise, les chaises à porteur, Philippe, le passage du Saumon, les pâtissiers. — Rue Notre-Dame-de-Bonne-Nouvelle. — Rue Sainte-Apolline et boulevard Saint-Denis.

N° 51 : — Rues Saint-Paul et Neuve-Saint-Paul : l'église, le cimetière, la prison, les filles de Saint-Paul, le palais, l'hôtel de Sens, le logis de la reine Blanche, M. de Liguerac et le marquis de Sade, la renommée des brioches, l'hôtel Saint-Maur, le médecin et l'apothicaire de Charles IX, Mme de Brinvilliers, Mme du Boccage, l'hospice médico-électrique, Mme de Serrant, hôtel de la Vieuville. — Rue Sainte-Croix de la Bretonnerie : les chanoines, la famille Lhuillier, partie carrée au bal de l'Opéra, le bijoutier Strass, hôtel Peletier, vol d'un marteau de porte cochère, les n. 21, 39, 44. — Rue des Lombards : Boccace, les dames de Sainte-Catherine, le Poids-du-Roi, le Mortier-d'Or, le Fidèle-Berger, etc. — Rue Saint-Sébastien. — Rue Saint-Gilles. — Rue de Harlay-au-Marais. — Rue Saint-Claude. — Rue Soly. — Rue Pagevin. — Rue de la Vrillière.

N° 52 : — Rue Saint-Victor : l'abbaye, la fontaine, les manufactures, le bureau des brouettes, les maisons d'encoignure, la communauté des bouchers, le séminaire Saint-Firmin , l'abbé Haüy, le collége du Cardinal-Lemoine, le 90, le séminaire Saint-Nicolas-du-Chardonnet, hôtel d'Andrezel. — Rue de la Montagne-Sainte Geneviève : hôtel d'Andrezel; colléges de la Marche, de Navarre et d'Hubant ; origine de cinq particules nobiliaires, l'écuyer-tranchant, les Trente-Trois, les boucheries, le collége de Laon. — Rue de l'Hôtel-Colbert. — Rue Saint-Jacques : Saint-Yves, hôtel Bignon, les libraires, hôtel de la Cousture, l'académie d'écriture ; les colléges du Plessis, Marmoutiers et Louis-le-Grand ; les Jacobins, la porte Saint Jacques, les Visitandines, les Ursulines, les Feuillantines, les Bénédictins-Anglais, le Val-de-Grâce, la duchesse de Longueville, les Carmélites, le séminaire. — Rue Mazarine : le collége des Quatre-Nations et son pourtour, les Comédiens du roi, l'Eau-de-Jouvence, Mlle Dubois, Mlle Hus, Barbaroux, la Botte-de-Paille.

N° 53 : — Rue Suger : le cimetière, le collége de Boissi, Chassebras de Cramailles, la maison du chapitre. — Rue des Poitevins : l'hôtel Panckoucke, l'ancien bureau du *Moniteur*, la maison contigue, l'ancien hospice de la paroisse. — Rue Serpente : hôtel de la Serpent, Panckoucke, le père d'Helvétius, les De Bure, les Raoux, les colléges, Catelan, hôtels d'Henneval et Du Tillet. — Rue Hautefeuille : xiiie, xive, xviie, xviij^e, xixe siècles. — Rue Guénégaud. — Palais-Royal : précis historique des transformations du jardin, des galeries, des spectacles, des cafés, des restaurants et des maisons de jeu du Palais-Royal.

N° 54 : — Palais-Royal, *fin de la notice*. — Boulevard Montmartre : Frascati, le comte de Mercy, l'inspecteur de police et sa maîtresse, le demoiselle Mars du xviiie siècle, Boïeldieu, le prince Tuffakine. — Boulevard des Italiens : les jeux de boules, le dépôt des gardes françaises, la Comédie-Italienne, les hôtels, Mme Laruette, Mlle Colombe, Mlle de Saint-Huberti, le Grand-Salon, cafés et restaurants, Grétry.

N° 55 : — Boulevard des Italiens, *fin de la notice*. — Rue de la Victoire : Desforges, la salle Chantereine, Adanson, Mlle Falcon, Mme Stolz, M. Cuisinier, Mme de Saint-Julien, Mlle Dervieux et ses antécédents, le Théâtre-Olympique, Mesmer, M. Herz, Cagliostro, les Néothermes, l'hôtel de la Victoire la comtesse Waleska. — Rue Saint-Georges. — Rue Saint-Lazare : Mlle Mars, le duc de Valentinois, les Dlles Saint-Germain, Eimery, Julie andeille; la dame Rondeau, le cardinal Fesch, la Dlle Desforges, les Ruggieri, l'hôtel des Eaux, l'hôtel Coq. — Rue Montmartre. — Rue Monsieur-le-Prince : n. 4, 12, 22, 23, 37, 49, 59, 60. — Rue Mouffetard : les églises, le Pont-aux-Tripes, les boucheries, l'hôtel des Patriarches, les dames de la Miséricorde, la veuve de Scarron, l'enlèvement d'une novice, les gardes-françaises, le cours de la Bièvre, les Gobelins.

N° 56 : — Rue de Tournon : Clément Marot, le Petit-Bourbon, le maréchal d'Ancre, les Ambassadeurs-extraordinaires, le duc de Nivernais, Laplace, Terrat, Saint-Aignan, Theroïgne de Méricourt, Jules Janin, Mlle Lenormand, Mme d'Houdetot, le marquis d'Entraigues, Mallet du Pan, Joseph II. — Rues Garancière, Servandoni et Palatine. — Rue de Vaugirard : l'Opéra, l'académie, le mariage du critique, la princesse palatine, le geôlier Marino, les dames du Calvaire, les filles du Précieux-Sang, les Carmes, les filles de Sainte-Thècle, les religieuses de Notre-Dame-des-Prés, les hôtels, les petites maisons, la pension de Madame, les maisons de santé. — Rue de Sèvres.

N° 57 : — Rue des Martyrs : les guinguettes, la brasserie, les petites maisons, la maîtresse du duc d'Orléans, M. de Malesherbes. — Rues Pigalle, Larochefoucauld et de la Tour-des-Dames : la Poste aux chevaux, les Amis-Réunis, Mlle Raucourt, la Dlle Adeline, Bellanger, Mme Boursault, Mme Scribe, Pigalle, Picot, Volney, Laporte, Fortia d'Urban, Baudin, M. de Sancy, M. Lestapis, Mlle Mars, Mlle Duchesnois, la Dlle Ozi, Horace Vernet, Paul Delaroche, Talma, Grisier. — Rue du Rocher. — Rue de la Pépinière. — Rues du Four. — Rue Princesse. — Rue du Vieux-Colombier. — Rue du Jardinet.

N° 58 : — Rue Honoré-Chevalier. — Rue Notre-Dame-des-Champs. — Rue Rousselet. — Rue de Monsieur. — Rue Royale-Saint-Honoré. — — Rue Joubert. — Rue de la Grange-Batelière. — Rue Popincourt · les Annonciades, Nicolas de Blégny, Fronsac, la Comédie-Bourgeoise, le marquis de Pange, le comte de Fodoas. — Rue Saint-Louis au Marais : contingent de noms et de dates mémorables fournis à l'histoire de Paris, pour le compte de cette rue, par des documents inédits et des livres.

N° 59 : — Rue de Lourcine, l'hôtel Zône, les Cordelières, l'hôpital de Lourcine, Sainte-Valère, le jardin des Apothicaires, les propriétaires en 1715, la garnison, la trompette du jugement dernier. — Rues des Trois-Couronnes, Saint-Hippolyte, des Marmousets-Saint-Marcel et des Gobelins. — Rue de la Harpe : les Thermes, Cluny, le collége de Justice, la seigneurie de Mareil, le collége d'Harcourt, etc. — Rue Mauconseil : les comtes d'Artois et les ducs de Bourgogne, le théâtre et la Halle au cuirs, le sire de Mondosse, Saint-Jacques-de-l'Hôpital, propriétaires et habitants des xviie et xviiie siècles. — Rue du Petit-Lion-Saint-Sauveur. — Rue Saint-Anastase. — Rue de Montreuil.

N° 60 : — Rue Picpus : couvents, pensions, maisons de plaisance, maison de santé. — Rue de Reuilly : le Haut et le Bas-Reuilly sous les règnes de Dagobert Ier, de Jean le Bon, de Louis XIV, de Louis XVI, de Napoléon Ier et de Napoléon III. — Rue Marie-Stuart. — Rue Saint-Etienne. — Rue Sainte-Barbe. — Rue Saint-Joseph. — Rue Saint-Marc : le journal érotique, les hôtels, les cabinets d'objets d'art, le pavillon du duc de Montmorency, Ernest Legouvé. — *Table de concordance pour tout le recueil.*

TABLE PAR ORDRE ALPHABÉTIQUE

Des rues, places, quais, boulevards, avenues, galeries, passages, cours et impasses auxquels une notice est consacrée dans les Anciennes Maisons de Paris sous Napoléon III, avec renvoi pour chaque notice à un des numéros de la table précédente.

Rue de l'Abbaye, 1.
— d'Aguesseau, 1.
Cour d'Aligre, 1.
Rue des Amandiers-Popincourt, 1.
— des Amandiers-Saint-Jacques, 1.
Impasse d'Amboise, 1.
Rue d'Amboise, 1.
— Amelot, 1.
— de l'Ancienne-Comédie, 1.
— d'Angoulême-Saint-Honoré, 2.
Place d'Angoulême-du-Temple, 2.
Rue Id., 2.
Quai d'Anjou, 2.
Rue d'Anjou-au-Marais, 2.
— d'Anjou-Dauphine, 2.
— d'Anjou-St-Honoré, 2.
Avenue d'Antin, 3.
Rue d'Antin, 3.
— de l'Arbalète, 3.
— de l'Arbre-Sec, 3.
— de l'Arcade, 3.
— d'Argenteuil, 3.
— d'Arras, 3.
— d'Astorg, 3.
— Aubry-le-Boucher, 4.
— Aumaire, 4.
— Babille, 4.
— de Babylone, 4.
— du Bac, 4.
— de Bagneux, 4.

Rue Baillet, 4.
— Bailleul, 5.
— Baillif, 5.
— de la Banque, 5.
— du Banquier, 5.
— Barbette, 5.
— de la Barillerie, 5.
— Baroullière, 5.
— des Barres-Saint-Gervais, 5.
— des Barrés-St-Paul, 5.
— Basfroid, 5.
— Basse-des-Ursins, 6.
— Basse-du-Rempart, 6.
— Basse-St-Pierre, 6.
Place de la Bastille, 6.
Rue des Batailles, 7.
— du Battoir, 7.
— Baubourg, 7.
— de Beaujolais, 7.
Boulev. Beaumarchais, 7.
Rue de Beaune, 8.
— Beauregard, 8.
— Beaurepaire, 8.
— Beautreillis, 8.
Place Beauvau, 8.
Rue Beauvau, 9.
— de Bellechasse, 9.
— Bellefond, 9.
Rues de Bercy, 9.
Rue Bergère, 9.
— de Berri, 9.
— des Bernardins, 10.
— Bertin-Poirée, 10.
— de Bièvre, 10.
— Beurrière, 11.

Rue de la Bienfaisance, 11.
— des Billettes, 11.
Quai de Béthune, 10.
Quai de Billy, 11.
Rue Blanche, 11.
— des Blancs-Manteaux, 12.
— Bleue, 12.
Passage du Bois-de-Boulogne, 12.
Rue Bonaparte, 12.
— de Bondy, 13.
Boul. Bonne-Nouvelle 13.
Rue du Bon-Puits, 13.
— des Bons-Enfants, 13.
— Boucher, 13.
— Boudreau, 14.
— des Boulangers, 14.
— des Boulets, 14.
— du Bouloi, 14.
Quai Bourbon, 15.
Rue Bourbon-le-Château, 14.
— Bourbon-Villeneuve, 14.
— des Bourdonnais, 15.
— Bourg-l'Abbé, 16.
— de Bourgogne, 16.
— des Bourguignons, 16.
— Bourtibourg, 16.
— Boutebrie, 16.
— de Braque, 16.
— de Bretagne, 17.
— de Breteuil, 17.
— Bretonvilliers, 17.

Rue Brisemiche, 17.
— de la Bucherie, 17.
— de Buci, 17.
— Buffault, 17.
— de Buffon, 17-18.
— du Buisson-St-Louis, 18.
— Cadet, 18.
Passage du Caire, 18.
Place du Caire, 18.
Rue du Caire, 18.
— de la Calandre, 18.
— des Canettes, 18.
— Canivet, 18.
— Cardinale, 18.
— des Carmes, 18-19.
— Caron, 19.
— Carpentier, 19.
— Cassette, 19.
— Cassini, 19.
— Caumartin, 19.
Quai des Célestins, 20.
Rue du Cendrier, 20.
— Censier, 20.
— de la Cerisaie, 19.
— Chabanais, 20.
— de Chaillot, 20.
— de la Chaise, 20-21.
— du Champ-de-l'Alouette, 21.
Avenue des Champs-Elysées, 21.
Rue des Ch.-Elysées, 21.
— Chanoinesse, 22.
— des Chantres, 22.
— Chapon, 22.
— des Charbonniers, 21.
— Charenton, 21.
— Charlemagne, 21.
— Charlot, 21-22.
— de Charonne, 22.
— Chartière, 22.
— Château-Landon, 22.
— Chauchat, 22.
— Chaudron, 22.
— du Chaume, 23.
— de la Chaussée-d'Antin, 23.

Rue de la Chaussée-des-Minimes, 23.
— du Chemin-Vert, 24.
— du Cherche-Midi, 23-24.
— Childebert 24.
Passage Choiseul, 24.
Rue Choiseul, 24.
— Christine, 24.
— des Ciseaux, 24.
— de la Cité, 24.
— de la Clef, 24.
— de Cléry, 24.
— de Clichy, 25.
— Clocheperce, 25.
— du Cloître-Notre-Dame, 26.
— du Cloît.-St-Merry, 25.
— Clopin, 25.
— du Clos-Bruneau, 25.
— du Clos-Georgeau, 25.
— Clovis, 25.
— de Cluny, 25.
— Cocatrix, 25.
Galerie Colbert, 26.
Rue Colbert, 26.
— du Colisée, 26.
Place du Collége Louis-le-Grand, 26.
— de la Collégiale, 26.
Rue de la Colombe, 26.
— des Colonnes, 26.
— de la Comète, 27.
Cour du Commerce, 26.
Place de la Concorde, 27.
Rue de Condé. 27.
Quai Conti, 27.
Rues Contrescarpe, 28.
Rue Coq-Héron, 27.
— Coquillière, 27-28.
— de Courcelles, 28.
— des Coutures-St-Gervais, 28.
— du Croissant, 28.
— Croix-des-Petits-Champs, 28.
— de la Croix-du-Roule, 29.

Rue Culture-Ste-Catherine, 29.
— Cuvier, 29.
— du Dauphin, 48.
Place Dauphine, 29.
Rue Dauphine, 29.
— des Déchargeurs, 30.
— Descartes, 30.
— des Deux-Boules, 30.
— des Deux-Ecus, 30.
— des Deux-Ermites, 30.
— des Deux-Ponts, 30.
— des Deux-Portes, 31.
Rue Devarenne-St-Honoré, 49.
— des Douze-Portes, 30.
— du Dragon, 30.
— Drouot, 31.
— Dupuytren, 31.
Rues de l'Echaudé, 31.
Rue de l'Echiquier, 31.
Place de l'Ecole, 31.
Quai de l'Ecole, 31.
Rue de l'Ecole-de-Médecine, 32.
— d'Ecosse, 32.
— des Ecouffes, 43.
— des Enfants-Rouges, 33.
— d'Enfer, 32.
— de l'Eperon, 32.
— du Faubourg-Montmartre, 34.
— du Faubourg-Poissonnière, 33.
— du Faubourg-St-Antoine, 33.
— du Faubourg-St-Denis, 34.
— du Faubourg-St-Honoré, 33.
— du Faubourg-St-Jacques, 34.
— du Faubourg-St-Martin, 34.
— du Faubourg-du-Temple, 34-35.
— du Fauconnier, 35.

TABLE ALPHABÉTIQUE 31

Rue Favart, 35.
— Férou, 36.
— de la Ferronnerie, 35.
— aux Fers, 35.
— Feydeau, 35.
— du Figuier, 35.
Boulevard des Filles-du-Calvaire, 35.
Rue des Filles-du-Calvaire, 55.
— des Filles-Saint-Thomas, 35.
— Fontaine-Molière, 35.
— Des Fontaines, 36.
— du Forez, 46.
Rues des Fossés, 35-36.
Rue du Fouarre, 36.
Rues du Four, 57.
Rue des Fourreurs, 36.
— Française, 36.
Rues des Francs-Bourgeois, 56.
Rue Gaillon, 45.
— Garancière, 56.
— Geoffroy-l'Asnier, 40.
— Git-le-Cœur, 38.
— des Gobelins, 59.
— de Grammont, 37.
— du Gr.-Chantier, 36.
Quai des Grands-Augustins, 38.
Rue Id., 38.
— de la Grange-Batelière, 58.
— de Grenelle-St-Germain, 38-39.
— de Grenelle-Saint-Honoré, 50.
— Guénégaud, 53.
— du Harlay-au-Marais, 51.
— de la Harpe, 59.
— Hautefeuille, 53.
— de l'Hirondelle, 38.
— Honoré-Chevalier 58.
— de l'Hôtel-Colbert, 52.
Boul. des Italiens, 54-55.
Rue Jacob, 42.

Rue du Jardinet, 57.
— des Jardins St-Paul, 55.
— Jean-de-Beauvais, 46.
— J.-J. Rousseau, 46.
— des Jeûneurs, 46.
— Joubert, 58.
— du Jour, 38.
— des Juifs, 45.
— de la Jussienne, 49.
— Laffitte, 58.
— Larochefoucauld, 57.
— de Lille, 47.
— de Limoges, 46.
— des Lombards, 51.
— Louis-le-Grand, 39.
— de Lourcine, 59.
— du Louvre, 50.
— de la Lune, 49.
— de Luxembourg, 37.
— de la Madeleine, 48.
— du Mail, 37.
Quai Malaquais, 40.
Rues des Marais, 46.
Rue Marie-Stuart, 60.
— des Marmousets-St-Marcel, 39.
— des Martyrs, 57.
— Mauconseil, 59.
— Mazarine, 52.
Quai de la Mégisserie, 39.
Rue Mercier, 49.
— Meslay, 42.
— de la Michodière, 57.
— Mignon, 50.
— Miroménil, 49.
— Monsieur, 58.
— Mons.-le-Prince, 55.
— de la Montagne-Ste-Geneviève, 52.
Boul. Montmartre, 54.
Rue Montmartre, 55.
— de Montreuil, 59.
— Mouffetard, 55.
— des Moulins, 57.
— Neuve-des-Bons-Enfants, 46.

Rue Neuve des Capucines, 41
— Id. des Mathurins, 37.
— Neuve-des-Petits-Champs, 41.
— Id. St-Augustin, 41.
— Id. St-Eustache, 50.
— Id. St-Paul, 51.
— Notre-Dame-de-BonneNouvelle, 50.
— Id. des Champs, 58.
— Id. des Victoires, 39.
— Oblin, 49.
— des Orfèvres, 37.
Rues d'Orléans, 50.
Quai d'Orsay, 47.
Rue Pagevin, 51.
— Palatine, 56.
Le Palais-Royal, 53-54.
Rues de Paradis, 44.
Rue du Parc-Royal, 47.
— Pastourel, 45.
Rues Pavée, 47.
Rue de la Pépinière, 57.
— du Perche, 46.
— du Petit-Carreau, 49.
— des Petites-Ecuries, 59.
— du Petit-Lion-Saint-Sauveur, 59.
— Pigalle, 57.
— Picpus, 60.
— du Plâtre, 45.
Boul. Poissonnière, 44.
Rue Poissonnière, 49.
— des Poitevins, 53.
— Popincourt, 58.
— Portefoin, 45.
— Princesse, 57.
— des Prouvaires, 5.
— de Provence, 44.
— des Quatre-Fils, 44.
— du Regard, 41.
Rues de Reuilly, 60.
Rue Richelieu, 40.
— du Rocher, 57.
— du Roi-de-Sicile, 44.
— des Rosiers, 45.

Rue Rousselet, 58.
Place Royale, 47.
Rue Roy.-St-Honoré, 58.
— St-Anastase, 59.
— St-André-des-Arts, 47.
— St-Antoine, 40-42.
— Ste-Barbe, 60.
— St-Benoît, 44.
Rues St-Claude, 51.
Boul. St-Denis, 50.
Rue St-Denis, 48.
— St-Dominique, 43.
— Ste-Anne, 45.
— Ste-Apolline, 50.
— Ste-Croix-de-la-Bretonnerie, 51.
— St-Etienne, 60.
— St-Fiacre, 49.
— St-Florentin, 48.
— St-Georges, 55.
— St-Gilles, 51.
— St-Guillaume, 46.
— St-Hippolyte, 59.
— St-Honoré, 48.
— St-Jacques, 52.
— St-Joseph, 60.
— St Lazare, 55,
— St-Louis-au-Marais. 58

Rue St-Marc, 60.
Boul. St-Martin, 42.
Rue St-Martin, 41.
— de Saintonge, 46,
— St-Paul, 51.
— St-P-Montmartre, 39.
— St-Roch, 45.
— St-Sauveur, 49.
— St-Sébastien, 51.
— des Saints-Pères, 45.
— St-Victor, 52.
— de Sartines, 49.
— des Saussaies, 45.
— de Seine, 45.
— du Sentier, 39.
— des Sept-Voies, 58.
— Serpente, 55,
— Servandoni, 56.
— de Sèvres, 56.
— Soly, 51.
— Suger, 55.
— Taitbout, 58.
— Taranne, 44.
Boulev. du Temple, 43.
Rue du Temple, 42.
— Thévenot, 49.
— Tiquetonne, 50.
— de la Tour-des-Dames, 57.

— de Tournon, 56.
— des Trois-Couronnes, 59.
— des Trois-Pavillons, 44.
— de l'Université, 42
— de Vannes, 49.
— de Varennes-St-Germain, 59-40.
— de Vaugirard, 56.
Place Vendôme, 41.
Rue Vendôme, 43.
— de Verneuil, 47.
— de la Verrerie, 49.
— de la Victoire, 55.
Place des Victoires,
Rue Vieille-du-Temple, 43.
— des Vieilles-Haudriettes, 44.
— des Vieux-Augustins, 46.
— du Vieux-Colombier, 57.
— de la Ville-l'Evêque, 37.
— Vivienne, 41.
— de la Vrillière, 51.
Quai Voltaire, 40.

FIN DES TABLES

pour les 60 livraisons des

Anciennes Maisons de Paris sous Napoléon III.

1287.— Paris, Imprimerie de Ch. Bonnet et Comp., 42, rue Vavin.

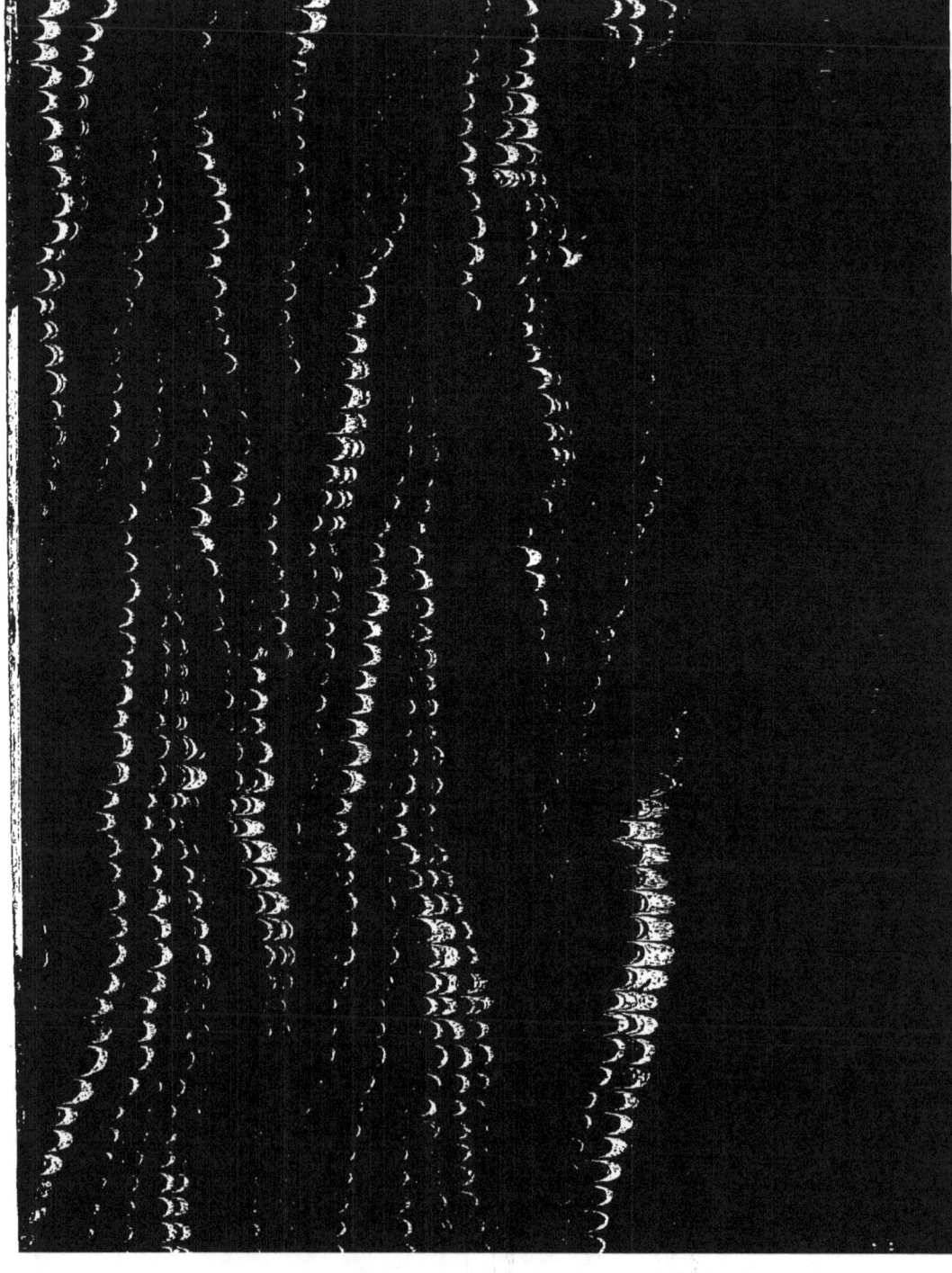

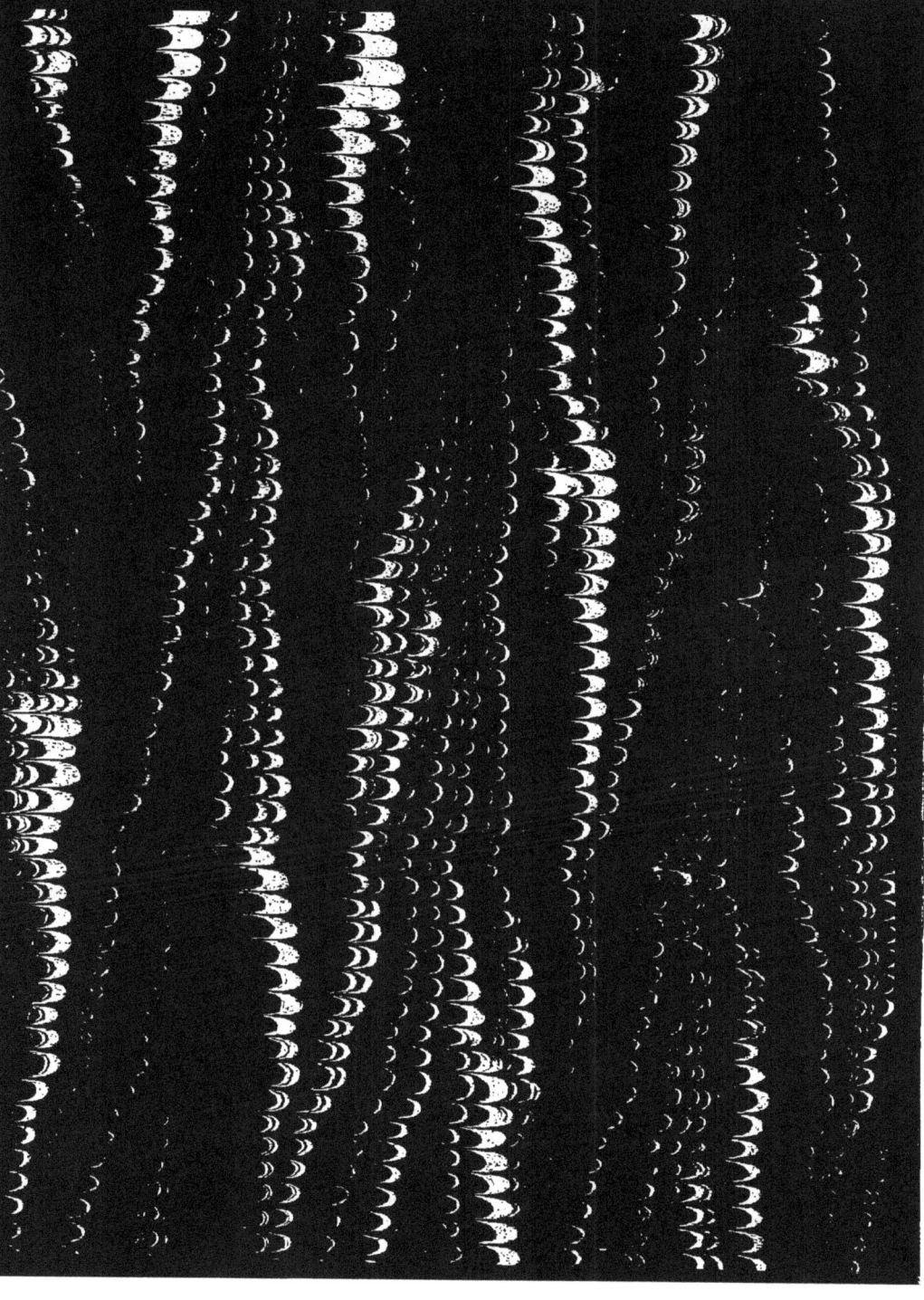

www.ingramcontent.com/pod-product-compliance
Lightning Source LLC
Chambersburg PA
CBHW060235230426
43664CB00011B/1655